IURISCONSULTI
IURISCONSULTI
IURISCONSULTI
IURISCONSULTI
IURISCONSULTI
MEDICI
MEDICI
HISTORICI
HISTORICI
HISTORICI
HISTORICI
LEGATŪ
IOSEPHI
SCALIGE
RI.

Große Bibliotheken

Anthony Hobson

Große Bibliotheken

der Alten und der Neuen Welt

Prestel-Verlag München

Englische Originalausgabe ›Great Libraries‹,
George Weidenfeld & Nicolson, London 1970.
Übersetzt von Georg Böse.

Printed in England
ISBN 3 7913 0325 2

VORSATZ *Kettenbibliothek der Universität in Leiden, Kupferstich von Cornelis Woudhanus, 1610.*
TITELBILD *›Der Bibliothekar‹ von Arcimboldo, Schloß Skokloster, Stockholm.*

Inhalt

DANK

Mein Dank gilt in erster Linie den Bibliothekaren der in diesem Buch dargestellten Bibliotheken für die mir erwiesene Hilfe und Freundlichkeit. Ferner danke ich S. G. dem Herzog von Wellington, der mir die Bücher zeigte, die sein Vorfahre von König Ferdinand VII. von Spanien erhielt; dem Earl of Crawford and Balcarres, der mir Einblick in die Bibliothekskorrespondenz seines Vaters und Großvaters gewährte und mir gestattete, Stellen daraus zu veröffentlichen; Msgr. A. Paredi, Präfekt der Biblioteca Ambrosiana, für die Erlaubnis, aus dem Briefwechsel von Kardinal Federigo Borromeo zu zitieren; den Trustees der John Rylands Library, die mir gestatteten, einem Sammelband zu ihrer Geschichte Zitate zu entnehmen; dem Institut de France und Monsieur Roger Pierrot für die Abdruckgenehmigung aus dem Briefwechsel des Vicomte Spoelberch de Lovenjoul; schließlich den Trustees der Pierpont Morgan Library für die Erlaubnis, ihre Korrespondenz einzusehen und daraus zu zitieren. Für Hilfe in Einzelfragen danke ich den Herren Dr. H. A. Feisenberger, P. J. Crofft, Andreas Mayor und J. F. Hayward vom Hause Sotheby und den Herren H. M. Nixon, George Painter, Dr. Dennis Rhodes, John Rowlands und Ian Willison vom Britischen Museum. Anthony Hobson

Verfasser und Verleger danken den Direktoren und den Trustees der in diesem Buche dargestellten Bibliotheken für die Erlaubnis, Bücher und Handschriften aus ihren Sammlungen abzubilden. Besonderer Dank gilt Dean und Chapter der Kathedrale von Durham, dem Exmo. Cabildo de la Catedral de Sevilla und dem Exmo. Sr. Director de la Biblioteca Colombina, dem Board of Trinity College, Dublin, Master und Fellows des Magdalene College, Cambridge (für Material aus Pepys Library), und Rektor und Bibliotheksdirektor der Universität Coimbra. Die Aufnahme auf Seite 239 erscheint mit freundlicher Genehmigung des Bibliotheksdirektors von Mafra. Reproduktionen aus der Biblioteca de Palacio, Madrid, und dem Monastero de San Lorenzo el Real, El Escorial, erfolgten mit Erlaubnis des Patrimonio Nacional. Das Copyright an der Ansicht der Vatikanischen Bibliothek von Francesco Pannini auf den Seiten 82–3 liegt beim Verfasser.

Staatsbibliothek Bamberg; 37, 38, 39/1, 39/2, 40/1, 40/2, 40/3, 40/4, 41/1, 41/2, 42/1, 42/2, 42/3, 43/1; Walter Barnes Studio; 306, 308/1, 308/2, 308/3, 309/1, 309/2, 310, 311; James Blewitt; 104, 105, 106/1, 106/2, 106/3, 107, 108/1, 108/2, 108/3, 109/1, 150, 151, 152, 153, 154-5, 155, 156, 157, 158, 159, 160, 161/1, 161/2, 234, 235, 236/1, 236/2, 236/3, 237/1, 237/2, 237/3, 238/1, 238/2, 239/1, 239/2, 240, 241; Bodleian Library; 167, 168, 169, 170/1, 170/2, 171/1, 171/2, 172, 173; British Museum; 65/2, 206/1, 242, 244/1, 244/2, 245/1, 246, 246-7; Bibliothèque Royale, Brüssel; 92/1, 92/2, 93, 94, 95, 96, 97, 99, 100, 101, 102; Dean and Chapter, Durham; 54, 56/1, 56/2, 56/3, 57/1, 57/2, 58/1, 58/2, 59/1, 59/2; John Freeman; 206/1, 243, 246, 246-7; Green Studios, Dublin; 175, 177, 176/1, 176-7/2, 178, 179, 180, 181, 182, 183, 184, 185; Henry E. Huntington Library and Art Gallery; 298, 300, 301, 302, 303, 304, 305/1; Roger Lalance; 260, 264/2, 266; Edward Leigh; 212, 213, 215/1, 215/2, 216/1, 216/2, 217/1, 217/2, 218/1, 218/2, 219/1, 219/2, 220-1; Bill Malone; 307; John Rylands Library, Manchester; 268, 270, 271, 272, 274, 275, 276/1, 276/2, 277, 278; Mas Barcelona; 109/2, 162-3; Staatsbibliothek, München; 132, 133, 135, 136, 136-7, 138-9, 138/2, 139/2, 140, 141/1; National Portrait Gallery; 243, 245/2; Bibliothèque Nationale, Paris; 120, 121, 122, 123, 124, 125, 127, 128, 129, 130, 259; Pierpont Morgan Library; 289, 290, 291, 292, 293, 294/1, 294/2, 295, 296; Ramsey and Muspratt; 221; Scala; 78/2, 84; Toni Schneiders; 34/2, 35, 44, 142; Edwin Smith; 55, 247, 269, 279; Ezra Stoller Associates; 288, 296-7; Thomas-Photos; 164, 165; Penny Tweedie; 214; Uffizi; 79/1; Biblioteca Vaticana; 79/2; Oesterreichische Nationalbibliothek; 143, 144, 145, 146/1, 146/2, 146/3, 146-7, 148/1, 148/2, 149; Tanya Vinogradov; 16, 17, 18, 19/1, 19/2, 20-1, 22, 23, 36, 43/2, 45, 46/1, 46/2, 47/1, 47/2, 47/3, 48, 49, 50, 51/1, 51/2, 52-3, 60-1, 62/1, 62/2, 63, 64, 65/1, 66/1, 67, 68, 69/1, 69/2, 70, 71, 72/1, 72/2, 73, 74, 75/1, 75/2, 76, 77, 78, 80, 81/1, 81/2, 85, 86, 87/1, 87/2, 88/1, 88/2, 89, 90-1, 103, 110, 111, 112/2, 112/3, 113/1, 113/2, 114/1, 114/2, 115/1, 115/2, 116/1, 116/2, 116/3, 117/1, 117/2, 118/1, 118/2, 118/3, 119, 131, 134, 141/2, 174, 186, 187, 188, 189, 190/1, 190/2, 191/1, 191/2, 192, 193, 194, 195, 196, 197, 198/1, 198/2, 199, 200/1, 201/2, 222, 223, 224/1, 225, 226, 227, 228, 229, 231, 232-3, 248, 249, 250/1, 250/2, 251/1, 251/2, 252, 253, 254, 255, 256, 256-7, 257, 258, 261, 262, 263/1, 263/2, 264/1, 265, 267, 280, 281, 282, 283, 284/1, 284/2, 285, 286, 187/1, 287/2, 299, 305/2, 311/2; Derrick Witty; 82-3; Herzog August Bibliothek, Wolfenbüttel; 202, 203, 204/1, 204/2, 205, 206/2, 207, 208, 209/1, 209/2, 210, 211; Yale University Art Gallery (A. P. Stokes Collection); 224/2; Photo Zumbühl; 25, 26, 28, 29, 30, 31, 32-3, 34/1.

Einführung

Von den vielen Wandlungen, die das Bibliothekswesen in den übersehbaren letzten anderthalb Jahrtausenden erfuhr und die aus der Geschichte der in diesem Buch dargestellten Sammlungen abzulesen sind, bleibt die augenfälligste die der Anzahl der Bücher. Man nahm im Mittelalter an, daß die alexandrinische Bibliothek vierzigtausend Bücher besaß. Den Zeitgenossen erschien diese Zahl offensichtlich unvorstellbar groß. Die päpstliche Bibliothek zu Avignon war vermutlich die einzige christliche Sammlung des Westens, die vor Erfindung der Buchdruckerkunst ein Zwanzigstel dieses Umfangs überschritt. Nach den Vorstellungen jener Zeit waren die 316 Bände in St. Gallen oder die 436 von Durham eine große Sammlung. Erst im 17. Jahrhundert ist der vermutliche Umfang der alexandrinischen Bibliothek übertroffen worden. Welcher Gegensatz dazu der jährliche Zuwachs des Britischen Museums, 128 706 Bände allein im Jahre 1968!

Die Erweiterung des Wissens, die sich in diesen Zahlen spiegelt, ging Hand in Hand mit einer beinahe vollständigen Verweltlichung. Aber diese Entwicklung war ständigem Auf und Ab unterworfen. Die Bibliotheken des frühen Mittelalters waren alle geistlicher Natur. Die Kirche war die einzige Bildungsinstitution, die den Zerfall des Römischen Reiches überlebte. Die alten Bibliotheken waren zweierlei Art, nämlich Dom- oder Klosterbibliotheken. Die Dombibliotheken – zu Anfang die wichtigeren – konnten eine breitere Auswahl von Büchern ihr eigen nennen. Die Bischöfe waren gebildete, in der literarischen Überlieferung Roms aufgewachsene Männer, die eine Auswahl eigener Bücher eingebracht haben dürften. Die ehrwürdigsten Sammlungen der Kirche wurden von Krieg und Verwüstungen oft hart mitgenommen, mit zwei fast ans Wunderbare grenzenden Ausnahmen, Lyon und Verona, in denen sich dort entstandene frühe Unzial-Handschriften erhalten haben.

Karls des Großen Bemühungen um die Förderung der Erziehung und um die Wiederbelebung der Kultur des christlichen Altertums wirkte sich auf die Domkapitel aus. Ein Beispiel ist das umfangreiche Programm von Textabschriften und Textkorrekturen, das zum Beispiel der Erzdiakon Pacificus von Verona verwirklichte. Doch einflußreicher noch war des Kaisers Politik in den Klöstern. Das neunte und das elfte Jahrhundert waren beide für die Benediktiner-Bibliotheken äußerst fruchtbar – das frühere Jahrhundert ist in diesem Buche durch St. Gallen, das spätere durch Admont und Durham vertreten. Die Grundbedürfnisse eines Klosters waren bescheiden: die Bibel, die Kirchenväter, liturgische Bücher für den Gottesdienst, Lebensbeschreibungen von Heiligen und Einsiedlern zum lauten Vorlesen bei den Mahlzeiten. Einige Geschichtskenntnis scheint noch gegenwärtig gewesen zu sein, denn unter den Verfassern von Chroniken standen die Mönche an erster Stelle; weltliche Werke dagegen waren überall selten.

Vom dreizehnten Jahrhundert an vollzogen sich große Wandlungen. Die Dom- und Klosterschulen verloren an Einfluß, als das geistige Leben auf den neuen Universitäten aufblühte und die Klosterskriptorien erlahmten. Statt dessen kam ein Laienbuchhandel auf, der sich auf neue Wissensgebiete einstellte und deren Schriften vertrieb: scholastische Theologie und Philosophie, die von der Pariser Universität ausging, ziviles und Kirchenrecht, das von Bologna gepflegt wurde. Laien spielten eine immer größere Rolle im literarischen Leben, und der Adel bot ein wachsendes Absatzfeld für illustrierte Ritterromane und moralisierende Bücher in der Landessprache. Bibliotheken in Laienhand waren im frühen Mittelalter fast unbekannt – die Überreste der alten ›kaiserlichen Bibliothek‹ in Bamberg sind eine ebenso erstaunliche wie seltene Ausnahme. Vom dreizehnten Jahrhundert an nahmen sie aber ständig zu, nicht nur an den Höfen fürstlicher Bücherliebhaber wie des Königs Karl v. von Frankreich und seines Sohnes Jean, Duc de Berry, sondern auch in den Häusern stiller Gelehrter wie Hermann Schedel in Nürnberg (1410–85), eines angesehenen Humanisten und älteren Vetters von Hartmann Schedel.

Die veränderten Verhältnisse riefen neue Arten von Bibliotheken hervor. Die erste Universitätsbibliothek entstand an der Sorbonne, die 1257 in Paris gegründet worden war. Ungefähr um dieselbe Zeit wurde Ludwig IX. von Frankreich von alten Berichten über ähnliche Einrichtungen in Ägypten angeregt, in der Sainte-Chapelle die erste öffentliche Bücherei einzurichten. Ihr Gebrauch war zwar Klerikern und Männern der Wissenschaft vorbehalten, da diese aber damals allein des Lateins mächtig waren und alle Handschriften in dieser Sprache abgefaßt waren, wurde vermutlich niemand abgewiesen, der von der Lektüre Nutzen haben konnte. Im fünfzehnten Jahrhundert wurden in vielen deutschen Städten stadteigene Bibliotheken errichtet, die oft in Kirchen untergebracht waren. Eine der ersten, in Braunschweig, geht vermutlich auf das Jahr 1413 zurück.

Im Mittelalter gab es zu wenig Bücher, als daß die Aufbewahrung ein Problem hätte werden können. Sie wurden in Schränken untergebracht, für die sich immer ein Platz fand – in England häufig an der Nordseite der Kreuzgänge – wegen des besseren Lichtes und zum Schutz gegen die Witterung. Die Kettenbibliotheken, die Bücher einem größeren Leserkreis zugänglich machen sollten, waren eine Schöpfung des späten Mittelalters. Nachschlagewerke und andere Bücher, die ständig verlangt wurden, waren mit Ketten an den Pulten befestigt. Auf einen gewissen Grad von Öffentlichkeit scheint man sich besonders in den Bibliotheken eingestellt zu haben, die von den neuen Mönchsorden der Franziskaner und Dominikaner betreut wurden. Malatesta Novello stiftete eine Kettenbibliothek im Franziskaner-Kloster von Cesena, die gleicherweise den Bedürfnissen der Stadt wie denen der Mönche dienen sollte. 1443 vermachte Kardinal Johannes Stoikovič von Ragusa seine griechischen und lateinischen Handschriften den Dominikanern von Basel unter der Bedingung, auf seine Kosten eine Kettenbibliothek einzurichten. Die Ausleihe war in dieser Sammlung äußerst großzügig. Erasmus wurden für seine Ausgabe des griechischen Neuen Testaments zwei Handschriften geliehen, die voll roter Bleistiftnotizen zurückkamen.

Im Jahre 1362 schlug Petrarca vor, seine Bücher der Basilika von San Marco in Venedig als Grundstock zu überlassen, aus dem »eine große und berühmte Bibliothek, ebenbürtig den alten« werden sollte. Dieses Angebot gab die erste Anregung für eine Staats- oder Nationalbibliothek; doch kam

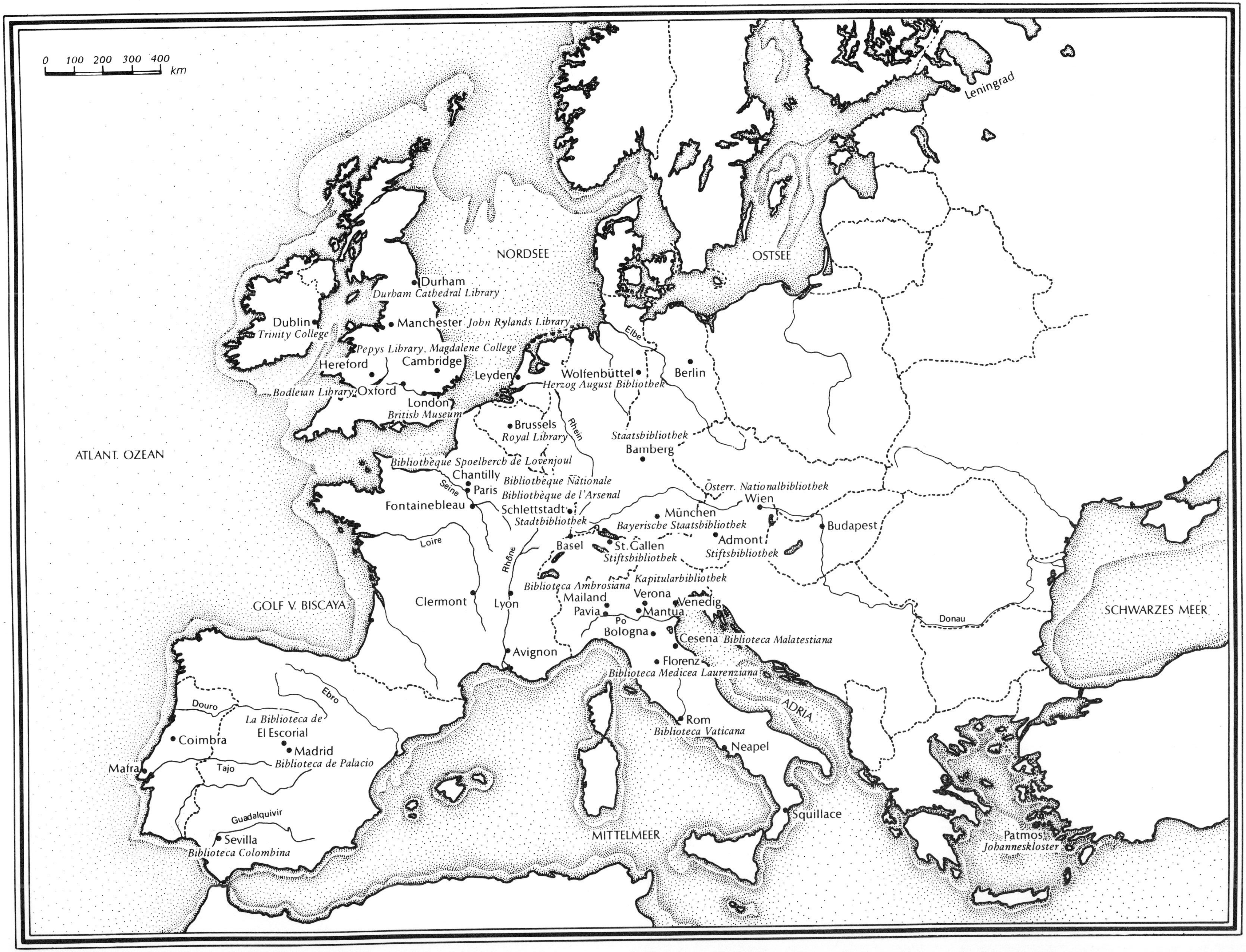
0 100 200 300 400 km
NORDSEE
OSTSEE
ATLANT. OZEAN
GOLF V. BISCAYA
MITTELMEER
ADRIA
SCHWARZES MEER
Leningrad
Durham
Durham Cathedral Library
Dublin
Trinity College
Manchester John Rylands Library
Pepys Library, Magdalene College
Cambridge
Hereford
Bodleian Library Oxford
London
British Museum
Leyden
Wolfenbüttel
Herzog August Bibliothek
Elbe
Berlin
Brussels
Royal Library
Rhein
Staatsbibliothek
Bamberg
Bibliothèque Spoelberch de Lovenjoul
Chantilly
Paris
Bibliothèque Nationale
Bibliothèque de l'Arsenal
Seine
Fontainebleau
Schlettstadt
Stadtbibliothek
Österr. Nationalbibliothek
Wien
München
Bayerische Staatsbibliothek
Budapest
Basel
St. Gallen
Stiftsbibliothek
Admont
Stiftsbibliothek
Loire
Rhône
Kapitularbibliothek
Biblioteca Ambrosiana
Mailand
Verona
Venedig
Pavia
Mantua
Po
Bologna
Clermont
Lyon
Donau
Cesena Biblioteca Malatestiana
Avignon
Florenz
Biblioteca Medicea Laurenziana
Ebro
Douro
La Biblioteca de
El Escorial
Madrid
Biblioteca de Palacio
Coimbra
Mafra
Tajo
Rom
Biblioteca Vaticana
Neapel
Guadalquivir
Sevilla
Biblioteca Colombina
Squillace
Patmos
Johanneskloster

es nicht dazu, Petrarca wurde anderen Sinnes und verließ Venedig fünf Jahre später. Es war der griechische Kardinal Bessarion, der mit seiner Stiftung von Handschriften 1468 der Biblioteca Marciana zum Leben verhalf. Petrarcas Idee blieb aber nicht ohne Folgen für das geistige Leben des fünfzehnten Jahrhunderts. Besonders humanistische Gelehrte waren daran interessiert, daß frühe Handschriften der klassischen Autoren irgendwo sicher, doch zugänglich gesammelt und aufbewahrt würden, wo sie als Grundlage für zuverlässige Texte dienen könnten. Es gelang ihnen, die italienischen Fürsten für ihr leidenschaftliches Interesse an Büchern zu gewinnen. Eine Reihe von Herrschern dieser Halbinsel widmeten bald ihre Kraft dem Aufbau von Bibliotheken von größter Pracht: die aragonesischen Könige in Neapel, Papst Nikolaus v. im Vatikan, Federigo da Montefeltro in Urbino, die Medici in Florenz. Auch ein ausländischer Monarch, König Matthias Corvinus von Ungarn (1440–90), wurde davon angesteckt. Weniger als zweihundert Bände seiner Bibliothek überlebten zwar nur die Brandschatzung Budas durch die Türken im Jahre 1526, aber sie bestätigen zeitgenössische Berichte, daß die Sammlung nach Zahl der Bücher wie Reichtum ihrer Ausstattung selbst für damalige Verhältnisse außerordentlich war. Der nächste König, der dem italienischen Beispiel nacheiferte, war Franz I. von Frankreich. In ihrer Anlage und in der Vorliebe für griechische Handschriften folgte seine Bibliothek von Fontainebleau völlig den italienischen Vorbildern. Dem König war jedoch eine wichtige Neuerung zu verdanken. Er erließ das erste Gesetz, das die Drucker verpflichtet, ein Exemplar jedes neuen Buches in der königlichen Bibliothek zu hinterlegen. Seitdem haben fast alle Regierungen dieses wohlfeile Verfahren übernommen, ihre nationalen Sammlungen aufzufüllen.

In Deutschland führte die Reformation mit den sie begleitenden theologischen Disputen zur Bildung mehrerer berühmter fürstlicher Bibliotheken, unter denen vier von Protestanten (Herzog Julius von Braunschweig, Kurfürst Ottheinrich von der Pfalz, Markgraf Albrecht von Brandenburg und Kurfürst August von Sachsen) und zwei von Katholiken (Herzog Albrecht v. von Bayern und Kaiser Maximilian II.) gegründet wurden. Die Vorliebe für französische Ritterromane, deutsche Chroniken und Stammbäume ist all diesen Sammlungen gemeinsam, die weniger vom Geist der Renaissance verraten als die Bibliothek von Fontainebleau. Etwas später wurden noch zwei bemerkenswerte Bibliotheken im nördlichen Europa gegründet: Leiden (1575) und die Bodleian Library, Oxford (1602). Königin Elisabeth wies jedoch die Vorstellungen Dr. John Dees und anderer Gelehrter ab, nach kontinentalem Vorbild eine englische Nationalbibliothek ins Leben zu rufen.

Gutenbergs Erfindung des Buchdrucks mit beweglichen Lettern um 1450 hat die Gewohnheiten der Sammler nicht plötzlich verändert; erst gegen Ende des Jahrhunderts rückte allmählich eine neue Art von Privatbibliothek ins Blickfeld. Die Bücher des Beatus Rhenanus, die von seiner Geburtsstadt Schlettstadt im Elsaß aufs schönste in ihren ursprünglichen Sammelbänden und Spezialeinbänden bewahrt werden, sind ein Beispiel jener ersten Humanistengeneration nördlich der Alpen, die sich der Druckerpresse als eines wichtigen Instruments der Gelehrsamkeit bemächtigte. Die Bibliothek des Fernando Kolumbus in Sevilla, die erste vieler großer Sammlungen, die mit amerikanischem Geld finanziert worden sind, ist von noch modernerem Geist erfüllt. In mancher Hinsicht erinnert sie an Samuel Pepys Bibliothek, während sie in ihrem Reichtum an Werken in den Nationalsprachen bereits auf Sammlungen wie die von Spoelberch de Lovenjouls Balzaciana in Chantilly oder auf das große Archiv englischer und amerikanischer Literatur in der Universität von Texas hinweist.

Bis dahin ging der Zug der Zeit immer kräftiger auf die Weltaneignung hinaus. Aber dann setzte eine Reaktion ein. Die spanische königliche Bibliothek, obwohl in ihrer Zusammensetzung streng humanistisch, wurde von ihrem Gründer, Philipp II., in der rauhen, unzugänglichen Sierra de Guadarrama unter klösterliche Kontrolle gestellt. Im 17. Jahrhundert war der Jesuitenorden, der auf lange Zeit die Führung der katholischen Erziehung übernommen hatte, mit dem Aufbau von Bibliotheken beschäftigt; die Vaticana erhielt beträchtliche Zugänge; viele alte Stiftsbibliotheken wurden ausgebaut und zwei große öffentliche Bibliotheken wurden von Kardinälen gegründet, die Bibliothèque Mazarine (1643) in Paris und die Ambrosiana (1609) in Mailand.

Noch im Jahre 1715 wurde eine Kettenbibliothek in All Saints' Church in Hereford eingerichtet, aber größere Sammlungen hatten dieses Zwangssystem längst abgestreift. Die Bücher des Fernando Kolumbus in Sevilla standen wahrscheinlich schon vor 1539 in Wandregalen, und die französische königliche Bibliothek dürfte diese Aufbewahrungsform 1570 nach ihrer Übersiedlung von Fontainebleau nach Paris übernommen haben. Die ältesten Wandregale sind noch im Escorial zu sehen. Eine Bibliotheksgalerie wurde zum ersten Mal in der Ambrosiana eingerichtet und unmittelbar danach von der Bodleian nachgeahmt. Es folgten zwei Jahrhunderte der großen Bibliothekssäle des Barock und des Rokoko, die nirgends prächtiger geschmückt wurden als in den wiederaufblühenden großen Stiften Mitteleuropas. Heute bieten diese Architekturwunder häufig den Rahmen für Festlichkeiten und Ausstellungen, sie dienen kaum noch als Leseraum. Das moderne Verfahren ist, Leser und Bücher getrennt unterzubringen.

Damals gab es wenig Anleitungen für Sammler und Bibliothekare. Im sechsten Jahrhundert stellte Cassiodorus Senator ein Lehrbuch zusammen, das als ›Institutiones‹ für die Mönche des von ihm gegründeten Klosters Vivarium bei Squillace in Kalabrien bekannt geworden ist. Es war in zwei Bücher eingeteilt; das erste umfaßt die Schriftsteller, die für das Verständnis der Bibel notwendig sind, das zweite einige Grundwerke über die artes liberales, die Freien Künste.

Vom neunten Jahrhundert an waren die ›Institutiones‹ auch nördlich der Alpen verbreitet und haben wahrscheinlich entscheidend dazu beigetragen, die Aufmerksamkeit auf Verfasser zu lenken, deren Bücher sonst vielleicht verloren gegangen wären. Um 1440 wurde ein Bücherverzeichnis für eine Klosterbibliothek von Tommaso Parentucelli (dem späteren Papst Nikolaus V., Gründer der Vatikan-Bibliothek) für Cosimo de'Medici aufgestellt; sie diente als Modell für die Biblioteca Malatestiana in Cesena und andere Sammlungen. Bibliothekare des sechzehnten Jahrhunderts profitierten von der ›Bibliotheca Universalis‹, der ersten allgemeinen Bibliographie Conrad Gesners, Zürich 1545 ff., die 12000 griechische, lateinische und hebräische Bücher aufführte. Dies ist die früheste Veröffentlichung systematischer ›Bücher über Bücher‹ und bezeichnet den Beginn der kritischen Bibliographie, denn die Bücher sind mit Einzelangaben über die verschiedenen Ausgaben sowie mit kritischen Anmerkungen aufgeführt.

Im Jahre 1627 veröffentlichte Gabriel Naudé, Kardinal Mazarins Bibliothekar, seinen ›Advis pour dresser une bibliothèque‹. Er riet Sammlern, Bücher über alle Wissensgebiete zu kaufen und sich die Mühe zu machen, die besten Kommentare und kritischen Ausgaben auszusuchen; entscheidend sei der Inhalt, nichts sei allein wegen seines Alters, seiner Ausstattung oder seiner Herkunft des Kaufens wert. Diese strenge Regel, die für ein Zeitalter solider Gelehrsamkeit kennzeichnend war (und in Arcimboldos Gemälde ›Der Bibliothekar‹ karikiert wurde), blieb bis zum Ende des 17. Jahrhunderts auf dem Kontinent die maßgebliche Auffassung. Obwohl von John Evelyn ins Englische übersetzt, blieb ihr Einfluß auf die englischen Sammler gering. Nichts konnte in stärkerem Gegensatz zu den Idealen Naudes stehen als Samuel Pepys Bibliothek mit ihren illustrierten Büchern und schönen Einbänden, ihren Seltsamkeiten und Kuriositäten, mit englischer Literatur und Reisewerken – alles war zum Vergnügen ihres Besitzers angeschafft.

Eines der Anliegen der Aufklärung des achtzehnten Jahrhunderts war es, Wissen einfacher und Lernen müheloser zu machen. So setzte sich eine neue Konzeption einer öffentlichen Bibliothek durch; sie sollte sich auf ›nützliche Bücher‹ beschränken, womit praktisch eine Reihe von Standardwerken gemeint war, wie Buffons Naturgeschichte oder Montfaucons ›Monuments de la Monarchie Française‹, deren Beschaffung für Privatleute zu teuer gewesen wäre. Bücher, die diese Kriterien nicht erfüllten, gerieten in Gefahr, ausgeschieden zu werden. Eine Anekdote aus den ersten Jahren der Königlichen Bibliothek in Brüssel veranschaulicht, wie unbarmherzig die Wahl zwischen ›nützlich‹ und ›nutzlos‹ sein konnte. Bei der Aufhebung des Jesuitenordens im Jahre 1773 gingen seine Bücher in den Besitz der Königlichen Bibliothek über. Da diese nicht genügend Platz für die Neuzugänge hatte, wurden die Bände zeitweilig in der Jesuitenkirche untergebracht. Das Gebäude war von Mäusen heimgesucht und die Frage, wie die Bücher geschützt werden könnten, wurde sorgsam diskutiert. Die Lösung war, den Sekretär der Literarischen Gesellschaft mit einer Auswahl zu beauftragen. ›Nützliche Bücher‹ sollten auf Regalen in der Mitte des Kirchenschiffs zusammengestellt werden, der Rest mußte auf dem Fußboden bleiben. Auf diese Weise, so dachte man, würden die Mäuse an diesen ihren Appetit stillen und die anderen in Ruhe lassen.

Inzwischen waren auch Bestrebungen am Werk, Privatbibliotheken zu verbessern. Man begann, die Bücher wieder nach ihrer Ausstattung, besonders nach ihrer typografischen Gestaltung, zu schätzen (das Jahrhundert war die Zeit vorzüglicher Drucker – Baskerville in England, Ibarra in Spanien, Bodoni in Italien, Didot in Frankreich). Es wurde wieder mehr Wert auf erstklassige Exemplare gelegt, ausgewählt nach Größe, Zustand, Einband oder Herkunft. Seltenheit wurde hochgeschätzt, und Exemplare auf Pergament oder besserem Papier waren große Mode. Dieser französische Sammlergeschmack wurde in England durch den Reverend Thomas Frognall Dibdin (1776–1847) propagiert. Seine bibliographischen Werke, die in ihrer Begeisterung ansteckend, wenn auch manchmal etwas absurd sind, haben spätere Sammler wie J. Pierpont Morgan bei ihrer Wahl geleitet.

Die Französische Revolution und das Erste Kaiserreich leiteten ein neues Zeitalter ein. Die geistlichen Bibliotheken wurden aufgehoben, zuerst in Frankreich, dann in den Niederlanden und in Deutschland. Die Handschriften wurden meist in Depots in der Provinz untergebracht, die gedruckten Bücher oft verkauft. Die Verluste waren ungeheuer. Seltene Bücher wurden in großen Mengen auf den Markt geworfen. Napoleon plante eine Universalbibliothek, die aus einer umfassenden Beschlagnahme von Büchern entstehen sollte, welche die Bibliothèque Nationale noch nicht besaß. Die Beamten waren zu beschäftigt, um sich an dieses Konzept zu halten, aber des Kaisers zentralistische Ideen haben die Entwicklung nationaler oder halbnationaler Bibliotheken im neunzehnten Jahrhundert stark angeregt (Paris, Berlin, München, St. Petersburg, London und die New York Public Library).

Einhundertfünfzig Jahre schnellen Wachstums haben einige dieser nationalen Einrichtungen an den Rand der Krise gebracht. Bald werden sie ganz neue Wege gehen, um ihre Raum- und Personalprobleme zu lösen: Mikrofilme anstelle von Büchern, Computer anstelle von Katalogen. Wenn das eintritt, werden die Ergebnisse ebenso revolutionär sein wie der Übergang von der Schriftrolle zum Kodex im vierten Jahrhundert oder die Erfindung der Buchdruckerkunst im fünfzehnten. Ob das allerdings für die Leser erfreulich sein wird, ist eine andere Frage.

Biblioteca Capitolare VERONA

Die Biblioteca Capitolare in Verona ist die älteste ununterbrochen bestehende Bibliothek der Welt. Als einzige der vielen erzbischöflichen Kirchen, die in den zweihundert Jahren nach dem Übertritt Konstantins zum Christentum im Jahre 312 Büchereien zum Gebrauch des Klerus einrichteten, kann Verona auf eine bis in die Gegenwart ununterbrochene Geschichte zurückblicken. Im fünften Jahrhundert zählte Verona zu den wichtigsten Städten des Westreiches, es war die Lieblingsresidenz des Ostgotenkönigs Theoderich und besaß eine Basilika, von deren Großartigkeit die riesigen Flächen des noch erhaltenen Mosaikpflasters und die 1945 gefundenen Überreste von vielen Bronzelampen in Form des Christus-Monogramms Chi-Rho (XP), die den Innenraum einst beleuchtet haben, noch Zeugnis ablegen. Es kann als sicher angenommen werden, daß zum Dom schon im fünften Jahrhundert eine Bibliothek und ein Skriptorium gehörten, in dem eine oder mehrere der dort noch vorhandenen Handschriften aus dieser Zeit geschrieben worden sind. Neben zwei Abhandlungen des heiligen Hilarius, Bischofs von Poitiers, gehören zu dieser Gruppe die Predigten von Maximinus, dem arianischen Bischof von Ravenna, die Randbemerkungen in einer gotischen Schrift tragen und augenscheinlich an einem von dem arianischen König der Ostgoten beherrschten Ort abgeschrieben worden sind. Etwas später entstand das früheste datierte Werk des Skriptoriums: das ›Leben des Heiligen Martin von Tours‹, verfaßt von seinem Schüler Sulpicius Severus und 517 abgeschrieben von Ursicinus, einem ›Lektor (zweite Stufe der niederen Weihen) der Kirche von Verona‹.

Werke der antiken Literatur, insbesondere Geschichtswerke, aber auch die Briefe Plinius des Jüngeren und die Gedichte Tibulls und Catulls, der in Verona geboren ist, sind schon in früher Zeit in die Bibliothek gelangt und müssen für spätere Schreiber, besonders im siebenten und achten Jahrhundert, als Pergament selten und kostbar war, eine beständige Verführung gewesen sein, das früher Geschriebene mit dem Schabmesser wegzuradieren, um das Material erneut verwenden zu können. Dennoch war das Wiederverwenden älterer Handschriften, der Palimpsest, der im berühmten Skriptorium des Klosters Bobbio üblich war, in Verona ungewöhnlich, wenn auch nicht ganz unbekannt. Zum Beispiel wurden ein Gesetzestext aus dem 2. Jahrhundert, die ›Institutionen‹ des Gaius, und die ›Naturgeschichte‹ des älteren Plinius ausgelöscht, um für die Briefe und den Kommentar zum Ecclesiasticus des heiligen Hieronymus aus dem vierten Jahrhundert Platz zu schaffen. Im achten Jahrhundert, wahrscheinlich unter Bischof Egino, einem Deutschen aus der Abtei Reichenau, fertigte man erneut einige Abschriften von in Unzialschrift geschriebenen Manuskripten in vorkarolingischer Minuskelschrift an; Gedichte des Claudianus und die anonyme, als ›Distichen Catos‹ bekannte

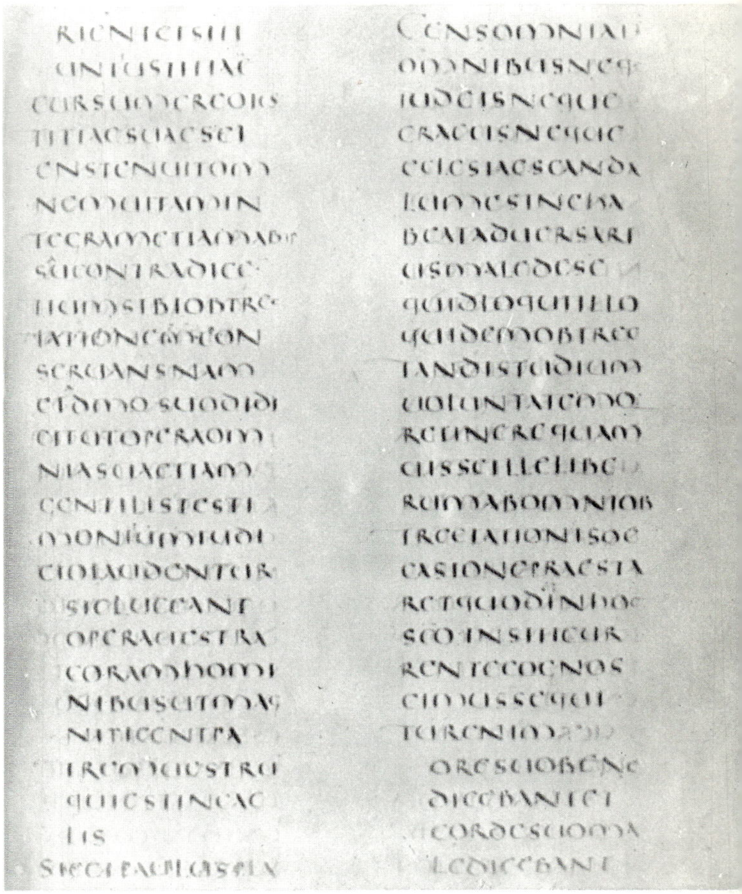

OBEN *St. Hilarius von Poitiers ›Tractatus super Psalmos‹; Veroneser Handschrift des 5. Jhs. aus den frühesten Beständen der Dombibliothek.* GEGENÜBER *Verona, der Bibliotheksraum des 18. Jhs., nach der Zerstörung von 1945 wiederaufgebaut. Die Homerbüste ist ein Vermächtnis von Msgr. Francesco Bianchini.*

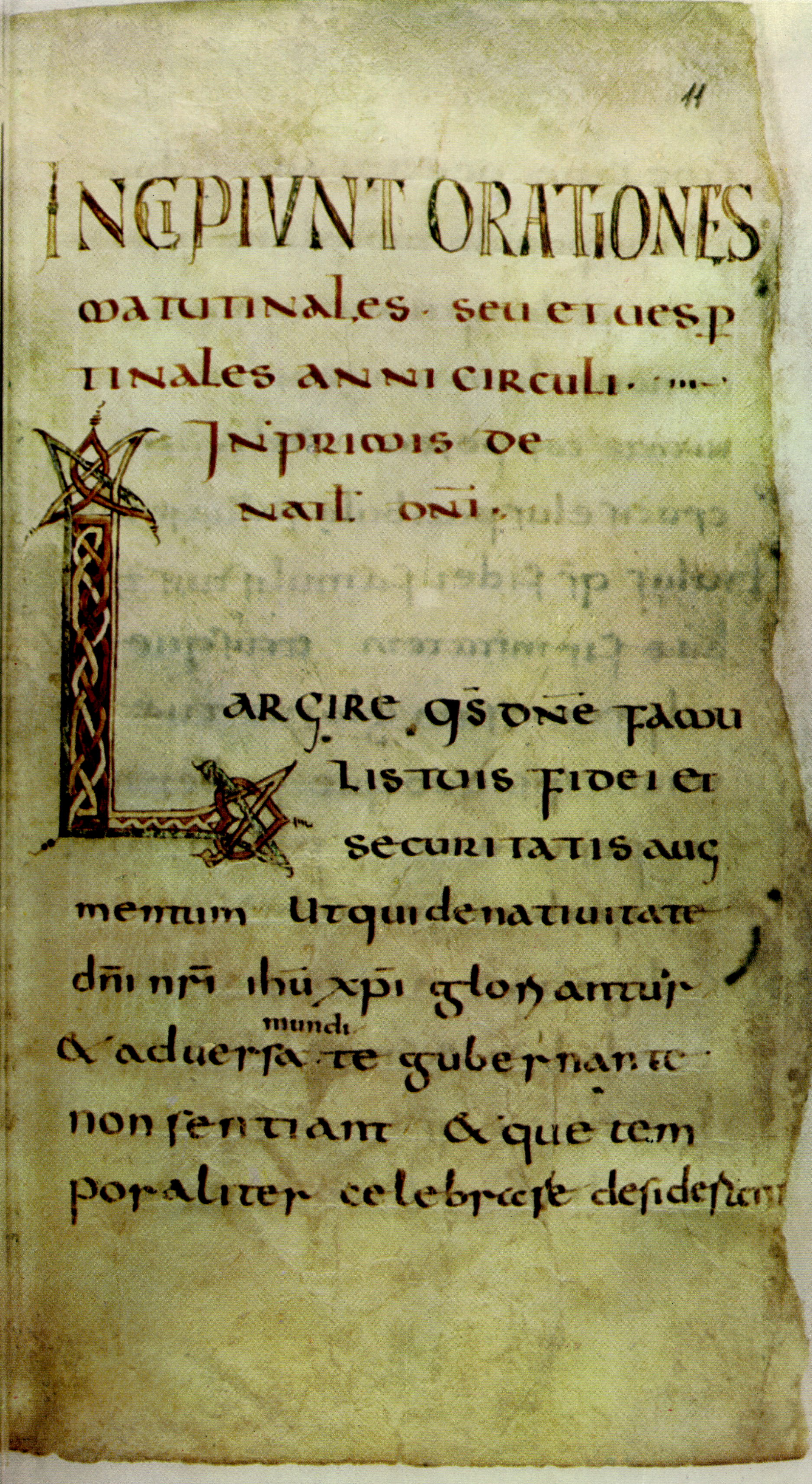

11

INCIPIUNT ORATIONES
matutinales seu et vespertinales anni circuli.
In primis de natal. dni.
Largire qs dne famulis tuis fidei et securitatis augmentum ut qui de natiuitate dni nri ihu xpi gloriantur & aduersa mundi te gubernante non sentiant & que temporaliter celebrare desiderant

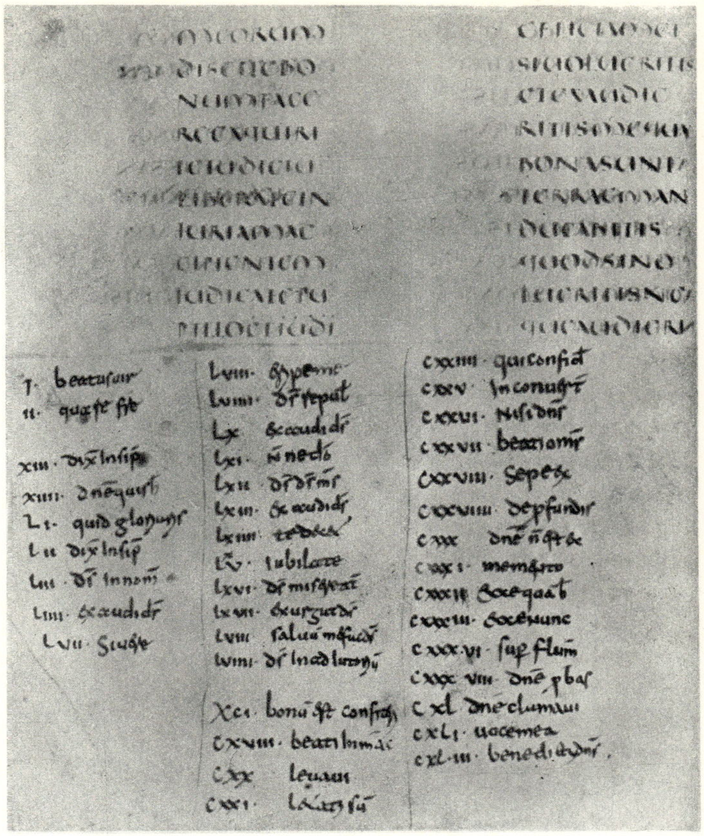

Maximensammlung befinden sich noch in der Biblioteca Capitolare; hingegen ist die Römische Geschichte des Livius verlorengegangen. Eine mit Miniaturen versehene Predigtensammlung, heute in der Berliner Bibliothek, ist das früheste erhaltene Beispiel eines in Verona illustrierten Buches. Einige wenige Bände erwarb man von auswärts. Die Auslegung des Buches Hiob (›Moralia in Job‹) des heiligen Gregor des Großen ist im burgundischen Kloster Luxeuil abgeschrieben worden, und ein mozarabisches Brevier fand seinen Weg von Spanien über Sardinien und Pisa nach Verona, wo ein Schreiber eine Strophe im örtlichen Dialekt hinzufügte: »er teilte die Ochsen, furchte die weißen Felder, führte einen weißen Pflug und säte schwarze Saat« – eine offensichtlich im klösterlichen Skriptorium entstandene Allegorie des Schreibens.

In den frühen Jahren des neunten Jahrhunderts, einer Zeit relativen Friedens und Wohlstands unter dem Sohn Karls des Großen, König Pippin, wurde die Bibliothek von Erzdiakon Pacificus, einem jener außerordentlich fähigen und energischen Männer geleitet, deren Laufbahn die Überlieferung eines Textes oder die Geschichte einer Bibliothek oft entscheidend beeinflußte. Er wurde wahrscheinlich 776 als Sproß einer adeligen Gutsbesitzerfamilie aus Verona geboren und 801 zum Erzdiakon ernannt. Offenbar fühlte er sich sehr der ›schola sacerdotum‹, der Domschule, verbunden, zu deren Häuptern er ex officio gehörte. Vom Bischof erreichte er sowohl die Bewilligung von Mitteln für ihren Unterhalt als auch die Befreiung der Kanoniker von der bischöflichen Gerichtsbarkeit. Als er 844 starb, fiel nach Errichtung einer wohltätigen Stiftung, eines Oratoriums und der Bereitstellung eines Betrages für jährliche Gaben an die Armen der Rest seines beträchtlichen Besitzes an die ›Schola‹.

Zwei Jahre später brachten die Domherrn im Dom eine Erinnerungstafel für ihn an. Auf dieser steht zu lesen, daß Pacificus »von außerordentlicher Weisheit und hervorragendem Auftreten war; kein solcher Mann ist in unserer Zeit oder wann auch immer bekannt«. Dann werden seine Fähigkeiten und Leistungen aufgezählt: Gründer und Wiederhersteller von sieben Kirchen; Meister in Arbeiten aus Gold, Silber und anderen Metallen, aus Marmor und allen Holzarten; Verfasser eines Kommentars zum Alten und Neuen Testament und »vieler anderer Schriften« (darunter eines Handbuches zur Osterfestberechnung und eines topografischen Lexikons von Verona); Erfinder einer Nachtuhr und Verfasser eines sich darauf beziehenden Gedichtes (dieses glaubt man identifizieren zu können, da es in zwei Handschriften mit einer Zeichnung eines fernrohrartigen Instruments illustriert ist, das zweifellos dazu diente, die Zeit aus der Position der Sterne zu ermitteln).

»Bis centenos terque senos codicesque fecerat« – er »machte« zweihundertachtzehn Handschriften: diese Behauptung der Grabinschrift, die einst für dichterische Übertreibung gehalten wurde, wird heute als zutreffende Feststellung über die Produktion des Skriptoriums unter Pacificus anerkannt. Beinahe ein Drittel der siebenundzwanzig Handschriften des neunten Jahrhunderts, die sich noch in Verona befinden, wird ihm zugeschrieben; viele andere enthalten Korrekturen und Anmerkungen von seiner Hand. Sie sind mit den schönen Minuskeln geschrieben, die in der karolingischen Renaissance ihre Vollendung erreichten; Pacificus scheint an ihrer Verbreitung in Italien entscheidend beteiligt gewesen zu sein. Offenbar ist er auf der Reichenau erzogen worden und stand sicher in Verbindung mit Gelehrten im Norden, so mit Erzbischof Hinkmar von Reims, dem er die Predigten von Sankt Zeno, Bischof von Verona im vierten Jahrhundert, sandte, und mit Hrabanus Maurus, dem Abt von Fulda, dessen Kommentare zu den Büchern Judith und

OBEN *Das Register dieser Unzialhandschrift des 5. Jhs. wurde vom Erzdiakon Pacificus hinzugefügt.* GEGENÜBER *Eine der 218 Handschriften, die im frühen 9. Jh. unter Pacificus im Scriptorium in Verona zur Reorganisation der Dombibliothek angefertigt wurden. Diese Morgen- und Abendgebete schrieb der Erzdiakon selbst.* UNTEN *St. Hieronymus' Kommentar zum Buch Micha in der Handschrift von Pacificus, frühes 9. Jh.*

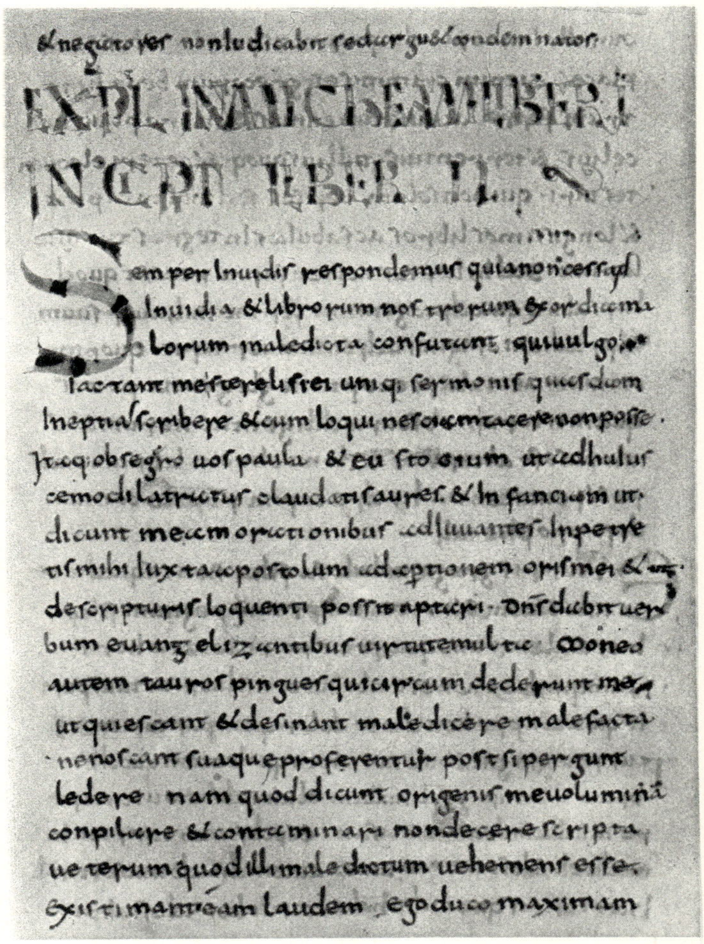

Esther in Verona abgeschrieben wurden. Andere ihn beschäftigende geistige Interessen zeigen die Untersuchung eines Domherrn, die Pacificus an einen deutschen Mönch in einem Kloster in Brescia weiterleitete, in der es darum geht, ob am Tag des Jüngsten Gerichts Adam unter den Geretteten sein würde, und eine eigene Abhandlung mit einem ziemlich erzwungenen Vergleich zwischen den sieben Stufen der Priesterschaft und Episoden im Leben Jesu (»Christus erwies sich als ›Lektor‹, als er das Buch des Propheten Jesaja öffnete«). Als leichtere Lektüre bevorzugte er, nach der Häufung seiner Anmerkungen zu schließen, den frühchristlichen ›Roman‹, bekannt als die ›Rekognitionen des Clemens‹, dessen Hauptfiguren Sankt Peter, Clemens, der erste Papst, und Simon Magus sind; diese Geschichten aus der griechischen Mythologie, denen die Absicht zugrunde lag, die Unsittlichkeit des heidnischen Götterhimmels darzustellen, sind damals aufmerksam studiert worden.

Die Erweiterung der Bibliothek von Verona durch Pacificus hatte vor allem den Zweck, den Klerus und die Domschule mit den erforderlichen biblischen, liturgischen, patristischen und Konzils-Texten zu versorgen, schloß aber weltliche Werke nicht ganz aus. So wurden Abschriften von einer Geschichts-Enzyklopädie (heute auf Berlin und Leningrad verteilt) und von der Sammlung der Biographien der römischen Kaiser, den ›Scriptores historiae augustae‹, angefertigt; ein Jahrhundert nach seinem Tode wurde sein Werk von Rather weitergeführt, dem besten Gelehrten jener Tage, der mit Platons ›Timaios‹, mit Horaz, Terenz und anderen klassischen Autoren vertraut war. Dieser, ein Flame, 931 von Hugo Graf von Provence, König von Italien, zum Bischof von Verona ernannt, war von dem hohen Stand der Bildung an seinem Bischofssitz sehr angetan, »eines zweiten Athens angesichts der Menge seiner weisen Männer«. Zahlreiche Anmerkungen bezeugen, daß er sich durch die Bibliothek gründlich hindurchlas. Die wirren politischen Verhältnisse in Italien während des zehnten Jahrhunderts (dreimal wurde Rather aus seiner Diözese vertrieben) behinderten eine umfassende Modernisierung oder Erweiterung der Sammlung, wie sie in der karolingischen Ära möglich gewesen war. Doch das Skriptorium hielt noch das hohe Qualitätsniveau, das es unter Pacificus erreicht hatte, und beendete unter Rathers Führung zumindest ein bedeutendes Unternehmen, nämlich die Anfertigung von zwei Abschriften des vorkarolingischen Livius. Eine davon blieb im Dom, um das Exemplar aus dem achten Jahrhundert zu ersetzen, das, wie damals üblich, nach dem Abschreiben vernichtet wurde. Das andere wurde dem Kaiser überreicht und gelangte in den Wormser Dom. Von Beatus Rhenanus im sechzehnten Jahrhundert wiederentdeckt, wurde es als Vorlage für die Ausgabe verwendet, die Froben 1535 in Basel druckte.

Es wird vermutet, daß Bischof Egino einige Bücher von Verona auf die Reichenau mitgenommen hat und Rather andere entfernt haben könnte. Für die nächsten dreihundert Jahre waren die frühen Handschriften vergessen, wenn auch die Sammlung fortlaufend durch neue Werke ergänzt wurde, bis im späten dreizehnten und frühen vierzehnten Jahrhundert eine Rednerschule in Padua entstand, deren begabteste Angehörige begannen, die alten Bibliotheken der Gegend zu durchforschen. Als erstes entdeckten sie die Tragödien Senecas in der Abtei von Pomposa und Rathers Livius in Verona. Die einzige erhaltene antike Handschrift der Werke Catulls, die Quelle aller heutigen Kenntnis seiner Gedichte, fand als nächste Beachtung; sie war Benevenuto Campesani von Vicenza bekannt und ist wahrscheinlich vor 1323 von ihm abgeschrieben worden. Im Jahre 1317 stieß der französische Dominikaner Bernard Gui, der sich in päpstlicher Mission beim Can Grande della Scala in Verona aufhielt, in der Bibliothek auf die reiche Sammlung von Konzilstex-

Die Kapitular-Bibliothek nach dem Wiederaufbau von 1948, im Hintergrund Dom und Kampanile.

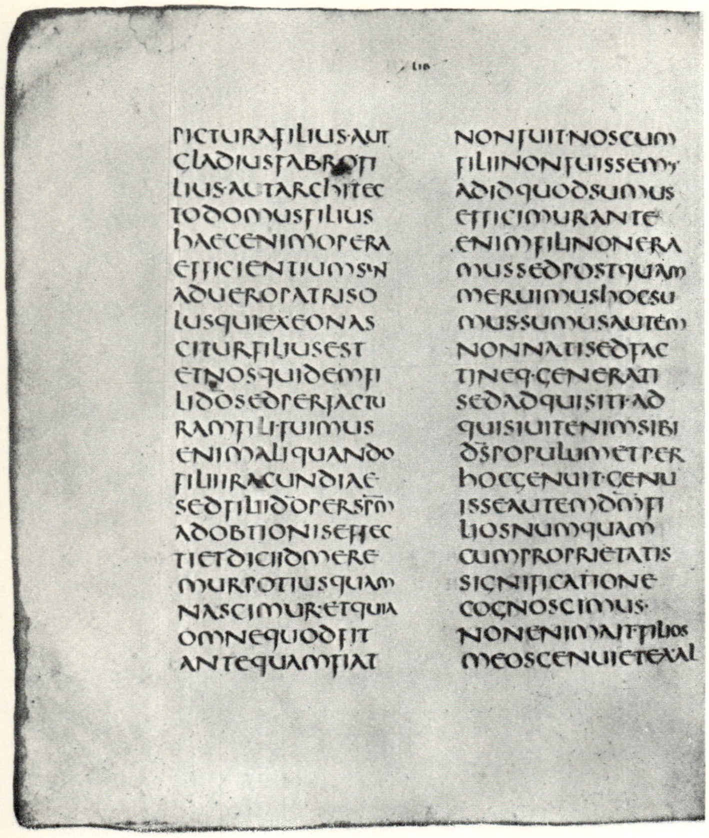

St. Hilarius ›De Trinitate‹ in Unzialschrift des 5. Jhs.

ten. Elf Jahre später trat Ser Simone d'Arezzo, ein Freund von Petrarcas Vater, in das Domkapitel von Verona ein und schrieb sogleich den Livius ab. Diese Abschrift kam Petrarca zu Gesicht, der die abweichenden Lesarten in seine eigene Fassung übernahm, die wiederum ein Jahrhundert später von Lorenzo Valla für sein einflußreiches Werk über den Text des römischen Geschichtsschreibers ›Emendationes in T. Livium‹ herangezogen wurde. Von 1339–41 benutzte Dantes Sohn Pietro die Bibliothek, um seinen Kommentar zur Göttlichen Komödie zu schreiben.

Petrarca selbst kam 1345 als Flüchtling vor den kriegerischen Wirren in der Lombardei zum ersten Mal nach Verona und war hocherfreut, in der Dombibliothek Ciceros Briefe an Atticus, ›Brutus‹ und ›Quintus‹ zu finden, die er abschrieb und an denen er seinen eigenen Briefstil schulte. In späteren Jahren konnte er dank seiner Freundschaft mit Guglielmo da Pastrengo, dem Kanzler des Cansignorio della Scala, seiner eigenen Bibliothek andere Werke aus dem Capitolare hinzufügen: Varros Schrift über die Landwirtschaft ›Res rusticae‹ (das einzige Werk des Autors, das vollständig erhalten blieb), die Hirtengedichte zweier wenig bedeutender Dichter, Calpurnius und Nemesianus, und die ›Scriptores historiae augustae‹, von denen er 1356 zuerst eine Abschrift bekam, später das Original aus dem neunten Jahrhundert.

Diese frühen Humanisten, die offenbar freien Zutritt zu der Bibliothek hatten, entdeckten die dort aufbewahrten alten Texte gerade noch rechtzeitig, bevor mit dem Niedergang der Herrschaft der della Scala-Dynastie nach 1375 die Sammlung gründlich geplündert wurde. Die Werke von Catull, Varro und Cicero verschwanden; den Livius eignete sich Antonio da Legnago an, einer der vier für Cansignorios junge Söhne eingesetzten Regenten; ein anderer Regent, Giacomo da San Sebastiano, legte die Hand auf einen Orosius aus dem elften Jahrhundert und einen Augustinus, den Pacificus dem Dom gestiftet hatte und der den feierlichen Fluch des Erzdiakons auf Buchdiebe trägt. Andere Bände gelangten in den Besitz der siegreichen Visconti, der Herrscher von Mailand, und wurden schließlich von König Ludwig XII. von Frankreich mit dem Rest der herzoglichen Bibliothek aus dem Schloß von Pavia nach Blois gebracht. Die Abschrift der Briefe des Plinius war zuletzt 1419 Guarino Veronese zu Gesicht gekommen. Mehr als Vierfünftel der zu Rathers Zeit vorhandenen Handschriften gingen auf diese Weise wahrscheinlich vor oder bald nach 1400 verloren.

Das Hauptereignis in der neueren Geschichte der Kapitularbibliothek war die Errichtung des ersten Bibliotheksgebäudes 1728, eine Folge des wiederaufgelebten Interesses an der Sammlung, das mit einer Reihe unwahrscheinlicher Vorkommnisse zusammenhängt. 1630 versteckte der Bibliothekar Domherr Agostini Rezzani die meisten alten Handschriften, um sie vor den ausländischen Truppen zu schützen, die sich zur Einnahme Mantuas versammelten. Bald darauf erlagen jedoch er und elf andere Mitglieder des Kapitels der Pest und nahmen das Geheimnis des Verstecks mit ins Grab. Die frühen Handschriften gerieten in Vergessenheit. Man stritt sogar ihre Existenz ab, als Montfaucon und Mabillon, gelehrte Mitglieder der französischen Benediktiner-Reformkongregation von St. Maur, während ihrer Italienreisen Verona besuchten. Schließlich überredete 1713 der Historiker Scipione Maffei den Domherrn Carinelli, vorübergehend seine genealogischen Studien zu unterbrechen und nach den vermißten Büchern zu forschen. Sie wurden im Giebelaufsatz eines großen Schrankes in der Domkanzlei, unter Brettern und Lumpen verborgen, entdeckt. Die Nachricht, die Maffei sofort überbracht wurde, regte ihn so auf, daß er in Schlafrock, Nachtmütze und Pantoffeln auf die Straße lief.

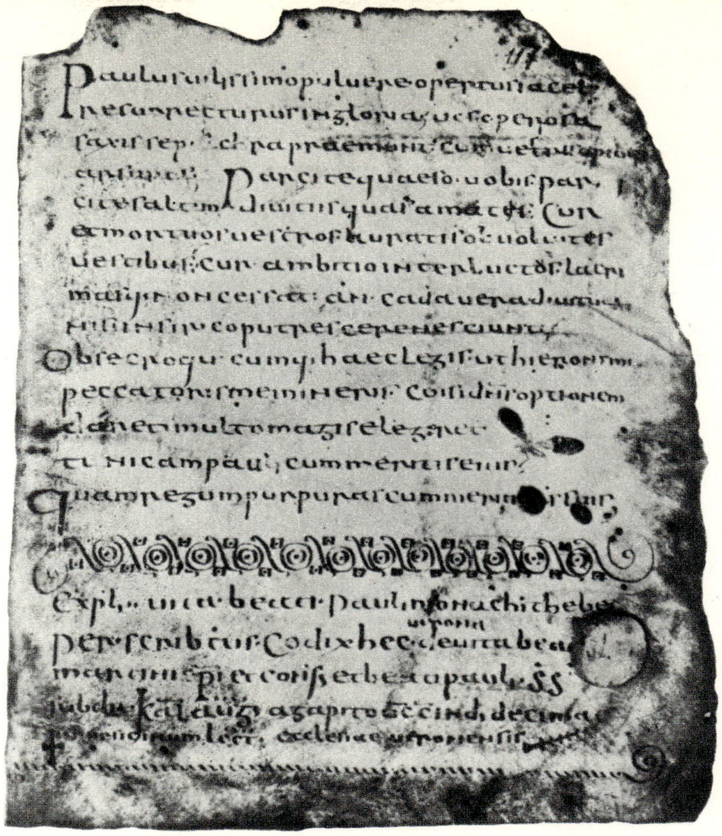

Die älteste datierte Veroneser Handschrift, Sulpicius Severus ›Vita S. Martini‹, Abschrift des ›Lektors‹ Ursicinus im Jahre 517.

Unter dem Eindruck dieser Sensation strömten Stiftungen und Vermächtnisse in die Bibliothek: die Sammlungen des Altertumsforschers und Astronomen Monsignore Francesco Bianchini und des Bischofs von Verona, Giovanni Morosini; die Handschriften und Aufzeichnungen Scipione Maffeis; ein Livius, der Matthias Corvinus, dem König von Ungarn, gehört hatte, ist ein Geschenk der Familie Bevilacqua. Seitdem der deutsche Historiker Barthold Georg Niebuhr 1816 den Palimpsest der ›Institutionen‹ des Gaius entdeckt hatte, zog die Sammlung die führenden Paläographen Europas und Amerikas an. Unter den Besuchern Veronas war auch Léopold Delisle, der bedeutende Direktor der französischen Nationalbibliothek. In einem Brief aus dem Jahre 1885 an einen Kollegen in Paris schrieb er »von einem Tag des Schwelgens in Handschriften, zwar wenig an der Zahl, doch von solch ehrwürdigem Alter, daß ich zu träumen glaubte, als ich so viele Schätze auf ein paar schäbigen Regalen versammelt fand«.

Die Kriege haben Verona zwei harte Schläge versetzt. Am 16. Mai 1797, einem ›Unglückstag‹ nach den Worten eines späteren Bibliothekars, beschlagnahmten die Kommissare der Französischen Republik »in Erfüllung ihrer nationalen Aufgabe, italienische Sammlungen zu berauben, um die französischen zu bereichern«, dreißig Handschriften und vierzehn Inkunabeln, von denen nach Napoleons Sturz nicht alle den Weg zurückgefunden haben. Am 4. Januar 1945 warf ein Liberator-Bomber, der von seiner Formation und vom Kurs abgekommen war, seine Bomben auf Verona. Die Bibliothek wurde durch einen Volltreffer gänzlich zerstört. Die Handschriften, Inkunabeln und Archive waren in Sicherheit gebracht worden, aber viele Druckwerke späterer Zeiten waren nicht zu retten. Ohne Zeit zu versäumen, wurden die Trümmer beseitigt, der Wiederaufbau begann. Am 28. September 1948 wurde die neue Bibliothek eingeweiht, »wesentlich schöner und geräumiger als die alte«, wie Monsignore Giuseppe Turrini, Bibliothekar seit 1922, erklärte, ein Denkmal des Selbstvertrauens und der Entschlossenheit im Unglück.

Stiftsbibliothek ST. GALLEN

Wie Geschichtsforscher nach Überresten der Zivilisation in einem durch Atomkrieg zerstörten Erdteil suchen könnten, so reiste im frühen siebten Jahrhundert eine Gruppe irischer Missionare unter Führung des heiligen Columban durch Europa. Nachdem sie von heidnischen alemannischen Stämmen besiedelte Gebiete durchzogen hatten, trafen sie in der ehemals römischen Stadt Brigantia (Bregenz) am Bodensee ein. Hier bekehrten sie die Einwohner, die ins Heidentum zurückgefallen waren. Zwei Jahre darauf wanderten Columban und seine Begleiter in die Lombardei weiter, wo sie das Kloster Bobbio gründeten. Doch einer der Iren, Gallus, blieb zurück und errichtete mit zwei einheimischen Schülern eine Zelle im waldigen Hügelland zwischen Bodensee und Alpstein. Nach seinem Tode wurde der Kirche, die seine Gebeine aufnahm, Pflege zuteil und im Jahre 719 wurde Otmar, ein alemannischer Priester, erster Abt einer Mönchsgemeinschaft, die sich um dieses Heiligtum versammelte und um 747 die Regel des heiligen Benedikt annahm. Die ersten Jahre waren hart, doch entwickelte sich das Kloster im neunten Jahrhundert unter dem Schutz Ludwigs des Frommen und anderer karolingischer Kaiser und unter einer bemerkenswerten Reihe von Äbten – Gozbert (816–36), Grimalt (841–72), Hartmut (872–83) und Salomon III. (890–920) – zu einem der großen Klöster Mitteleuropas.

Unter Otmar begann man in St. Gallen, Handschriften zu kopieren. Von 760 an leitete Winithar im Skriptorium die Herstellung von Bibeln und patristischen Werken. Der Mangel an Material war groß. Winithars Nachschrift zu einem Text der Paulus-Briefe spricht eine Bitte aus: »Wenn es Euch nützlich erscheint, daß eine so unbedeutende Person wie ich einiges für Euch schreiben soll, verschaffet mir Pergament ...«. Doch das Pergament, das er verwenden mußte, war schmutzig-gelb, voller Risse und Löcher. Im Rückblick auf diese Vergangenheit vermerkte Ratpert, der Geschichtsschreiber im neunten Jahrhundert, »einen großen Mangel an Büchern« vor der Amtszeit Abt Gozberts. Unter diesem stand gutes weißes Pergament zur Verfügung, und das ganze Kloster scheint in dem dringenden Wunsch, die Büchersammlung zu erweitern, zusammengearbeitet zu haben: an die hundert Schreiberhände sind in den zu Gozberts Zeit entstandenen St. Galler Handschriften zu erkennen. Ein reger geistiger Austausch vollzog sich mit anderen großen Abteien, beispielsweise mit der Reichenau, dem Inselkloster im Bodensee. Es gab enge Beziehungen zu dem von Bonifazius gegründeten Kloster in Fulda, dem Herkunftsort einiger berühmter, literaturhistorisch wichtiger Dokumente in St. Gallen oder ihrer Vorlagen: die früheste erhaltene Fassung vom Sterbelied des englischen Benediktiners Beda in angelsächsisch; ein lateinisch-deutsches Wörterbuch um 780, bekannt als ›Vocabularius Sancti

OBEN *Selbstportrait von Wendelgarius, dem Schreiber einer Sammlung deutschen Rechts aus dem Jahr 793.* GEGENÜBER *Johannes der Evangelist; Schmuckseite eines irischen Künstlers der 2. Hälfte des 8. Jhs., aus einem Evangeliar, das wahrscheinlich im 9. Jh. durch irische Pilger nach St. Gallen kam.*

Galli‹; und des ostsyrischen Theologen Tatianus Evangelienharmonie in lateinisch mit einer althochdeutschen Übersetzung. Ein zweites althochdeutsches ›Wörterbuch‹ aus dem achten Jahrhundert, bekannt nach seinem ersten Wort als ›Abrogans‹, besaß seine Vorlage vielleicht in Freising.

Von Italien fanden ehrwürdige Handschriften auf den Pilgerstraßen ihren Weg nach St. Gallen; ein Vergil in Capitalis quadrata aus dem fünften Jahrhundert; die erste Handschrift der Vulgata, »geschrieben . . . möglicherweise während der Zeit des Hieronymus« (Lowe); die Edikte des lombardischen Königs Rothari in einer Handschrift des siebten Jahrhunderts aus Pavia oder Bobbio; Palimpseste, vielleicht wiederbeschrieben in Mailand oder Chur über ausgelöschten Texten des Terenz und des lateinischen christlichen Dichters Flavius Merobaudes aus dem fünften Jahrhundert. Aus Südfrankreich erhielt das Kloster einen Papyrus-Codex mit Isidor von Sevillas ›Synonyma‹ aus dem siebten Jahrhundert und aus dem berühmten Skriptorium von Tours die älteste erhaltene Vollbibel.

Unter Abt Grimalt wurde die Arbeit des Skriptoriums reorganisiert, mit wenigeren, aber um so sachverständigeren Schreibkräften. Ein Bibliothekar wurde ernannt und der erste Katalog der Bibliothek zusammengestellt. Die Sammlung mit ihren gegen 400 Bänden entsprach dem Ideal der karolingischen Renaissance, nämlich einer wiederbelebten christlichen Frühzeit: die Bibel, die Kirchenväter mit Beda und Alkuin, Heiligenleben und Homilien, die christlichen Dichter Juvencus, Sedulius, Prudentius und Alcimus Avitus, Bischof von Vienne, sowie Boethius und Vergil waren im neunten Jahrhundert die Grundlage der Gelehrsamkeit St. Gallens. Neben den wohlbekannten Titeln von Augustinus, Ambrosius, Hieronymus und Gregor kamen durch spätere Stiftungen vereinzelt weniger bekannte Werke dazu: die Übersetzung der Offenbarung des Johannes durch den hl. Methodios, die Unterweisungen des afrikanischen Bischofs Junilius aus dem sechsten Jahrhundert, Tichonius' verlorener Kommentar zur Apokalypse. Einige waren unzweifelhaft der Verbindung des Klosters mit den britischen Inseln zu verdanken: der Kommentar zu den Paulusbriefen des britischen Erzhäretikers Pelagius (der die Ursünde leugnete) und aus dem fünften Jahrhundert die Briefe des Semipelagianers Faustus, des bretonischen Bischofs von Riez.

Weltliche Werke waren auf wenige über Rechnungswesen, Astronomie, Rechtswissenschaft, Grammatik und Rechtschreibung, sowie auf Gregor von Tours ›Historia Francorum‹ beschränkt, denen Grimalt und Hartmut den Trojanischen Krieg und andere Geschichtswerke, sowie einige medizinische Bücher hinzufügten, ferner Martianus Capellas ›Hochzeit Merkurs mit der Philologie‹ (dessen Interpretation der Freien Künste die ganze mittelalterliche Erziehung beeinflußte), Vegetius Werk über das Kriegswesen und »eine Weltkarte von besonderer Kunstfertigkeit«. Möglicherweise enthält das Verzeichnis nicht die Schulbücher, unter denen andere klassische Autoren gewesen sein werden.

Der Katalog hat eine eigenartige Besonderheit: er beginnt mit dreißig Bänden der ›Libri scottice scripti‹ – Büchern in irischer Schrift. Der Katalogisator hielt sie irrtümlich alle für irisch, doch wenigstens ein Text, der des Leiters der Singschule des Klosters Wearmouth in Northumberland, war wahrscheinlich englischen Ursprungs. Daß die anderen Bücher Überbleibsel der Bücherei des Gallus waren oder von irischen Mönchen in der Abtei geschrieben worden seien, wird heute nicht mehr angenommen. Man ist sich darüber einig, daß sie wahrscheinlich als Geschenk irischer Pilger nach St. Gallen gekommen sind. Während des neunten Jahrhunderts waren die Pilgerwege von den Niederlanden und dem Rheinland nach Rom voller irischer Scholaren von abenteuerlichem Aussehen, mit geschminkten Augenlidern und rasierter Stirnpartie. Wie die gleichzeitige Lebensbeschreibung des heiligen Gallus vermerkte, war ihnen »die Gewohnheit des Umherziehens zur zweiten Natur« geworden. Das Grab ihres heiligen Landsmannes war zur anerkannten Wallfahrtsstätte geworden. Ein Bericht über einen solchen Besuch zweier Pilger auf der Rückkehr von Rom ist überliefert, nämlich der des irischen Bischofs Marcus und seines Neffen Moengal, letzterer »hochgelehrt in geistlichen und weltlichen Sachen«. Der Bischof verlängerte seinen Aufenthalt, entließ sein Gefolge und schenkte dem Kloster seine Bücher, Gold und sein Pallium. Sein Neffe trat in den Orden ein und wurde mit der Leitung der Novizenschule betraut. Den deutschen Mönchen St. Gallens müssen die ›Libri scottice scripti‹ mehr als Kuriositäten, kaum lesbar und von geringem praktischen Nutzen erschienen sein. Das dürfte der Grund für ihre Absonderung im Katalog, der sonst durchgängig nach Inhalt und Autor geordnet ist, und für ihr beinahe völliges Verschwinden gewesen sein. Von Fragmenten abgesehen, sind nur vier irische Handschriften in der Bibliothek erhalten: ein Evangelium aus dem achten Jahrhundert mit prächtigen Miniaturen und Ornamenten, ein Evangelium des Johannes um 800, die griechischen Evangelien mit lateinischer Interlinearübersetzung um 850 und die Grammatik des Priscianus aus dem späteren neunten Jahrhundert mit altirischen Glossen und Randversen. Einer der Vierzeiler gibt ein idyllisches Bild vom Werken eines irischen Schreibers:

> Der hellstimmige Kuckuck singt mir ein liebliches Lied
> In seinem grauen Gewand, von Busch zu Busch.
> Beim Jüngsten Gericht möge Gott mich schützen! –
> Ich schreibe glücklich im Grünen.

Man nimmt an, daß den Iren in St. Gallen eine gewisse Pflege des Griechischen zu danken ist. Moengal hatte anscheinend einige Kenntnis dieser Sprache, die er seinem Schüler Notker Balbulus (dem ›Stammler‹) weitergab und dieser Salomon dem Dritten. Notker sprach von den »hellenischen Brüdern« im Kloster, wahrscheinlich im Hinblick auf diese Studentengruppe. Eine griechische Elementargrammatik wurde im Kloster abgeschrieben. Notker entlieh die kanonischen Apostelbriefe in Griechisch von Liutward, dem Bischof von Vercelli; es gelang ihm, sie »mit vieler Mühe« abzuschreiben. Die Bibliothek besitzt ferner das vorgenannte griechische Evangelienbuch mit lateinischer Interlinear-Übersetzung, das in einer irischen Niederlassung auf dem Kontinent (vielleicht in Lüttich) entstanden ist und dem ein kurzes Inhaltsverzeichnis von Illustrationen zum Evangelium beigeschrieben worden ist, augenscheinlich nach einem byzantinischen illuminierten Vorbild. Diese Spuren von griechischem Einfluß erscheinen im Vergleich mit Renaissancemaßstäben unbedeutend, doch sind sie für ihre Zeit ganz ungewöhnlich.

Die auf Salomons III. Tod folgende Zeit war recht düster. Das Kloster wurde 926 von den Ungarn geplündert und elf Jahre später durch Feuer zerstört, wenn auch jedesmal die Bücher gerettet werden konnten. Notker Labeo (der ›Großlippige‹, auch ›Teutonicus‹ genannt, 952–1022) leitete im späten zehnten Jahrhundert, in dem sich neues Interesse für klassische Literatur bemerkbar machte, eine zweite geistige Blütezeit ein. Horaz, Lukan, Sallust, Ovid, Juvenal, Quintilian und Statius, Ciceros Bearbeitung der ›Topica‹ des Aristoteles und andere Werke, sowie Senecas burleske ›Apotheose des Kaisers Claudius‹ wurden in dem Skriptorium kopiert. An einem internationalen Schnittpunkt gelegen, war St. Gallen der rechte Ort für Aufzeichnung und

UMSEITIG *Doppelseite aus dem Goldenen Psalter, der im späten 9. Jh. in St. Gallen geschrieben und illuminiert wurde. Die Bilder illustrieren zwei Verse von Psalm 60; links: »Du hast aber doch ein Panier gegeben denen, die dich fürchten«; rechts: »Wer will mich führen in eine feste Stadt? Wer geleitet mich bis nach Edom?«*

ET SYRIAM SOBAL · ET CONVERTIT
IOAB · ET PERCUSSIT EDOM IN VAL
LE SALINARUM · XII MILIA ·

ASCENSIO SCE MARIE
S GALL PANE PORRIGIT VRSO

Verbreitung seltener Texte. Ein Brief Notker Labeos an Bischof Hugo von Sitten beleuchtet diese Situation: Der Abt von Reichenau hatte vom Bischof eine Abschrift von Ciceros ›Erster Philippika‹ ausgeliehen und an deren Stelle Ciceros ›De inventione‹ und Victorinus' Kommentar hinterlegt; sollten die vom Bischof gewünschten Bücher geliefert werden, müßte er weiteres Pergament und Geld für die Kopisten schicken – ein deutlicher Hinweis, daß das Skriptorium Schreiber außerhalb des Klosters beschäftigte und bezahlte, vermutlich Weltpriester.

St. Gallen vermittelte nicht nur; verschiedentlich wurden von seinen Mönchen beachtliche Werke verfaßt: von Notker Balbulus die 40 Sequenzen und die ›Gesta Karoli‹, von Ekkehard I. das epische Gedicht ›Waltharilied‹, Ratperts und Ekkehards IV. Geschichten des Klosters, Notker Labeos Abhandlung über Musiktheorie und seine deutsche Übersetzung des Psalters, Boethius, Aristoteles, Terenz und Vergil. Im neunten und elften Jahrhundert blühte im Kloster eine berühmte Buchmalereiwerkstatt. Eines ihrer berühmtesten Werke, das Evangelium longum, ist in Deckel mit Elfenbeinschnitzerei gebunden, von denen zumindest einer von der Hand des St. Galler Mönches Tuotilo stammt.

Alle diese Werke gehörten einer vergangenen Zeit an, als 1414 das Konzil in Konstanz zusammentrat. Das geistige Leben des Klosters war längst in Lethargie versunken, und seine Bibliothek hatte sich seit dem elften Jahrhundert lediglich um eine Handvoll Gesetzbücher und einige Werke von Bernard, Anselm und späteren Autoren vermehrt (eine Handschrift überliefert einen seltenen Text, einen Bericht des gallischen Bischofs Arculf über den Nahen Osten von etwa 670). Im Sommer 1416 entschlossen sich drei bei der päpstlichen Kurie beschäftigte toskanische Sekretäre, Poggio Bracciolini, Cencio Rustici und Bartolomeo da Montepulciano, mit einigen unbekannten Begleitern Urlaub von ihrem Dienst auf dem Konzil zu nehmen. Ihre Wahl fiel auf St. Gallen, von dessen alter Bibliothek sie gehört hatten. Fast sofort entdeckten sie ein vollständiges Exemplar von Quintilians ›Über die Erziehung zum Redner‹, die sie bisher nur in einer sehr unvollkommenen Form kannten, und drei in Italien unbekannte Werke: Valerius Flaccus ›Argonautica‹ und zwei Kommentare zu Ciceros Reden. Es wurde ihnen gestattet, diese Schriften zu kopieren. Das Werk Quintilians wurde später zurückgesandt, aber die anderen sind seitdem verschwunden. Cencio Rustici sah das Papyrus-Manuskript Isidors von Sevilla und obgleich er den unvollständigen Zustand und unklassischen Inhalt beklagte, drückte er es, entzückt über »sein heiliges und unverdorbenes Alter«, an sein Herz. Doch der Anblick »unzähliger Bücher« in jämmerlichem Zustand, die in Hartmuts Turm neben der Kirche untergebracht waren, erregte den Zorn der Humanisten. Cencio erklärte, sie hätten miteinander geweint »beim Anblick von Staub, Würmern, Ruß und allem anderen, was Bücher zerstört«, voller Entrüstung gegen den Fürstabt, Heinrich von Gundelfingen, und das ganze Kloster: »Der Abt und die Mönche dieses Klosters sind fern jeglicher Kenntnis der Literatur. O barbarisches, der lateinischen Sprache feindlich gesinntes Land! O im Stich gelassene Humanitas!«

GEGENÜBER *Eine von Tuotilo, einem St. Galler Mönch, geschnitzte Elfenbeintafel auf dem hinteren Deckel des im Jahre 900 im Kloster geschriebenen ›Evangelium longum‹, mit Darstellungen von Mariae Himmelfahrt und dem Bären, der Sankt Gallus beim Bau seiner Zelle hilft.*

Der von Hand Gottes geleitete, ehrfürchtig gebeugte Hartkerus Reclusus bringt das von ihm abgeschriebene und mit Zeichnungen geschmückte Buch dem thronenden Klosterpatron Sankt Gallus dar. St. Galler Buchmalerei aus dem Jahre 1000.

Fast zwei Generationen nach Poggios Besuch erfuhr St. Gallen eine geistige Erneuerung unter dem außergewöhnlich begabten Abt Ulrich Rösch (1463–91), der sein Leben im Kloster als Küchenjunge begonnen hatte. Vor seiner Wahl hatte er schon die Neukatalogisierung und das Einbinden vieler Bücher veranlaßt. Unglücklicherweise wurden dabei viele unerwünschte frühe Manuskripte ausrangiert, wie der Vergil und die Evangelien in Unzialschrift, von denen wir nur wissen, weil einige Fragmente als Vorsatzblätter verwendet worden sind. Rösch rief die Klosterschule wieder ins Leben, schickte einige der jüngeren Mönche auf Universitäten und gewährte der Bibliothek einen regelmäßigen jährlichen Zuschuß von hundert Gulden für Neuerwerbungen. Mit diesen Mitteln wurde eine Vielfalt gedruckter Bücher gekauft – Theologie, Philosophie, Jura, Reisen, lateinische Klassiker, humanistische Werke und deutsche Volksbücher –, womit der Umfang der Sammlung fast verdoppelt wurde. Die Bibliothek profitierte auch von Vermächtnissen, darunter einem von einem Mönch namens Gall Kemly. Er hatte mit elf Jahren das Mönchsgelübde abgelegt, empfand aber später die Klostererziehung unerträglich und verbrachte die meiste Zeit seines späteren Lebens außerhalb der Klostermauern. Außer einigen Manuskripten, die weitgehend von seiner Hand stammten, besaß er zwei Blockbücher, und dank seiner Gepflogenheit, Einblatt-Holzschnitte in seine Bücher zu kleben, haben sich einige Unikate erhalten.

Ungewöhnlicherweise wurde das Skriptorium, das bis dahin über dreihundert Jahre brachgelegen hatte, im sechzehnten Jahrhundert wiederbelebt. Abt Franz von Gaisberg (1504–29) berief Leonhard Wagner, einen Augsburger Benediktiner, um zwei junge Mönche in der Kalligraphie zu unterweisen, und Nikolaus Bertschi aus Rorschach, einen Illuminator, der kein Geistlicher war. Unter Abt Diethelm Blarer (1530–64) wurde eine Anzahl Meßbücher vom Organisten des Klosters, Fridolin Sicher (Verfasser einer Chronik), und seinem Schüler Heinrich Keller abgeschrieben. Ein Graduale und ein Antiphonar, von letzterem 1562 geschrieben, mit einer von Diethelm Blarer bei dem Italiener Manfred Barbarini Lupus bestellten Musik und Miniaturen des Malers Kaspar Härtli aus Lindau, waren die letzten großen Handschriften, die im Kloster entstanden sind.

Der Idealplan aus der Zeit um 820, der in St. Gallen noch erhalten ist und Abt Gozbert beim Aufbau des Klosters angeregt haben dürfte, zeigt einen besonderen Raum für Bücher über dem Skriptorium, doch ist es ungewiß, in welchem Umfang der Plan verwirklicht und wann der erste Bibliotheksraum errichtet wurde. Im späten Mittelalter bewahrte man die regelmäßig gebrauchten Bücher in der Bibliothek auf, während die älteren Handschriften noch viele Jahre nach Poggios Besuch in Hartmuts Turm blieben. Der Schweizer Historiker Johann Stumpf berichtete 1548, daß sie »in einem unordentlichen Haufen ... wie heilige Reliquien in der gewölbten Kammer eines alten Turms« gelegen hätten. Etwas früher hatte der schwäbische Doktor und Humanist Gabriel Hummelsberg Beatus Rhenanus unterrichtet, daß es »niemandem oder nur sehr wenigen Menschen und nur solchen, die bekannt und auserwählt waren, gestattet werde, die Bibliothek zu benutzen oder sich darin umzusehen«. 1551 legte Abt Diethelm Blarer den Grundstein zu einer neuen Bibliothek, die unter Fürstabt Cölestin II. Gugger von Staudach 1758–67 durch den jetzigen großartigen Barockraum ersetzt wurde, den die Vorarlberger Baumeister Peter Thumb Vater und Sohn errichteten.

St. Gallen hat bei vielen Gelegenheiten Verluste erlitten. 1530 hoben die protestantischen St. Galler Bürger die Abtei auf und eigneten sich die Bücher an. Manche hat der humanistische Bürgermeister, Joachim von Watt (Va-

Der barocke Bibliothekssaal, 1758-67 erbaut von Peter Thumb Vater und Sohn.

dianus), für sich behalten, als nach einer friedlichen Einigung die meisten dem Kloster zurückgegeben wurden. 1712 kamen die Städte Zürich und Bern den gegen den Fürstabt rebellierenden Toggenburgern zu Hilfe und besetzten die Abtei. Diesmal wurde das Kloster aller seiner beweglichen Habe beraubt und konnte seine Bücher, wiederum mit vielen Einbußen, erst acht Jahre später zurückbekommen. Als Ersatz kaufte 1768 Abt Beda Angehrn die von Gilg Tschudi (1506–72) zusammengetragene Handschriftensammlung, die einen berühmten Band aus dem 13. Jahrhundert mit drei deutschen Epen enthält: Wolfram von Eschenbachs ›Parsifal‹, den ›Willehalm‹ und das ›Nibelungenlied‹. Das Kloster wurde aufgrund eines Beschlusses des Großen Rats des neugeschaffenen Kantons St. Gallen 1805 säkularisiert. Seine Gebäude und Bücher wurden Eigentum des Katholischen Konfessionsteils dieses Kantons, und seither ist die Bibliothek dem Publikum allgemein zugänglich.

UNTEN *Die delphische Sibylle weissagt Christi Dornenkrönung. Aus einem Blockbuch des 15. Jhs. ›Sibyllinische Weissagungen‹, das Gall Kemly dem Kloster St. Gallen vermachte.* LINKS *Abt Diethelm Blarer und der Mönch Heinrich Keller beten den gekreuzigten Heiland in der Gemeinschaft der Heiligen an. Miniatur von Kaspar Härtli aus Lindau in einem Meßbuch von 1562.* GEGENÜBER *Der Beginn des ersten Psalms (Beatus vir – Wohl dem) in einem der berühmtesten Werke der St. Galler Buchmalerei-Werkstatt, einem etwa 865 von Folchart geschriebenen und illuminierten Psalterium.*

E
A
TVS
V
I
R
Q
VI

Staatsbibliothek BAMBERG

OBEN *Bamberg, der von Kaiser Heinrich II. gestiftete Dom des 12. Jhs.* GEGENÜBER *Die Kirche geleitet die durch die Taufe geläuterten Seligen zum gekreuzigten Heiland. Miniatur aus einem Kommentar zum Hohen Lied, der im späten 10. Jh. auf der Insel Reichenau geschrieben und illuminiert wurde und schon dem Grundstock der Bamberger Bibliothek angehörte.*

Vom Ende der Antike bis zum dreizehnten Jahrhundert waren im lateinischen Westen Bücher weitgehend, wenn auch nicht ausschließlich, in den Händen des Klerus. Von einigen Laien, die private Sammlungen besaßen, sind bekannt: Einhard, der Biograph Karls des Großen, Graf Eccard in Burgund und Markgraf Eberhard von Friaul im neunten Jahrhundert; und selbstverständlich Karl der Große selber, dessen Bibliothek nach seinem Tode verkauft wurde. Die Einnahmen daraus flossen wohltätigen Zwecken zu. Lediglich eine einzige Gruppe von Büchern einer Laiengründung des frühen Mittelalters bestand weiter; sie gehörte zu der Büchersammlung, die Kaiser Heinrich II., der Heilige, für den Domschatz zu Bamberg stiftete. Bamberg war das ganz persönliche Werk Kaiser Heinrichs. Aus einer Grafenburg im Jahre seiner Thronbesteigung 1002 war es neunzehn Jahre später zu einer von Mauern umgebenen Stadt herangewachsen, Bischofssitz mit einem doppelchörigen Dom, zu dessen Einweihung Papst Benedikt VIII. eigens von Rom gekommen war, einem Sankt Michael gewidmeten Benediktinerkloster auf dem Michelsberg und einer Kollegiatsstiftskirche St. Stephan. Der Gründer beabsichtigte, Bamberg zum geistigen und religiösen Mittelpunkt in Süddeutschland zu machen. Seine Domherren sollten »der Geistlichkeit von Lüttich an Wissen und der von Hildesheim in der Inbrunst ihres religiösen Lebens ebenbürtig sein«. Es gab bereits verschiedene Domschulen in Deutschland; sie hatten ein umfangreicheres Lehrprogramm als die Klosterschulen und waren für die Ausbildung junger Adliger zu späteren hohen Beamten für Kirche und Staat von großem Nutzen. Heinrich, der auf der Hildesheimer Domschule erzogen worden war, beeilte sich, auch in Bamberg eine zu gründen. Den Vorsteher namens Durandus ließ er aus Lüttich kommen. Ein Widmungsgedicht des Abtes Gerhard von Seeon von 1014 erwähnt, daß die Schule damals bereits das ›Quadrivium‹ (Arithmetik, Geometrie, Astronomie und Musik) und das ›Trivium‹ (Grammatik, Rhetorik und Dialektik) lehrte. Die Lehrbücher, die der Kaiser für die Schule besorgte, lassen sich aus mittelalterlichen Aufzeichnungen erschließen, vor allem aus einer Liste von hundertdreißig Büchern, die um 1200 für den Rektor aufgestellt wurde, und aus vorhandenen Handschriften. Als Vorbilder guten Lateins galten Horaz, Macrobius, Aulus Gellius, die Satiren des Persius, vielleicht auch die Komödien des Terenz, Ovids ›Amores‹ oder seine ›Liebeskunst‹, die ›Thebais‹ des Statius, Claudianus' Schmähgedicht auf den Eunuchen Eutropius, eine unvollständige Kopie von Senecas Briefen, eine Komödie von Plautus (die ›Aulularia‹, die Molière zu seinem ›Geizigen‹ angeregt haben soll), Vergils ›Äneis‹ und vielleicht seine ›Bucolica‹, die in der Liste des Domscholasters unter dem wunderlichen Titel ›Übersetzung Vergils aus dem Griechi-

schen ins Latein‹ angeführt ist. Es scheint, daß die Schule besonders das Studium der Dialektik pflegte, und sie hatte in der Bibliothek eine umfangreiche historische Abteilung mit Teilen dreier Dekaden der Römischen Geschichte des Livius, der ›Scriptores historiae Augustae‹, Dares Phrygius über den Trojanischen Krieg, Josephus' ›Jüdische Altertümer‹, eine Sammlung von Chroniken aus dem frühen Mittelalter, Victor Vitensis ›Geschichte der Verfolgung in der Provinz Africa‹ und zahlreiche Heiligenleben. Die Schüler konnten auch zwei medizinische Sammelbände konsultieren, ferner Justinians Institutionen (damals ein seltenes Werk), zwei Exemplare von Vegetius Handbuch des Kriegswesens und »ein Buch über Architektur«, wahrscheinlich Vitruv.

Das ist eine eindrucksvolle Sammlung von mehr als zweihundert Bänden, einschließlich der mehrfach vorhandenen, wovon die Hälfte noch erhalten ist. Doch die Zahl der vorhandenen Bücher war wesentlich kleiner als etwa die der Bibliothek des Klosters Lorsch, die im neunten Jahrhundert 590 Bände besaß. Die Zahl schadhafter Bände (drei von vier Kodices von Papst Gregor d. Gr. Kommentar zum Buche Hiob sind unvollständig) verrät die Schwierigkeiten, die sich in diesem rauhen Zeitalter dem Aufbau einer solchen Sammlung entgegenstellten.

Als der Dom mit liturgischen Büchern versorgt werden mußte, war keine Ausgabe zu groß, kein Schmuck zu verschwenderisch. Vier davon sind noch in Gold gebunden, reich mit Edelsteinen verziert, und fast alle sind prächtig illuminiert, die Mehrzahl von einer Werkstatt, die viele kaiserliche Aufträge ausführte und von der man annimmt, daß sie im Kloster Reichenau am Bodensee gearbeitet hat. Eine Miniatur stellt die Krönung Heinrichs II. durch Christus dar; in einer anderen, nach einem spätantiken Vorbild, erscheint Otto III. thronend im vollen Glanz seiner Herrschaftszeichen, wie er von seinen Provinzen Tribute entgegennimmt. Zwei Gradualien, von der Überlieferung als Gebetbücher Heinrichs II. und der Kaiserin Kunigunde bezeichnet, besitzen Einbände von großer Eleganz, für die byzantinische Elfenbeindiptychen, geschnitzte Schreibtäfelchen, verwendet wurden; die Handschriften selbst sind im Kloster Seeon entstanden, möglicherweise für den Gebrauch des Kaiserpaares.

Die Schulbücher hatten höchst verschiedenen Ursprung. Der Grundstock stammte anscheinend aus dem Besitz der beiden Vorgänger Heinrichs, der Kaiser Otto II. und Otto III. Nicht alle waren auf unbedingt lobenswerte Weise erworben worden. Der Chronist von St. Gallen berichtet, daß 972 Kaiser Otto I. mit seinem Sohn Otto II. einige Tage im Kloster verbrachte. Während des Aufenthalts bat Otto II. die Bücherschränke zu öffnen. Der Abt wagte diese Bitte nicht abzuschlagen. Der Kaiser wählte mehrere aus und nahm sie mit. »Später gab er einige von ihnen auf Ersuchen Ekkeharts zurück«, schließt der Bericht kläglich. Ein jetzt in Bamberg befindliches Psalterium quadrupartitum mit drei lateinischen und einer griechischen Fassung des Psalters in parallellaufenden Spalten, 909 im Auftrag des Abtbischofs von St. Gallen, Salomons III., geschrieben, scheint einer dieser nicht zurückgegebenen Bände gewesen zu sein. Der ›Heliand‹, ein altsächsisches Gedicht über das Leben Christi aus dem neunten Jahrhundert, ist ein anderes, augenscheinlich aus dem Besitz des ottonischen Hauses stammendes Buch.

Viele Bücher kamen von den Klöstern Seeon, Fulda, St. Emmeram in Regensburg, von der Reichenau und wahrscheinlich noch anderen. Der später heiliggesprochene Kaiser war ein Freund der Mönche. Bebo, wahrscheinlich der Leiter des Skriptoriums von Seeon, sprach ihn als »dulcissime« und »carissime Cäsar« an, als er ihm eine Abschrift von Gregors d. Gr. ›Moralia

Byzantinische Elfenbeintafeln mit Darstellungen von Paulus und Christus vom Einband eines Graduale, wahrscheinlich eines Geschenkes von Heinrich II. an den Bamberger Dom.

in Job‹ widmete, die sich der Kaiser gewünscht hatte; als Belohnung für seine Arbeit erbitte er sich nur dessen Wohlwollen. Der anonyme Klosterschreiber von Gregors Kommentaren zu Ezechiel nannte sich »Euer armer Freund, teurer Cäsar«.

Selbst Jahrhunderte Anarchie und Invasion hatten Italien nicht völlig seiner Bestände an spätantiken Handschriften beraubt, und seine Klöster bewahrten manchen seltenen und überraschenden Text. Jeder der drei Ottonen besuchte Rom, und Otto II. kämpfte sich an der Spitze seiner Armee bis nach Südkalabrien durch; Heinrich II. führte drei Heerzüge über die Alpen und wurde in Pavia und in Rom gekrönt. Viele Handschriften gingen auf dem Rückweg im kaiserlichen Gepäck mit und wurden im fünfzehnten Jahrhundert von Poggio und anderen Humanisten in den Winkeln deutscher Bibliotheken wiederentdeckt. Illuminierte liturgische Kodices dienten als taktvolle Gegengaben, wie das in Regensburg für Heinrich II. hergestellte Evangeliar, das sich heute im Vatikan befindet (Ottoboniano lat. 74). Siebzehn Handschriften in Bamberg dürften von Italienzügen stammen. Die älteste, eine Sammlung von Werken des Hieronymus und des Gennadius von Marseille aus dem sechsten Jahrhundert, ist in Süditalien entstanden, doch möglicherweise in Rom erworben worden. Ein Sammelband aus dem achten Jahrhundert mit der Bezeichnung »Codex archetypus«, nach »dem andere Abschriften zu verbessern sind«, gehörte vielleicht Monte Cassino; er enthält die älteste Textquelle für die ›Institutiones‹ des Cassiodor (diesen unentbehrlichen Leitfaden für die mittelalterlichen Bibliothekare), illustriert mit einer Zeichnung seines Klosters in Squillace, und das einzige komplett erhaltene Exemplar von Gregor von Tours ›Über den Lauf der Sterne‹. Eine Sammlung polemischer Traktate zur Verteidigung von Papst Formosus (der 896 starb), möglicherweise in Neapel geschrieben, kurz nachdem die Leiche des unglücklichen Papstes von seinem Nachfolger ausgegraben, mit den päpstlichen Gewändern angetan, angeklagt und verurteilt worden war, mag Otto III. von Bischof Leo von Vercelli erhalten haben. Eine dritte einzigartige Handschrift,

OBEN *Die Vision des Isaias, aus einem Kommentar zum Buch Isaia mit Miniaturen der Reichenauer Werkstatt, Ende des 10. Jhs.* UNTEN *Kaiser Heinrich II., das juwelengeschmückte Buch haltend. Widmungsbild aus dem Evangelistar aus Kloster Seeon, frühes 11. Jh.*

LINKS *Kircheninneres mit Altar, Fensterrose und zelebrierendem Bischof; aus einer Sammlung von Verteidigungsschriften für Papst Formosus, vielleicht aus Neapel, frühes 10. Jh.* UNTEN *Cassiodorus Kloster in Squillace, man sieht die beiden Kirchen und den Fischteich (vivaria), der den Namen gab. Miniatur aus der ältesten erhaltenen Handschrift der ›Institutiones‹ des Cassiodorus, Abschrift des 8. Jhs., vielleicht aus Monte Cassino.*

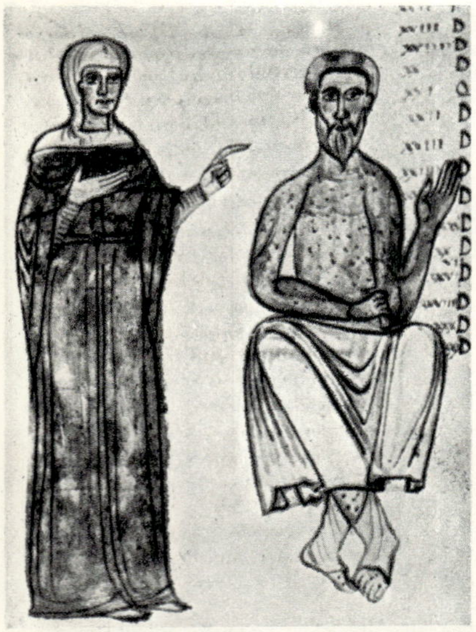

OBEN *Hiob und seine Frau; aus einer Handschrift der ›Moralia in Job‹ Gregors d. Gr., Italien (vielleicht Rom), um 1000.* UNTEN *Der Schreiber Bebo überreicht Heinrich II. den Kommentar zum Buch Ezechiel von Gregor d. Gr., oben der Heilige Geist Gregor diktierend.*

wahrscheinlich in Mailand unter Erzbischof Arnulf II. (998–1018) angefertigt, war die Brücke, über die die lateinische Übersetzung des griechischen Alexanderromans nach Nordeuropa gelangte, der in volkstümlichen Bearbeitungen im späteren Mittelalter ein Bestseller wurde.

Verschiedene französische und maasländische Handschriften sind offenbar das Ergebnis der weitgespannten Bemühungen Heinrichs II. um Bücher. Odilo, der Abt von Cluny, sandte seinen Kommentar zu den paulinischen Briefen, Bischof Baldrich von Lüttich ein gregorianisches Sakramentar, Jumièges ein Werk, das die Lebensgeschichte der Äbte Philibert und Aichadrus und des Erzbischofs Hugo von Rouen enthielt; Reims sandte Erzbischof Hinkmars ›Leben des heiligen Remigius‹ und Richers Geschichtswerk ›Historiarum libri‹. Stavelot oder Malmédy sandten ›Das Leben des heiligen Remaclus‹ mit Abschriften ihrer Urkunden, und Lobbes oder St. Vaast Annalen, begleitet von einer Tabelle der Weltgeschichte bis zum Jahr 735. Andere Bände, von so weither wie von England, wurden vielleicht von Flüchtlingen vor Wikingereinfällen nach Deutschland gebracht. Zumindest drei Handschriften stehen in Verbindung mit dem karolingischen Kaiser Karl dem Kahlen und Johannes Scotus Eriugena, dem irischen Lehrer an seiner Palast-Schule, Mitte des neunten Jahrhunderts: Eriugenas ›De divisione naturae‹, in Reims bald nach 850 geschrieben, mit eigenhändigen Anmerkungen und Korrekturen; eine prächtig illuminierte Bibel um 840 aus dem Skriptorium von St. Martin in Tours; ferner Boethius ›Arithmetik‹, für Karl den Kahlen mit großer Eleganz in Tours geschrieben und ausgeschmückt.

Um 1615 nahm ein belgischer Jesuit, Joseph Horrion, eine systematische Überprüfung der klassischen Bücher in der Bibliothek vor und war erstaunt, einen Livius aus dem späten zehnten Jahrhundert zu entdecken, der die bis dahin unbekannten ersten siebzehn Kapitel von Buch 33 enthielt (im darauffolgenden Jahr veröffentlichte er in Rom die Erstausgabe). Im 19. Jahrhundert wurde dieser Kodex mit einem Eintrag in einer anderen Bamberger Handschrift in Verbindung gebracht, der Bücher aufzählt, die Otto III. um 996 in Piacenza aus dem Besitz des Erzbischofs Johannes Philagathos übernahm, eines griechischen Schützlings der Kaiserin-Mutter Theophano, der als Verräter gefangengenommen und geblendet wurde. Die Eintragung erwähnt auch zwei Bücher von Titus Livius. Schließlich wurden 1904 Fragmente eines Unzialkodex aus dem fünften Jahrhundert von Livius vierter Dekade in den Einbänden zweier Bücher aus der Dombibliothek und eines des Karmelitenklosters in Bamberg gefunden. Es kann angenommen werden, daß Otto III. die Unzialhandschrift in Piacenza erhielt und später sie in Venedig hat abschreiben lassen. Heinrich II. übermittelte beides, Original und Kopie, den Domherren in Bamberg, deren Nachfolger im fünfzehnten Jahrhundert sie zum Pergamentwert einem Buchbinder verkauften, da sie die Schriftzeichen für unentzifferbar hielten und die Geschichte des Buches vergessen hatten.

Es gab nie ein Skriptorium am Dom, doch hat man im elften Jahrhundert die Handschriften offenbar bereitwillig zum Kopieren ausgeliehen. Abschriften vieler Exemplare aus dem Dom wurden für das Kloster St. Michael gemacht; Abschriften von zumindest zwei Büchern, dem vierteiligen Psalter Abt Salomons und Quintilians ›De institutione oratoria‹ für den Kölner Dom, dessen Erzbischof Anno, ein früherer Vorsteher der Bamberger Domschule, 1064 auch leihweise den Cassiodorus (wahrscheinlich den Archetypus von Monte Cassino) erbat. Der Kölner Codex von ›De institutione oratoria‹ (jetzt im Britischen Museum) wiederum wurde für Straßburg (jetzt in der Laurenziana) und St. Gallen kopiert, wo Poggio ihn 1416 abschrieb. Auf diese Weise

Die drei Marien am leeren Grabe; Zeichnung und Miniatur. Lütticher Arbeiten des frühen 11. Jhs.

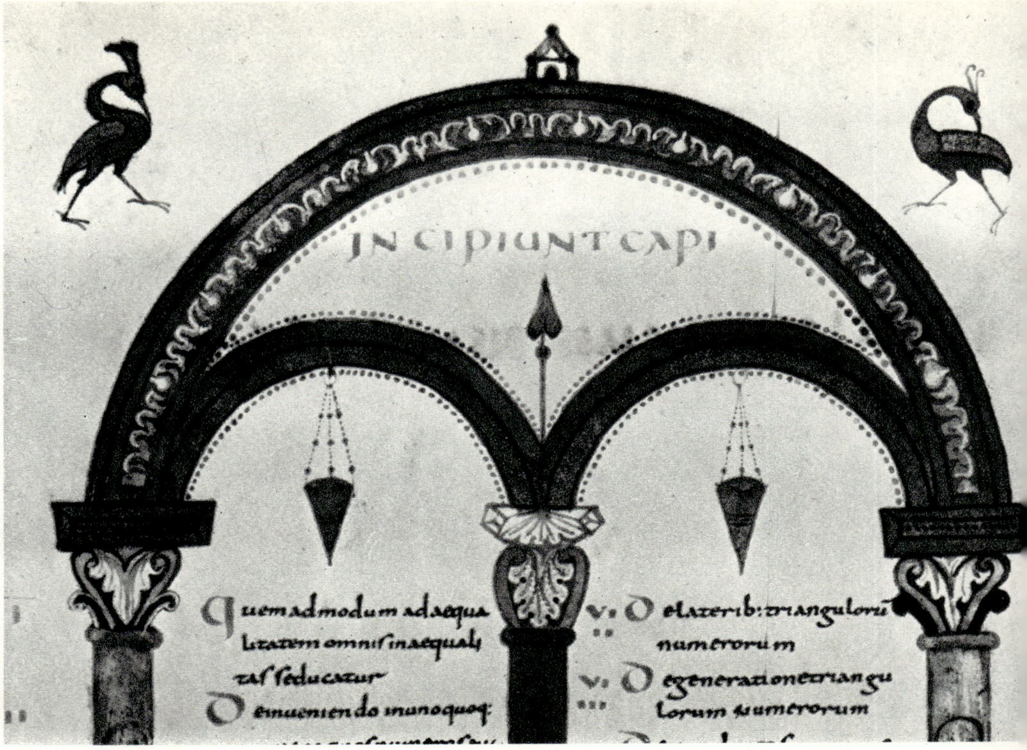

Arithmetik des Boethius, illuminierte Handschrift des 9. Jhs. aus Tours für Karl den Kahlen.
OBEN *Schmuckinitiale;* OBEN RECHTS *Architektonische Rahmung einer Kanonseite;* RECHTS *Boethius überreicht das Buch dem römischen Patrizier Symmachus.*

war Heinrichs II. Quintilian ein unmittelbarer Vorfahre des römischen Erstdrucks von 1470.

Mit der Entwicklung der Universitäten im dreizehnten Jahrhundert konnte die Domschule nur noch ihre lokale Bedeutung behaupten. Die alten Handschriften, die nicht mehr für den Unterricht benötigt wurden und auch sonst an Interesse verloren, wurden in Kisten in einem der Türme untergebracht und zweifellos selten, wenn überhaupt, benutzt, obschon das Domkapitel 1454 noch die Neubindung einzelner Bücher bezahlte. Der einzige Humanist, der zur Sammlung Zugang erhielt, war Johann Hess, der protestantische Prediger von Breslau, der einige patristische Werke erwähnt. Willibald Pirckheimer, ein Freund Dürers, bemühte sich vergeblich. Ulrich von Hutten entlieh ein Buch und versäumte, es zurückzugeben; doch da es als »angekettet« bezeichnet wird, dürfte es sich um ein Liturgiebuch des Chors oder um das gedruckte Catholicon gehandelt haben, das in der Kirche aufbewahrt wurde. Noch 1784 schrieb Ph. W. Gercken, »ob es im Dom eine Bibliothek gibt, konnte ich mit Bestimmtheit nicht feststellen«, doch sind damals andere Gelehrte zugelassen worden und haben einige Handschriften beschrieben. Die Säkularisierung des Kirchenbesitzes 1803 brachte das Ende der Dombibliothek. Vier Evangelienbücher in edelsteinbesetzten Einbänden, der ›Heliand‹ und zwei andere Handschriften wurden nach München gebracht; der Rest wurde mit den Beständen der übrigen geistlichen Bibliotheken in der Staatsbibliothek Bamberg vereinigt. Seit 1965 ist die Bibliothek in das frühere Bischofspalais am Domplatz gezogen, und die Handschriften Heinrichs II. können mit Blick auf den Turm besichtigt werden, in dem sie acht Jahrhunderte lang aufbewahrt wurden.

OBEN *Mönche des Klosters Michelsberg mit ihrem Schutzheiligen Sankt Michael; 12. Jh. Die Medaillons zeigen die Entstehung eines kostbaren Buches.* UNTEN *Bamberg, die Neue Hofhaltung, in der heute die Bibliothek untergebracht ist.*

SIBYLLA
LYBICA

Stiftsbibliothek ADMONT

»Und so, mein sehr Geliebter«, schrieb Abt Gottfried von Admont um 1150 an einen seiner früheren Mönche, der an ein anderes Kloster versetzt worden war, »erbitte ich von Dir aus der berühmten Bibliothek Deiner Kirche einiges, was wir nicht besitzen, entweder zur Abschrift oder von Dir abgeschrieben (d.h. entweder eine Kopie oder das Original zum Abschreiben und zur Rückgabe), so daß unserem Mangel aus Eurem Überfluß abgeholfen werden kann und dadurch die Erinnerung an Deine Liebe in uns wachsen möge. Wegen des Werks des Josephus über die Zerstörung Jerusalems und den berühmten römischen Triumph des Vespasian und des Titus bitte ich um gründliche Nachforschung, ob Eure Bibliothek es besitzt und, bei Deiner Hilfsbereitschaft, keine Zeit zu verlieren, es uns zum Abschreiben zu schicken.«

Das Werk des Josephus war nicht selten, so daß dieser Brief aus einem früheren Stadium von Gottfrieds Bemühungen um die Wiedereinrichtung der Bibliothek von Admont stammen dürfte, die sich von der Plünderung des Klosters durch kaiserliche Söldner im Investiturstreit nicht wieder erholt hatte (der zweite Abt fand sie noch 1090 »ziemlich verwüstet«). Im gebirgigen Tal der Enns in der Obersteiermark gelegen, war Admont 1074 von Erzbischof Gebhard von Salzburg mit Mönchen des Benediktinerklosters St. Peter gegründet und mit »prächtigen Ornamenten aus Gold und Silber, seidenen Priestergewändern, Büchern, Kelchen und allem, was für die Gottesdienste notwendig war«, ausgestattet worden. Es liegt nahe, daß dies liturgische Bücher waren: unter vorhandenen Handschriften bezeugt die Klosterüberlieferung nur eine umfangreiche zweibändige italienische Bibel mit eindrucksvollen Initialen, doch ohne Miniaturen, als Geschenk Gebhards. Bei anderen wichtigen Büchern wird der erste Abt, Isingrin, sich anfänglich ohne Zweifel an St. Peter in Salzburg gewendet haben. Das Mutterhaus scheint ein Gemisch von Doubletten weggegeben zu haben: hundert Jahre alte patristische Werke, eine zweite italienische Bibel, ein mit Anmerkungen versehenes Psalterium, vielleicht von Farfa bei Rom. Lediglich ein Evangelienbuch für den Altar war neu und prächtig, eine Salzburger Arbeit feinster Qualität von einem Schreiber und Buchmaler, dessen Name ›Custos Perhtolt‹ von einer signierten Handschrift für St. Peter bekannt ist.

Der 1137 gewählte Abt Gottfried hatte literarische Neigungen und hinterließ Bibelkommentare und Predigtsammlungen, die im achtzehnten Jahrhundert nach Admonter Handschriften gedruckt wurden. Während seiner achtundzwanzigjährigen Amtszeit kopierte das Skriptorium zahlreiche Handschriften in der kraftvollen Schrift des zwölften Jahrhunderts, mit Schmuckinitialen in den reinen für die österreichische Romanik charakteristischen Tönen (vier Schreiber und drei Bibliothekare werden in den Annalen genannt),

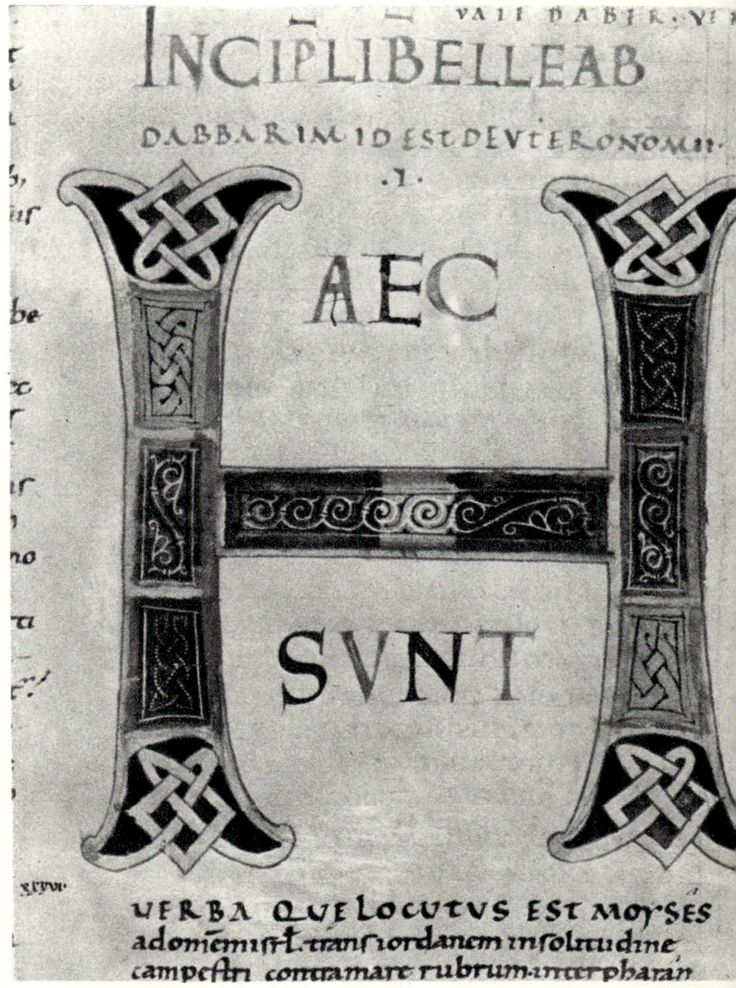

Schmuckinitiale aus der italienischen Bibel des 11. Jhs., die Stift Admont von seinem Gründer, Erzbischof Gebhard von Salzburg, zum Geschenk erhielt.
GEGENÜBER *›Der Tod‹, Skulptur von Johann Thaddäus Stammel, eine der vier Statuen der ›Letzten Dinge‹ im Prunksaal des 18. Jhs.*

und das Kloster wurde bekannt als »eine Hohe Schule der Gelehrsamkeit und klösterlicher Zucht, eine Kinderstube künftiger Äbte«. Dreizehn seiner Mönche wurden zur Leitung anderer Klöster, darunter St. Emmeram in Regensburg und St. Michael in Bamberg, berufen. Gottfried machte von diesen Beziehungen in Süddeutschland reichlich Gebrauch, um seine Sammlung zu vergrößern. Der oben erwähnte Brief zeigt das sehr eindringlich. Eine Kopie von Abt Salomons III. vierteiligem Psalter im Bamberger Dom kam wahrscheinlich von St. Michael, und eine Regensburger Handschrift lieferte den Text von Cuthberts Brief auf Bedas Tod. Andere Bücher kamen von Salzburg, Tegernsee und Theres in der Diözese Würzburg. Die ersten Werke der Pariser Schule zur Bereicherung Admonts, Petrus Lombardus Kommentare zu den Psalmen und den paulinischen Briefen, waren Geschenke des Erzbischofs Eberhard I. von Salzburg (1164), österreichische Abschriften von Handschriften, die der Erzbischof von seiner Studienzeit an der Pariser Universität mitgebracht hatte. Noch vor Ende des Jahrhunderts hatten Mönche von Admont selbst die Universität besucht und kehrten mit Pariser Handschriften von kommentierten Büchern der Bibel heim, den grundlegenden theologischen Lehrbüchern.

Von etwa 1120 bis zur Mitte des sechzehnten Jahrhunderts war Admont ein Doppelkloster, mit einem Nonnenkonvent neben dem Kloster. Sophia, Tochter des Königs Bela II. von Ungarn, war die berühmteste Insassin. Die Nonnen hatten ihre eigenen Bücher (die später der Hauptbibliothek einverleibt wurden), einige darunter von ihnen selbst abgeschrieben: eine ›Diemudis scriptrix‹ ist erwähnt. Gottfrieds Bruder Irimbert, Abt von 1172–77, dessen große hagere Gestalt und Ausdruck mystischer Hingabe uns von vielen ausgemalten Initialen bekannt ist, liebte es, den Nonnen die Heilige Schrift auszulegen. »Vor einigen Jahren«, heißt es im Vorwort zu seinem Kommentar zum Buch der Richter, »als ich die Geschichte der Dirne, die in zwölf Teile zerschnitten wurde (Richter 19), und die Geschichte Ruths mit den Nonnen von Admont besprach, wandten zwei von ihnen große Mühe auf die Niederschrift meiner Auslegung. Ich hielt es deshalb für richtig, diesem Werk eine kurze Erläuterung derselben Geschichten hinzuzufügen, die von den Schwestern zusammengefaßt wurde« – deren Namen an anderer Stelle genannt werden: Regilinde und Irmingarde.

OBEN *Christus und Zachäus, Miniatur in einem Werk des Abtes von Theres, 12. Jh.* UNTEN *Abt Gottfried von Admont diktiert, vom Heiligen Geist erleuchtet; Schmuckinitiale seiner ›Homeliae in festa‹. Admont, um 1160.*

Nach 1200 scheint die Schreibstube ihre Tätigkeit eingestellt zu haben. In den Klosterberichten wird kein Mönch mehr als Schreiber erwähnt. Die beiden auffallendsten Anschaffungen aus dem dreizehnten Jahrhundert wurden durch Kauf erworben. Die Bibel Gebhards, damals angesichts des Reichtums und der Bedeutung des Klosters als zu einfach empfunden, wurde durch eine üppig illuminierte ›Riesen-Bibel‹ ersetzt, die vermutlich von einem Juden namens Farkasch erworben wurde, dem sie 1263 ein ungarisches Kloster verpfändet hatte. Ferner wurde, um den Bestand der liturgischen Bücher zu vermehren, ein von einem oder mehreren paduanischen Miniaturisten geschmücktes Missale erworben. Diese italienischen Künstler dürften, wie viele nach ihnen, in Österreich Beschäftigung gesucht haben, doch könnte der Auftrag auch auf Engelbert Poetsch zurückgehen, den Abt Heinrich zu Studienzwekken zuerst nach Prag, dann von 1276–85 nach Padua schickte. Engelbert stand Admont als Abt dreißig Jahre vor (1297–1327) und bereicherte die Bibliothek um mehrere selbstverfaßte Werke: ›Von den Leiden Christi in der Passion‹, ›Von der Frage, ob Gott selbst Gestalt angenommen haben würde, wenn der erste Mensch nicht in Sünde gefallen wäre‹, ›Vom Anfang und Ende des Römischen Reiches‹ (gedruckt in Basel 1553). ›Von der Ursache der Langlebigkeit der Menschen vor der Sintflut‹ und ›Über die Natur der

Miniaturen einer deutschen oder österreichischen Handschrift des 13. Jhs. von Gratians ›Decretum‹, des Handbuchs des kanonischen Rechts. LINKS OBEN *Ein Bischof;* LINKS UNTEN *Tabelle der Blutsverwandtschaft;* RECHTS OBEN *Zwei Kanoniker;* RECHTS UNTEN *Ein Vater führt seinen Sohn dem Kloster als Novizen zu.*

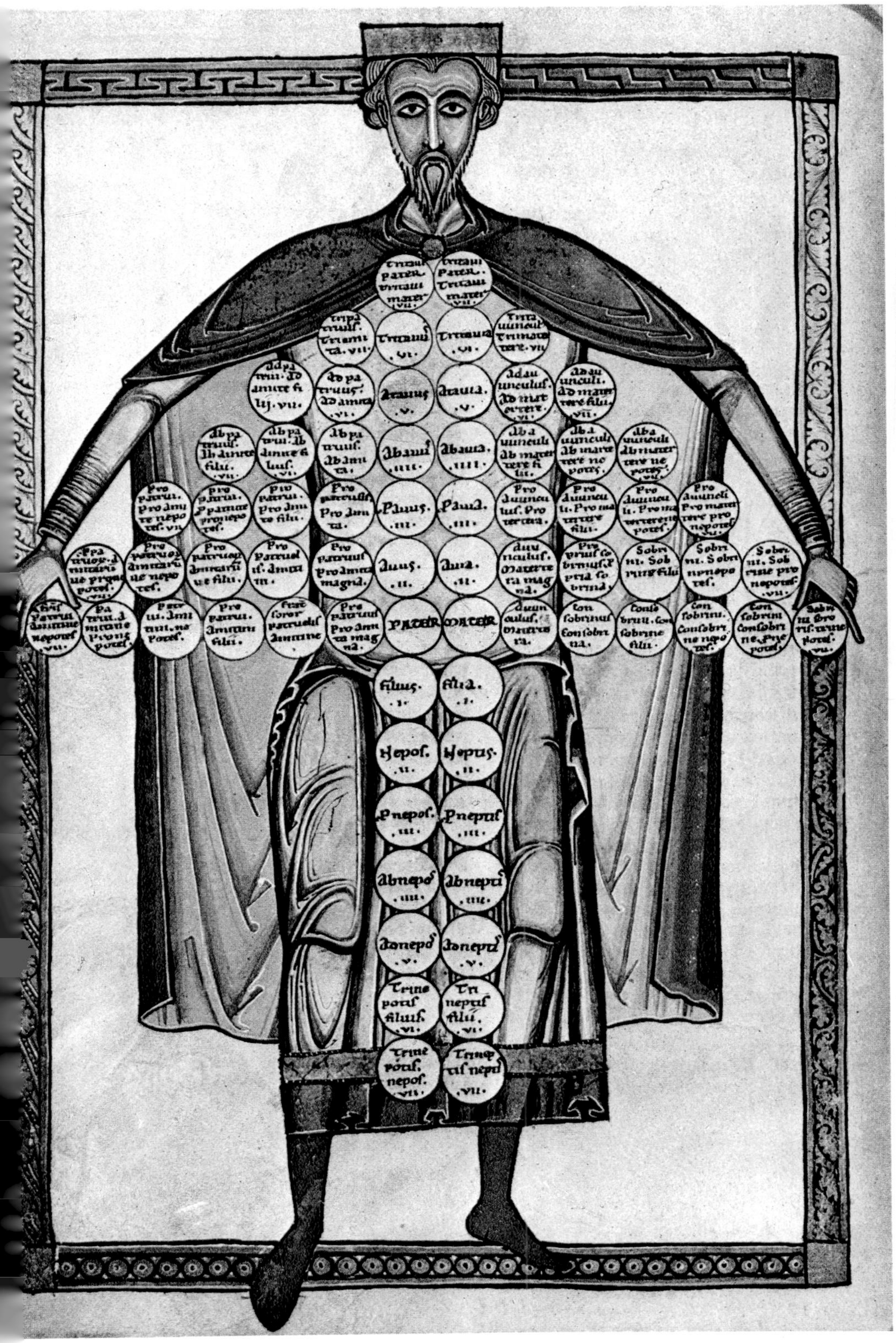

S. AVGV STINVS
NAVIGIV

C H A
R I A S. S A
CERDOS ET PROPHETA.

Incipit
nunqu
existens.
miserabiliter grauat & onerat. dece
tus dni, ppheta Ysayas onera pscribit.
& corporis uiribus supponere debeant.
y dece interioris exterioris hominis sensu
pietatis manu leuigari ac exonerari d
tinguenda hec eadem onera. quasi ad

Diese Handschrift der Werke des Galenius (Venedig 1490) gehörte Abt Antonio Graziadei, der die Muttergottes mit dem Kinde anbetend dargestellt ist.

UMSEITIG: LINKE SEITE *Miniaturen aus drei im 12. Jh. in Admont hergestellten Handschriften. Die 4. Hs. (oben rechts) ist gleichzeitige Salzburger Arbeit.* LINKS OBEN *Hl. Augustin lehrend.* RECHTS OBEN *Erzbischof Anselm von Canterbury überreicht der Markgräfin Mathilde von Tuszien sein Buch.* LINKS UNTEN *Zacharias und der Engel; Miniatur in Abt Irimbert von Admonts Erklärungen zum Alten Testament.* RECHTS UNTEN *Die Zehn Bürden; Miniatur in Abt Gottfried von Admonts Sonntagspredigten.* RECHTE SEITE *Der Prunksaal von Stift Admont, 1742-76.*

Tiere‹, wo Riesen, Zyklopen, Satyre, Zentauren, Drachen, Basilisken und Greife beschrieben werden und der Pegasus unter die Vögel eingereiht wird.

Der erste von Peter von Arbon 1370 verfaßte Katalog der Sammlung wird mit allgemeinen Unterweisungen für die Bibliothekare eingeleitet. »Es muß die erste Pflicht eines gewissenhaften Bibliothekars sein, seine Zeit und Arbeit der Vergrößerung der ihm anvertrauten Bibliothek zu widmen .... Wenn ihm das nicht gelingt, muß er zumindest dafür sorgen, daß sie nicht durch Verlust der ihm anvertrauten Bücher oder auf irgendeine Weise vermindert wird. Er muß daher besonders auf der Hut sein und die Bücher vor Feinden, wie Feuer und Wasser, schützen.« Durch Alter zerstörte Einbände sollten im gleichen Stil erneuert, die Leser ermahnt werden, die Bücher gut zu behandeln, der Bibliothekar soll sie an einem bestimmten und sicheren Platz aufbewahren und sich Titel oder Autoren der einzelnen Bände merken. »Sollten es jedoch zu viele sein, um Anzahl und Titel behalten zu können, muß er, nach Autoren gegliedert, eine Liste auf einem losen Blatt oder in einem Notizbuch anlegen.«

Der Katalog von 1370 umfaßt dreihundertundzwanzig Bände. Sechs Jahre darauf wurden siebzig Bände von einem Notar namens Fridericus vermacht; sechshundertundvierzig Bände sind in einem zweiten Katalog aufgeführt, der 1380 begonnen wurde und die Neuzugänge bis ins fünfzehnte Jahrhundert verzeichnet. Die Bücher der Bibel, mit oder ohne Kommentar, die Kirchenväter, Predigten, Heiligenlegenden und Ordensregeln gehörten zum Bestand der Sammlung, dazu apokalyptische Literatur wie die Visionen der hl. Hildegard von Bingen und ›Die Vision des Tundal‹. Wichtige Themen waren Medizin (47 Bände) und Rechtswissenschaft (29 Bände), darunter einige Rechtsbücher aus Bologna aus dem Vermächtnis des Fridericus, die erste Art von Büchern, die kommerziell für den internationalen Markt hergestellt wurde. Admont konnte sich nicht mit dem Reichtum an klassischen Autoren wie St. Gallen oder Durham messen, doch besaß es im zwölften Jahrhundert Martianus Capella, Boethius, Senecas ›De ira‹ und ›De beneficiis‹ und verschiedene Werke von Cicero; Dares' Trojanischer Krieg, Horaz, Ovid und Lukian kamen später dazu. Von mittelalterlicher lateinischer Poesie waren des Alanus von Lille ›Anticlaudian‹ und zwei Exemplare von Walter von Chatillons ›Alexandreis‹ vorhanden, doch keine der Volksbücher wie in St. Gallen. Olivers von Paderborn ›Geschichte von Damietta‹ und Burchard von Barbys ›Beschreibung des Heiligen Landes‹ bezeugen Interesse am Orient – verständlich für ein Kloster, dessen einer Abt im Dritten Kreuzzug und ein anderer auf der Pilgerfahrt nach Jerusalem gestorben war.

Werke der neueren Wissenschaft, die Admont vor 1500 erreichten, wurden durch den unglücklichen achtunddreißigsten Abt, Antonio Graziadei, angeschafft. Dieser venezianische Franziskaner, Professor der Theologie in Paris und Löwen, hat anscheinend eine Stelle als Erzieher am kaiserlichen Hof innegehabt und wurde 1483 von Friedrich III. dem widerstrebenden Kloster aufgenötigt. Die Ernennung wirkte sich verheerend aus. Aus Verärgerung, daß er weder Österreicher noch Benediktiner war, wurde Graziadei der Härte gegen seine Mönche und der Verschleuderung der Einkünfte an seine italienische Verwandtschaft bezichtigt. Was daran wahr war, läßt sich heute nicht mehr feststellen, doch war es schließlich 1491 so weit gekommen, daß der Abt das durch Schneemassen von der Außenwelt abgeschnittene Alpental und die feindselige Atmosphäre des Klosters nicht länger ertragen konnte. Heimlich verließ er Admont in Richtung Italien, wurde in Kärnten festgenommen, zurückgebracht und ins Verlies der Klosterburg auf dem Gallenstein geworfen, wo er bald darauf »in Gram und Elend« starb. Seine

OBEN *Ein österreichischer Lederschnitt-Einband von etwa 1457.*
UNTEN *Lehrer und Schüler, Salzburger Buchmalerei des 13. Jhs.*

an der Inschrift ›Antonius Abbas‹ erkennbaren Bücher kamen in die Bibliothek. Neben einigen verhältnismäßig späten Handschriften (ein Taschen-Hieronymus, Papier-Handschriften von Leonardo Brunis Briefen und Nikolaus von Dinkelsbühls Predigten) war eine stattliche Reihe von Frühdrucken italienischer Pressen vieler klassischer Autoren, darunter: Galen, Cäsar, Apuleius, Macrobius, Lukian, Valerius Maximus und Lorenzo Vallas Übersetzung des Thukydides.

Nach dem Konzil von Trient setzten sich drei aufeinanderfolgende Äbte für ein Modernisierungsprogramm ein: Johann Hofmann (1581–1614), Mathias Preininger (1615–28) und Urban Weber (1628–59). Um den Bibliotheksaal aus dem fünfzehnten Jahrhundert über der Marienkapelle (offenbar Admonts erstem Bücherraum) zu ersetzen, erbaute Abt Urban einen über dreißig Meter langen Saal, in dem (wie in seinem Vorläufer) die Bücher in Schränken aufbewahrt wurden. Teile seiner barock-marmorierten Einrichtung sind noch erhalten und dienen in einem Vorzimmer zur Aufbewahrung von Handschriften und Inkunabeln. Derselbe Abt führte eine jährliche Dotation für Anschaffungen und Unkosten von dreihundert Gulden ein, die in den folgenden zwei Jahrhunderten in großzügiger Weise zur Ergänzung der Bibliothek verwendet wurde. Um das Kernstück der Heiligen Schrift und Kirchenväter, die jetzt einen symbolisch angemessenen Platz unter der Hauptkuppel des Rokokosaales fanden, wurden vorzügliche Bestände an Kunst und Wissenschaft, mit vielen prächtigen Beispielen barocker Illustrationskunst, gebildet. Die Auswahl wurde nicht schulmeisterlich eingeengt, wie es das Vorhandensein des Grundwerkes der französischen Aufklärung, der Enzyklopädie von Diderot und d'Alembert, beweist. Sogar einige protestantische Werke, die meist bei lutherischen Einwohnern konfisziert worden waren, sind vorhanden.

Dieses große Erneuerungswerk fand Mitte des achtzehnten Jahrhunderts sichtbaren Ausdruck in Johann Gotthard Haybergers Bibliotheksaal, der für 95 000 Bände Platz vorsah. Bartholomäus Altomonte, 1742 zuerst für die Freskodecke in Erwägung gezogen, wurde 1774 vertraglich unter der Bedingung verpflichtet, daß die Arbeit in zwei Sommern beendet sein werde, was pünktlich 1776 geschehen ist. Ein zweiter Künstler, Johann Georg Dallicher, war verantwortlich für die illusionistische Überleitung von der Architektur zur Deckenmalerei. Überlebensgroße Holzgruppen, Darstellungen der ›Vier höchsten Dinge‹ (Tod, Jüngstes Gericht, Himmel und Hölle), deren Fassung Bronze vortäuschen soll, sind von Johann Thaddäus Stammel. Außer Altomontes azurblauer Decke sind Weiß und Gold die vorherrschenden Farben, und die durchweg in Schweinsleder neugebundenen Werke wurden dieser Umgebung angepaßt. Die Neuausstattung der Bibliothek, weit über die eigenen Bedürfnisse des Klosters hinaus auf kultivierten Geschmack und Gelehrsamkeit eingestellt, war eine außergewöhnliche Leistung. Glanz und Erhabenheit des Rokoko vereinigten sich hier zu höherem Ruhm.

»Ich bin wieder einmal unter den freundlichen und gastfreien Brüdern von Admont«, schrieb Sir Humphry Davy, Erfinder der Sicherheitslampe, am 2. Juni 1827 an seine Frau. »Die ehrenwerten Brüder hier halten viel von dem Buch, das ich ihnen beschaffen konnte, und es verdient einen Platz in ihrer herrlichen Bibliothek.« Sein Geschenk war Henry Babers Faksimile des Codex Alexandrinus (London 1816–21). Exkaiserin Marie-Louise, die 1820 Admont besuchte, schenkte dem Kloster Petrarcas ›Trionfi‹ (Parma 1473).

Die Bibliothek blieb von dem verheerenden Feuer verschont, das 1865 die Kirche und den größten Teil des Archivs zerstörte. Das zwanzigste Jahrhundert erwies sich weniger freundlich. Zwischen 1935 und 1937, als der Zusammenbruch der Holzpreise auf dem Weltmarkt das Kloster um seine wich-

tigste Einnahmequelle gebracht hatte, sah es sich genötigt, einundzwanzig Inkunabeln und siebenundsiebzig Handschriften zu verkaufen, darunter die beiden schönsten, die ›Riesenbibel‹ (jetzt in der Nationalbibliothek in Wien) und das Paduanische Missale (Gulbenkian-Stiftung, Lissabon). Sieben Monate nach dem ›Anschluß‹, im September 1938, wurden die Mönche als »Volks- und Staatsfeinde« aus dem Kloster vertrieben, ihre Besitztümer als an das Deutsche Reich verfallen erklärt. Handschriften und Inkunabeln kamen nach Graz, die numismatischen Werke nach Linz und – eine der ebenso bizarren wie finsteren Launen der Naziherrschaft – über dreitausend medizinische und botanische Werke ins Konzentrationslager Dachau. Nach Kriegsende kehrten die Benediktiner zurück. 1955 waren die meisten Bücher zurückerstattet und an ihren alten Platz gebracht worden, wo sie benutzt und ständig vermehrt werden.

Admont nach dem Wiederaufbau unter Abt Urban Weber, Zeichnung von Georg Matthäus Vischer, um 1672.

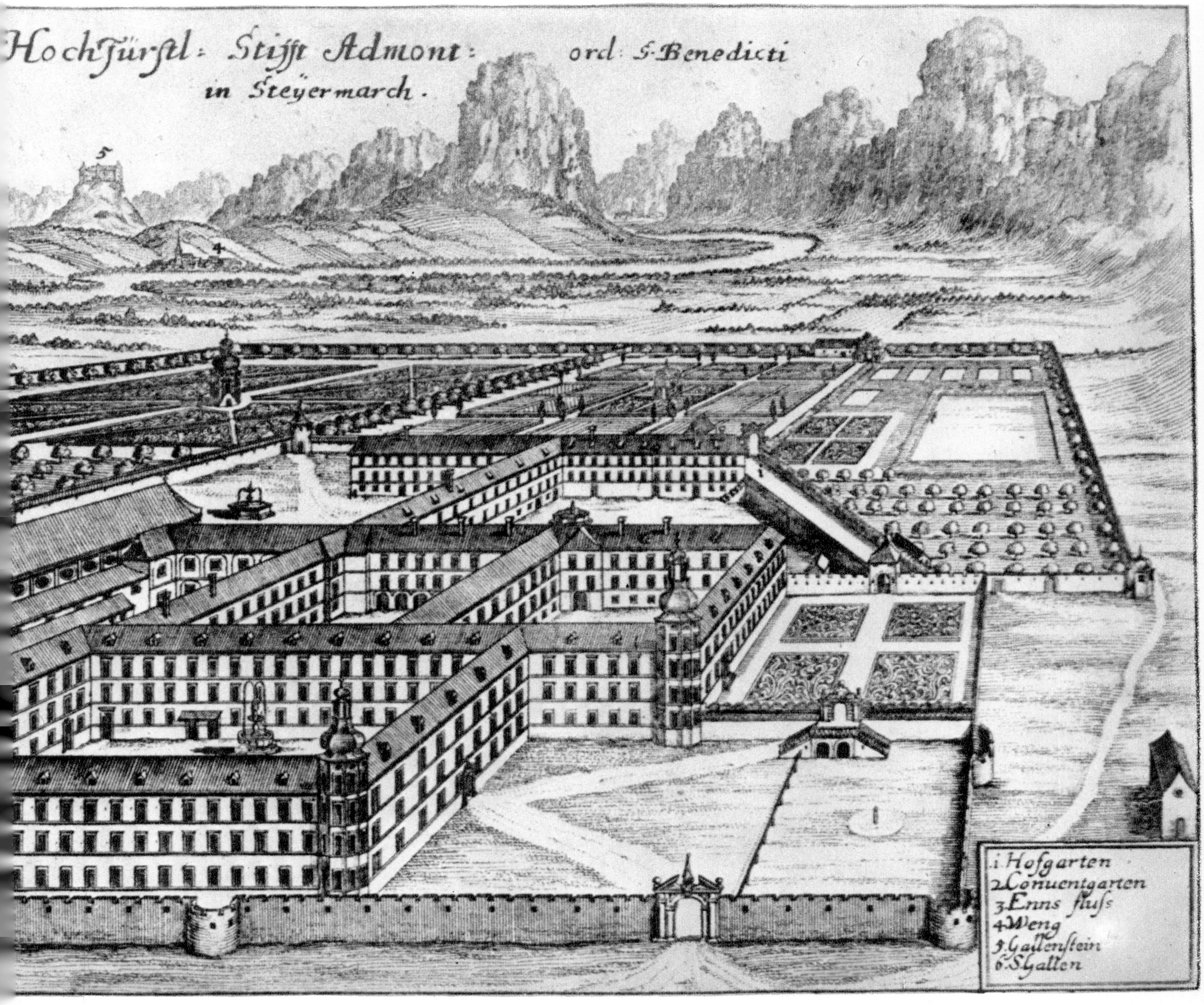

Durham Cathedral Library

OBEN *Durham Cathedral von Südwesten.*
GEGENÜBER *Der Psalmist David; northumbrische Buchmalerei der Mitte des 8. Jhs., aus einer Handschrift des Psalmenkommentars Cassiodorus, die zum ältesten Bestand der Bibliothek von Durham gehört.*

Das Benediktinerpriorat Durham wurde neun Jahre später als Admont gegründet, übernahm aber die Tradition und einige Bücher einer wesentlich älteren Gründung – des im Jahre 635 von St. Aidan auf der Lindisfarne-Insel an der Küste von Northumberland errichteten Klosters. Unter dem Druck dänischer Überfälle wurde Lindisfarne 875 geräumt, und die Mönche fanden mit der Reliquie des heiligen Cuthbert, ihres Bischofs aus dem siebten Jahrhundert, und wenigstens einem Teil ihrer Bibliothek Zuflucht in den Sümpfen und Wäldern von Cumberland, bevor sie sich an der römischen Wegstation von Chester-le-Street niederließen. Neue skandinavische Angriffe zwangen im späten zehnten Jahrhundert den Bischof und seine Gemeinde, auch Chester-le-Street zu verlassen. Sie brachten den Sarg des Heiligen nach Ripon weiter südlich und kehrten später bis zu dem an drei Seiten vom Wear-Fluß umgebenen wilden Fels zurück, auf dem heute Durham steht. Dort errichteten sie, wie es heißt, von übernatürlichen Kräften ermutigt, eine neue Kirche für ihren Heiligen.

Die klösterliche Organisation von Lindisfarne war von einer Gemeinschaft von Weltgeistlichen abgelöst worden. Nach der normannischen Eroberung wurde das Mönchstum im Norden Englands durch drei Mönche aus Evesham wiederhergestellt, die die alten Klöster Jarrow und Wearmouth wieder ins Leben riefen, und 1083 vertrieb Wilhelm von St. Carilef, zweiter normannischer Bischof von Durham, die englischen Priester aus Durham und setzte an ihre Stelle ein Priorat von dreiundzwanzig Benediktinermönchen aus Jarrow und Wearmouth. Bei der Gelegenheit hat man sich offenbar die meisten Bücher der englischen Priester angeeignet. Sie wurden recht verschieden behandelt, viele biblische Handschriften sind im zwölften Jahrhundert aufgelöst worden. Erhalten haben sich lediglich ein halbes Blatt eines Alten Testaments aus dem sechsten Jahrhundert in Unzialschrift, italienischer Herkunft, vielleicht von Benedict Biscop, Abt von Wearmouth, von einer seiner Romreisen mitgebracht, und zwei Blätter eines Pentateuchs aus dem achten Jahrhundert, »dem Alter nach die vierte Textquelle für das dritte Buch Mose« (Mynors), weil sie als Vorsatz in späteren Einbänden dienten. Andererseits wurde ein Evangelienbuch, von dem man im späten Mittelalter annahm, daß es von Beda geschrieben worden sei, gut behütet, ebenso das Evangelienbuch von Lindisfarne, das höchster Ausdruck northumbrischer Kunst des achten Jahrhunderts ist. Nicht-biblische Texte wurden im allgemeinen rücksichtsvoll behandelt, zum Beispiel Cassiodorus Psalmenkommentar, der im zwölften Jahrhundert sorgfältig restauriert wurde, zusammen mit gewissen Restbeständen der frühen northumbrischen Kirche, die in mittelalterlichen Aufzeichnungen erwähnt sind als ›Buch von St. Boisil‹, dem

LINKS OBEN *Hl. Augustin, Schmuckinitiale aus dem ›Gottesstaat‹, Durham ca. 1083-96.* LINKS UNTEN *Hühnerschlachtung, Durham, 1. Hälfte 12. Jh.* RECHTS OBEN *König David in der Initiale B des ersten Psalms; aus der Bibel des William of St. Carilef, normannisch vor 1096.*

Prior von St. Cuthbert, und als ›Elfledes Boc‹ in angelsächsisch, vielleicht von der Prinzessin Elfleda stammend, der Äbtissin von Whitby, einer anderen Gestalt aus der heroischen Zeit der Christianisierung des Nordens.

Dem Normannen Wilhelm von St. Carilef (nach einem Kloster in der Diözese von Le Mans genannt) mag die Sammlung aus der Zeit vor der Eroberung sowohl unzulänglich im Inhalt als auch ungewöhnlich in Schrift und Ornament vorgekommen sein. Er unternahm sogleich Schritte, um eine neue Bibliothek von neunundvierzig Bänden zu beschaffen, die wohl nach damaliger Vorstellung von den wesentlichen Erfordernissen eines Klosters ausgewählt wurde. Eine komplette Bibel in zwei Foliobänden führt die Liste an, wie das auch bei der Bücherstiftung Erzbischof Gebhards an Admont der Fall war. Augustinus, Hieronymus, Gregor und Ambrosius umfaßten neunzehn Bände. Ein Werk Tertullians (vielleicht ein seltener Text, das ›Apologeticum‹, eine an die Statthalter der Provinzen des Römischen Reiches gerichtete Verteidigung des Christentums) war darunter, und von neueren Autoren Bedas Exegesen des Hohen Liedes und der Evangelien des Markus und Lukas und von Hrabanus Maurus die Exegese des Matthäus. Neben Meßbüchern, Brevieren und anderen Gottesdienstbüchern, Straf- und Lehrpredigten gab es erbauliche Werke aus dem Klosterleben, die bei den Mahlzeiten laut vorgelesen wurden. Die Rechte waren durch einen Band päpstlicher Dekrete vertreten, christliche Literatur durch die Gedichte von Sidonius Appolinaris, die Geschichte durch Bedas ›Englische Kirchengeschichte‹, durch den Auszug des Justinus aus dem verlorenen Geschichtswerk des Pompejus Trogus und durch Eutropius. Die Bücher waren aus Benediktinerklöstern in der Normandie und in Südengland erworben worden.

Die von Carilef begonnene Sammlung geeigneter Werke wurde während der ersten Hälfte des zwölften Jahrhunderts tatkräftig fortgesetzt. Ein während der Amtszeit des Priors Laurentius (1149–54) aufgenommenes Inventar, mit Zugängen unter Prior Thomas (1158–63), zählt 436 Bände, eine stattliche Anzahl selbst in Anbetracht der darunter befindlichen Doubletten (jeder Mönch hatte seinen eigenen Psalter, manche zwei oder drei, allesamt in der Liste aufgeführt). Der Hauptanteil bestand immer noch aus patristischen Werken; nur eine Handvoll Bücher nachkarolingischer Autoren war zugelassen worden. Neun angelsächsische Bücher sind gesondert als ›libri anglici‹ aufgeführt, ähnlich wie die ›libri scottice scripti‹ des St. Galler Katalogs. Eine fleißige Klosterschule darf nach der beachtlichen Reihe von über dreißig lateinischen Klassikern vermutet werden, neben einigen Übersetzungen aus dem Griechischen – Äsops Fabeln, Dictys Cretensis, Platos Timäus und eines der beiden Homer-Exemplare im England des zwölften Jahrhunderts, von denen man Kenntnis hat. In einer Reihe medizinischer Bücher, von denen sieben das Geschenk eines Arztes, Master Heribert, waren, befand sich ein Band mit »einigen der frühesten englischen Zeichnungen von Patienten und Ärzten« (N. R. Ker).

Das Inventar des Priors Laurentius stellt die Sammlung auf dem Gipfel ihrer planmäßigen Ausdehnung dar. Damals waren ihre Handschriften weitgehend das Werk der Mönche von Durham und veranschaulichten die Vorzüge englischer Bücher aus jener Zeit, »genau kopiert, sachkundig und oft schön geschrieben und ausgeschmückt, gut angeordnet, richtig interpunktiert und sauber ausgebessert« (Ker). Der Bedarf des Klosters war jetzt weitgehend befriedigt worden. Weiterer Zuwachs war Zufall, in der Regel mehr die Folge von Geschenken als von wohlüberlegter Erwerbungspolitik. So stiftete um 1160 ein gewisser Guarinus, vielleicht der Schulmeister, eine Anzahl weltlicher Bücher. Eine Generation später schenkte Robert de Adingtona vierunddreißig Bände, die er während seiner Studien in Paris gesammelt hatte; davon waren mehr als die Hälfte glossierte Bücher der Bibel, von denen sich zwei noch in zeitgenössischen französischen Ledereinbänden erhalten haben. Viele der Bücher aus dem Besitz von Hugh du Puiset, der von 1153–95 Bischof von Durham war, jedoch aus dem Orléanais stammte, scheinen ebenfalls nordfranzösischen Ursprungs zu sein. Neben einer prächtigen vierbändigen Bibel und den üblichen Bibelglossen waren die Rekognitionen des Clemens vorhanden, Schilderungen von Christi Versuchung und Abstieg in die Hölle, die als Evangelium des Nikodemus bekannt geworden sind, und Ciceros ›De amicitia‹, ›Rhetorica‹ und ›De inventione‹.

Unser nächster Blick auf die Sammlung gilt den beiden Katalogen von 1391–95, die vermutlich von dem Bibliothekar William de Appleby stammen. Nun sind die Bestände auf fast neunhundert Bände angewachsen, der Hauptzuwachs in mittelalterlicher Theologie. Neben vielen Titeln von Hugo von St. Viktor, von Thomas von Aquin und anderen auch Johannes Wiclifs ketzerische Leugnung der Transsubstantion ›De sacramento altaris‹ zu finden, ist verblüffend. Die Verluste an klassischen Autoren überstiegen die Neuerwerbungen: von Ovids im Jahre 1150 vorhandenen acht Werken zum Beispiel überlebte nur ein unvollständiges Exemplar von ›De Ponto‹. Die Rechte, zur Zeit Prior Laurentius auf Gratians ›Decretum‹ und Justinians ›Institutiones‹

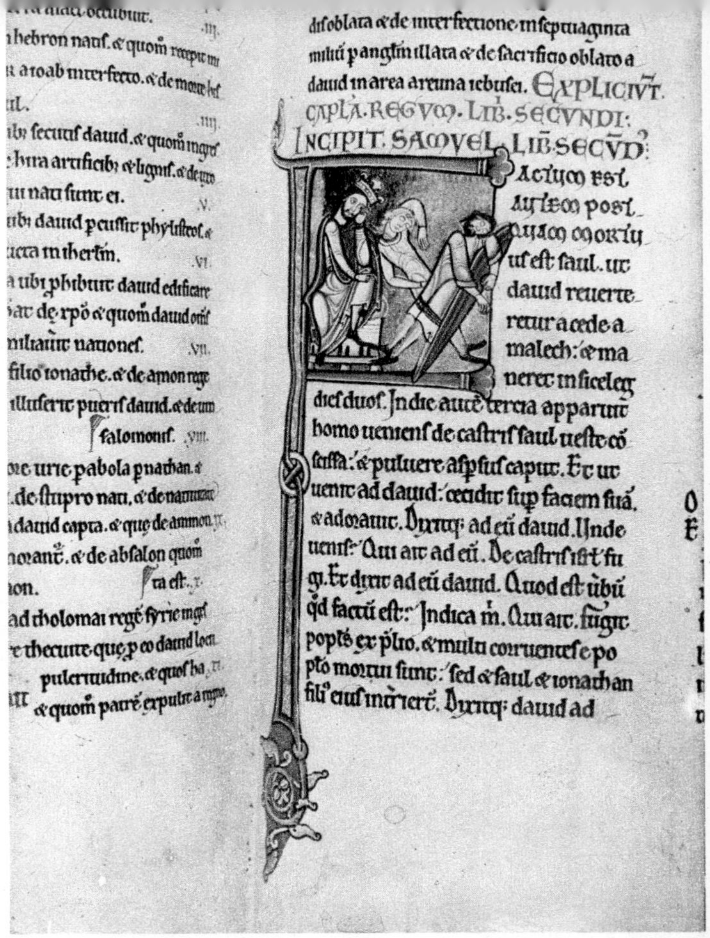

OBEN *Initiale aus der Bibel des 12. Jhs., die Bischof Hugh du Puiset Durham schenkte.* UNTEN *Ausbrennen einer Wunde, unten wird das Instrument zum Glühen gebracht; Durham, ca. 1100-28.*

beschränkt, umfaßten nun 114 Bände. Sehr wenig von diesem Zuwachs aus dem vierzehnten Jahrhundert war im Kloster kopiert worden. Das meiste, von geschickten Fachkräften geschrieben, war durch Ankauf oder Schenkung erworben worden, ein halbes Dutzend Gesetzbücher von weither, nämlich von Bologna.

Bis dahin hatte es keinen Bibliotheksraum im Priorat gegeben. Wie in den englischen Benediktinerklöstern üblich, fand das Lesen und Schreiben, dem die Stunden zwischen Mittagsmahl und Vesper gewidmet waren, im nördlichen Kreuzgang statt, der durch die Kathedrale Schutz vor den Unbilden der Witterung bot. Eine Nische in der Wand des Kreuzganges, die heute zugemauert ist, mag einst die Schenkung Carilefs aufgenommen haben. Zur Zeit von William de Applebys Bestandsaufnahme war die Sammlung geteilt worden. Die Hälfte der Bücher befand sich zur täglichen Benutzung in den Schränken entlang der gleichen Mauer. Die Fensteröffnungen auf dieser Seite des Kreuzganges waren verglast und davor jeweils enge, dreiwändige Gehäuse errichtet worden, in die die Mönche sich für ihre Studien zurückziehen konnten. Der andere Hauptbestand an Büchern befand sich in der Schatzkammer, in zwei halbunterirdischen, miteinander verbundenen Räumen am Westkreuzgang, wo sich auch das Archiv des Priorats befand. Die Bücher in der Schatzkammer scheinen auch zur Ausleihe gedient zu haben; 1416 wurden verschiedene an den Prior von Finchale und einzelne Bände an Bischof Langley und an verschiedene Mönche ausgeliehen. Einige der Klostergemeinschaft besonders wichtige Bücher wurden in der Kathedrale aufbewahrt, andere zum Vorlesen während der Mahlzeiten in der Nähe der Refektoriumstür, die Schulbücher zur Benutzung des Novizenlehrers in einer Truhe im Westkreuzgang. Die Einrichtung der kleinen Lesenischen – zu wenige für die Mönche – führte häufig zu Auseinandersetzungen. Während des Priorats von John Wessyngton (1416–46) wurden die am meisten verlangten Werke in einen neuen Bibliotheksraum, in den Oberstock des Ostkreuzganges verlegt. Es ist ein kleiner Raum, mit großen Fenstern an beiden Enden und ursprünglich mit zehn Pulten ausgestattet, an die die Bücher angekettet waren.

Die neuen Wissenschaften hielten mit dem humanistischen Bischof John Shirwood (1483–93) ihren Einzug in Durham. Shirwoods lateinische Klassiker, zum größten Teil in Rom oder Venedig gedruckte Inkunabeln, wurden von seinem Nachfolger Bischof Fox dem Corpus Christi College in Oxford überlassen; doch ein Versteck mit seinen Handschriften, das von Cuthbert Tunstall entdeckt wurde, mag die Quelle der einzigen griechischen Bücher des Domkapitels gewesen sein: Suda (ein byzantinisches Reallexikon), Aristoteles und Plato, kopiert von Emmanuel von Konstantinopel, einem Schreiber, der in den sechziger Jahren des fünfzehnten Jahrhunderts in Diensten von Shirwoods Freund und Gönner George Neville, dem Erzbischof von York, stand.

Es wird manchmal behauptet, daß der Konservatismus der Benediktiner sie daran hinderte, die Erfindung der Druckerkunst anzuerkennen. Weder durch Durham noch Admont läßt sich das belegen. Hier wie dort kauften die Mönche die benötigten Werke mittelalterlicher Gelehrsamkeit, wenn die Druckerpressen sie ihnen erreichbar machten. Die Auswahl der Bücher durch Shirwoods Zeitgenossen, Prior John Auckland, die einen neuen Schrank im Kreuzgang füllen sollten, ist in ihrer Mischung von handgeschriebenen und gedruckten Texten typisch, wenn auch durch die Hinzunahme einiger humanistischer Schriften ungewöhnlich: ein Sueton aus dem zwölften Jahrhundert sowie ein Nürnberger Druck von Duns Scotus, Vincent von Beauvais' ›Speculum historiale‹ in einer Abschrift von 1448 und ›De priscorum pro-

OBEN *Verwandtschaftsbaum, der Heiratsverbote darstellt; aus den Dekretalen Gregors* IX., *England, spätes 13. Jh.* UNTEN *Pariser Einband um 1180, Kalbsleder mit Stempelprägung von Maria mit dem Kinde, biblischen Personen, Ungeheuern usw.; aus der Stiftung von Robert de Adingtona.*

prietate verborum‹ von Giuniano Maggio, einem zeitgenössischen neapolitanischen Philologen, 1480 in Treviso gedruckt.

Bei der Auflösung der Klöster durch Heinrich VIII. im Jahre 1539 wurde das Priorat in ein Domkapitel umgewandelt, ohne die schroffe Zäsur, wie die meisten anderen englischen Klöster sie erleben mußten. Der letzte Prior, Hugh Whitehead, wurde der erste Dean, und zwölf Mönche blieben als Domherren. Die verbliebenen Handschriften wurden lange Zeit vernachlässigt – ein Zeuge aus dem späten sechzehnten Jahrhundert stellte sie Fledermäusen und Tauben preisgegeben dar, und viele zeigen verheerende Spuren von Feuchtigkeit. Aber sie wurden nicht vernichtet oder in alle Winde verstreut, wenn auch Teile in den Besitz von Sammlern des 17. Jahrhunderts kamen, zum Beispiel von Sir Robert Cotton, oder von benachbarten Grundbesitzern wie Sir Thomas Tempest. Im Jahre 1680 richtete Dean Sudbury das mittelalterliche Refektorium als Kapitelbücherei ein, mit zwei Reihen gedruckter Bücher in offenen Regalen und einem Behältnis für die Handschriften. Einige Verluste blieben nicht aus. Dean Montagu gab seine Zustimmung, daß aus zwei vornormannischen Evangeliaren Fragmente für Samuel Pepys' ›Kalligraphie-Sammlung‹ herausgeschnitten wurden; ein Vorgang, der Humfrey Wanley vielleicht mit Erfolg ermutigte, das Kapitel zu bedrängen, das Lexikon von Suda für die Sammlung des Earl of Oxford gegen ein gedrucktes Buch herzugeben und ihn später hoffen ließ auf »Bücher, Urkunden und andere Dinge, die in meines Herrn Bibliothek nützlicher für die Welt sein werden als in jener verlassenen Ecke des Königreiches«.

Zweifellos waren der Dekan und das Kapitel anderer Meinung. Wußten sie bereits – fragte man sich – von der Tat jenes Kindermädchens des Domherrn Dobson, das fast alle Schmuckinitialen aus Hugh du Puisets Bibel schnitt, um seine Schützlinge damit zu unterhalten? Alles in allem kam jedoch Durham, mit seinen 332 Büchern und Handschriften aus der Zeit vor der Klösteraufhebung von 1539 aus einer Gesamtzahl von 562 heute noch erhaltenen gebliebenen, bei der Verwüstung der Klosterbibliotheken noch außergewöhnlich glimpflich davon und erfreut sich größerer alter Bestände als jede andere britische Kathedrale.

OBEN *Eheschließung; Miniatur aus den Dekretalen Gregors* IX., *Paris, um 1300.* UNTEN *Dean Sudbury's Library, 1680 im ehemaligen Refektorium des Klosters eingerichtet.*

Johanneskloster PATMOS

»Alexius, gläubig im Göttlichen Christus, König und Autokrat der Römer, der Komnene« lautet die Unterschrift in zwei Zeilen roter Tinte auf des Kaisers Bulle von 1088, die den Mönch Christodulos berechtigte, ein »Seminar der Tugend« zu gründen. Die Insel war zwei Jahrhunderte hindurch unbewohnt gewesen und galt als »öde, unbebaut, von einem undurchdringlichen Gewirr von Dornengestrüpp und stachlichen Sträuchern bedeckt, vollkommen verdorrt aus Mangel an Wasser... kaum ein Viertel des bestellbaren Landes kann unter den Pflug genommen werden, das meiste mußte mit Hacke und Spaten bearbeitet und mit dem Schweiß und Blut des Arbeiters getränkt werden«. Piratenangriffe waren eine ständige Gefahr. Christodulos, der bereits von türkischen Räubern von seiner Abtei St. Paul auf dem Berg Latros auf dem kleinasiatischen Festland, dann von Halikarnassos und von Kos vertrieben worden war, mußte Patmos 1091 verlassen und starb auf Euböa. Dennoch gedieh seine Gründung, und gegen Ende des zwölften Jahrhunderts beherbergte das burgähnliche Kloster auf dem höchsten Punkt der Insel hundertfünfzig Mönche.

Die Bibliothek war ein wichtiger Teil jedes byzantinischen Klosters, der Bibliophylax oder Bibliothekar gehörte zu den höchsten Amtsträgern. Wie Klostergründer im Westen war Christodulos darauf bedacht, eine Schreibstube einzurichten. Seine ›Regel‹ enthält die Anweisung: »Ist jemand in der Kunst des Schreibens geschickt, muß er, mit der Erlaubnis des Abtes, die Begabung üben, die ihm die Natur verliehen hat«, aber es ist zweifelhaft, ob er vor seinem Tode noch viel hat vollbringen können. Vom Patriarchen von Konstantinopel erhielt er jedoch fünfzig Handschriften zum Geschenk von den zweihundert, die er von Latros hatte retten können. Diese brachte er nach Euböa und übergab sie seinem Nachfolger feierlich mit den Worten: »Sollte irgendjemand eines der mir vom Sehr heiligen Patriarchen überlassenen Bücher beanspruchen ... wird er die Verwünschungen der dreihundertachtzig Kirchenväter auf sein Haupt laden.« Spätere Äbte bauten auf diesem Grundstock auf. Joseph der Jasite vermachte seine persönliche Handschriftensammlung, Abt Arsenios kopierte selber Bücher, und der Ruf der Insel als Verbannungsort des Evangelisten Johannes, wo er die Geheime Offenbarung geschrieben haben soll, zog Gaben in großem Umfang an – zum Beispiel ein prächtig gebundenes Gebetbuch Konstantins, des Bischofs von Leros, und die Kanones der Jungfrau Maria des Mönchs Neilos von Rhodos.

Ein Katalog aus dem Jahre 1201 zeigt, daß die Bibliothek damals 330 Bücher zählte – 267 auf Pergament, dreiundsechzig auf Papier. Laienbibliotheken hat es im Byzantinischen Reich immer gegeben; die meisten griechischen Klöster hatten keine Lehraufgaben und brauchten deshalb keine weltlichen

OBEN *Johannes diktiert sein Evangelium auf der Insel Patmos; aus einem griechischen Evangeliar von 1335 in der Klosterbibliothek.* GEGENÜBER *Das Johanneskloster über dem Dorfe Chora.*

OBEN *Satan, halb Drache, halb Flügelwesen; Miniatur in einem Buch Hiob, 7. oder 8. Jh.* UNTEN *Hl. Gregor von Nazianz; aus einer Handschrift seiner Werke, Reggio di Calabria, 941.*

Texte, ihre Bibliotheken spiegeln die besonderen Interessen der Mönche deutlicher als die des Westens. Die Heilige Schrift, patristische Werke und Heiligenleben bildeten über neunzig Prozent des Bestandes der Patmos-Bibliothek. Es gab dort nur eine Handvoll profaner Bücher, Grammatik, Medizin und Chronologie, zwei Lexika, die Jüdische Geschichte des Josephus mit Kommentar, die Kategorien des Aristoteles, die Welt-Chronik bis zum Jahr 829 des Patriarchen Nikephoros I. und die ›Geschichte‹ Johannes Scylitzes über die folgenden drei Jahrhunderte: sieben Bände insgesamt. Während einige Werke der griechischen Kirchenväter in lateinischer Übersetzung im Westen verbreitet waren, besaß Patmos nichts von den lateinischen Kirchenvätern, bis auf zwei Bände von Papst Gregor dem Großen in griechischer Übersetzung. Fast das einzige andere Buch neben der Bibel, das Admont, Durham und Patmos gleichermaßen besaßen, war das Volksbuch über Buddhas Leben unter dem Titel ›Barlaam und Josaphat‹. Viele der Handschriften wurden als »alt« oder »sehr alt« bezeichnet. Unter ihnen waren ein illustrierter Hiob aus dem siebten oder achten Jahrhundert, ein Werk des griechischen Kirchenlehrers Gregorios von Nazianz mit lebendig geschmückten Initialen, 941 in Reggio in Kalabrien geschrieben, ein Johannes Chrysostomos von 988 und der Evangelienkommentar des Titus, Bischofs von Bostra, aus dem neunten oder zehnten Jahrhundert. Handschriften der Sammlung wurden ausgeliehen mit einer Großzügigkeit, die vor Platinas Leitung der Vatikanischen Bibliothek kaum je geübt wurde.

Am häufigsten wurde an die Filialklöster von Patmos ausgeliehen, doch gingen auch Bücher an die Klöster auf dem Festland und auf den Inseln, zu den Einsiedlern von Kalymnos und den Laienpriestern von Samos, zu Familien in Palatia und nach Kreta zum Vater eines der Mönche. Verluste konnten dabei nicht ausbleiben, und ein Katalog von 1328 zeigt einen kleinen Rückgang der Zahl – auf ungefähr dreihundert Bände.

Obgleich nach der türkischen Eroberung von Konstantinopel viele Laienbibliotheken in alle Winde zerstreut wurden und obgleich verschiedene Klöster auf dem Festland ihre Handschriften im sechzehnten Jahrhundert verkauften, scheint diese Zeitspanne für die Klöster vom Athos und von Patmos nicht nachteilig gewesen zu sein. Diese waren die Hauptkäufer, als im Jahre 1578 die wertvolle Bibliothek des Michael Kantakuzenos in Konstantinopel zur Auflösung kam. Im Jahre 1602 vermachte Maximos Margunios, ein kretischer Gelehrter in Venedig, seine lateinischen Bücher an Iviron, eines der Athos-Klöster. Patmos besitzt mehrere Handschriften aus dem sechzehnten Jahrhundert, darunter eine mit ›Aias‹ und ›Elektra‹ des Sophokles, und dürfte um diese Zeit seine Bücherei mit gedruckten Werken aufgefüllt haben (vor allem von Druckereien in Venedig), deren frühestes die ›Argonautika‹ des alexandrinischen Dichters Apollonios von Rhodos war (Florenz 1496). Im 15. Jahrhundert fanden Buchjäger auf der Suche nach griechischen Texten der klassischen Autoren die meiste Beute in weltlichen Sammlungen. Erst als nach dem Konzil von Trient eine stärkere Nachfrage nach patristischen Werken entstand, richtete sich das Interesse auch auf Klosterbibliotheken in der Ägäis. Die erste Erforschung der Bestände von Patmos wurde von dem Jugendfreund des Margunios, Aloysio Lollino, unternommen, dem nachmaligen Bischof von Belluno, einem auf Kreta geborenen Venezianer, der um 1583 zwei kretischen Mönchen einen dreijährigen Aufenthalt auf der Insel ermöglichte, um Handschriften zu kopieren. Die Titel verraten, was damals gewünscht wurde: die biblischen Kommentare von Basileios, Bischof von Neopatras, und des Mönchs Euthymios Zigabenos, die Briefe Gregors von Nazianz und des Patriarchen Nikolaos I., die ›Dogmatische Rüstkammer‹

des Kaisers Alexios I. Komnenos, die ›Zehn Zweifel am Vorauswissen des Weltendes‹ seines Bruders Isaak, die Vers-Chronik des Konstantinos Manasses und die Geschichte Georgios Pachymeres. Keines der beiden großen Werke in der Bibliothek, weder der Diodoros aus dem 11. Jahrhundert noch die am frühesten datierte Handschrift von Platos Dialogen, 895 für Arethas von Patras geschrieben, den späteren Erzbischof von Cäsarea, wurde zur Abschrift ausgewählt.

In gewissem Umfang widerstand Patmos dem geistigen Niedergang, der das griechische Klosterwesen während der Jahrhunderte türkischer Herrschaft erfaßte. Im siebzehnten Jahrhundert wurde auf der Insel eine Schule gegründet, die weithin großen Ruf genoß, obwohl Richard Pococke 1739 berichtete, daß nur fünf Bücher für den Unterricht benutzt wurden: gedruckte Ausgaben von Konstantin Laskaris griechischer Grammatik und der Logik des Theophilos Corydaleos sowie Handschriften von seiner ›Physik‹ und ›Metaphysik‹ und von der ›Theologie‹ des Georgios Coressios. Pococke sah die Klosterbibliothek mit einigen der bestgedruckten Bücher ausgestattet, meistens griechischen Kirchenvätern. Ihm wurden ein paar Manuskripte gezeigt, aber spätere Reisende verbreiteten fatale Gerüchte. Dem Grafen von Choiseul-Gouffier, Botschafter Frankreichs bei der Hohen Pforte, wurde 1776 erzählt, daß nur drei der Mönche lesen könnten, und Villoison, ein mit ihm reisender Gräzist, wiederholte die boshafte Geschichte, daß sie kürzlich zwei- bis dreitausend Handschriften verbrannt hätten.

Markus-Evangelium: Taufe Christi und der schreibende Evangelist; aus einem griechischen Evangeliar, 12. Jh.

Abtstellvertreter Meletios in der Bibliothek auf Patmos. Die lange, gerahmte Urkunde ist die Goldene Bulle von 1088 des Kaisers Alexios Komnenos, mit der er die Insel Christodulos verlieh.

Am 9. Oktober 1801 ankerte Edward Daniel Clarke, ein Fellow des Jesus College von Cambridge, sein Segelboot im Hafen vor Scalea und stieg den Hügel hinauf zum Kloster. Mit ihm waren ein englischer Gefährte und ein griechischer Dolmetscher, den er »Riley« nannte – vielleicht ein Angehöriger der Ralli-Familie von Chios.

»Wir traten in ein kleines längliches Gewölbe und fanden es fast ganz angefüllt mit Büchern aller Formate in äußerst vernachlässigtem Zustand; einige lagen auf dem Boden, eine Beute für Feuchtigkeit und Würmer; andere standen zwar auf Regalen, doch offensichtlich ohne jede Ordnung. Die Bücher auf den Borten waren sämtlich gedruckte Bände; diese moderneren Ausgaben galten als die wertvolleren und hatten deshalb einen besseren Platz als die übrigen erhalten, von denen viele schon zum Abfall zu zählen schienen. Einige von den gedruckten Bänden waren leidlich gut gebunden und in ordentlichem Zustand. Der Superior bemerkte, das seien seine Lieblinge, doch als wir einen oder zwei Bände vom Regal herunternahmen, zeigte sich, daß weder der Superior noch sein Gefährte zu lesen imstande waren. Sie kannten lediglich vom Hörensagen einige Titel, wußten aber über ihren Inhalt nicht mehr als der Grand Signior...

Am äußersten Ende dieses Gewölbes, gegenüber dem Fenster, war eine beträchtliche Zahl alter Pergamentbände, einige mit Einbänden, andere ohne, auf dem Boden in völliger Unordnung angehäuft – und es war ganz offensichtlich, daß sie beiseite geworfen worden waren, dazu verdammt, irgendeinem Zweck zu dienen, für den das Pergament sich noch als nützlich erweisen könnte. Als wir den Superior fragten, was das hier wäre, antwortete er, seine Nase mit einem Ausdruck von Langeweile und Verachtung rümpfend, Manuskripte! Das war wirklich ein Augenblick, in dem ein reisender Bücherliebhaber hätte an seinem Verstand zweifeln können angesichts dieses völlig aus griechischen Manuskripten bestehenden Haufens, von denen einige von ehrwürdigstem Alter waren.«

Riley wurde beauftragt, die Verhandlungen zu eröffnen, während Clarke und sein Gefährte über den »zum Untergang verurteilten Haufen« herfielen und fast sofort den Plato des Arethas entdeckten. Riley unterbrach sie mit der Bemerkung, daß die Mönche mit dem Verkauf von fünf Handschriften unter der Voraussetzung einverstanden wären, daß die Inselbewohner davon nichts erfahren würden. Der Preis wurde bezahlt, und die Reisenden begaben sich wieder zu ihrem Schiff – um abzuwarten.

»Der ganze Sonntag, der 11. Oktober, verging in großer Unruhe. Zur Zeit des Sonnenuntergangs, als wir auf Deck unseres Bootes zum Berg hinaufblickten, sahen wir einen Menschen den steilen Hang vom Kloster zum Hafen hinabsteigen; als er nahe genug war, bemerkten wir, daß er einen großen Korb auf dem Kopf trug und zu dem Kai ging, wo unser Schiff vor Anker lag... Als er herangekommen war, sagte er laut, daß er uns das Brot gebracht habe, wie der Capudan Pascha es in seinem Brief bestellt habe; doch als er an Bord gekommen war, gab er uns einen bedeutungsvollen Wink und sagte, daß der Superior wünsche, wir sollten den Korb selber leeren und die Brotlaibe zählen, um uns zu überzeugen, daß alles in Ordnung sei. Wir verstanden die Andeutung und beeilten uns, mit unserer Last in unsere Kabine zu kommen, wo wir, nachdem wir den Korb umgewendet hatten, zu unserer großen Freude die Handschriften von Plato, die Gedichte von Gregorios, das Werk von Philes mit den anderen Traktaten und den Band der Miszellen, darunter das Lexikon des hl. Kyrill, fanden...«

Clarkes Bericht liest sich wie ein Gegenstück aus dem neunzehnten Jahrhundert zu Poggios Entdeckung in St. Gallen. Die gleichen Einzelheiten über Unwissenheit und Gleichgültigkeit der Mönche werden nachdrücklich betont, um den Raub zu rechtfertigen. Das Kloster nahm jedoch bald die einstige sorgfältige Pflege seines Besitzes wieder auf. Der Plato des Arethas und die vier anderen Handschriften von Patmos, die die Bodleian-Bibliothek 1809 von Clarke erwarb, sind die einzigen Buchverkäufe der Mönche, von denen man weiß, und ein Jahr später prangte schon über der Tür zur Klosterbibliothek ein Schild, das dem Leser einschärfte, die Bücher sorgsamer zu behüten als das Leben. Die Handschriften wurden nach und nach geordnet und neu gebunden. Scholtz sah 1821 fünfzig, Guérin um 1856 zweihundertvierzig, Duchesne 1874 vierhundertsechzig Bände, und heute sind achthundertneunzig verzeichnet. In der zweiten Hälfte des neunzehnten Jahrhunderts wandte Johannes Sakkelion, der Schulvorsteher der Insel, dreißig Jahre seines Lebens an die Katalogisierung der Sammlung. Dem Besucher werden heute dreiunddreißig Blätter eines prächtigen Evangeliars aus dem sechsten Jahrhundert mit silberner Unzialschrift auf purpurnem Pergament gezeigt, das wahrscheinlich in Kleinasien geschrieben und dort auch wieder aufgelöst worden ist. Einhundertzweiundachtzig Blätter wurden 1896 in einem Dorf Kappadoziens gefunden und von der Kaiserlichen Bibliothek in Petersburg gekauft; andere Blätter befinden sich im Vatikan, in London, Wien, New York, Athen und Saloniki. Konstantin von Tischendorf, der Theologe und Bibelforscher, der kurz nach seiner Entdeckung des Codex Sinaiticus des vierten Jahrhunderts im Katharinenkloster auf dem Berg Sinai nach Patmos kam, sah dieses Fragment noch nicht. Erst nach seinem Besuch machte Johannes Sakkelion diese großartige Entdeckung auf dem Boden einer mit alten Papiertüten gefüllten Truhe.

OBEN *Jungfrau Maria; byzantinische silber-vergoldete Deckplatte eines Handschriften-Einbandes.* UNTEN *Dieses Blatt eines Purpur-Evangeliars des 6. Jhs. aus Patmos war im Besitz von Sir Robert Cotton, jetzt im British Museum.*

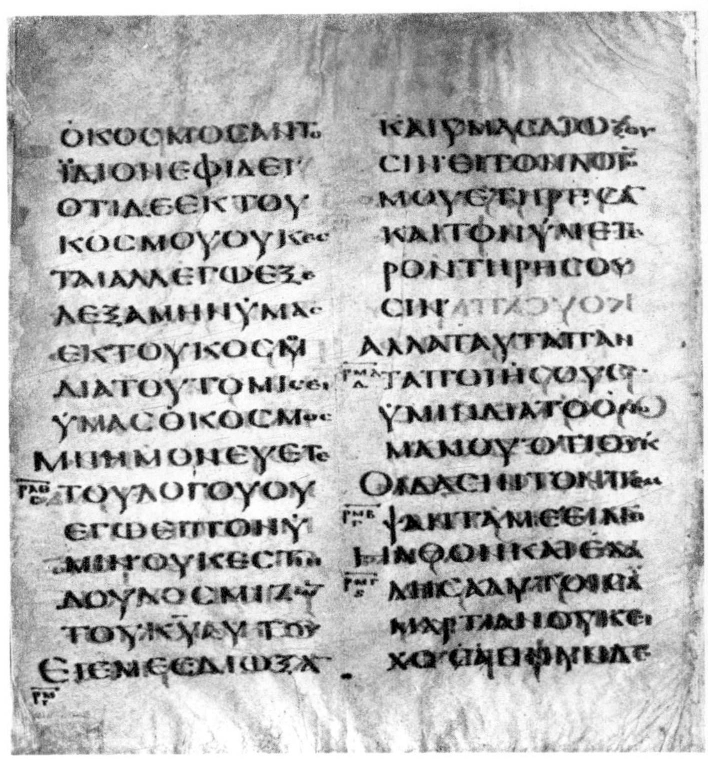

Biblioteca Malatestiana CESENA

Die Lesepultwangen tragen das Malatesta-Wappen. GEGENÜBER *Die Biblioteca Malatestiana folgt Michelozzos Entwurf für die Bibliothek von San Marco in Florenz.*

Vom Jahre 1239 an, als ein Malatesta zum Podestá, zum Herrn von Rimini erhoben wurde, regierte die Familie zweieinhalb Jahrhunderte Teile des Gebietes auf beiden Seiten des Flusses Rubicon in Norditalien, wo der Apennin an die Adria heranreicht. 1429 wurde das Erbe des Pandolfo Malatesta zwischen seinen beiden Söhnen geteilt. Der ältere, Sigismondo Pandolfo, wurde Herr von Rimini. Obgleich ein halb wahnsinniger Tyrann, der sein Leben mit Kriegführen zubrachte, hinterließ er ein nobles Bauwerk: die San-Francesco-Kirche des Alberti in Rimini, den ›Tempio Malatestiano‹. An seiner Südseite stellte er eine Reihe Sarkophage auf, welche die Gebeine eines griechischen neoplatonischen Philosophen, Gemistos Plethon (die er vom Peloponnes geholt hatte) und anderer Gelehrter bargen. Der jüngere Bruder, Novello Malatesta, wurde Herr von Cesena und gründete die einzige Bibliothek der Frührenaissance, die in Bau, Einrichtung und mit ihren Büchern erhalten geblieben ist.

Ein ›Studio‹, eine Art Miniaturuniversität, bestand schon im vierzehnten Jahrhundert im Kloster San Francesco in Cesena. 1445, zu einer Zeit, als in vielen Klöstern Nordeuropas wie Italiens das Bedürfnis nach einem Raum zur Aufbewahrung der Bücher auftrat, beschlossen die Mönche den Bau einer Bibliothek. Sie wurden durch eine päpstliche Bulle jenes Jahres ermächtigt, die Kosten aus einer wohltätigen Stiftung zu bezahlen, die der Spender ursprünglich für andere Zwecke bestimmt hatte. Doch obwohl die Initiative vom Kloster ausging, scheint sich Novello Malatesta schon bald eingeschaltet zu haben. Jedenfalls berief er den Architekten Matteo Nuti, der schon für die Malatesta in Fano und Rimini tätig gewesen war, und sein Versprechen, der Bibliothek Bücher im Wert von fünfhundert Gulden zu stiften, wird in einer zweiten päpstlichen Bulle von 1450 erwähnt. Der Bau ist vermutlich 1447 begonnen und 1452 fertiggestellt worden. Die Einrichtung der Räume und die Herstellung der reichverzierten holzgeschnitzten Türen nahm zwei weitere Jahre in Anspruch.

Der neue Flügel des Klosters war zweistöckig, mit einem Refektorium im Erdgeschoß und einem Schlafsaal und der Bibliothek darüber. Diese entspricht Michelozzos Plan für die Bibliothek von San Marco in Florenz, die um 1440 errichtet wurde: ein langrechteckiger, über zwei Säulenreihen eingewölbter Raum, dessen drei Schiffe mit neunundzwanzig Bänken und Lesepulten ausgestattet sind. Das Licht (jetzt teilweise durch Neubauten verdunkelt) kommt durch eine Rosette in der Rückwand und durch eine Reihe von Rundbogenfenstern auf beiden Seiten und fällt im richtigen Winkel für den Leser ein. Im Giebel über dem Eingang befindet sich das Wappen der Familie, ein Elefant mit dem Motto »Elephas Indicus culices non timet«,

INCIPIT LIBER BEATI HIERONY
MI CONTRA IOVINIANVM.
PAVCI ADMO
DVM DIES
SVNT QVOD
SANCTI EX
urbe fratres cuiusdā
mihi iouiniani cōm
tariolos transmiserūt
rogantes ut eorum i
neptiis responderem
& epicurum xpianorū
euuangelico atq; apos
tolico rigore conterrere.
Quos cum legissem &
omnino non intellige
rem cepi reuoluere cre
brius & non modo
uerba atq; sententias
set singulas pene silla
bas discutere uolens
prius scire qd diceret

»Der indische Elefant fürchtet keine Moskitos«. Das Wappen mit den Emblemen der Malatesta erscheint auf vielen Kapitälen und ist in jede Pultwange geschnitzt und ausgemalt. Tafeln an der Eingangswand tragen die Inschrift MAL. NOV. PAN. F. HOC DEDIT OPUS (Novello Malatesta, Sohn des Pandolfo, schuf dieses Werk), die sich in leicht abgewandelter Form auf den Bodenfliesen in Abständen wiederholt. Die Bücher liegen entweder auf den schrägen Pultdeckeln oder auf einem Fach darunter, und ihre Unterdeckel sind an einer Kette befestigt, deren Ringende über eine Stange läuft, die unterhalb der Pultschräge angebracht ist.

Das Kloster besaß damals schon über fünfzig Bücher. Außer einer prächtigen Bibel aus dem dreizehnten Jahrhundert in vier Bänden und einer Reihe hübsch illuminierter Rechtsbücher, die von einem gewissen Fredolo Fantini aus Cesena gestiftet und alle in Bologna hergestellt worden waren, enthielt die Sammlung mehrere Bibelkommentare nordfranzösischen Ursprungs und philosophische Werke, die wahrscheinlich von italienischen Studenten oder Professoren in Paris erworben worden waren. Dieser Grundstock wurde durch Neubindung, Ersatz fehlender Blätter und durch Inhaltsverzeichnisse zu neuem Glanz gebracht.

Hätte Novello Malatesta in Florenz gelebt und wäre er so reich wie die Medici gewesen, hätte er die Sammlung durch Käufe bei Buchhändlern wie Vespasiano da Bisticci ergänzen können, der sich der Dienste vieler Kopisten zu sichern wußte. Doch an einem kleinen Platz wie Cesena war es offenbar einfacher, ein eigenes Skriptorium einzurichten. 1447–48 wurde mit einem einzigen Schreiber, Jacopo da Pergola, begonnen, der vorher bei Sigismondo Pandolfo Malatesta in Rimini tätig war. 1465 wurden sechs Schreiber beschäftigt, und man hat errechnet, daß in der Zwischenzeit mindestens zwanzig die Schreibstube durchlaufen hatten. Häufiger Personalwechsel zeigt sich

OBEN *Die Bibliothek erhält das Licht durch Rundbogenfenster in den beiden Längsseiten und durch eine Fensterrosette an der Schmalseite.* GEGENÜBER *Johannes de Spinalo, ein französischer Notar aus Epinal, kopierte diese Handschrift der Briefe und Predigten des hl. Hieronymus für die Bibliothek von Cesena zwischen 1451 und 1465. Name und Wappen des Gründers, Malatesta Novello, am Fuß der Seite, die Initiale folgt romanischen Vorbildern.* UNTEN *Sterbeszene eines Bologneser Künstlers, 14. Jh.; aus einem juristischen Werk, vermutlich aus dem Vermächtnis von Fredolo Fantini von Cesena.*

DEMOSTHENES.
O.

Laudabit nisi improbi liberi

tradunt

ESEO·GRECO
tozia quantum probabili oratoē a

.TIBERIVS.GRAC
CHVS.
CAIVS.GRAC
CHVS.
ex magr̃atib; atq; honoribus ıderat di

ram ingenti studio diliger
bus esse dixerunt. hac precip
si q̄ eam diiudicandi uim
atq; artibus aĩaduerterunt
a primis incunabulis cunc
q̄ experientia ipsa & hor
firmati inhanc sententia

.M. ANTONIVS.
mos e grecis Romanisq; delectos inparia

VORAUSGEHENDE SEITEN *Initialen einer dreibändigen Handschrift von Francesco Filelfos lateinischer Übersetzung der Lebensbeschreibungen Plutarchs, die Jacopo da Pergola um 1450 in Cesena kopierte und Taddeo Crivelli in Ferrara ausmalte. Von links nach rechts,* OBERE REIHE *Demosthenes, Chrysippos, Theseus, die Gracchen;* UNTERE REIHE *Solon, Lykurgos, Demetrios von Makedonien, Marcus Antonius.*
OBEN *Der ältere Plinius, Schmuckinitiale aus einer Abschrift seiner Naturgeschichte durch Jacopo da Pergola von 1466.* UNTEN *Livius, Schmuckinitiale aus seiner Römischen Geschichte in einer Handschrift des gleichen Schreibers von 1453.* GEGENÜBER *Hl. Augustinus: Predigten über das Johannes-Evangelium; Abschrift in Cesena vor 1452 durch Johannes de Spinalo, durch Taddeo Crivelli in Ferrara ausgemalt.*

darin, daß Handschriften von einer Hand begonnen und von einer anderen vollendet wurden. Ein Venetianer, Macario, kopierte nur einen Band; dagegen war ein anderer, Andrea Catrinello aus Genua, der 1456 in Ferrara in Dienst genommen wurde, noch neun Jahre später in des Fürsten Diensten, als er einen Cicero mit dem 20. November 1465 datierte, »an welchem Tag der erlauchte Herr Novello Malatesta dei Malatesti das Leben mit dem Tod vertauschte«. Vier Manuskripte stammen aus der Hand eines der Mönche, Francesco da Figline, dem ersten Bibliothekar der neuen Sammlung. Wenigstens drei Ausländer wurden beschäftigt, deren bedeutendster ein französischer Notar aus Epinal war, der sich in Cesena niederließ, eine Einheimische heiratete und seinen Namen in Johannes de Spinalo latinisierte. Zwei andere waren möglicherweise Studenten auf Reisen: Thomas Blauvart aus Utrecht, der in sieben Monaten Nikolaus de Lyras Anmerkungen zu den Psalmen abschrieb, und ein witziger Deutscher, Mathias Kuler, der unter einen Kommentar zu Aristoteles setzte: »mit der Hand und nicht mit den Füßen geschrieben« und hinzufügte, »alle Einkünfte sind für guten Wein im Wirtshaus und in Weibergesellschaft ausgegeben worden. Venite exultemus«.

Die Schreiber arbeiteten in der Bibliothek, haben aber möglicherweise im Sommer oder Herbst den Hof in das benachbarte Schloß Bertinoro begleitet. Sie schrieben in der schönen Lateinschrift, welche die Humanisten aus der karolingischen Minuskelschrift entwickelt hatten, wie sie in Verona unter Pacificus und anderswo im Reich Karls des Großen verwendet wurde. Der fertiggestellte Band wurde im Palast durch einen Hofsekretär mit der Vorlage verglichen und korrigiert. Manchmal war die Vorlage unvollständig, dann gab es Lücken und die Anmerkung »hic deficit«. Die nächste Stufe war die Illuminierung. Ein paar Bücher – Augustinus über das Johannesevangelium, Cicero und das Widmungsexemplar der Plutarchübersetzung des Humanisten Francesco Filelfo – wurden nach Ferrara in die Werkstatt eines Berufsminiaturisten, Taddeo Crivelli, geschickt. Der größere Teil ging an einen Hofkünstler in Cesena (wahrscheinlich ferraresischer Schule), um mit dem Wappen, Emblemen oder Initialen des Fürsten und einer Rankenbordüre oder den damals beliebten romanisierenden Schmuckinitialen ausgestattet zu werden. Schließlich wurde der Band in die Hofbuchbinderei gegeben, dort in braunes, sparsam verziertes Maroquin gebunden und mit Buckelknöpfen, Schließen und Kette versehen. Der Buchbinder hat vermutlich eng mit dem Skriptorium zusammengearbeitet, da er die dort weggeworfenen Bogen als Vorsatzblätter verwendete.

Die Auswahl der Bücher stützte sich auf einen 1439–40 von Tommaso Parentucelli (dem späteren Papst Nikolaus V.) für Cosimo de'Medici entworfenen Plan. Novello Malatesta wandte sich selber wegen Abschriften an die Medici und an Francesco Sforza in Mailand. Das Skriptorium war hauptsächlich mit Werken der Kirchenväter (Augustinus, Hieronymus, Ambrosius und Gregorius umfassen einunddreißig Bände) und klassischen Autoren beschäftigt; das Mittelalter ist vertreten mit Werken von Bernhard von Clairvaux, Thomas von Aquin, Albert dem Großen, Heinrich von Ghent, Duns Scotus, Richard Fitzralph, Erzbischof von Armagh, und Wilhelm von Ockham. Sechsundzwanzig Bände können als Geschichtswerke bezeichnet werden, ein besonderes Interessengebiet von Novello Malatesta; ferner gab es kleine Gruppen über Kosmographie, Wissenschaften und Kritik. Mit Sorgfalt suchte man die neuesten Texte zu bekommen, wie die Lobrede des jüngeren Plinius auf Kaiser Trajan und den Kommentar des Donatus zum Terenz, den der gelehrte Buchhändler Giovanni Aurispa vor kurzem in Deutschland aufgestöbert hatte. Die Bibliothek enthielt keine Bücher in italienischer Sprache,

S · AGUSTINUS ·
N
TV
EN
TES
Q
VO
D
MO
DO
AV
DI
VI
MV
VS
EX
LEC
TIO
NE
APO
OS
TO
LI
CA
QV
OD

Schmuckinitiale aus St. Cyprians Briefen; Handschrift von Johannes de Spinalo, Cesena, 1451-65.

nichts von Dante oder Petrarca, und von Boccaccio nur Werke in lateinischer Sprache.

Neben den Erzeugnissen des eigenen Skriptoriums kamen Bücher aus den verschiedensten Quellen. Von den vierzehn griechischen Handschriften, darunter die Odyssee und Platos ›Dialoge‹ und ›Republik‹, scheinen die meisten gemeinsam erworben worden zu sein, vielleicht aus italienischem Besitz. Man ist versucht anzunehmen, daß sie durch die Hände Aurispas, des größten Händlers griechischer Bücher im fünfzehnten Jahrhundert, gegangen sind. Sie wurden durch einen Demosthenes aus der Hand eines griechischen Schreibers in Italien und einen anderen Demosthenes ergänzt, den Novello Malatestas späterer Kanzler, Niccolo Martinozzi, 1431 von einem genuesischen Händler in Konstantinopel gekauft hatte. Sieben hebräische Handschriften wurden wahrscheinlich von der kleinen jüdischen Kolonie in Cesena erworben. Ein paar Manuskripte wurden in anderen Städten abgeschrieben, weil die Originale nicht ausgeliehen werden konnten. Nur ein Buch gelangte durch Erbschaft in die Bibliothek: ein Werk über Pferdehaltung, das für den Onkel des Fürsten geschrieben worden war. Valturius' ›Res militares‹ war ein Geschenk von Sigismondo Pandolfo, andere Bücher sind Widmungsexemplare von Kardinal Bessarion und Francesco Filelfo. Es ist zweifelhaft, ob Novello Malatesta viele ältere lateinische Handschriften kaufte, doch besaß er möglicherweise einen Boethius von etwa 1400 mit Illuminationen von Michelino da Besozzo und eine ungewöhnlich schöne Pariser Bibel aus dem vierzehnten Jahrhundert.

Im Jahre 1465, als die Sammlung etwas mehr als zweihundert Bände zählte, fand ihr Wachstum durch Novello Malatestas Tod im Alter von siebenundvierzig Jahren ein jähes Ende. Er hatte beabsichtigt, sie ständig auszubauen und noch im vorausgegangenen Jahr schriftlich gelobt, »diese meine Bibliothek jeden Tag reichlicher mit Büchern auszustatten«. Sein früher Tod erklärt, warum bestimmte Gebiete wie Dichtung und humanistische Literatur so gut wie nicht vertreten sind. Er hinterließ keine Erben, und Cesena fiel an den Kirchenstaat. Das Skriptorium und die Buchbinderei wurden unverzüglich aufgelöst, doch ein Legat des Fürsten von jährlich zweihundert Dukaten ermöglichte den Kauf weiterer Bücher, auf die in liebevollem Gedenken an den Gründer das Wappen der Malatesta gemalt wurde. 1474 erhielt die Bibliothek ihr letztes bedeutendes Vermächtnis, die Bücher von Giovanni di Marco aus Rimini, des Arztes von Papst Sixtus IV. und der Brüder Malatesta. Mit einigen Jahren Verzögerung erreichten über achtzig Bände Cesena, größtenteils Handschriften des vierzehnten Jahrhunderts über Medizin und Philosophie. Es ist ungewiß, ob von Giovanni di Marco auch die älteste Handschrift der Sammlung stammt, ein Isidor von Sevilla, der im neunten Jahrhundert im Skriptorium von Verona geschrieben, von Bischof Rather mit Anmerkungen versehen wurde und zweifellos nach dem Sturz der Skaliger aus der Dombibliothek entwendet worden war.

Die Malatestiana wird gewöhnlich als eine der ersten öffentlichen Bibliotheken angesehen, doch ist das in der einzigen einschlägigen zeitgenössischen Urkunde, die sich lediglich mit den Bedürfnissen des Klosters und des ›Studio‹ befaßt, nicht erwähnt. Dieses Dokument, eine Schenkungsurkunde von 1455, berichtet, daß Novello Malatesta eine Bibliothek im Kloster von San Francesco gebaut hat, daß er dieser »viele Bücher über die Freien Künste« gab und noch mehr hinzufügen wollte, »für die Benutzung der Bibliothek und des Studio durch die Mönche des vorerwähnten Ordens des Heiligen Franziskus, die in besagtem Ordenshaus und der Bibliothek studieren möchten«. Die Urkunde geht in der Folge auf die personelle Zusammensetzung der Studierstube ein, die aus einem Vorleser und zehn Studenten, Mitgliedern des Franziskanerordens, bestehen soll. Nur wenn zuwenig Franziskaner-Kandidaten zur Verfügung stehen, um die freien Plätze zu besetzen, können Laienschüler, vorzugsweise aus Cesena und, in Ermangelung solcher, von anderen Orten unter Malatestas Herrschaft angenommen werden. Vermutlich aus Sicherheitsgründen entschloß sich Novello 1461, die Bibliothek der gemeinsamen Obhut der Stadt Cesena und des Klosters anzuvertrauen. Der Gemeinderat wurde angewiesen, ein Bücherinventar anzulegen und für regelmäßige Überprüfungen zu sorgen.

Diese Aufgaben wurden gewissenhaft erfüllt. Die Inspektoren stellten 1496 den Verlust von zwei Büchern fest, und der Klosterbibliothekar wurde daraufhin wegen Nachlässigkeit entlassen. 1532 erbat sich der Bischof von Verona, Gian Matteo Gilberti, den Malatesta-Kodex von Johannes Chrysostomos leihweise aus, um ihn für eine Neuausgabe zu verwenden. Der Rat weigerte sich zuerst, gab aber später dem Drängen des hohen Geistlichen nach und genehmigte die Verleihung gegen die ungeheure Pfandsumme von tausend Golddukaten. Zwei Räte, von einem Notar begleitet, brachten die Handschrift nach Verona und holten sie ein Jahr später zurück.

Obwohl der Rat seine Aufsichtsbefugnis im siebzehnten Jahrhundert verlor, bewahrte die städtische Kontrolle die Bibliothek vor Vernachlässigung und Zerfall, dem Schicksal vieler anderer Klosterbibliotheken in Italien. Wieweit die Aufsicht der Stadtbehörde den öffentlichen Zutritt zu den Büchern erleichtert hat, ist nicht klar, doch seit dem zweiten Viertel des sechzehnten Jahrhunderts scheinen Gelehrte Zugang gefunden zu haben, nicht nur die Beauftragten von Prälaten wie des Kardinals Sirleto, die nach patristischen und philosophischen Texten fahndeten, sondern auch Laien wie der gelehrte Drucker Paulus Manutius. Die Bibliothek überstand eine Krise während der Napoleonischen Kriege, als das Kloster aufgehoben, das Gebäude als Kaserne benutzt und Einrichtung wie Bücher ausgelagert wurden. Dennoch hat es während seiner ganzen Geschichte nur sechs Bände verloren, von denen einer von der Inquisition und zwei von Kommissaren der Französischen Republik beschlagnahmt wurden.

OBEN *Kardinal Bessarions Übersetzung der Metaphysik des Aristoteles; vermutlich Geschenk des Übersetzers an Malatesta Novello, um 1460.* UNTEN *Schlußvignette einer Handschrift in Cesena mit dem Malatesta-Wappen zwischen Glaube und Gerechtigkeit.*

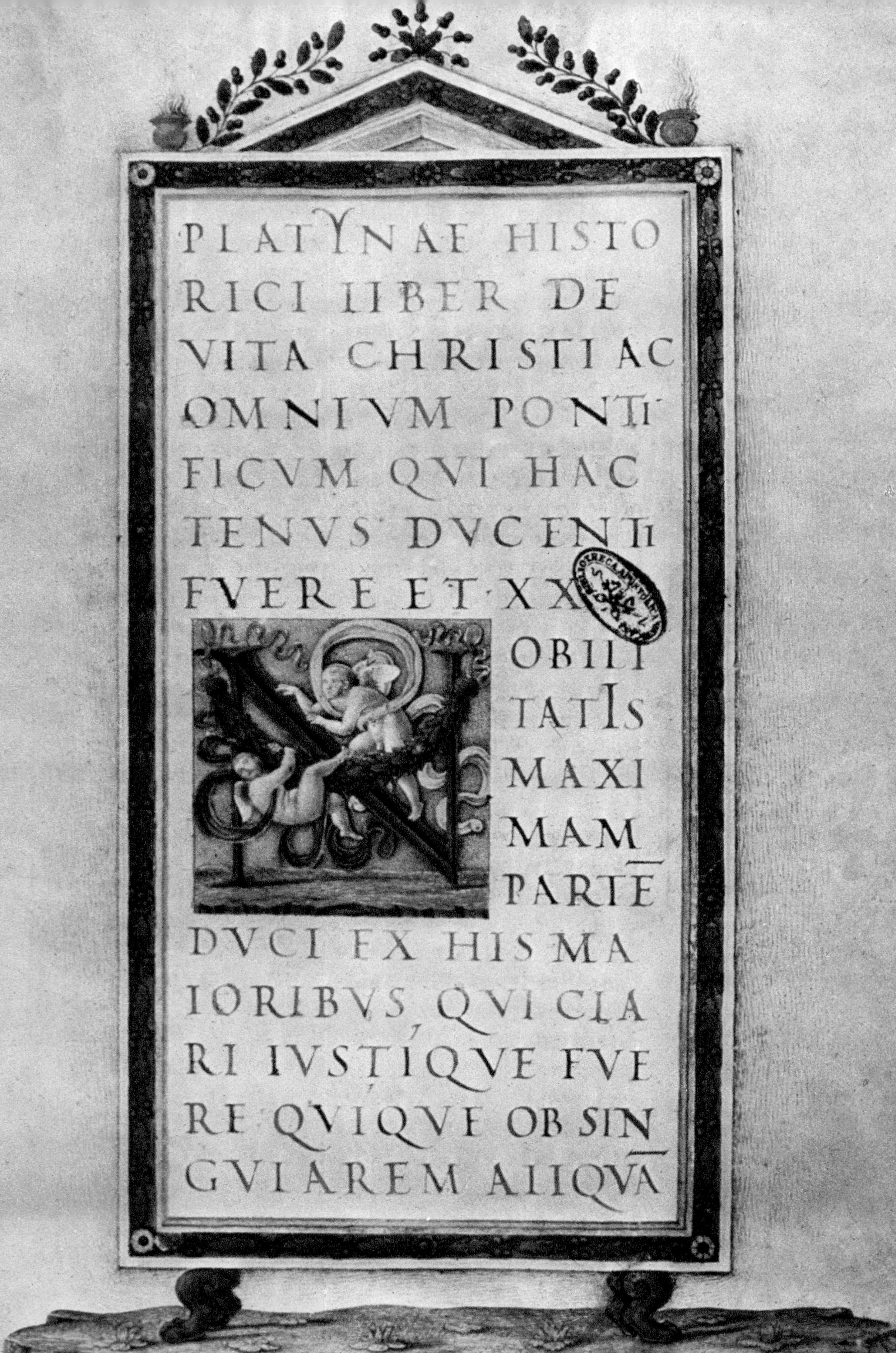
PLATYNAE HISTO
RICI LIBER DE
VITA CHRISTI AC
OMNIVM PONTI
FICVM QVI HAC
TENVS DVCENTI
FVERE ET·XX
OBILI
TATIS
MAXI
MAM
PARTĒ
DVCI EX HIS MA
IORIBVS QVI CLA
RI IVSTIQVE FVE
RE QVIQVE OB SIN
GVLAREM ALIQVĀ

Vatikanische Bibliothek

Anders als die meisten öffentlichen Bibliotheken, die ins Leben gerufen wurden, um augenblicklichen oder früheren Bedürfnissen zu dienen, ähnelt die Vaticana einer privaten Sammlung, deren wesentliche Bestandteile aus nicht mehr sicher zu erkennenden Gründen den Geschmack verschiedener Vorgänger widerspiegelt. Sie hat drei gegensätzliche Entwicklungen mitgemacht: Öffentliche Bibliothek der Renaissance, Trutzburg der Gegenreformation und moderne wissenschaftliche Sammlung. In den beiden ersten Phasen wechselten Zeiten starken Wachstums mit völligem Stillstand ab, je nach den literarischen Interessen des regierenden Papstes.

Die päpstliche Bibliothek ist eine Schöpfung der Renaissance. Keine der alten Handschriften, für die sie heute berühmt ist, kam vor dem fünfzehnten Jahrhundert in ihren Besitz und nur sehr wenige vor 1600. Wohl gibt es gelegentliche Hinweise auf frühere Sammlungen: liturgische Bücher und griechische Handschriften, die Paul I. 761–63 an Karls des Großen Vater Pippin schickte, Bonifazius VIII. Bibliothek von 443 Bänden (einschließlich zweiunddreißig griechischen Büchern, vielleicht aus dem Besitz Friedrichs II.), die im vierzehnten Jahrhundert während der Wanderungen der Kurie durch Mittelitalien verlorengegangen sind. Eine neue Bibliothek von 2400 Bänden wurde von Johannes XXII. und Clemens VI. in Avignon aufgebaut, jedoch bei der Rückkehr der Päpste nach Rom zurückgelassen. Glücklicherweise sind zwei Gruppen von Büchern aus der Bibliothek von Avignon erhalten geblieben: eine gab Kardinal Pierre de Foix an sein Collège in Toulouse; sie wurde 1680 von der französischen Königlichen Bibliothek übernommen; die andere mit über dreihundert Bänden, die im frühen siebzehnten Jahrhundert im päpstlichen Palast von Avignon wiederaufgefunden und von Paul V. seinem Neffen, dem Kardinal Scipione Borghese, geschenkt wurde, gelangte 1891 in den Vatikan.

Der Gründer der Bibliothek war der Humanist Tommaso Parentucelli aus Sarzana, von 1447–55 Papst Nikolaus V. In seiner Jugend war er ein eifriger Büchersammler in den Klöstern der Lombardei und der Emilia und später Giovanni Aurispas Begleiter bei der Suche nach unbekannten Texten in deutschen Klöstern wie auch der Verfasser eines Bibliotheksprogramms für Cosimo de'Medici – einer der vielen Entwürfe für eine Idealbibliothek. Bei seiner Antsübernahme fand er einen ansehnlichen Fundus von über 340 Bänden seines Vorgängers Eugen IV. vor, darunter verschiedene klassische Autoren aus der Zeit, als Eugen während des Konzils von Florenz (1439–40) unter humanistischen Einfluß geraten war, jedoch nur zwei griechische Bücher, doppelsprachige Ausgaben von Boethius und den Psalmen, vielleicht aus Süditalien stammend. Während seines kurzen Pontifikats vermehrte Nikolaus

Papst Sixtus IV., von Bartolomeo Sanvito von Padua; aus dem Exemplar des Papstes von Bartolomeo Platinas ›Leben der Päpste‹, Rom, 1474–84. GEGENÜBER *Das Titelbild der gleichen Handschrift, in der Art eines antiken Gedenksteins.*

OBEN *Lorenzo Valla überreicht Papst Nikolaus V. seine lateinische Thukydides-Übersetzung; Initiale im Widmungsexemplar des Werkes, Rom, 1452.* UNTEN *Bartholomeo Platina kniet vor Papst Sixtus IV.; Ausschnitt aus dem Fresko von Melozzo da Forli in der Vatikanischen Bibliothek.*

die Bibliothek durch Ankauf (eine Bibel, die dem Gegenpapst Clemens VII. und dem Herzog von Berry gehört hatte, war darunter), durch Beschäftigung von Schreibern, durch Bestellung von Übersetzungen oder Originalwerken von Humanisten und durch Entsendung Enoch d'Ascolis zu Einkaufsreisen nach Griechenland, Deutschland und Dänemark. Sie kam auf einen Bestand von über 1200 Titeln, von denen ein Drittel griechisch war. Der ›Gottesstaat‹ des Augustinus aus dem zehnten Jahrhundert scheint die älteste Handschrift gewesen zu sein, doch war die päpstliche Sammlung an frühen Kodizes weniger reich als die Kapitelbibliothek der Peterskirche, die kurz vorher durch ein ansehnliches Vermächtnis des Kardinals Giordano Orsini erweitert worden war. Die Einkünfte von Rompilgern im Jubiläumsjahr 1450 wurden zur Finanzierung dieses raschen Ausbaus verwendet – zum Mißfallen von Nikolaus' Nachfolger, Calixtus III., einem spanischen Kirchenjuristen, der bei der Besichtigung der Bibliothek ausgerufen haben soll: »Schaut her, wie der Reichtum der Kirche Gottes vergeudet worden ist!«

Nikolaus' Bücher wurden in Regalen in einem, vielleicht auch zwei Räumen untergebracht. Unter Sixtus IV. (1471–84) wurde, wie in der Renaissance üblich, eine mit Ketten ausgerüstete, dem Publikum zugängliche Bibliothek im Untergeschoß der Sixtinischen Kapelle eingerichtet. Sie war in vier Räume unterteilt, eine Anordnung, die das Modell aller zukünftigen Rariora-Sammlungen und ›Réserves‹ darstellte: die lateinische Bücherei mit sechzehn Lesepulten, die griechische mit acht, die Geheimbibliothek, in der die meisten der päpstlichen Urkunden aufbewahrt wurden, mit sechs Pulten, fünf Schränken und zwölf Truhen, und die Pontifikalbibliothek mit zwölf Pulten. Leser wurden augenscheinlich nur in den ersten beiden Räumen zugelassen. Alle waren ausgeschmückt mit bunten Glasfenstern, Portäts von Autoren und Gelehrten und von Fresken von Melozzo da Forli, Antoniazzo Romano, Ghirlandajo und anderen. Nur eines dieser Fresken ist erhalten geblieben (in den Vatikanischen Museen): Melozzos Darstellung der Ernennung Platinas, des Humanisten aus Cremona, zum Bibliothekar durch den Papst im Jahre 1475.

Platina verwaltete dieses Amt sechs Jahre für ein monatliches Gehalt von zehn Dukaten, mit freier Verpflegung für ihn selbst, drei Gehilfen und ein Pferd; zudem freies Holz, Salz, Essig, Kerzen, Öl und Besen. (Die Gehilfen, die sowohl als Kopisten, scriptores, als auch zu allgemeinen Diensten herangezogen wurden, scheinen dürftig bezahlt worden zu sein; von einem hieß es, er sei »halb nackt gewesen, zitternd vor Kälte«). Während seiner Amtszeit wurde die Bibliothek die fortschrittlichste Europas, im Winter geheizt, mit Autoren- und Sachkatalogen ausgerüstet. Der Anfangsbestand von 2500 Handschriften erhöhte sich auf über 3600. Die Auswahl war ganz und gar humanistisch, mit langen Reihen klassischer Autoren, griechischer Handschriften, Medizin und Naturwissenschaften, und einem ehrwürdigen Überrest aus dem Altertum, dem mit farbenreichen Miniaturen geschmückten ›Vergilius Vaticanus‹ aus dem fünften Jahrhundert, der Eigentum der berühmten französischen Abtei Saint Denis gewesen war. Obgleich die Bände an die Lesepulte (auf denen sie lagen) angekettet wurden, herrschte doch ein erstaunlich großzügiges Leihwesen. Neben Leihgaben an Kardinäle, Bischöfe und Humanisten, finden wir einen einfachen Mönch, der ein Meßbuch ausborgt, und einen gewissen Cola di Giovanni, der, in der römischen Niederlassung eines Mailänder Kaufmannes angestellt, sich eine Abhandlung über Edelsteine ausleiht. Die Bibliothek Sixtus IV., die größte der Renaissance, prächtig untergebracht und ausgestattet, die Gelehrten freizügigst zur Verfügung stand, wirkte als mächtiges Vorbild für spätere Bibliotheksgründer, besonders Albrecht V. von Bayern und Philipp II. von Spanien.

Auf Raffaels berühmtem Bild in den Uffizien sitzt Papst Leo x. an einem Tisch, auf dem eine geöffnete Bibelhandschrift liegt. Doch er hat sie nicht kommen lassen, um den Text zu lesen. Er hält ein Vergrößerungsglas in der Hand und ist im Begriff, die Illumination zu prüfen. Das Gemälde sollte offensichtlich das leidenschaftliche Interesse des Papstes für schöne Bücher festhalten. Regale mit Widmungsexemplaren, auf Pergament gedruckt und in Seide oder Leinen gebunden, überdauerten sein Pontifikat. Darunter finden wir Kardinal Ximenez' vielsprachige Bibel (Alcalá de Henares, 1514–17), deren Herausgeber zwei griechische Handschriften von der Vaticana ausliehen, und vier Exemplare und das Originalmanuskript von Heinrichs viii. antilutherischem Traktat ›Assertio septem sacramentorum‹ (Verteidigung der sieben Sakramente) aus dem Jahre 1521.

Die Renaissance-Bibliothek erreichte ihren Höhepunkt unter Leo x.; ihre weitere Entwicklung wurde durch die Plünderung Roms durch die kaiserlichen Truppen im Jahre 1527 gewaltsam unterbrochen. Der Umfang der Katastrophe ist unbekannt. Ein zeitgenössischer Brief beschreibt eine Szene der Verwüstung, Handschriften mit »abgerissenen Deckeln und Schließen, verstümmelt, zerrissen, in Stücke geschnitten und zum Abfall geworfen«. Durch Zufall blieben die Neuerwerbungen Leos x. beinahe unversehrt, doch die älteren Teile der Sammlung aus der Zeit Nikolaus v. und Sixtus iv. erlitten beträchtliche Verluste.

Der weitere Teil des Jahrhunderts blieb ohne besondere Ereignisse. Zeiten des Wachstums unter tüchtigen Bibliothekaren – Cervini (der erste Kardinal-Protektor, später als Marcellus ii. Papst für einundzwanzig Tage), Sirleto und Caraffa – folgten längere Zeiten des Stillstands, in denen das Amt des Kardinal-Bibliothekars ein reiner Ehrentitel war. Paul iv. berief zuerst einen vierzehnjährigen Knaben auf den Posten, dann seinen neunzehnjährigen Neffen. Die wichtigste Neuerung war eine architektonische: der Bau von Domenico Fontanas großem zweischiffigem Bibliotheksaal im Oberstock der päpstlichen Paläste unter Sixtus v. (1585–90), mit Fresken von Cesare Nebbia aus Orvieto, Giovanni Guerra aus Modena und dessen Gehilfen, mit Ansichten römischer Bauwerke und alter Bibliotheken, ökumenischer Konzilien und Porträts der vermeintlichen Erfinder des Alphabets.

Die Vorstellung der Renaissance von der Bibliothek als einer Schatzkammer des Wissens, die Gelehrte aus aller Welt nach Rom locken sollte, wurde allmählich von dem Bild eines Zeughauses geistiger Waffen gegen die Ketzerei verdrängt. Beide Geisteshaltungen waren im sechzehnten Jahrhundert wirksam. Mit Rücksicht auf die letztere verschob sich der Schwerpunkt von den Klassikern zu den ältesten Handschriften, besonders der griechischen Kirchenväter, deren Fehlen während des Konzils von Trient (1545–63) festgestellt wurde. Die Lesepulte aus der alten Bibliothek wurden im neuen Salone Sistino aufgestellt, und die Leser erhielten weiterhin freien Zutritt, obgleich Sixtus v. ein absolutes Ausleihverbot verhängte. Doch die liberale Politik der Renaissance lag in ihren letzten Zügen. Paul v. ließ die Pulte 1613 entfernen, und bis 1890 wurde kein angemessener Leseraum mehr eingerichtet. Während der nächsten drei Jahrhunderte wurden die Handschriften in Schränken entlang der Wände und rund um die Pfeiler verwahrt. »Keine Bücher oder Handschriften sind zu sehen«, klagte Augustus Hare, »und es ist nur enttäuschend zu hören, daß in dem einen Schrank die Handschriften des griechischen Testaments aus dem fünften Jahrhundert liegen . . . und daß ein anderer einen Dante mit Miniaturen von Giulio Clovio enthält.« Eine Auswahl von Kuriositäten lag bereit, um die Besucher zu unterhalten. Hochgestellten englischen Reisenden zeigte man gern das Manuskript von Heinrichs viii. ›As-

OBEN *Ausschnitt aus Raffaels Bild Leos X. Die Bibel ist am Anfang der Genesis aufgeschlagen; die Miniaturen stellen die Schöpfungstage dar.* UNTEN *Dido opfert den Göttern, ein Bild aus dem Codex Vaticanus des Vergil aus dem 5. Jh.*

SANCTISSIMO DOMINO NOSTRO domino Leoni. X. pont. max. Henricus dei gratia rex Angliæ, et Franciæ, ac dominus Hyberniæ perpetuam felicitatem.

QVVM PARTIM BELlicis, partim alijs longe diuersis studijs, rei publicæ causa, adolescentiam nostram insueuerimus, miraturum te beatissime pater non dubitamus, q̄ eius nunc hominis partes nobis sumpserim⁹, qui omnē potius ætatem consumpsisset in literis, ut grauem scilicet hæresim pullulantem cōprimamus. Sed desinet (opinor) tua sanctitudo mirari postq̄ causas expenderit, quæ nos subegerunt, ut hoc scribendi onus (q̄q̄ nō ignari q̄ sumus impares) subierimus. Vidimus siquidem in messem domini iacta zizaniæ semina, pullulare sectas, hæreses in fide succrescere, et tātam per orbem totum christianum seminatam discordiæ materiam, ut nemo qui syncæra mēte christianus sit, hec tanta mala tam late serpētia, ferre diutius possit, quin et studium cogatur, et uires qualescunq; possit, opponere. Mirum igitur uideri non debet, si nos quoq;, tametsi potestate non maximi, fide tamen ac uoluntate nemini secundi, in opus tam pium, tam utile, tam necessarium

Widmungsexemplar für Leo X. von Heinrichs VIII. Streitschrift gegen Luther ›Assertio septem sacramentorum‹, 1521; auf Pergament gedruckt und von einem englischen Künstler ausgeschmückt. Der König setzte seinen Namen unter die Darstellung der Überreichung.

sertio septem sacramentorum‹; Montaigne sah ein chinesisches Buch, ein beschriebenes Papyrusblatt und ein Brevier, das dem heiligen Gregor gehört haben soll. Doch der Zutritt zu den Sammlungen selbst war schwer zu erreichen; und Protestanten blieben sie in der Regel verschlossen.

Neue Initiative offenbarte sich in zwei bemerkenswerten Transaktionen: Die Sammlung Fulvio Orsinis (1529–1600) wurde von Zeitgenossen für bedeutender als die vatikanische Bibliothek angesehen und kann heute noch als die schönste ihres Umfangs gelten. Sie bestand aus 495 Handschriften und 229 gedruckten Büchern, letztere alle von Humanisten annotiert. Viele der Handschriften stammten aus dem Besitz des berühmten Humanisten Kardinal Pietro Bembo, dessem Sohn sie Orsini mit Beharrlichkeit und Arglist abzuschwatzen wußte. Es handelte sich um Unzialhandschriften von Terenz und Vergil (den Codex Romanus), das Fragment eines weiteren Vergil aus dem vierten Jahrhundert (den Codex Augusteus), der Claude Dupuy, einem französischen Büchersammler, mit viel Zähigkeit abgekauft worden war, zwei Sammlungen provençalischer Dichtung, den ›Trost der Philosophie‹ des Boethius in Boccaccios Handschrift, die Urschrift von Petrarcas ›Canzoniere‹ und andere Werke in seiner Handschrift und Michelangelos eigenhändige Niederschrift seiner ›Rime‹. Orsini hatte vor, die Sammlung Philipp II. für den Escorial anzubieten, doch Sirleto und Caraffa griffen ein. Der Besitzer erhielt vom Papst eine jährliche Pension von zweihundert Dukaten und behielt die Bücher als Eigentum auf Lebenszeit mit der Verpflichtung, sie dem Heiligen Stuhl zu vermachen. Im Jahre 1600 gelangten sie in den Vatikan.

Fünfundneunzig Jahre nach der Plünderung Roms durch lutherische Landsknechte marschierte eine katholische Armee in der Pfalz ein, um ihren calvinistischen Kurfürsten zu bestrafen. Papst Gregor XV. hatte damit plötzlich Aussicht auf eine kostbare Beute: die berühmte Heidelberger Bibliothek, Mitte des sechzehnten Jahrhunderts von Kurfürst Ottheinrich gegründet, berühmt wegen der aus dem Kloster Lorsch stammenden alten Handschriften (darunter ein weiterer Vergil ehrwürdigen Alters). Der päpstliche Nuntius in Köln wurde angewiesen, in diskreter Form in Deutschland wissen zu lassen, daß der Papst ein Angebot der Bibliothek annehmen würde. Sein Wunsch wurde von Maximilian von Bayern innerhalb der fünftägigen Besetzung der Stadt erfüllt. 3500 Manuskripte und fünftausend gedruckte Werke aus der Privatsammlung des Kurfürsten und der Universitätsbücherei sowie aus der öffentlichen Bibliothek wurden nach Rom gebracht. Das war das Ende der Palatina; ihre Regale wurden zerschlagen, um Verpackungskisten daraus zu machen, und bayerische Soldaten teilten sich in die zurückgebliebenen Bücher. Noch zwei Jahrhunderte darauf schlug das Gewissen, und 1815–16 gab Pius VII. alle deutschen Handschriften, 842 an der Zahl, und 42 lateinische an das Großherzogtum Baden, zu dem nun Heidelberg gehörte, zurück.

Die anderen Zugänge aus dem siebzehnten Jahrhundert können, so bedeutend sie auch waren, nur flüchtig erwähnt werden. Paul V. erhielt neunundzwanzig Handschriften von der Abtei Bobbio, deren Mönche, nachdem sie einen größeren Bücherbestand an Kardinal Federico Borromeo für die Ambrosiana abgegeben hatten, den Papst schwerlich zurückweisen konnten. Eine der Handschriften enthielt (ausgelöscht unter neuer Beschriftung eines Palimpsestes, bis ins neunzehnte Jahrhundert unentdeckt) den Text von Ciceros verloren geglaubtem Buch ›De republica‹. Alexander VII. kaufte 1657 die von Federigo da Montefeltro gegründete Bibliothek der Herzöge von Urbino. Ihre 1900 Handschriften kamen in den Vatikan, und die gedruckten Bücher gingen an die Universität in Rom. Alexander VIII. (1689–91) erwarb die ›Reginenses‹, Königin Christina von Schwedens Sammlung von über zweitausend Manuskripten, von denen einige in den letzten Wochen des Dreißigjährigen Krieges aus der Kaiserlichen Bibliothek in Prag geraubt worden waren. Unter Clemens XI. (1700–21) wurden zwei libanesische Christen, Elia und Giuseppe Simone Assemanni, beauftragt, in den koptischen Klöstern des Wadi Natrun im Nildelta, in Kairo, Syrien und im Libanon nach Büchern zu fahnden. Unter Benedikt XIV. (1740–58) kam die Bibliothek des Marchese Capponi als Vermächtnis und die Sammlung Ottoboni von 3300 Handschriften durch Kauf hinzu.

Diese Reichtümer reizten das französische Direktorium, und im Vertrag von Tolentino wurde Pius VI. 1797 auferlegt, fünfhundert Handschriften auszuliefern. Die französischen Kommissare waren der Verantwortung einer Auswahl kaum gewachsen, und der Ratschlag eines französischen Bibliothekars, alle ›Reginenses‹ zu nehmen, von denen die meisten in Frankreich gekauft worden waren, hat sie niemals erreicht. Ihre zufällige Auswahl, darunter der Codex Vaticanus des Vergil und der Terenz Bembo-Orsinis traf 1798 über Livorno und Marseille in Paris ein. Nach Napoleons Sturz legte Pius VII. mehr Wert auf das französische Wohlwollen als auf die Rückkehr der Handschriften. Zwei Sammlungen provençalischer Dichtung wurden der Bibliothèque Royale angeboten, der Verlust von zwei ›Reginenses‹ höflich übersehen. Der Papst war bereit, auf den Vergilius Vaticanus zu verzichten, den Dacier, der Direktor der Königlichen Bibliothek, dringend in Paris zu behalten wünschte. Doch sein Abgesandter, Marino Marini, sorgte ungeachtet seiner Instruktionen für die Rückgabe mit den anderen Büchern.

Im neunzehnten Jahrhundert wurde während der langen Amtszeit des Kardinal-Bibliothekars Mai Zutritt und Benutzung der Bücher aufs äußerste erschwert. Es wurde den Lesern nicht erlaubt, in Aufzeichnungen oder Katalogen nachzuschlagen, und nur ein kleiner unbeleuchteter Raum stand ihnen zur Arbeit zur Verfügung. Die dritte Phase der Vaticana als einer modernen Forschungsbibliothek setzte erst mit der Regierung Leos XIII. (1878–1903) ein, der Bibliothek und Archive zugänglich machte und den heutigen Lesesaal, wohlversehen mit Nachschlagewerken, unter dem Salone Sistino einrichtete. Es war ein »Erwachen ... nach einem langen Schlaf – beinahe eine Auferstehung« (Tisserand). Beträchtlicher Zuwachs – besonders die Chigi-Sammlung von Handschriften mit Anmerkungen des bücherliebenden Papstes Alexander VII. – ist Pius XI. zu verdanken, einem ehemaligen ›Doktor der Ambrosiana‹. Der gegenwärtige Bestand umfaßt 60000 Handschriften und 700000 gedruckte Bücher, von denen siebentausend Inkunabeln sind.

OBEN *Federigo da Montefeltro, Herzog von Urbino, der große Kondottiere und Büchersammler; Florentiner Miniatur von etwa 1472.* UNTEN *Komödien des Terenz; eine Handschrift aus dem 9. Jh. Eines der Bücher, die 1798 nach Paris verschleppt wurden.* NÄCHSTE SEITE *Der Salone Sistino im Vatikan, Sixtus' V. Bibliothek, erbaut 1587-9 von Domenico Fontana, mit Fresken von Cesare Nebbia, Giovanni Guerra und ihren Mitarbeitern. Diese Ansicht von Francesco Pannini stammt aus dem späten 18. Jh., als die Bücher in Schränken rund um die Pfeiler untergebracht waren.*

Biblioteca Medicea-Laurenziana

FLORENZ

Die Laurenziana ist die Sammlung einer Generationenfolge der Medici, mit Erwerbungen des achtzehnten Jahrhunderts und späterer Zeit aus anderen Quellen. Der erste Bücherliebhaber der Familie und der Begründer ihres Vermögens war Cosimo der Alte (1389–1464). Sein Vater, Giovanni di Bicci de'Medici, hatte nur drei Bücher besessen, alle in italienisch, die Evangelien, die Legende der heiligen Margarethe und einen Band mit Predigten. Cosimo hingegen verbrachte im bildsamen Jünglingsalter drei Studienjahre mit dem Besuch von Vorlesungen in Latein und Griechisch und mit Diskussionen über Philosophie in der ›Akademie‹ des Roberto de'Rossi, die ihn zum Humanisten prägten. Um nach griechischen Handschriften in Palästina zu forschen. plante er eine Reise mit dem Sammler Niccolo Niccoli und einem venezianischen Freund, Francesco Barbaro; mit Poggio Bracciolini suchte er in Grottaferrata, Ostia und den Albaner Bergen nach römischen Inschriften. Mit seinem Bruder Lorenzo, dem Historiker und Philosophen Gianozzo Manetti und anderen nahm er an Lesungen von Xenophons ›Erziehung des Kyros‹ unter der Leitung von Ambrogio Traversari im Kloster von Santa Maria degli Angeli teil. Später erbaute er mindestens drei Klosterbibliotheken und richtete sie ein: San Giorgio Maggiore in Venedig, San Marco in Florenz und die Badia in Fiesole. Bei letzterer rühmte sich Vespasiano da Bisticci eines Organisationsrekords mit der Beschäftigung von fünfundvierzig Schreibern, um zweihundert Handschriften in zweiundzwanzig Monaten herzustellen.

Cosimos Bibliothek bestand 1418 aus dreiundsechzig Titeln, darunter als wichtigstem Bestandteil eine lange Reihe klassischer Autoren. Daneben gab es eine Bibel und Schulbücher, ein paar religiöse Werke (darunter eine Lebensbeschreibung seiner Schutzpatrone, der Heiligen Cosmas und Damian), Dantes ›Canzoni‹ (jedoch nicht die Göttliche Komödie), Petrarcas Sonette, Boccaccios Mythologie, seine ›Fiametta‹ und das ›Decamerone‹ und zwei Exemplare von Francesco Barbaros Werk ›Über die Ehe‹, 1415 als Hochzeitsgabe für Cosimos Bruder Lorenzo verfaßt. Das Inventar verzeichnet eine frühe Handschrift, einen Justinus des elften Jahrhunderts aus Monte Cassino, und viele andere Bücher ›di lettera antica‹, das heißt in der Lateinschrift geschrieben, die wenige Jahre zuvor Poggio nach Vorbildern des zwölften Jahrhunderts wiederaufgenommen hatte, einer Neuerung, deren erster einflußreicher Förderer Cosimo war. Selbst auf Geschäftsreisen hatte er Bücher bei sich. »Ich schickte einen Suetonius an Cosimo nach Pisa«, ist in einem Verzeichnis von 1418 notiert, »in einem Tuch und in Ölhaut verpackt, mit dem Wagen, der die Tuche nach Pisa beförderte«.

Ein älterer Freund, der schon erwähnte Niccolo Niccoli, spielte beim Aufbau von Cosimos Sammlung eine wichtige Rolle. »Mit großem Fleiß und

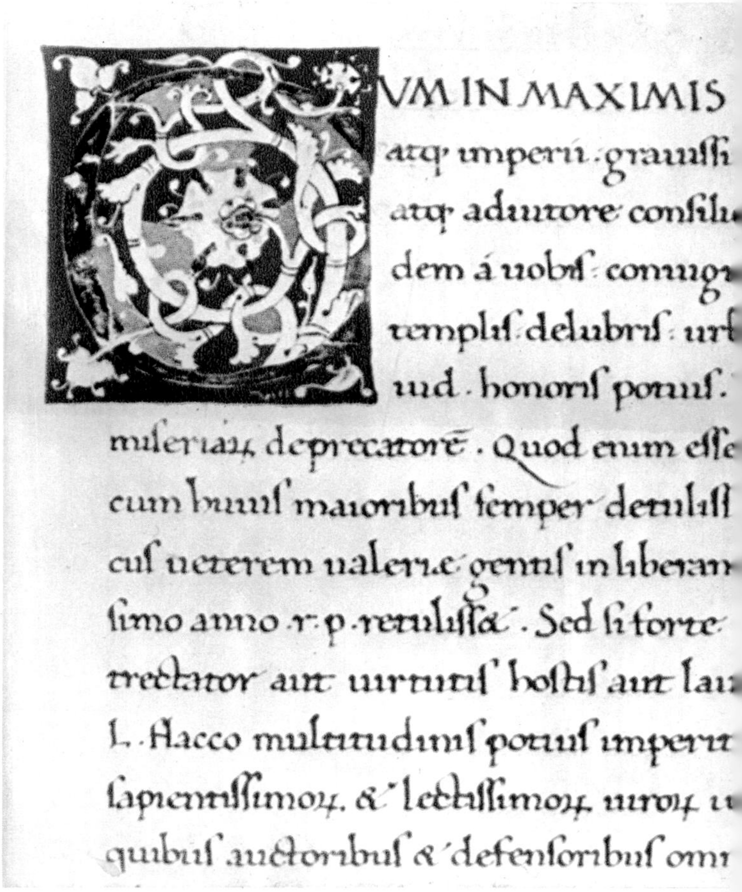

Ciceros ›Reden‹ in einer Abschrift von Giovanni Aretino für Cosimo de'Medici, 1416. Ein frühes Beispiel der ›Lettera antica‹ oder humanistischen Antiquaschrift, die von Cosimo sehr gefördert wurde; die Initiale lehnt sich an romanische Vorbilder an. GEGENÜBER *Die Biblioteca Laurenziana, erbaut von Michelangelo.*

Ansicht der Laurenziana im 18. Jh.; Stich von F. Bartolozzi nach G. Zocchi. UNTEN *Schmuckinitiale in einer Handschrift des 12. Jhs. der Naturgeschichte des Plinius, die Niccolo Niccoli in Lübeck entdeckte.*

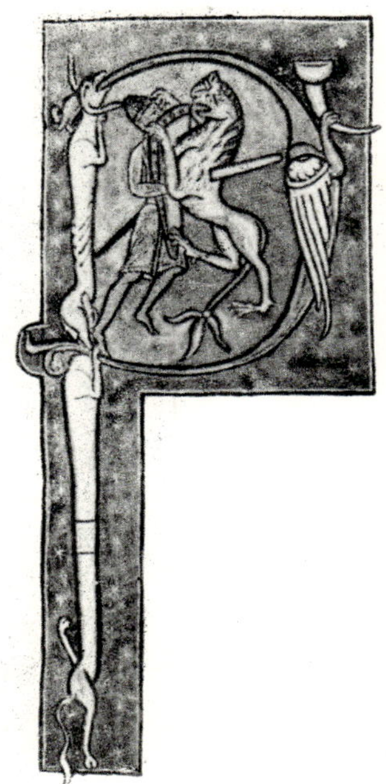

viel Mühe, keine Anstrengungen und Ausgaben scheuend«, wie es in seinem Testament heißt, hat Niccoli die größte Bibliothek von Florenz zusammengebracht, mit sechs- bis achthundert Bänden, einen unvergleichlichen Bestand an klassischen Texten. Er lieh großzügig aus; fünf noch vorhandene Manuskripte wurden von seinem Tertullian, sechs von seinem Ammianus Marcellinus abgeschrieben, acht stammen von seinem Lukrez. Nach Vespasianos allerdings meist übertriebenen Angaben waren bei seinem Tod zweihundert Bücher ausgeliehen. Im echten Geist der Renaissance machte es sich Niccoli zum Prinzip, anderen Sammlern zu helfen. In der Versorgung mit Pergament wie mit Textvorlagen war Poggio auf ihn angewiesen, und Cosimo brauchte seinen Rat und seine Hilfe in Fragen der Praxis. Er war es, der Cosimo empfahl, das Gebot eines sizilianischen Mönchs für seinen Boethius (in gotischer Schrift) anzunehmen, da der Preis für zwei neue Abschriften in ›lettera all'antiqua‹ hinreiche, er war es, der eine Abschrift von Senecas Briefen in Lateinschrift veranlaßte, und der die Entdeckung einer Handschrift der Naturgeschichte des älteren Plinius in einem Dominikanerkloster in Lübeck meldete, die Cosimo dann kaufen konnte – das erste vollständige Exemplar, das nach Florenz kam.

Als Gegenleistung für diese Dienste wurde Niccoli gestattet, auf der Medici-Bank eine ansehnliche Summe zu überziehen. Als er 1437 schwer verschuldet starb, hinterließ er seine Bücher sechzehn Treuhändern, darunter Cosimo, dessen Bruder Lorenzo, Poggio, Leonardo Bruni, Kanzler der florentinischen Republik, Ambrogio Traversari, Abt von Santa Maria degli Angeli, und Giannozzo Manetti. Ursprünglich hatte er sie Traversaris Kloster zugedacht, »zum Gebrauch der Mönche, um Gott zu dienen, wie auch aller lernbegierigen Bürger«. Nach seinem Tode versuchte die Kaufmannsgilde, sie für die Kirche von Santa Croce zu erwerben. Doch Cosimo als der größte Gläubiger des Verstorbenen war in der Lage, sich gegen die anderen Ansprüche durchzusetzen. Er hatte vor kurzem mit dem Wiederaufbau des Dominikanerklosters von San Marco begonnen und war sichtlich bemüht, die Sammlung seinen Schützlingen zukommen zu lassen. Tommaso Parentucelli (der spätere Papst Nikolaus V.) wurde während seines Aufenthalts in Florenz anläßlich des Konzils von 1439–40 um Rat gebeten und stellte eine Liste geeigneter Werke für die Klosterbibliothek zusammen. Mit diesem gewichtigen Dokument in den Händen gelang es Cosimo, die Treuhänder zur Herausgabe der Bücher an ihn zu gewinnen, einige für seine eigene Sammlung

GEGENÜBER *Portraitmedaillons von Cosimo de' Medici (oben) und seinem Sohn Piero, von Francesco d'Antonio del Cherico, um 1465. Aus der lateinischen Übersetzung der ›Physik‹ des Aristoteles von Johannes Argyropulos.*

OBEN *Der ältere Plinius schreibt seine Naturgeschichte. Diese Initiale der ersten vollständigen Plinius-Handschrift, die nach Florenz gelangte, stammt von dem dänischen Buchmaler Petrus de Slaglosia (Slagelse).*
UNTEN *Marsilio Ficino ›De triplici vita‹, Florenz 1489-92; Dedikationsexemplar für Lorenzo Il Magnifico, illuminiert von Attavante degli Attavanti, mit Bildnis des Autors in der Initiale und dem Wappen Lorenzos in der Fußleiste.*

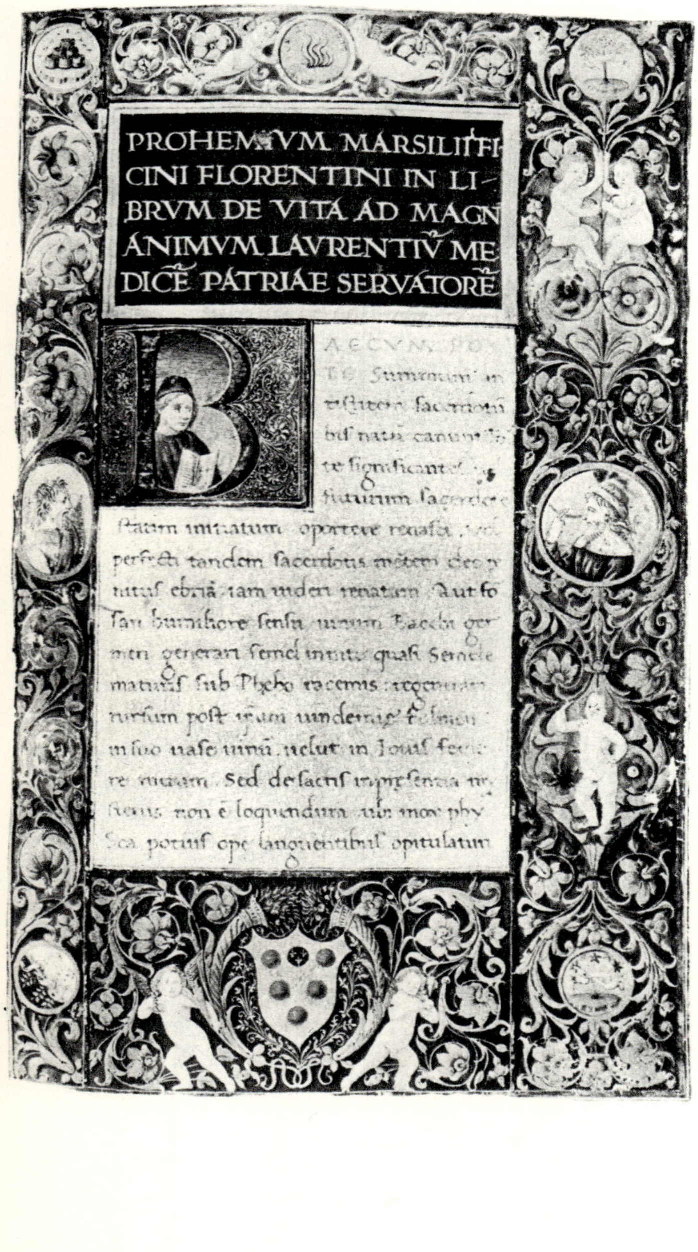

PROHEMIVM MARSILII FICINI FLORENTINI IN LIBRVM DE VITA AD MAGNANIMVM LAVRENTIV MEDICE PATRIAE SERVATORE

(wenn auch die Urkunde dieses Teils der Transaktion verschwunden ist), die übrigen für die geplante Bibliothek von San Marco. Dafür übernahm er die Schulden Niccolis bis zu einer Höhe von siebenhundert Florin und verpflichtete sich, Beschläge und Ketten für die Bände zu beschaffen und eine Gedächtnistafel anzubringen. Der von Michelozzo entworfene Bibliotheksraum wurde 1444 der Öffentlichkeit übergeben, doch schon 1457 durch ein Erdbeben beschädigt. Sofort wurde ein neuer Bau, wahrscheinlich eine Nachbildung des alten, errichtet. Bücher und Einrichtung gingen verloren, doch blieb der Bau selbst unverändert, der schönste Bibliotheksraum der Frührenaissance.

Beide Söhne Cosimos waren Büchersammler. Giovanni, der vor seinem Vater starb, ließ eine Suchliste bei verwandten Geistlichen in der Hoffnung zirkulieren, aus unbeachtetem Kirchenbesitz Schätze herauszuziehen. Piero, der ältere Bruder, paßte die Farbe seiner Bucheinbände dem Inhalt an: Theologie wurde in Blau gebunden, Grammatik in Gelb, Poesie in Purpur und so weiter. Beide begünstigten den Miniaturisten Francesco d'Antonio del Cherico; ihr Geschmack widersprach darin der strengen Einfachkeit des Vaters, aber Piero war ein Kenner früher Buchmalerei und besaß bemerkenswerte Werke aus dem zwölften und dreizehnten Jahrhundert. Illuminierte Bücher und eine Porträtsammlung in seltenem oder kostbarem Material erschienen ihm als Hauptmittel gegen die Beschwerden der Gicht, an der er schon in frühem Alter starb. »Er betrachtete seine Bücher, als wären sie ein Haufen Gold«, berichtete Nicodemi, der florentinische Gesandte in Mailand.

Die ›Mediceische Privatbibliothek‹, wie man sie zur Unterscheidung von der Sammlung von San Marco, der ›Medicea Pubblica‹ nannte, war bereits umfangreich und bedeutend, als sie auf die dritte Generation überging. Vespasiano war der Ansicht, daß sie einen besonderen Bau verdiene, und versuchte 1472, dem neuen Eigentümer Lorenzo ›dem Prächtigen‹ in einem etwas widerspruchsvollen Brief seine Meinung aufzudrängen: »Der Platz für diese Bibliothek, über den ich einst mit Eurer Magnifizenz gesprochen habe, erscheint mir, je mehr ich darüber nachdenke, als eine Ihrer würdigen Aufgabe; weil ich, ohne irgendeinem Ihrer Vorfahren zu nahetreten zu wollen, hoffe, daß sie deren Verdiensten in keiner Weise nachsteht. Ich gehe sogar so weit zu sagen, daß es lange her ist, seit in Florenz ein ehrenvolleres Unternehmen in Angriff genommen wurde...« Möglicherweise wurde in der Tat ein Bibliotheksgebäude begonnen, obwohl davon nichts nachzuweisen ist. Aber Lorenzo war mehr Dichter als Gelehrter und scheint seines Vaters und Großvaters Sammlerleidenschaft nicht geerbt zu haben. Die Bücher, die er in seiner Landvilla und in der Stadtwohnung zur Hand hatte, waren die von ihm vermutlich am meisten gelesenen: Evangelien, Psalter, Stundenbücher, ›Die Visionen der heiligen Birgitta‹ und andere Andachtsbücher, Dante, Petrarca, Boccaccio, Villanis Geschichte von Florenz, Luigi Pulcis burleske Epik ›Morgante Maggiore‹, medizinische Werke (denn seine Gesundheit hat ihm lange zu schaffen gemacht), jedoch von der klassischen Literatur außer Vallas Übersetzung des Thukydides nur Augustinus und Seneca. Die griechischen Handschriften, die er von Francesco Filelfos Erben gekauft hatte oder von dem gelehrten Griechen Joannes Lascaris im Orient suchen ließ, dienten nicht seinem eigenen Zeitvertreib, sondern den Studien der Gelehrten, insbesondere seiner begeisterten jungen Freunde Poliziano und Pico della Mirandola. Dies ist gewiß der Sinn einer Bemerkung von exquisiter Höflichkeit, die er auf seinem Sterbebett an Poliziano richtete: »Ich wünschte, der Tod hätte wenigstens so lange gewartet, bis ich Eure Bibliothek fertiggestellt hatte«. Sicherlich wurde die Sammlung in großzügigster Weise zugänglich gemacht.

Marsilio Ficino, der neuplatonische Philosoph, Lascaris, Demetrios Chalcondyles, Professor des Griechischen in Florenz, Vespasiano, Giorgio Antonio Vespucci (des Weltreisenden Onkel) und viele andere machten von ihr ständig Gebrauch. Bücher wurden drei Jahre, sieben Jahre lang oder sogar noch länger ausgeliehen. Poliziano entlieh beispielsweise gleichzeitig fünfunddreißig Bände.

Inzwischen war die Sammlung das Ergebnis von mehr als hundert Jahren humanistischer Bemühungen in Florenz. Sie hatte nur einen einzigen Unzialkodex, einen Orosius aus dem sechsten Jahrhundert aus Süditalien, aber karolingische und frühromanische Handschriften waren zahlreich, darunter auch einige Unika. Neben Cosimos schon erwähnten Justinus und Plinius befanden sich in ihr Senecas Dramen aus der Abtei Pomposa, Ammianus Marcellinus Geschichte des späteren römischen Reiches aus Fulda, die ›Metamorphosen‹ des Apuleius, des Tacitus Geschichte Band 1–5 und Annalen Band 11–16, ›Über die lateinische Sprache‹ von Varro, alle von Boccaccio von Monte Cassino mitgebracht, Celsus medizinische Bücher von Sant'Ambrogio in Mailand, Gedichte des Horaz, mit Petrarcas Kommentar, Rathers Livius aus Verona, Ciceros Reden, von Poggio in Frankreich entdeckt, und seine Briefe ›ad familiares‹ aus der Kathedrale in Vercelli, schließlich Quintilians ›De institutione oratoria‹ aus Straßburg. Ferner fanden sich hier die frühesten Renaissance-Kopien von Tibull, vierzehntes Jahrhundert, aus der Hand des Kanzlers von Florenz, Coluccio Salutati, und die anonymen ›Priapea‹, Verse voll derber Sinnlichkeit auf den Fruchtbarkeitsgott – aus der Hand Boccaccios, ihres Entdeckers. Der Bestand an griechischen Werken war gleichermaßen bedeutend und enthielt die ältesten Handschriften von Herodot und die ›Nikomachische Ethik‹ des Aristoteles sowie einen um 1423 von Aurispa aus Konstantinopel an Niccoli gesandten Band, eine Hauptquelle für die Texte des Aeschylos und des Sophokles.

Das Todesjahr Lorenzos, 1492, kennzeichnet den Höhepunkt der ursprünglichen Bibliothek. Zwei Jahre später waren die Medici verbannt – ihr Palast geplündert, eine unbekannte Anzahl Bücher verlorengegangen. Die übrigen 1019 Bände wurden nach San Marco verbracht. Dort gerieten sie wieder in Gefahr, als der Mob auf der Suche nach Savonarola eindrang. Sie wurden aber durch die Geistesgegenwart tüchtiger Männer gerettet, welche die Türen der Bibliothek besetzten, bis die von der Behörde eiligst herbeibefohlene Wache eintraf. Später wurde ein Drittel der Sammlung von der florentinischen Familie Salviati, zwei Drittel von den Dominikanern von San Marco erworben, die 1508 ihren Anteil an Lorenzos jüngeren Sohn, Kardinal Giovanni de'Medici, den späteren Papst Leo X., zurückverkauften. Kardinal Giovanni verbrachte die Sammlung nach Rom, wo der bedeutendste Zukauf die Unikat-Handschrift der Bände 1–6 der Annalen des Tacitus einbrachte. Ein Besucher aus Florenz hat eine Beschreibung der Bibliothek in ihrem vorübergehenden römischen Quartier überliefert: der Raum war mit einem »sehr schönen Satyr« und anderen Statuen geschmückt. Auf Anordnung des Kardinals, der selber in Griechisch und Latein sehr belesen und in der Musik bewandert war, wurden Gelehrte zugelassen.

Leos X. Neffe, Papst Clemens VII., gab die Bücher nach Florenz zurück und beauftragte Michelangelo, eine Kettenbibliothek nach dem Muster San Marcos über dem Kreuzgang von San Lorenzo zu errichten, einem seit der Zeit Cosimos den Medici verbundenen Kloster. Als Clemens 1534 starb, war der Rohbau fertig, aber das Innere weder ausgeschmückt noch eingerichtet. Die Arbeiten wurden unter Cosimo I., dem Großherzog von Toskana, fünfzehn Jahre später wieder aufgenommen. Mit Unterstützung Michelangelos baute

Cicero, ›De natura deorum‹ und andere Werke; eine Handschrift des 9. Jhs., die Poggio für Niccolo Niccoli aus dem Straßburger Münster beschaffte.

Ammanati das Treppenhaus. Decken, Steinböden, farbige Glasfenster und Lesepulte wurden hergestellt, und mit einem auf dreitausend Manuskripte angewachsenen Bestand öffnete 1571 die Bibliothek ihre Tore.

Die Laurenziana wurde mehr als Denkmal für die Familie Medici denn als Arbeitsbibliothek errichtet, für regelmäßige Zukäufe wurde nicht gesorgt. Anfänglich wurden Pietro Vettori und andere Gelehrte ermuntert, ihre frühen Texte zu edieren, und einige Geschenke kamen von den Großherzögen, darunter der Codex Mediceus von Vergil aus dem fünften Jahrhundert aus dem Kloster Bobbio, ein Geschenk Großherzogs Franz I. Im siebzehnten und frühen achtzehnten Jahrhundert trat ein Stillstand ein, bis A. M. Bandini 1757 zum Bibliothekar ernannt wurde und die ersten gedruckten Kataloge herausgab. Es folgten große Neuerwerbungen, aus dem Besitz der Familien Gaddi und Strozzi, sowie von Santa Croce, San Marco und anderen aufgehobenen Klöstern. Darunter befanden sich zwei berühmte Handschriften: der Codex Amiatinus, eine in Northumbrien um 700 geschriebene und illuminierte Bibel, ein Geschenk Ceolfrits, des Abts von Wearmouth und Jarrow, an den Papst; und die Pandekten des Justinian, Hauptteil seiner großen Sammlung des römischen Rechts. Die Handschrift der Pandekten, die bald nach der Bekanntgabe im 6. Jahrhundert in Konstantinopel entstanden sein dürfte, war 1406 als Kriegsbeute aus Pisa mitgebracht und im Palazzo Vecchio bis 1783 aufbewahrt worden. Im neunzehnten Jahrhundert stiftete Graf Angelo Maria d'Elci seine Sammlung von Erstausgaben klassischer Autoren, für die eine an den Bibliotheksraum angrenzende Rundgalerie gebaut wurde. Die italienische Regierung erwarb 1884 und deponierte in der Laurenziana die Ashburnham-Libri-Sammlung, die von dem Bücherdieb Guglielmo Libri Carrucci (1803–69) zusammengestohlen und an Bertram, den vierten Graf von Ashburnham (1797–1878), verkauft worden war. Die Handschriften blieben bis in die zwanziger Jahre unseres Jahrhunderts an den Pulten im Michelangelo-Saal angekettet. Sie sind heute in Schränken aufbewahrt, doch haben sie, an ihren Ursprung aus der Renaissance erinnernd, noch immer ihre Ketten und spuken im Leseraum mit plötzlichem Krachen und gespenstischem Klirren.

Kreuzgang von San Lorenzo mit Michelangelos Biblioteca Laurenziana.

Bibliothèque Royale BRÜSSEL

Gleichzeitig mit Novello Malatestas und Papst Nikolaus v. Bibliotheken, jedoch sehr verschieden von ihnen, entstand die größte Laiensammlung von Nordeuropa, die ›Librairie de Bourgogne‹ Philipps des Guten, des dritten Herzogs von Burgund aus dem Hause Valois und Herrschers der Niederlande (1419–67). Die Vorliebe für Juwelen, Gold- und Silbergeschirr und Bücher hatte sich im Hause Valois vererbt. Als Philipps Vater, Johann Ohnefurcht, 1419 starb, gab es 245 Bände im Herzogpalast von Dijon: siebenundsechzig in der Kapelle aufbewahrte liturgische Bücher, die übrigen bildeten eine stattliche Auswahl damals bekannter französischer Werke. Sie enthielten einige berühmte Handschriften: die Widmungsexemplare an König Karl v. von Frankreich von Nikolaus von Oresme, des Dekans von Rouen, von Aristoteles Schriften zur Ethik, Politik und Ökonomik; die ›Belles heures‹ des Herzogs Jean de Berry mit seinem Bildnis von André Beauneveu und die ›Gesetze‹ Königs Jaime II. von Mallorca, eines der beiden erhaltenen Zeugnisse mittelalterlicher Buchkunst der Baleareninsel.

Philipp fügte aus vielen Quellen hinzu: die ›Grandes chroniques de France‹ aus dem Besitz eines Gouverneurs von Lille; lateinische Klassiker von Jean de Wilde, einem Richter aus Brügge; das Exemplar von Humphrey, Herzog von Gloucester, von ›La Queste del Saint Graal‹. Ein englischer Psalter, prächtig für die Benediktiner-Abtei Peterborough illuminiert, war eines von mehreren Büchern aus der Bibliothek des Louvre. Auf diese Weise wurde ein guter Querschnitt zeitgenössischer Literatur und Wissenschaften erworben, wenngleich alle Werke nur durch Erbschaft, aus zweiter Hand oder als Händler-Abschriften zusammenkamen.

Eine völlige Wandlung vollzog sich seit etwa 1445. In den nächsten zwanzig Jahren war Philipp hauptsächlich an neuen Büchern interessiert, bisweilen Originalwerke der Zeit, doch viel öfter Übersetzungen aus dem Lateinischen oder Übertragungen in moderne Prosa von früheren Versepen oder Romanen, deren Sprache dem Zeitgeschmack nicht mehr genügte. Die Anregung zu einem neuen Werk mag vom Herzog selber, von einem Hofmann oder von einem der Berufsübersetzer und Leiter der Schreibwerkstätten in den Niederlanden gekommen sein, die die Buchherstellung mit der Beschaffung neuen Lesestoffs verbanden. Einer dieser Schreiber-Verleger, David Aubert, der Kopist einer ›Legende des heiligen Hubert‹ von 1463 (jetzt in Den Haag), beschrieb, wie das Manuskript ausgewählt wurde. Ein Bürger von Brügge (ein gewisser Hubert le Prévost) stellte ein »kleines Buch« über das Leben und die Wunder des heiligen Hubert zusammen und überreichte es dem Herzog als Geschenk, da er wußte, wieviel Vergnügen dieser daran finden würde, »die Taten der Alten aufgeschrieben zu sehen – namentlich solche aus from-

OBEN *König Jaime* II. *von Mallorca mit seinen Rittern und Bischöfen; aus der Handschrift seines Gesetzbuches 14. Jh. [Copyright Bibliothèque Royale, Brüssel, Handschr.-Abt.]*

GEGENÜBER *Zwei Überreichungsszenen.*

OBEN *Jean Miélot überreicht Herzog Philipp dem Guten seine Übersetzung einer Schrift über das Vaterunser; um 1457.*

UNTEN *Jean Wauquelin überreicht dem Herzog seine Übersetzung der Chronik des Hennegaus; 1448. Zu Philipps Linken sein Sohn Graf von Charolais, später Karl der Kühne, Herzog von Burgund; zu seiner Rechten sein Kanzler Nicolas Rollin. [Copyright Bibl. Royale, Brüssel, Handschr.-Abt.].*

Illustrationen zu ›Le Roman de Girart de Nevers‹; Handschrift auf Papier, um 1460. (1) Eine alte Frau bohrt ein Loch in die Wand, (2) so daß Liziart, Comte de Forest, das Zeichen auf der Brust der Schönen Euriante erspähen kann, als sie im Bade sitzt. (3) Am Hofe brüstet er sich fälschlich, mit ihr geschlafen zu haben. (4) Euriantes Verlobter, Girart de Nevers, führt sie in den Wald von Orléans und will sie enthaupten. (5) Ein Drache kommt des Wegs; Girart dankt Gott für die Ablenkung. (6) Dennoch verläßt er Euriante und besucht verkleidet Liziarts Schloß; während er sich am Kamin erwärmt, belauscht er die alte Frau, die von seiner Überlistung erzählt. [Copyright Bibl. Royale, Brüssel, Handschr.-Abt.]

mer Hingabe – und sie erzählt zu hören.« Der Herzog ließ sich das Buch vorlesen, fand Gefallen daran und beauftragte David Aubert, eine Abschrift auf Pergament herzustellen.

Der Autor, der sein Buch auf Papier geschrieben hatte (mit vielen Miniaturen in Wasserfarbe), mußte sich einem aufregenden Ereignis stellen: der öffentlichen Lesung am herzoglichen Hof. Die Szene ist in einer Handschrift von Jean Wauquelins französischer Übersetzung der lateinischen Chronik des Hennegau dargestellt: Auf jeder Seite von Philipps Thron stand eine Gruppe von Höflingen, dazu sein Sohn Karl, der Graf von Charolais (dessen Regierung die Folgen der Überfütterung mit Ritterromanen erweisen sollte); Wauquelin liest kniend aus einem auf einem Stuhl liegenden Band. Vorzulesen war ein mittelalterlicher Brauch, der noch lange in der Kirche weiterlebte: Justus von Gents Bild in Hampton Court stellt eine Szene dieser Art am Hof von Urbino dar, und aus einem Prolog David Auberts zu einer Chronik von 1462 erfahren wir, daß Philipp der Gute sich täglich eine Stunde lang »alte Geschichten« anhörte. Doch die Lesung Huberts von Prévost ähnelte mehr der Manuskriptvorlage eines modernen Autors bei einem Verleger. Von seiner Aufnahme würde es abhängen, ob das Buch in Herstellung genommen wird.

Vasco Mada de Villalobos, einer der Portugiesen, die durch Philipps Heirat mit Isabella von Portugal an den Hof von Burgund gekommen waren, machte eine ähnliche Erfahrung. Er beschloß, eine französische Übersetzung von Juan Rodriguez de la Cámeras spanischem Werk ›Triumph der Frauen‹ dem Herzog anzubieten, der sein Interesse am anderen Geschlecht durch siebzehn herzögliche Bastarde unbezweifelbar bewiesen hatte. Da sein eigenes Französisch etwas unsicher war, nahm sich sein Landsmann Fernando de Lucena der Sache an. Das Manuskript wurde Philipp vorgelegt, der sich dem literarischen Rat einer aus vier Hofleuten zusammengesetzten Jury anvertraute: Philippe Pot, Herrn von La Roche de Nolay, Seneschall von Burgund, dem ›Großbastard‹ Antoine (der selber eine erlesene Bibliothek besaß), dem Landvogt des Hennegau und dem Bastard von Comminges. Ihr Urteil war positiv, und so wurde bestimmt, das Buch geschmackvoll abschreiben und illustrieren zu lassen. Viele Werke jedoch, Übersetzungen von Anselm von Canterburys ›Cur Deus homo‹ (Warum Gott Mensch wurde) und des ›Horologium aeternae sapientiae‹ (Uhr der Weisheit) des deutschen Mystikers Heinrich Seuse bestanden diese Probe nicht und kamen über das Stadium eines Papiermanuskripts nicht hinaus.

In seinem Prolog zu einem imaginären Gespräch zwischen Alexander dem Großen, Hannibal und Scipio beschrieb ein anderer von des Herzogs Verleger-Kopisten, Jean Miélot, die drei Wege zu einem unterhaltsamen Buch: »Jeder«, so schrieb er, »liebt es, von ihnen [nämlich Geschichten dieser drei Helden] zu lesen, von ihnen erzählt zu bekommen oder sie im Bilde zu sehen.« War der Inhalt eines Buches erst einmal akzeptiert, mußte seine Ausstattung nur entsprechend betrieben werden. Da es keine Schreibstube am Hofe gab, mußte das Buch der Werkstatt eines Berufskopisten übersandt werden, um es auf Pergament in der großen rundgotischen Schrift abschreiben zu lassen, wie sie damals für flämische Handschriften charakteristisch war. Von dort, durch eine Ölhaut geschützt (wie Cosimo de'Medicis Sueton), ging es nach Brügge (Loyset Liedet, Guillaume Vrelant, Jean Le Tavernier) oder Brüssel (Jean Dreux) zur Illustrierung. Miniaturen in Grauschattierungen, wie Landschaften unter Mondlicht, waren damals beliebt, und sowohl Gäste als Gefolge trugen beim Bankett (Fasanenbankett?) von 1454 in diesem Genre Schwarz, Weiß und Grau. Der ganze Prozeß war langwierig und kostspielig.

Der Tod König Alberichts von Norwegen. Miniatur in Gilbert de Lannoy, ›Livre de l'instruction d'un jeune prince‹. [Copyright Bibl. Royale, Brüssel, Handschr.-Abt.]

Saturn und seine Kinder; Miniatur aus der Werkstatt des Loyset Liédet von Brügge in Raoul Lefèvres ›Histoire de Troie‹ nach Philipps des Guten Tod, zwischen 1467 und 1487, vollendet. [Copyright Bibl. Royale, Brüssel, Handschr.-Abt.]

Wauquelin begann seine Übersetzung der Chronik des Hennegau 1446, das Pergament-Exemplar des zweiten Bandes kam 1455 in die Bibliothek des Herzogs, die Illumination aller drei Bände war vor Philipps Tod 1467 beendet, ist aber nicht vor dem folgenden Jahr bezahlt worden.

Die Bibliothek von Burgund hatte keine pädagogische Aufgabe, und wenn sie zweifellos auch für die Hofleute in bestimmten Grenzen zugänglich war (ein Buch war von Louis de Luxembourg, Grafen von Saint-Pol, ausgeliehen, als der Herzog starb), so war sie doch keinesfalls öffentlich. Philipp wählte die Bücher zu seinem eigenen Vergnügen aus oder, doch nur sehr gelegentlich, zu seiner Belehrung. Außer Brevieren und Stundenbüchern (dem dringendsten Bedürfnis eines fürstlichen Bibliophilen) galten seine Aufträge meist seinem Lieblingsgegenstand, »alten Geschichten«. Sie wurden der Bibel entnommen oder Voragines ›Legenda Aurea‹ (Ludolf von Sachsens Leben Christi; Les miracles de Notre-Dame; Lebensbilder der hl. Helena, hl. Katharina und des St. Josse) oder aus dem Altertum (Jean Mansel ›La Fleur des histoires‹; des Hofkaplans Raoul Lefèvre ›Recueil des histoires de Troie‹), aus der Geschichte (Chronik des Hennegau, von Frankreich, England und Flandern) oder aus Epiken und Ritterromanen (Geschichte Karl Martells, die Eroberungen Karls des Großen, der ›Roman de Girart de Roussillon‹, des legendären ersten Herzogs von Burgund). Auch einige Abhandlungen waren darunter: über die Kunst des Regierens von Gilles de Rome, über die Mittel, sich gesund zu erhalten, vom Arzt des Herzogs von Mailand, über die Tugenden des vollendeten Ritters von Christine de Pisan, über die Gesetze des Krieges von Honoré Bonet, über den Englischen Gruß und das Vaterunser von Jean Miélot. Die einzige Handschrift eines Klassikers in direkter Übersetzung, die Philipp der Gute bestellt haben dürfte, war Ovids Liebeskunst.

Obgleich ein »Bibliotheksturm« in Dijon erwähnt wird, scheint es keinen Bibliotheksaal in einer der herzoglichen Residenzen in den Niederlanden gegeben zu haben. Die Bücher befanden sich, wahrscheinlich in Truhen, im Gewahrsam des Schatzmeisters. Mit Ausnahme der Meßbücher und weniger anderer (ein ›Tristan‹ beispielsweise in Goldbrokat-Einband und ein ›Lancelot‹ in schwarzgemustertem Satin) wurden sie ganz in Leder oder Holzdeckel gebunden (vielleicht mit der Absicht, sie in eine gestickte Hülle zu stecken, wenn der Herzog danach sandte) – schlecht geeignet, um nach italienischer Weise auf Pulten zur Schau gestellt zu werden. Philipp besaß Schlösser in Brüssel, Gent, Brügge und Hesdin. Es ist nicht bekannt, ob die Bibliothek geteilt wurde oder ob sie ganz oder teilweise mit ihm umherreiste.

Das nach Philipp des Guten Tod aufgenommene Inventar zählte 876 Bände, eine Weltkarte und den Stoßzahn eines Elefanten; doch die Zahl ist ziemlich irreführend. Sie enthält siebenundneunzig liturgische Bücher aus der Kapelle und über zweihundert Papiermanuskripte, meistens Werke, die bereits auf Pergament abgeschrieben oder abgelehnt worden waren. Philipp selbst scheint weniger als dreihundert Bände, möglicherweise nicht mehr als zweihundert, in Auftrag gegeben zu haben. Mehr als der Umfang war ihre kostbare Ausstattung der Grund für die Berühmtheit dieser Bibliothek.

Philipps Sohn, Karl der Kühne, der 1467 folgte, vergrößerte die Sammlung und sorgte für die Vervollständigung unfertiger Manuskripte mit Miniaturen. Als er 1477 bei seinem Tod auf dem Schlachtfeld keinen Sohn hinterließ, wurden die Niederlande habsburgisch, da Karls Tochter Maria von Burgund König Maximilian, den späteren Kaiser Maximilian I., heiratete. Der Fortbestand der Bibliothek wurde gefährdet, besonders als vor 1500 Handschriften von verschiedenen privaten Sammlern erworben wurden. Bei der Teilung des Habsburgischen Reiches durch Karl V. fielen die Niederlande an Philipp II. von Spanien. Dieser erließ 1559 eine Verfügung, die die Zusammenfassung der in den königlichen Residenzen in den Niederlanden vorhandenen Bücher zu einer neuen Königlichen Bibliothek in Brüssel befahl, »damit er und seine Nachfolger Gelegenheit fänden, diese Bücher zu lesen«. Außer der Librairie de Bourgogne betraf diese Maßnahme zwei Sammlungen, die von den aufeinanderfolgenden Regentinnen der Niederlande geschaffen worden waren: von Margareta von Österreich (1507–30), die zwanzig Handschriften von der herzoglichen Bibliothek von Savoyen aus ihrer ersten Heirat besaß und 78 Bände »von Hand auf Pergament geschrieben« von Charles de Croy, Prinz von Chimay, hinzukaufte, und von Maria von Ungarn (1531–55), der Witwe des letzten ungarischen Königs, der Belgien das Meßbuch des Matthias Corvinus verdankt, das über zwei Jahrhunderte

Hochzeit König Karls V. von Frankreich mit Jeanne de Bourbon in der Reimser Kathedrale; Miniatur von Simon Marmion in Jean Mansels ›La fleur des Histoires‹, um 1450-60. [Copyright Bibl. Royale, Brüssel, Handschr.-Abt.]

für die Vereidigung des Generalstatthalters der Niederlande benutzt wurde. Viglius de Zwichem, Präsident des Staatsrats, wurde zum Verwalter der neuen Königlichen Bibliothek ernannt, die 960 Handschriften und 666 gedruckte Bücher umfaßte.

Verordnungen von 1594 und 1595 forderten die Ablieferung von zwei Exemplaren jedes neugedruckten Buches, »gut gebunden in schwarzes, rotes oder gelbes Leder« und versehen mit dem königlichen Wappen, ein Exemplar für die Königliche Bibliothek, das andere für den Escorial. Die Buchhändler kümmerten sich jedoch nicht um diese Verpflichtung, und trotz der pflichteifrigen Verwaltung von Aubert Le Mire, des Kaplans Erzherzog Albrechts und Isabellas, von 1617 bis 1640, besaß die Bibliothek im Jahre 1683 128 Exemplare weniger als ein Jahrhundert zuvor. In der Nacht vom 3. auf den 4. Februar 1731 brach im Palast ein Brand aus. Die in einem Turmgemach aufbewahrten Bände wurden eiligst aus den Fenstern geworfen, wobei ein schwerer Foliant den Tod eines Zuschauers verursacht haben soll. Die Mehrzahl der Handschriften, nun auf 526 reduziert, wurde gerettet und in der Krypta der Hofkapelle untergebracht. Dort wurden sie fünfzehn Jahre später von französischen Besatzungstruppen entdeckt und 188 Bände nach Paris gebracht, zumeist für die Königliche Bibliothek, andere für den Kriegsminister, dessen Bücher später in die Sammlung seines Neffen im Arsenal kamen.

An diesem Tiefpunkt in der Geschichte der Bibliothek erschien ihr zweiter wirklicher Gründer, Karl Graf von Cobenzl, der von Kaiserin Maria Theresia bevollmächtigte Minister für die Niederlande. Monatelang forschte er vergebens nach der ›Librairie de Bourgogne‹, bevor er ihr Versteck fand und für ihre Unterbringung in einem von der Armbrustschützen-Gesellschaft geräumten Gebäude sorgte. Ihm ist die Einrichtung einer Literarischen Gesellschaft der Niederlande zu danken, einer Vorläuferin der Belgischen Akademie. Sein letztes Verdienst war es, 1770 achtzig der geraubten Manuskripte von Paris zurückzuerlangen.

1772 ersuchte die Literarische Gesellschaft Maria Theresia, die Bibliothek der Öffentlichkeit zugänglich zu machen. Der österreichische Kanzler, Fürst Kaunitz, gab vorsichtig seine Zustimmung (»Hier handelt es sich zweifellos um eine jener Bibliotheken, die für die große Anzahl oder die Seltenheit ihrer Werke berühmt ist. Doch sollte sie auf das Notwendigste beschränkt bleiben«). Am 26. Juni des gleichen Jahres wurde der Erlaß veröffentlicht. Er entfachte große patriotische Begeisterung und veranlaßte Adel und Klöster zu wichtigen Stiftungen, die im Goldenen Buch der Bibliothek eingetragen wurden: Diderot und d'Alemberts Enzyklopädie vom neunundreißigsten Abt von St. Martin zu Tournai, Himmels- und Erdgloben Vincenzo Coronellis vom Herzog von Arenberg, Willughbys ›Ornithology‹ aus dem Jahr 1678 vom Abt der englischen Karthäuser von Nieuwpoort, die ›Philosophi-

GEGENÜBER *Der Handschriften-Verleger Jean Miélot; Miniatur von Jean Le Tavernier von Brügge, um 1450. Alle Einzelheiten sind genau beobachtet: die Löcher im Schreibpult für Tintenfaß und Federn, das Gewicht, das die Vorlage offenhält, die Fußmatte am Boden, die Truhe mit einer Schriftrolle und Kodizes. Das Feuer brennt nicht, die Erträge literarischer Arbeit sind karg. [Copyright Bibl. Royale, Brüssel, Handschr.-Abt.]*

Prologue du translatei
sur la declamacion ou

IMMORTALITATI.
semper honos, Nomenque tuum, laudesque manebunt.
Virg: Æneid. Lib. I.

cal Transactions‹ der Royal Society von den Delegierten von Brabant, John Flamsteeds Himmelsatlas aus dem Jahr 1753 von der Stadt Antwerpen. Die so entstandene Sammlung würde Sir Thomas Bodley gefallen haben; die Folianten überwogen, Latein war die vorherrschende Sprache, es gab nur ein französisches Werk, Molières ›Oeuvres‹ von 1734 mit Bouchers Illustrationen. In den folgenden Jahren wurde besonderes Gewicht auf Zweckmäßigkeit gelegt; es wurden gegen die unsinnigen Käufe von Inkunabeln Einwände erhoben (»Diese kostbaren aber nutzlosen Objekte zieren mehr die Stube eines Büchernarren als eine öffentliche Bibliothek, in welcher alles, auch das Großartige, klug und vernünftig sein muß«). Wichtige Zugänge kamen von dem aufgehobenen Jesuitenorden, darunter die autographische Handschrift der ›Nachfolge Christi‹ des Thomas a Kempis aus dem Jesuitenkloster in Antwerpen.

Dieses vielversprechende Wachstum wurde jäh durch eine zweite französische Besetzung unterbrochen. 1794 wurden sieben Bücherfuhren nach Paris gebracht, es folgten weitere 171 Handschriften und 159 gedruckte Bücher. Die Bibliothek fiel der revolutionären Leidenschaft für Neuordnung und Reform zum Opfer und wurde mit der Mittelschule des Départements Dyle verbunden (die französischen Revolutionsbehörden teilten Belgien in neun jeweils nach einem Fluß benannte Départements ein. Brüssel gehörte zum Département des Dyle). Schließlich wurden die gedruckten Bücher der Stadt Brüssel übergeben, während die Handschriften eine eigene »Bibliothek von Burgund« bildeten. Diese Teilung blieb auch nach dem Frieden bestehen, als über tausend Bände aus Paris zurückgebracht wurden, wenn auch der gleiche Bibliothekar, Charles van Hulthem, beide Einrichtungen verwaltete.

Van Hulthems Interesse für Bücher, das sich am Reichtum der säkularierten Abteien und am beschlagnahmten Eigentum der Aristokratie befriedigen konnte, steigerte sich zur Manie. Seine aus vorzüglichen Exemplaren und vielen Raritäten bestehende Privatsammlung von 32000 Bänden füllte bereits ein Haus in Brüssel, ein anderes in Gent. Auf jedem Tisch waren Bücher gehäuft, so daß sich nirgends Platz fand, um ein Tischtuch auszubreiten, andere lagen in Stößen sogar in dem Alkoven, in dem er schlief. Er duldete kein Feuer im Haus und hielt sich bei kalter Witterung warm im Bett, indem er seine Füße mit Folianten bedeckte, wobei er Barlaeus' Bericht von Moritz von Nassaus Expedition nach Brasilien bevorzugte. Sein Zeitgenosse Voisin berichtet, daß er manchmal bei der infantilen Vergnügung angetroffen worden sei, den Kupferstich eines »schönen weiblichen Torsos« zu betrachten – offenbar seine einzige Beziehung zum anderen Geschlecht. »Von einem Schlaganfall getroffen, starb er auf einem Bücherhaufen wie ein Krieger auf dem Schlachtfeld.«

LINKS *Der Ruhm kündet die Namen der Stifter der Königlichen Bibliothek; von Durondeau, 1772: Titelbild des Stifterbuches. [Copyright Bibl. Royale, Brüssel, Man.-Abt.]*
RECHTS *Globus von Vincenzo Coronelli, ein Geschenk des Herzogs von Arenberg an die Königliche Bibliothek.*

prince qui viue sil ne me conquiert. ¶ Et quant ad ce quil maintient que iay vers luy offense autre amende nen aura se non ce quil en prendra a lespee. Et de ma part le vueil de tant aduertir que sil refuse ceste parcon ie pre dray incontinent vengence des iniurieuses me naces quil ma fait sauoir par le conte de mons en haynnau qui cy est present.

Comment langele du ciel pacifia lempereur charlemaine et doon et deuindrent bons amis

Histoire tesmoigne que tantost que Charlemaine vit entrer doon en sale Il fu tant naure de courroux comme a demy oultre sans auoir sentement de parler

GEGENÜBER *Ein Engel hält einen Zweikampf zwischen Kaiser Karl dem Großen und dem Ritter Doon auf. Buchmalerei von Jean Le Tavernier, 1458-60, in David Auberts ›Chroniques et conquêtes de Charlemagne‹, in Grisaille-Technik, die am Hofe Philipps des Guten gepflegt wurde. [Copyright Bibl. Royale, Brüssel, Handschr.-Abt.]*
UNTEN *Die ehemalige Königliche Bibliothek vor dem Abriß.*

Van Hulthems Sammlung wurde vom Staat angekauft, und 1837 rief ein Dekret Leopolds I. die Königliche Bibliothek ins Leben, in der die Handschriften der Bibliothek von Burgund und die gedruckten Bücher van Hulthems und der Stadt Brüssel vereinigt wurden. Die Bibliothek, nach mehr als einem Jahrhundert Aufenthalt im benachbarten Industriepalast, jetzt im modernen Bau der Bibliothèque Albertine untergebracht, umfaßt zweihunderteinunddreißig Handschriften Philipps des Guten (von einem erhaltenen Bestand von ungefähr dreihundertfünfzig) und kann ihre unmittelbare Abstammung von der Librairie de Bourgogne nachweisen, obwohl sie stärkere Wechselfälle über sich ergehen lassen mußte als jede andere nationale Büchersammlung.

Biblioteca Colombina SEVILLA

Die Biblioteca Colombina ist das Werk und die großartige Hinterlassenschaft von Fernando, dem unehelichen Sohn von Christoph Kolumbus und Beatrice Enríquez, deren Bruder Pedro de Arana eines der Schiffe auf des Entdeckers erster Reise befehligte. Fernando wurde von seinem Vater aufgezogen, den er als Vierzehnjähriger auf seiner vierten Reise über den Atlantik begleitete. Nach Kolumbus' Tod 1506 und dem langen, doch schließlich erfolgreichen Prozeß der Familie um ihr Erbteil war Fernando einer der reichsten Männer in Spanien – mit einem auf zweieinhalb Millionen Maravedi geschätzten jährlichen Einkommen, das hauptsächlich aus Besitzungen und Sklavenhaltung in Westindien stammte. Mit seinem Halbbruder Diego unternahm er 1509 eine offizielle Mission nach Santo Domingo zur Gründung von Kirchen und Klöstern und ließ sich nach seiner Rückkehr in Sevilla nieder, dem Zentrum des Amerika-Handels.

Fernando Kolumbus heiratete nicht. Das einzige Porträt von ihm ist verlorengegangen, doch wird er als ziemlich groß, meist liebenswürdig und sehr dick beschrieben. Er genoß die Freundschaft Kaiser Karls v., den er auf drei Reisen begleitete und der ihm große Gunst erwies. Jurist, Kosmograph und Amateurdichter, war er Autor eines lateinischen Wörterbuches, einer Abhandlung über die Kolonisierung West-Indiens und eines geographischen Lexikons von Spanien. Er gehörte einer gemeinsam mit den Portugiesen gebildeten Schiedsgerichtskommission an, die über die Herrschaft über die Molukken zu entscheiden hatte, leitete eine Gruppe von Experten, die beauftragt war, die Seekarten zu verbessern und einen genauen Globus mit den neuen Entdeckungen anzufertigen, und gründete eine Mathematik- und Navigationsschule in Sevilla.

Er war ein eifriger Büchersammler und suchte unermüdlich die Buchhändler bei seinen zahlreichen Reisen in Spanien und im Auslande auf. Seine Gewohnheit, in jeden Band Datum und Herkunftsort einzutragen, machte es möglich, seine Reisen zu verfolgen: 1512–13 ging er nach Rom, 1515–16 nach Italien, 1520–22 nach Flandern, Deutschland, Italien und England, 1529 und 1530–31 wieder nach Italien, 1535 nach Montpellier und Lyon. Diese Eintragungen berichten zum Beispiel vom Kauf der Reisebeschreibung Vespuccis ›Delle isole novamente trovate‹ (Florenz 1505–06) und der Sevilla-Ausgabe von 1502 des volkstümlichen spanischen Romans ›La Celestina‹ in Rom, von Waldseemüllers ›Cosmographiae Introductio‹ (Straßburg 1509) in Venedig (die Ausgabe von 1507 hatte zum ersten Mal den Namen ›Amerika‹ für den neuen Kontinent angeregt), einer ›Ars moriendi‹ in Nürnberg, der ›Facetiae‹ des Alphons von Aragon für vier Pennies in London und von ›Palmerin de Oliva‹ und anderen Romanen 1525 in Nordspanien. Erasmus

Ein Sterbender wird vom Geiz verführt; aus einem Blockbuch der ›Ars Moriendi‹, einer Schrift über die Kunst selig zu sterben, das Fernando Kolumbus 1521 in Nürnberg für 2 Kreuzer erstand.

GEGENÜBER *Die Biblioteca Colombina, im Hintergrund die Kathedrale von Sevilla.*

Haec tibi pentadecas tetragonon respicit illud
Hospitium petri & pauli ter quinqz dierum.
Namqz instrumētum vetus hebdoas innuit: octo
Lex noua signatur. ter quinqz receptat vtrunqz.

Quarta pars Veteris testamenti Hebraico Grecoqz idiomate nunc primum impressa: adiuncta vtriqz sua latina interpretatione.

LINKS *Die erste Polyglott-Bibel (in Latein, Hebräisch, Chaldäisch und Griechisch), unter dem Patronat von Kardinal Jiménez 1514-17 in Alcalá de Henares gedruckt. Titelblatt mit dem Kardinalswappen in Rot. Eine der Großtaten saanischen Gelehrtentums der Renaissance.*

LINKS AUSSEN *Hl. Eulalia, Schutzpatronin von Barcelona. Holzschnitt in dem katalanischen Seerechtsbuch ›Consolat de Mar‹, Barcelona 1523.*

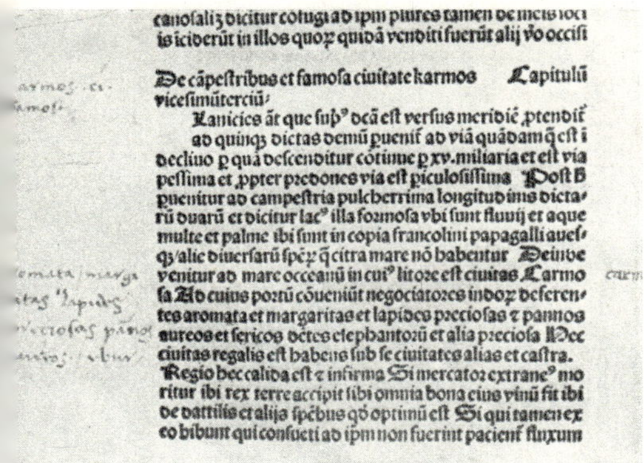
canosali z dicitur cotugi ad ipm plures tamen de incis loci
is iciderũt in illos quoꝝ quidã venditi fuerũt alij vo occisi

De cãpestribus et famosa ciuitate karmos Capitulũ vicesimũtercıũ

Lanicies ãt que sub⁹ dcã est versus meridié ꝓtendit ad quinq3 dictas demũ ꝑuenit ad viã quãdam q̃ est i decliuo ꝑ quã descenditur cõtinue ꝑ xv. miliaria et est via pessima et ꝓpter predones via est ꝑiculosissima Post h ꝑuenitur ad campestria pulcherrima longitudinis dictarũ duarũ et dicitur lac⁹ illa formosa vbi sunt fluuij et aque multe et palme ibi sunt in copia francolini papagalli auesq3 alie diuersarũ spéꝝ q̃ citra mare nõ habentur Deinde venitur ad mare occeanũ in cui⁹ litore est ciuitas Carmosa Ad cuius portũ cõueniũt negociatores indoꝝ deferentes aromata et margaritas et lapides preciosas ꝛ pannos aureos et sericos dẽtes elephantorũ et alia preciosa Hec ciuitas regalis est habens sub se ciuitates alias et castra. Regio hec calida est ꝛ infirma Si mercator extrane⁹ moritur ibi rex terre accipit sibi omnia bona eius vinũ fit ibi de dattilis et alijs spẽbus qd optimũ est Si qui tamen ex eo bibunt qui consueti ad ipm non fuerint pacienť fluxum

OBEN *Christoph Kolumbus' Exemplar von Marco Polos Reise nach China (Gouda um 1484). An den Rand hat er notiert: »die berühmte Stadt Karmos«, sodann verzeichnet er ihre Reichtümer »Gewürze, Perlen, Edelsteine, Goldstoffe, Elfenbein«.* LINKS *Sechs Bücher, die Fernando Kolumbus 1522 für insgesamt 9 Schilling und 8 Pence kaufte. Das Buch in der Mitte links ist ein Oxforder Druck von 1481, rechts davon ein ›Promptuarium‹, Londoner Druck von 1516 von Caxtons Nachfolger Wynkyn de Worde.*

gab ihm 1520 in Löwen sein letztes Buch ›Antibarbarorum‹; 1522 ließ er sich aus Alcalá de Henares die Vielsprachen-Bibel (1514–17) des Kardinals Ximenez für drei Dukaten kommen. Der Buchhandel, großenteils in den Händen von ausgewanderten Deutschen und Flamen, war noch vollständig international. Als Fernando im Juni 1522 London besuchte, waren seine fehlenden englischen Sprachkenntnisse kein Hindernis, Bücher zu kaufen, da lateinische Werke in den Läden in großer Menge erhältlich waren. Unter seinen Londoner Ankäufen war Alexander von Hales Kommentar zu Aristoteles, 1481 von Theodoric Rood, dem ersten Drucker in Oxford, gedruckt, fast alle anderen stammten von Druckereien des Kontinents. Das jüngste Buch war ein Kölner Druck vom Jahr des Ankaufs, das älteste eine venezianische Inkunabel von 1476. Die Preise schwankten zwischen einem halben Penny für ein schmales ungebundenes Exemplar und vierundsechzig Pennies für einen stattlich gebundenen Folianten.

Fernando Kolumbus kaufte 1521 in Pavia einen Donatus-Kommentar aus dem zehnten Jahrhundert, der einst dem Kloster Bobbio gehört hatte, doch im allgemeinen teilte er nicht das große Interesse der italienischen Humanisten für frühe Kodizes oder ihre Begeisterung für Handschriften und gedruckte Ausgaben früher Autoren. Er besaß ein paar Handschriften aus dem vierzehnten und fünfzehnten Jahrhundert, mit überwiegend literarischen Texten (z. B. den ›Roman de Brut‹, die ›Reise des heiligen Brandan‹ in italienisch und eine Erzählung der Leidensgeschichte in katalanischen Versen) und eine Sammlung von Aufzeichnungen seines Vaters, doch der Hauptteil der Werke in seiner Bibliothek waren gedruckte Bücher, ein großer Teil in modernen Sprachen: kastilisch, katalanisch, französisch und italienisch. Er war der einzige unter den frühen Bibliotheksgründern, der zeitgenössische und aktuelle Titel bevorzugte. Er kaufte Ritterromane und ›Chansons de geste‹, Balladen, Lieder und Dichtungen aller Art, moralische Erzählungen und Liebesgeschichten, Heiligenlegenden, Beschreibungen von Erscheinungen, Wundertaten und Leichenbegängnissen, Berichte über Tagesereignisse, Mysterienspiele, Weissagungen, Volks- und Scherzbücher, Werke von Villon, Olivier de la Marche, Margarethe von Navarra, Aretino, Clément Marot, Alain Chartier, Poliziano und Luigi Pulci. Er erwarb diese Bücher, um sie zu lesen – seine Aufnahmefähigkeit in dieser Richtung erscheint uns heute ungeheuerlich: beispielsweise beendete er im Februar 1523 in Valladolid ein alphabetisches Wörterverzeichnis zum Kanonischen Recht und begann gleich danach Hugo de Prato Floridos Predigten, die ihn bis Mai beschäftigten.

Eine kleine aber kostbare Gruppe von Büchern kam durch Erbschaft in Fernandos Besitz, mit Eintragungen seines Vaters und seines Onkels, Bartolomé Kolumbus: Plinius' Naturgeschichte (Venedig 1489), Papst Pius II. Beschreibung Asiens (Historia rerum ubique gestarum, Venedig 1477), eine Abhandlung über Kosmographie von Kardinal Pierre d'Ailly, in Löwen von Johann von Paderborn gedruckt (die den Entdecker Amerikas stark beeinflußte), und Marco Polos Reisebericht (Gouda c. 1484), mit Anmerkungen von Christoph Kolumbus über die Reichtümer im Orient, die er auf seiner Reise zu finden hoffte. Es findet sich in der Bibliothek kein Anhalt dafür, ob Christoph Kolumbus etwa Gerüchte über Wikingerfahrten nach Vinland zu Ohren gekommen waren, auch ist davon nichts im ›Buch der Prophezeihungen‹ erwähnt, einer 1502 von ihm mit Hilfe eines Karthäusermönchs zusammengestellten Sammlung von Zitaten aus der Bibel, aus den Kirchenvätern und anderen Quellen, die, wie er meint, seine Entdeckungen vorausgesagt

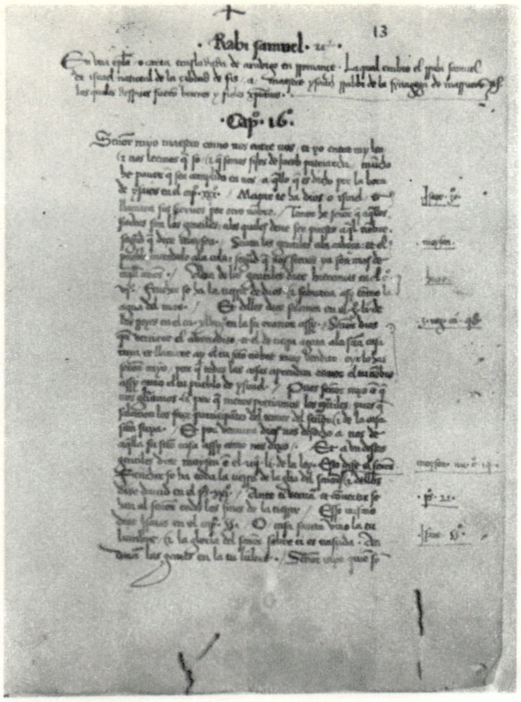

OBEN *Christoph Kolumbus' Buch der Prophezeiungen. Seite mit Eintrag Rabbi Samuels von Fez für einen andern Rabbi.* MITTE *Einträge im Einkaufsbuch des Fernando Kolumbus über Bücherkäufe in Nürnberg und Barcelona.* UNTEN *Der prophetische Text in Senecas ›Medea‹ (Venedig 1510) mit Eintragung von Fernando Kolumbus.*

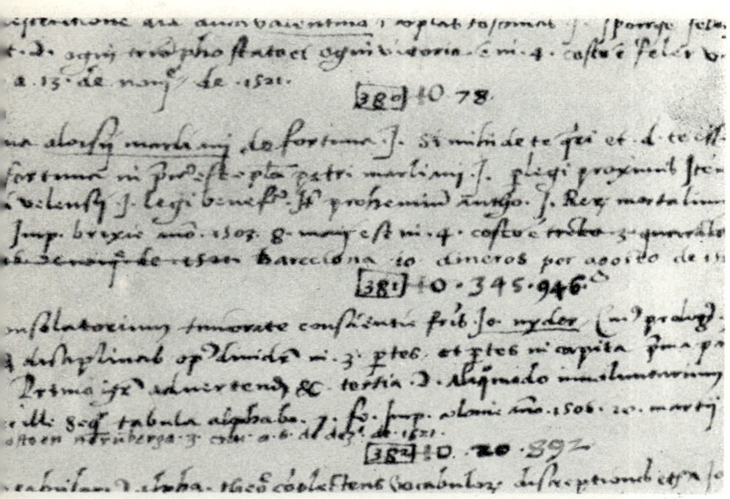

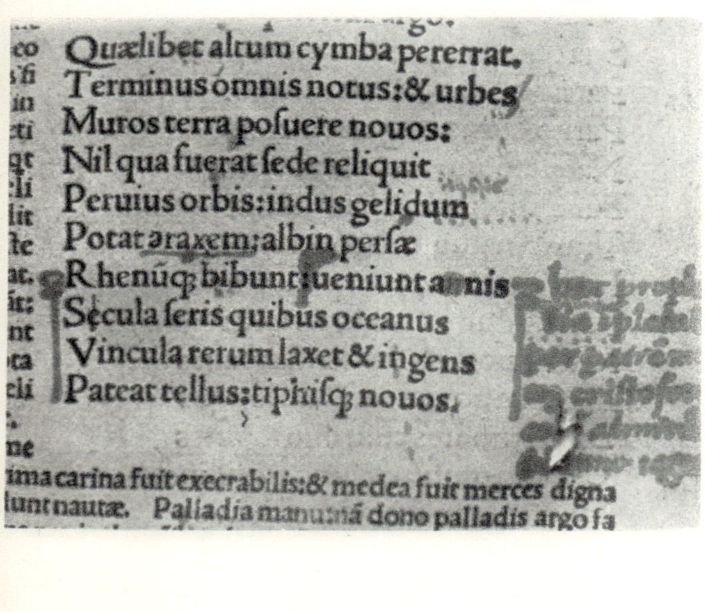

Quælibet altum cymba pererrat,
Terminus omnis notus: & urbes
Muros terra posuere nouos:
Nil qua fuerat sede reliquit
Peruius orbis: indus gelidum
Potat araxem: albin persæ
Rhenūq; bibunt: ueniunt annis
Secula seris quibus oceanus
Vincula rerum laxet & ingens
Pateat tellus: tiphisq; nouos.

ima carina fuit execrabilis: & medea fuit merces digna
luntnautæ. Palladia manu: ... dono palladis argo fa

hatten. Die meisten dieser ›Prophezeihungen‹ sind äußerst dürftig, doch Seneca überraschte ihn mit den berühmten Zeilen in der ›Medea‹:

In späteren Jahren wird die Zeit kommen,
Da der Ozean seine Ketten lösen wird
Und ein großes Land offenliegt:
Typhis wird neue Welten enthüllen,
Und Thule wird nicht länger
Der Erde Grenze sein.

In seinem Exemplar von Senecas Tragödien (Venedig 1510) notierte Fernando an dieser Stelle: »Diese Prophezeihung wurde durch meinen Vater, den Admiral Christoph Kolumbus, 1492 erfüllt.«

Auf ihrem Höchststand zählte die Bibliothek über fünfzehntausend Titel und füllte einen großen Raum in dem Haus, das Fernando 1526 in Sevilla in einem Park mit amerikanischen Bäumen an den Ufern des Guadalquivir erbaut hatte. Die Bücher standen in Wandschränken, nach Inhalt geordnet und »jedes mit seinem Titel, nach Namen und Zahl«. Es war die älteste Bibliothek, die auf moderne Art mit Regalen versehen war, ein halbes Jahrhundert früher als der Escorial, der gewöhnlich als die erste angesehen wird. Zwei Kataloge wurden angelegt: ein wahrscheinlich 1525 begonnenes Register der Neuerwerbungen, das aber nach etwa viertausend Eintragungen nur unvollständig weitergeführt wurde, und ein alphabetisches Verzeichnis der Autoren und Titel. Begonnen war auch ein Sachindex, eine Kurzinterpretation jedes Buches der Sammlung, und eine Aufstellung, in die eingetragen wurde, welche Autoren über die verschiedenen Themen geschrieben haben. Fernando dachte sich die Sammlung in erster Linie als Einrichtung für Schriftsteller und bot sie Karl v. als Nationalbibliothek an, doch dem Kaiser war die finanzielle Belastung zu groß. Nicht nur die Zukunft der Sammlung als eine öffentliche Einrichtung, sondern auch ihre Sicherheit beschäftigten den Gründer. Zweifellos hat er die Vaticana und andere italienische Kettenbibliotheken besucht und eingesehen, daß »es unmöglich ist, selbst mit hundert Ketten gesicherte Bücher zu schützen«. Seine Lösung war originell: die Leser sollten durch ein Metallgitter von den Büchern getrennt werden; auf der einen Seite sitzend sollten sie ihre Hände durch das Gitter strecken können, um die Seiten der Bücher auf den Pulten dahinter umblättern zu können. Wenn jemand gegen diesen Plan etwas einzuwenden hätte, bemerkte Fernando, so möchte er einsehen, daß es nicht so sehr Aufgabe der Bibliothek sei, das Studium zu erleichtern, als die Bücher zu erhalten.

Fernando Kolumbus starb 1539 und hinterließ ein Testament von vierundvierzig Seiten. Abgesehen von einigen geringfügigen Legaten fiel der ganze Nachlaß unter einigen lästigen Bedingungen an seinen Neffen Luis Kolumbus; im Falle seiner Ablehnung sollte er an das Domkapitel von Sevilla oder, wenn gleichfalls ausgeschlagen, an das Dominikanerkloster San Pablo in Sevilla gehen. Das jährliche Einkommen sollte ungeteilt der Bibliothek zugutekommen. Sorgfältige Anweisungen regelten den Ankauf neuer Bücher aus den sechs Zentren der Druckerkunst (Rom, Venedig, Nürnberg, Antwerpen, Paris und Lyon) und den Verkauf von Dubletten. Alle sechs Jahre hatte der Bibliothekar sich in ganz Italien nach Neuanschaffungen umzusehen. Dem Bibliothekar, der in Salamanca promoviert haben mußte, wurde ein Raum in der Nähe der Bibliothek bewilligt, mit einem »ländlichen Bett«, zwei Matratzen, vier Laken, vier weißen Kissen, einer Stepp- und einer Wolldecke, einer Truhe, einem Lehnstuhl, einer hölzernen Sitzbank und einem großen Bücherschrank. Er sollte für Nichtanwesenheit bestraft und monatlich von »einer gelehrten Person« auf Herz und Nieren geprüft werden. Don Luis mußte sich verpflichten, jährlich hunderttausend Maravedi von seinem Vermögen für die Bibliothek zu stiften; wenn er es unterließ oder zehn Bücher verlor und sie nicht innerhalb einer angemessenen Zeit ersetzte, verwirkte er die Erbschaft zugunsten des nächsten Erben. Don Luis schlug die Erbschaft aus, und nach einem langwierigen Prozeß setzte das Domkapitel seine Ansprüche durch. 1552 wurden die Bücher in einem an die Kathedrale angrenzenden Raum, der an die Hofmauer der früheren maurischen Moschee angebaut war, untergebracht. Die Domherren waren über ihren neuen Besitz zuerst entzückt. Ein Bibliothekar wurde angestellt und der Bibliotheksaal mit Fresken, Inschriften und Goldornamenten ausgeschmückt. Von Anfang an ist es jedoch unwahrscheinlich, daß die Klauseln dieses Testaments strikt befolgt wurden, und bald schon zeigten sich Verluste. 1577 befahl Philipp II. die Überführung der alten Handschriften in den Escorial. Vierzehn Jahre darauf kam die Sammlung unter die strenge Kontrolle der Inquisition. Die meisten Seiten des zweiten und der ganze dritte Band der Kyrillos-Ausgabe (Basel 1528) des deutschen Protestanten Oecolampadius wurden konfisziert, eine unbekannte Anzahl anderer Bücher wurde vernichtet. Im siebzehnten Jahrhundert herrschte dauernde Nachlässigkeit mit kurzen Intervallen von Aktivität, wie 1683, als das Gebäude ausgebessert und viele Bücher in Pergament neugebunden wurden. Rafael Tabares, der hundert Jahre später Unterbibliothekar war, beschrieb, wie er und andere Kinder in seiner Jugend in dem Bibliotheksaal spielen und ihre Finger über die illuminierten Handschriften und Kupferstichbücher fahren durften. »Die Vernachlässigung ... war derart, daß einige Bände von tropfenden Dachrinnen durchnäßt wurden und in Staub zerfielen.« Selbst noch 1884 wurden mehrere hundert Pamphlete heimlich verkauft. Vom Vermächtnis des Fernando Kolumbus sind heute nur noch etwa fünftausendfünfhundert Titel in der Colombina vorhanden.

Ein anderer der Seefahrt eng verbundener Büchersammler, Samuel Pepys, hielt sich während des Winters 1683–84 in Sevilla auf. Bevor er England verließ, hatte er sein Vorhaben, spanische Bibliotheken zu besichtigen, angekündigt und sicher nicht versäumt, die Colombina zu besuchen, in der ein neuer gewissenhafter Kurator, Juan de Loaisa, Ordnung zu schaffen im Begriff war. Die dortigen Erfahrungen waren wohl in mancher Beziehung unbefriedigend; sie dürften ihn veranlaßt haben, Jahre danach seine Beobachtungen Humphrey Wanley mit den Worten mitzuteilen, daß Spanien »ein Land ist, von dem ich aus Erfahrung weiß, daß es dort für einen Gelehrten nichts zu lernen gibt, doch das ihm genügend Beobachtungen zu späterem Gebrauch bietet«. Hatte er, so fragt man sich, von den Bedingungen im Testament des Fernando Kolumbus gelernt, daß dem Erben bei Verlust von mehr als zehn Büchern die ganze Sammlung abgesprochen werden sollte? Pepys Bestimmungen für seine eigene Bibliothek deuten darauf hin.

OBEN *Hl. Hieronymus einen Brief schreibend; aus der Ausgabe seiner Briefe (Juan Joffre, Valencia, 1520).* UNTEN *Blick in die Bibliothek. Die Bücher von Fernando Kolumbus befinden sich im Raum hinter der Tür am Ende des Saales.*

QVATVOR EVANGELIA, AD VETVSTISSIMORVM EXEMPLARIVM LATINORVM FIDEM, ET AD GRAECAM VERITATEM AB ERASMO ROTERODAMO SACRAE THEOLOGIAE PROFESSORE DILIGENTER RECOGNITA.

ΕΥΑΓΓΕΛΙΟΝ ΚΑΤΑ ΜΑΤΘΑΙΟΝ.

ΒΙΒΛΟΣ γενέσεως ΙΗΣΟΥ ΧΡΙΣΤΟΥ, υἱοῦ Δαβίδ, υἱοῦ ἀβραάμ. Αβραὰμ ἐγέννησεν τὸν ἰσαάκ. ἰσαὰκ δὲ, ἐγέννησεν τὸν ἰακώβ. ἰακὼβ δὲ, ἐγέννησεν τὸν ἰούδαν, καὶ τοὺς ἀδελφοὺς αὐτοῦ. ἰούδας δὲ, ἐγέννησεν τὸν φαρὲς, καὶ τὸν ζαρὰ, ἐκ τῆς θάμαρ. φαρὲς δὲ, ἐγέννησεν τὸν ἐσρώμ. ἐσρὼμ δὲ, ἐγέννησεν τὸν ἀράμ. ἀρὰμ δὲ ἐγέννησεν τὸν ἀμιναδάβ. ἀμιναδὰβ δὲ, ἐγέννησεν τὸν ναασσών. ναασσὼν δὲ, ἐγέννησεν τὸν σαλμών. σαλμὼν δὲ, ἐγέννησεν τὸν βοὸζ ἐκ τῆς ῥαχάβ. βοὸζ δὲ, ἐγέννησεν τὸν ὠβὴδ, ἐκ τῆς ῥούθ. ὠβὴδ δὲ, ἐγέννησεν τὸν ἰεσσαί. ἰεσσαὶ δὲ, ἐγέννησεν τὸν δαβὶδ τὸν βασιλέα. Δαβὶδ δὲ ὁ βασιλεὺς ἐγέννησεν τὸν σολομῶνα ἐκ τῆς τοῦ οὐρίου. σολομὼν δὲ, ἐγέννησεν τὸν ῥοβοάμ. ῥοβοὰμ δὲ, ἐγέννησεν τὸν ἀβιᾶ. ἀβιᾶ δὲ, ἐγέννησεν τὸν ἀσά. ἀσὰ δὲ, ἐγέννησεν τὸν ἰωσαφάτ. ἰωσαφάτ δὲ, ἐγέννησεν τὸν ἰωράμ. ἰωρὰμ δὲ, ἐγέννησεν τὸν

EVANGELIVM SECVNDVM MATTHAEVM.

Liber generationis Iesu Christi filij Dauid, Filij Abrahā, Abraham genuit Isaac, Isaac aūt, genuit Iacob. Iacob aūt, genuit Iudā, & fratres eius. Iudas aūt, genuit Phares, & Zarā, e Thamar. Phares autē, genuit Esrom. Esrom aūt, genuit Aram. Arā autem, genuit Aminadab. Aminadab aūt, genuit Naasson. Naasson aūt, genuit Salmon. Salmon autē, genuit Boos, e Rhachab. Boos aūt, genuit Obed, e Ruth. Obed autē, genuit Iesse, Iesse aūt, genuit Dauid regem. Dauid autē rex, genuit Solomonem, ex ea q̄ fuerat uxor Vrie. Solomon autem, genuit Roboam. Roboam aūt, genuit Abiam. Abia autem, genuit Asa. Asa autem, genuit Iosaphat. Iosaphat autem, genuit Ioram. Ioram autem, genu-

A it Oziā.

IOANNES FROBENIVS SVIS TYPIS EXCVDEBAT

Stadtbibliothek SCHLETTSTADT

Beatus Rhenanus, dessen Bücher sich in Schlettstadt befinden, wurde 1485 als Sohn eines Zunftmeisters in dieser wohlhabenden elsässischen Stadt geboren und Beat Bild getauft; doch schon als Schuljunge zog er den Namen Rheinauer – vom nahegelegenen Dorf Rheinau, in dem die Familie früher gelebt hatte – in latinisierter Form vor. Er besuchte die Gemeindeschule, studierte dann an der Pariser Universität, wo er sich bei Jacques Lefèvre von Étaples mit Aristoteles beschäftigte, und arbeitete zwei Jahre lang als Korrektor in der Druckerei von Henri Estienne. Sein Name erschien zum ersten Mal 1505 gedruckt als Mitarbeiter an Lefèvres Ausgabe der ›Contemplationes‹ des katalanischen Mystikers Raimundus Lullus.

1507–1511 war er, wiederum als Korrektor, bei Matthias Schürer in Straßburg beschäftigt, danach bei der Druckergemeinschaft Amerbach und Froben in Basel. In Paris hatte er die Bedeutung des Arbeitens nach Handschriften kennengelernt und in Straßburg Material für Lefèvres Ausgabe der Werke des Nikolaus Cusanus gesammelt. Doch bevor er seinen Weg als Büchersammler und Herausgeber begann, vervollkommnete er seine griechischen Kenntnisse durch Sprachstudien bei Johannes Cono, einem deutschen Dominikaner in Basel. Er hielt sich dort noch auf, als Erasmus sich 1514 in Basel niederließ. Zwischen den beiden entstand alsbald enge Freundschaft, und Erasmus betraute Beatus in der Folge mit der Aufsicht über die Drucklegung vieler seiner Werke.

Beatus hatte schon die Herausgabe einer Anzahl von Büchern für Schürer in Straßburg besorgt, zum Beispiel zeitgenössischer lateinischer Dichtung, ferner einer durchgesehenen Ausgabe von Erasmus' ›Adagiae‹ (1509) und Geiler von Kaisersbergs ›Narrenschiff‹ (1510), zu dem er eine Lebensbeschreibung des Autors beisteuerte. In Basel überwachte er für die Verlagsgemeinschaft von drei Buchhändlern die Herausgabe von Gratians ›Decretum‹ (1512), der mittelalterlichen Standardkompilation des kanonischen Rechts. Aber seine größte literarische Wirksamkeit entfaltete er in den beiden Jahrzehnten nach seiner Begegnung mit Erasmus mit einer Reihe kritischer Editionen, die von Froben in Basel gedruckt wurden. Die wichtigsten waren zwei Sammlungen von Erasmusbriefen, die er anhand der Konzepte nach eigenem Ermessen zusammenstellte (1518, 1519 und 1521), Ausgaben von Velleius Paterculus (1520), Tertullianus (1521), Eusebios (1523) und von Plinius d. Ä. ›Naturgeschichte‹ (1526), von Procopios, Jordanes und anderen Geschichtswerken der Spätantike (1531), von Tacitus (1533) und in Zusammenarbeit mit Sigismund Gelenius von Livius (1535).

Beatus fand nichts dabei, gelegentlich eine ältere gedruckte Quelle zu benutzen, ohne sie ausdrücklich zu zitieren. Seine Ausgabe von Senecas Satire

OBEN *Beatus Rhenanus; Kupferstich von Theodor de Bry nach einem verlorenen Gemälde, ehemals im Stadtarchiv Schlettstadt.* GEGENÜBER *Das Neue Testament in Griechisch und Lateinisch, herausgegeben von Erasmus von Rotterdam (Johann Froben, Basel 1516), der Erstdruck des griechischen Textes.*

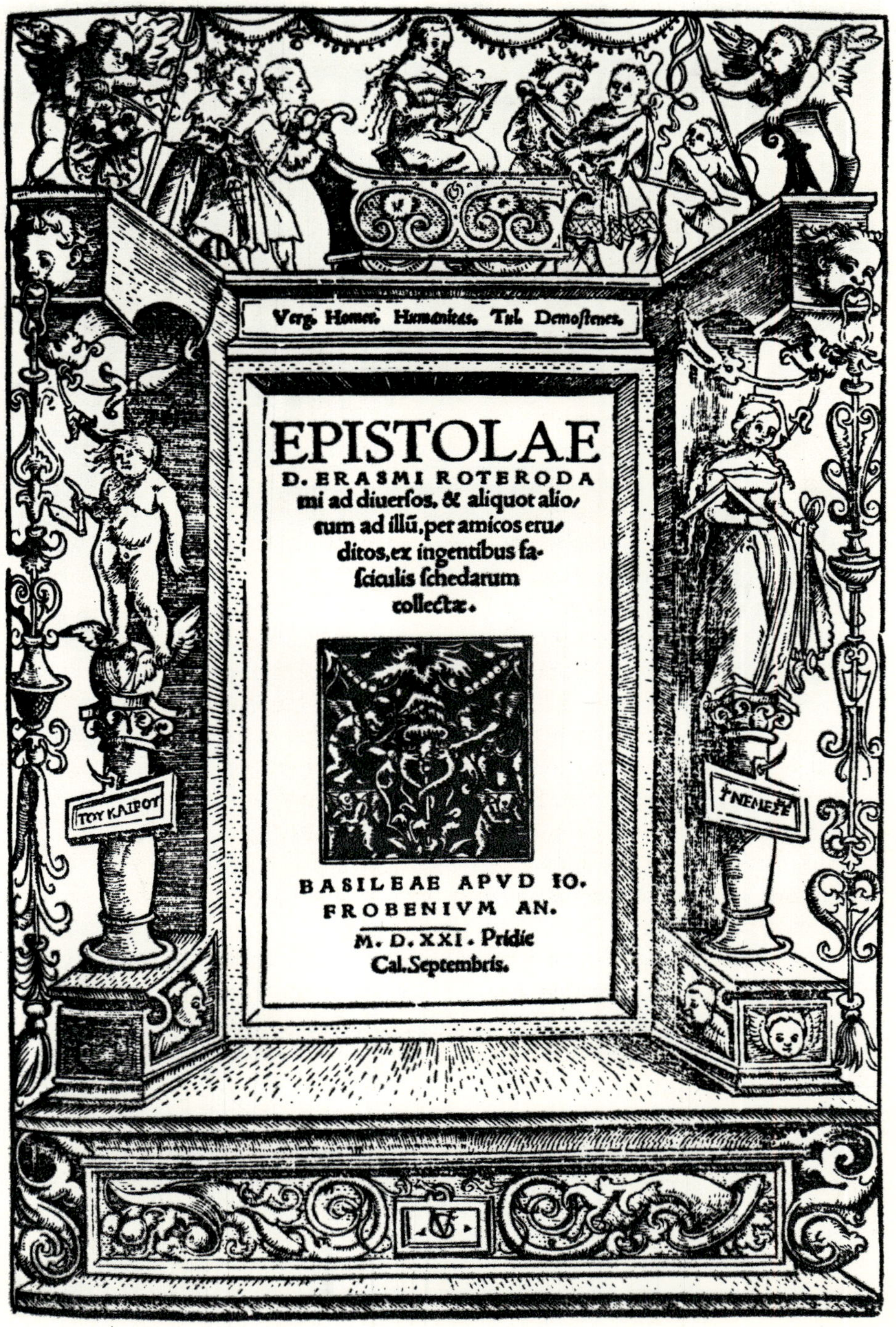

OBEN *Die Pariser Druckerei von Jodocus Badius von Assche bei Brüssel. Rechts sitzt der Korrektor, ein Amt, das Beatus mehrfach übernommen hatte, wenn auch nicht in dieser Druckerei.* RECHTS *Erasmusbriefe, herausgegeben von Beatus Rhenanus (Johann Froben, Basel 1521), Holzschnitt-Umrahmung von Urs Graf.*

LINKS *Schlettstadt im 17. Jh.* RECHTS *Gelehrter am Lesepult; Titelblatt zu Jakob Wimpfeling ›Isodoneus Germanicus‹, Straßburg 1497.*

auf Kaiser Claudius (1515) war auf dem Titelblatt als »eben in Deutschland entdeckt« bezeichnet, obwohl er den römischen Erstdruck von 1513 einer St. Gallener Handschrift aus der Zeit Notkers benutzte. Doch die meisten seiner Ausgaben fußten auf neu aufgefundenen Handschriften. Mit der einzigen Ausnahme des Nikolaus von Kues waren bis dahin literarische Entdeckungen nördlich der Alpen hauptsächlich von Italienern wie Poggio und Aurispa gemacht worden. Beatus begann nun damit, die alten Bibliotheken im Elsaß und am Oberrhein zu durchsuchen, während zur gleichen Zeit der Augsburger Humanist Konrad Peutinger und seine Leute Franken und Bayern durchforschten. Seine wichtigste Entdeckung war die einzige Handschrift der griechischen und römischen Geschichte von Velleius Paterculus im elsässischen Zisterzienserkloster Murbach, einer Reichenauer Gründung aus dem achten Jahrhundert. In Worms stieß er in der Dombibliothek auf Rathers Handschrift des Livius. Es stellte sich heraus, daß der Dom zu Speyer einen zweiten Livius besaß, ebenso die Zusammenstellung der kaiserlichen Ämter im Rom der Spätantike, bekannt als ›Notitia dignitatum‹, die ein Jahrhundert zuvor, während des Konzils von Basel (1431–37), Aufmerksamkeit erregt hatte. Er benutzte einen den Benediktinern von Hirsau entliehenen Tertullianus und verglich ihn mit einer zweiten, aus Payerne bei Lausanne stammenden Handschrift, die er in einer Privatsammlung in Colmar fand. Für seine Tacitus-Ausgabe wurde ihm ein Exemplar aus dem Nachlaß des Königs Matthias Corvinus von Jakob Spiegel geschickt, einem Schlettstadter Freund, der an der Reichshofkanzlei in Wien tätig war. Simon Grynaeus, ein anderer Freund des Erasmus, brachte ihm einen Vitruv aus dem zehnten Jahrhundert und einen Plinius aus der von Johann von Dalberg, dem Bischof von Worms (gestorben 1502), gegründeten Bibliothek. In der Nachbarschaft konnte er die Sammlung griechischer Handschriften benützen, die Kardinal Johannes Stoikovič von Ragusa den Basler Dominikanern gestiftet hatte, die Quelle zweier Codices, die Erasmus für sein griechisches Neues Testament von 1516 herangezogen hatte.

Obgleich Beatus den Mönchen immer wieder ihre Unwissenheit und Abneigung gegen gelehrte Studien vorwarf, scheint er doch zu diesen Sammlungen leicht Zutritt bekommen zu haben, oft mit heimlicher Hilfe gleichgesinnter Humanisten. Sein in Schlettstadt erhaltener Briefwechsel hat manche Einzelheiten solcher Transaktionen überliefert. Otto Brunfels, später Autor eines volkstümlichen Kräuterbuches, doch zur Zeit seines Briefes (1520) noch Insasse der Straßburger Kartause, überlieferte ein außergewöhnliches Beispiel solcher Untergrund-Methoden: »Ich sende Dir die Briefe Kaiser

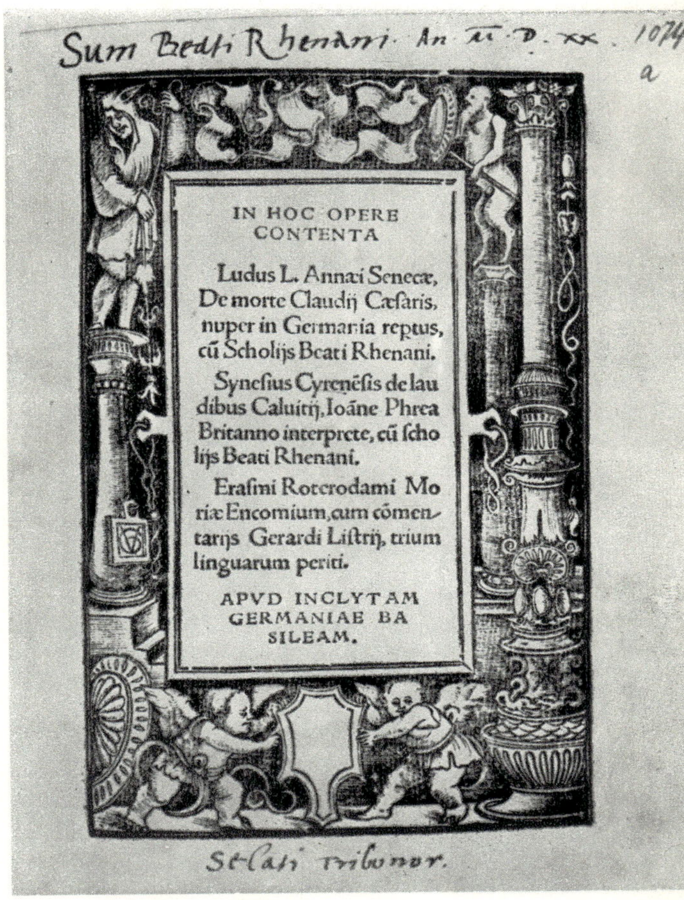
Sum Beati Rhenani. An. M. D. xx.

1074 a

IN HOC OPERE CONTENTA

Ludus L. Annæi Senecæ, De morte Claudij Cæsaris, nuper in Germania reptus, cũ Scholijs Beati Rhenani.

Synesius Cyrenẽsis de laudibus Caluitij, Ioãne Phrea Britanno interprete, cũ scholijs Beati Rhenani.

Erasmi Roterodami Moriæ Encomium, cum cõmentarijs Gerardi Listrij, trium linguarum periti.

APVD INCLYTAM GERMANIAE BASILEAM.

Selati Tribonor.

Senecas Satire auf Kaiser Claudius, herausgegeben von Beatus Rhenanus (Froben, Basel 1515), Titelumrahmung von Urs Graf. ›Selati Tribunorum‹ am unteren Papierrand ist die lateinische Bezeichnung für Schlettstadt.

OBEN *Der Bart als Mannesschmuck; Holzschnitt zu einem Gedicht von Johann Witz, einem Schlettstädter Freund von Beatus.* UNTEN *Erasmus' ›Antibarbarorum‹ (Froben, Basel 1520), Holzschnittrahmen von Hans Holbein.*

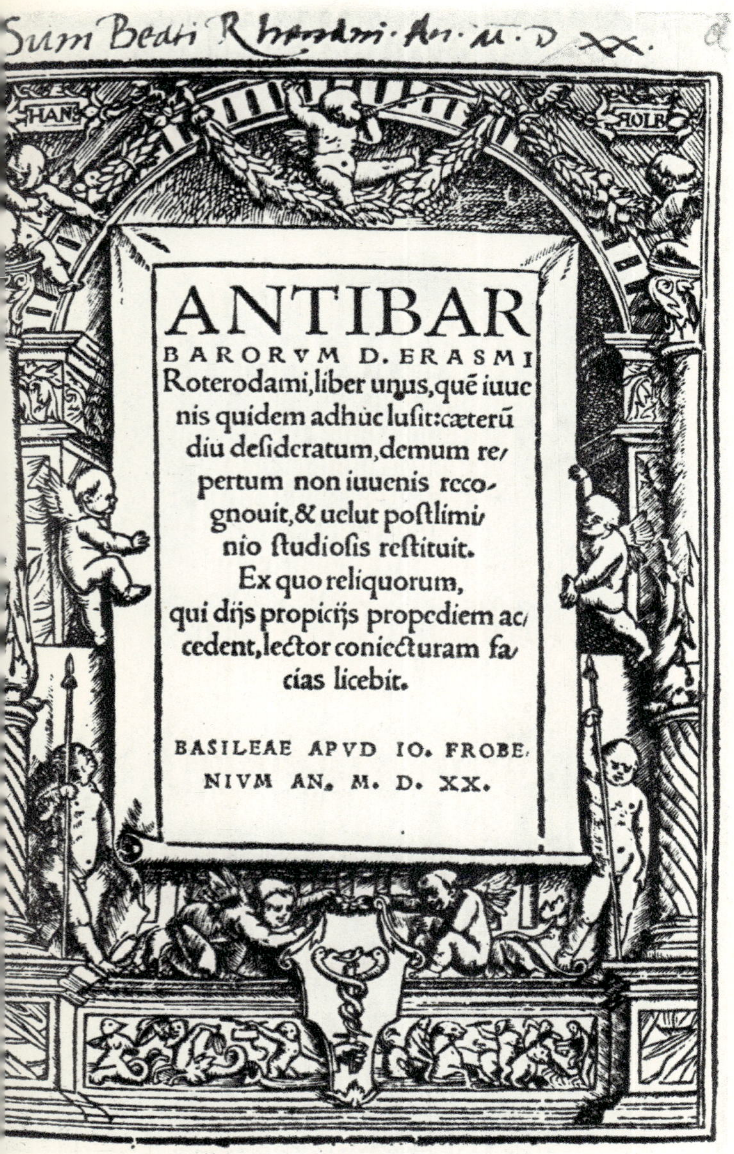

Sum Beati Rhenani · An · M · D XX.

ANTIBAR
BARORVM D. ERASMI
Roterodami, liber unus, quē iuuc
nis quidem adhuc lusit: cæterū
diu desideratum, demum re/
pertum non iuuenis reco-
gnouit, & uelut postlimi/
nio studiosis restituit.
Ex quo reliquorum,
qui diis propiciis propediem ac/
cedent, lector coniecturam fa/
cias licebit.

BASILEAE APVD IO. FROBE
NIVM AN. M. D. XX.

Friedrichs, ehedem Barbarossa genannt. Ich habe sie aus einer Handschrift in unserer Bibliothek herausgeschnitten. Täte das jemand offen, verfiele er dem Kirchenbann. Ich glaube, dieser Blitzstrahl ist nicht zu befürchten, da ich sie ja nicht fortgebe, sondern nur mitteile ... Wenn Du die Briefe durchgelesen hast, gib sie vorsichtig zurück, und ich werde sie wieder in den Band einfügen.« Der Domdekan von Worms schickte den Livius seiner Kirchenbibliothek ohne besondere Bedingungen, doch der Abt von Hirsau lieh den Tertullianus des Klosters nur für sechs Monate aus (die normale Zeit, die eine Abschrift erforderte) gegen ein Pfand und eine Haftungserklärung für den Fall, daß der Band beschmutzt oder sonst beschädigt würde. (Beatus gelang es später, zwei Handschriften des elften Jahrhunderts aus Hirsau für seine eigene Sammlung zu bekommen.)

Das einzige große Originalwerk des Beatus war eine Geschichte von Deutschland, die 1531 unter dem Titel ›Rerum Germanicarum libri tres‹ erschien. Es war die erste, die auf Forschungen in Archiven beruhte, wie dem des Priorats von St. Fides in Schlettstadt; 1530 hatte Beatus eigens eine Reise nach Augsburg gemacht, um dort Konrad Peutingers Karte des römischen Straßennetzes einzusehen, die berühmten Peutingerschen Tafeln. Diese Reise war noch in anderer Weise fruchtbar; Beatus Rhenanus entlieh von seinem Gastgeber eine Handschrift des Ammianus Marcellinus und entdeckte in Freising die Evangelienharmonie des Otfried von Weißenburg aus dem 9. Jahrhundert. Seine letzten Schriften waren eine kurze Biographie des Erasmus als Vorwort zu dessen posthumer Ausgabe des Origenes (1536) und eine erweiterte Fassung für die Ausgabe von Erasmus' Werken von 1540. Beatus Rhenanus starb 1547. Seine Bücher hatte er seiner Geburtsstadt vermacht.

Beatus gehörte zu der ersten Generation, für die die Druckerpresse schon etwas Selbstverständliches war, und seine Bibliothek unterscheidet sich dementsprechend von den früheren. Da ist kein Anzeichen mehr davon (wie fürstliche Sammler wie Federigo da Montefeltro, Herzog von Urbino, es empfunden haben mögen), daß die Handschrift dem Druckwerk überlegen wäre; im Gegenteil, die wenigen nachkarolingischen Handschriften, ein in Paris gekaufter Ovid aus dem dreizehnten Jahrhundert und ein griechisches Lexikon aus dem Vermächtnis Conos, waren ganz zufällig in die Bibliothek gekommen. Das augenfälligste Zeichen dieser Veränderung ist der Umfang der Sammlung: 671 Bände mit 1159 Werken, von einem ursprünglichen Bestand von ungefähr 1300 Bänden, also das Sechsfache von dem, was noch ein Jahrhundert früher als beachtlich viel erschienen wäre. Eine bezeichnende Neuerung ist der hohe Anteil zeitgenössischer Autoren, eine Spiegelung der literarischen Explosion durch den Buchdruck. Zu Beginn des 15. Jahrhunderts waren fünf Sechstel der Büchersammlung des Coluccio dei Salutati antike oder frühmittelalterliche Autoren. In Beatus' Bibliothek stehen die gleichen Texte in revidierten Ausgaben zeitgenössischer Gelehrter neben Reisebüchern, wie Damian à Goes' Beschreibung der Aethiopier (Löwen 1540), neben Topographien wie Tschudis Bericht über die Schweiz (Basel 1538), Streitschriften und politischen Nachrichtenblättern. Zwei Beispiele sollen diese Mischung von Stoff und Zeit illustrieren: ein typischer Sammelband, 1510 gebunden, enthält François Tissards Ausgaben des Hesiod und der pseudohomerischen ›Batrachomyomachia‹, die Beatus beide für seine griechischen Studien benutzte, zusammen mit einem Bericht über die Portugiesen in Indien (›Gesta proxime per Portugalenses in India‹, Nürnberg 1507) und einer Schrift gegen die Juden von Johann Pfefferkorn (Köln 1508). 1512, als die Neigungen des Beatus Rhenanus mehr als in seinen späteren Jahren dem Altertum galten, kaufte er eines seiner wenigen italienischen illustrierten Bücher (Ber-

gomensis, ›De claris mulieribus‹, 1497), ferner die Biographie Alexanders des Großen von Arrianos, ›De medicina‹ von Celsus, St. Johannes Chrysostomos, die Abhandlung des Pietro del Monte über die Macht des Papstes und über ein allgemeines Konzil, das Werk des französischen Humanisten Guillaume Budé über Justinians Pandekten, den Eusebios und andere Geschichtswerke, Gafforis Traktat über die Musik (Brescia 1502), die Hippokrates-Übersetzung des Arztes Dr. Wilhelm Cop von Basel, Varthemas Buch über den Seeweg nach Indien (Mailand 1511), den Ovid des Aldus Manutius und die erste illustrierte Ausgabe des Vitruv (Venedig 1511).

Wir können die Entwicklung seiner Interessen durch die ganze Sammlung hindurch verfolgen, wobei uns seine Gewohnheit hilft, Datum und Ort des Ankaufs festzuhalten, mit der seinen Lieblingswerken beigegebenen Formel: »nec muto dominum« – »Ich gehöre Beatus Rhenanus und möchte nicht den Herrn wechseln«. Venezianische Klassikerausgaben und ein Band der Werke des Grammatikers Antonio Mancinelli, die er als Fünfzehnjähriger kaufte, bezeugen schon für seine Jugend das Bemühen um gute lateinische Prosa. Mit seinen Anmerkungen versehene Exemplare von Marsiglio Ficino und

OBEN *Ein junger Stutzer, die Häuser sehen typisch elsässisch aus; Holzschnitt aus Jakob Wimpfeling ›Adolescentia‹ (Straßburg 1500).* UNTEN *Beatus Rhenanus' Ausgabe von Aeneas von Graza ›De immortalitate animae‹ (Froben, Basel 1516); Holzschnitt-Umrahmung von Hans Holbein, die Furchtlosigkeit von Mucius Scaevola darstellend.*

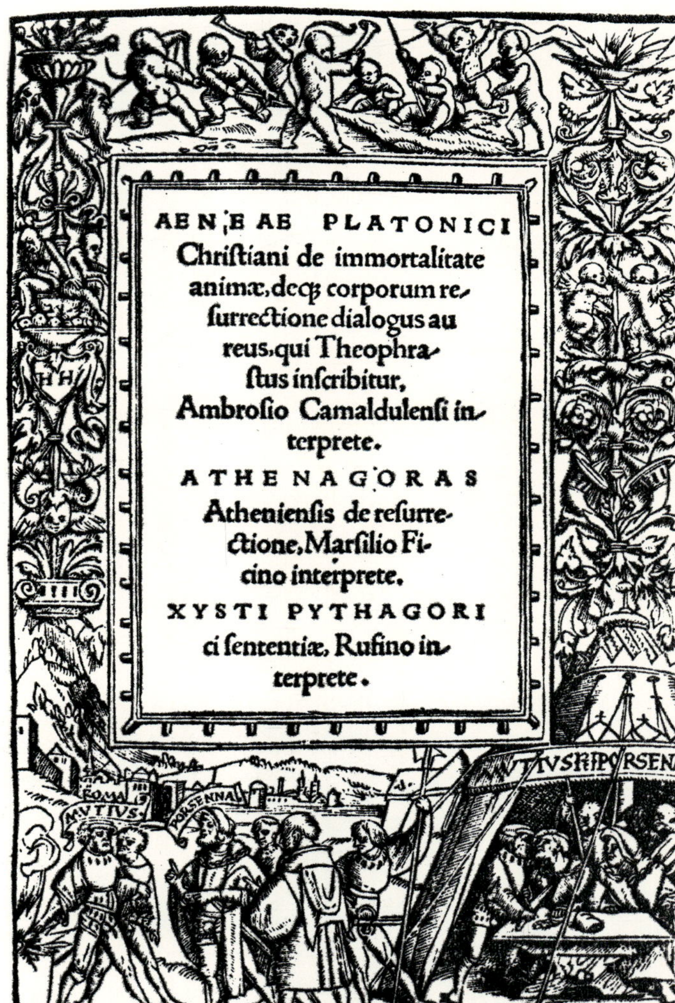

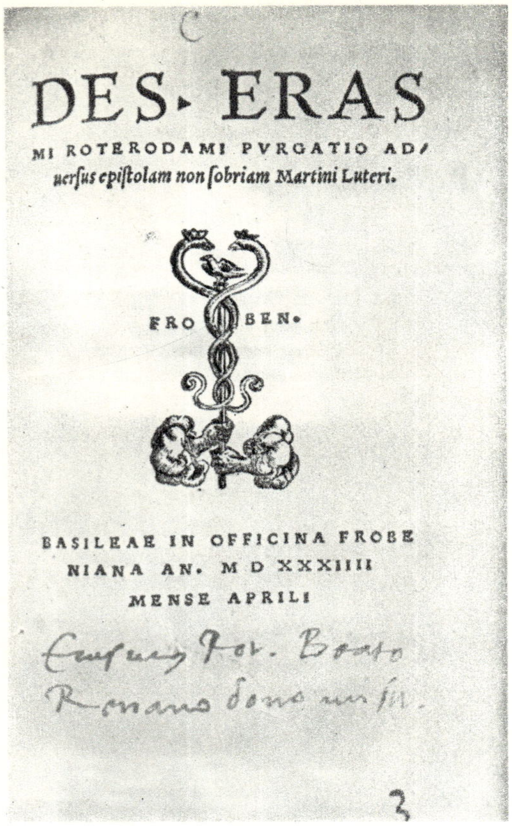

DES. ERAS
MI ROTERODAMI PVRGATIO AD-
uersus epistolam non sobriam Martini Luteri.

FRO BEN.

BASILEAE IN OFFICINA FROBE
NIANA AN. M D XXXIIII
MENSE APRILI

Erasmus Rot. Beato
Renano dono misit

HAEC ACCVRATA RECOGNITIO TRI-
VM VOLVMINVM OPERVM CLA-
RISS.P.NICOLAI CVSAE CARD.
EX OFFICINA ASCENSIA-
NA RECENTER EMISSA
EST.CVIVS VNI-
VERSALEM IN-
DICEM
PRO-
XIME SEQVENS PAGINA MONSTRAT.

Sum Beati Rhenani Selestensis,
Nec muto dominum. Basileae. M.D.XV

VAENVNDANTVR CVM CAETERIS
eius operibus in Aedibus Ascensianis.

Dono mihi misit Jacobus Faber Sta-
pulensis ex Lutetia Parisiorum

M. D. XV

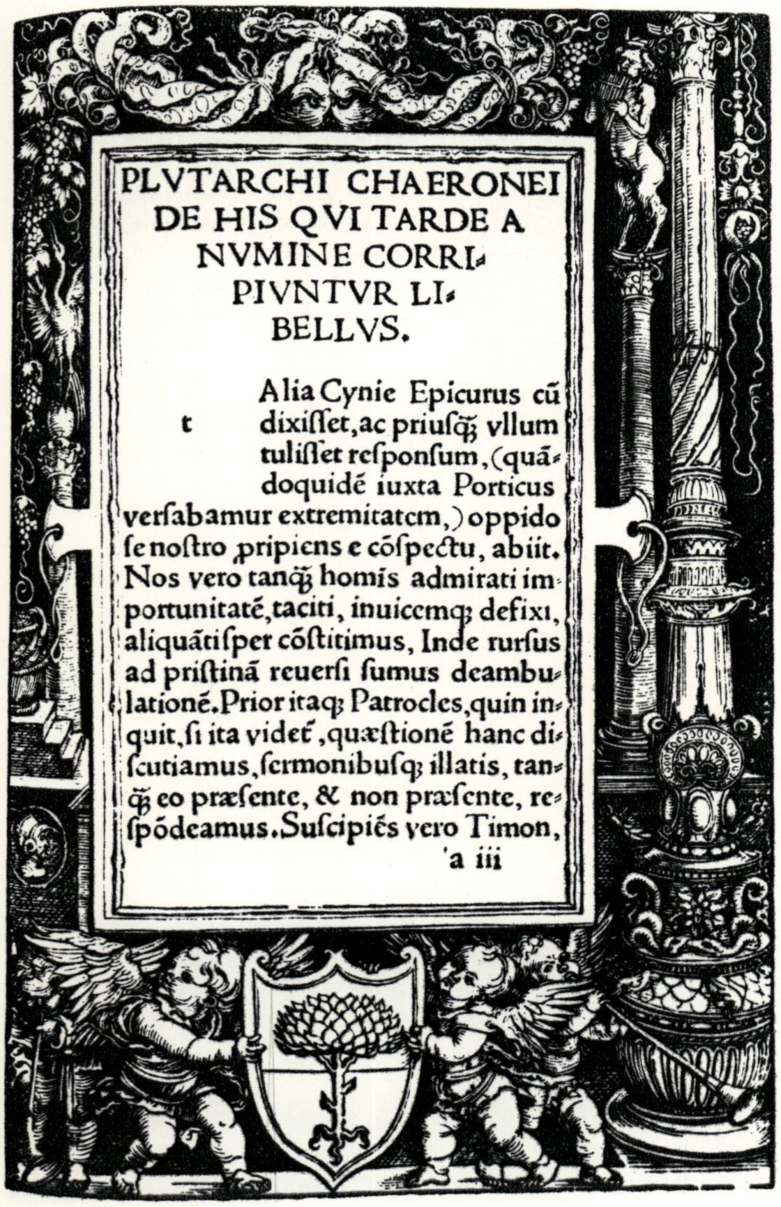

PLVTARCHI CHAERONEI
DE HIS QVI TARDE A
NVMINE CORRI-
PIVNTVR LI-
BELLVS.

t Alia Cynie Epicurus cũ
dixisset, ac priusq; vllum
tulisset responsum, (quã-
doquidẽ iuxta Porticus
versabamur extremitatem,) oppido
se nostro ꝑripiens e cõspectu, abiit.
Nos vero tanq; homĩs admirati im-
portunitatẽ, taciti, inuicemq; defixi,
aliquãtisper cõstitimus, Inde rursus
ad pristinã reuersi sumus deambu-
lationẽ. Prior itaq; Patrocles, quin in-
quit, si ita videt, quæstionẽ hanc di-
scutiamus, sermonibusq; illatis, tan-
q; eo præsente, & non præsente, re-
spõdeamus. Suscipiẽs vero Timon,
a iii

OBEN LINKS *Diese Erwiderung auf einen Brief Luthers (Froben, Basel 1534) trägt eine Widmung ihres Verfassers Erasmus von Rotterdam an Beatus.* OBEN RECHTS *Die gesammelten Werke des Kardinals Nikolaus von Kues, herausgegeben von Jacques Lefevre d'Étables (Jodocus Badius, Paris 1514); ein Geschenk des Herausgebers an Beatus, der ihm beim Sammeln des Materials für das Buch half, mit Besitzeintragung des Empfängers.* LINKS *Willibald Pirckheimers Plutarch-Ausgabe (Nürnberg 1513). Beatus erhielt das Buch von Pirckheimer selbst, dessen Wappen am unteren Rahmenrand zu sehen ist. Der Holzschnittrahmen wird Dürer oder Hans Springinklee zugeschrieben.*

Pico della Mirandola erinnern an die Einführung in die neoplatonische Philosophie durch Lefèvre, ein Interesse, das sich später in seinen Ausgaben des Aeneas von Gaza (1516) und des Maximos von Tyros (1519) äußerte, die letztere dem berühmtesten aller Bibliophilen, dem französischen Schatzmeister Jean Grolier gewidmet, dessen Dankschreiben sich noch in Schlettstadt befindet. Die Bibliothek zeugt von klarem und bewußtem Urteilsvermögen. Die einzige leichte Lektüre scheinen zeitgenössische lateinische Verse gewesen zu sein. Baptista Mantuanus' ›Georgius‹, ein Gedicht in der Art des Vergil auf den hl. Georg, Zambecharis ›Die Liebesabenteuer des Chryseas und Philochrysus‹ und ähnliche vergessene Werke treten an die Stelle der volkssprachigen Romane, die damals die meisten Laien vorgezogen hätten.

Dreiundfünfzig der Bücher waren Geschenke. Willibald Pirckheimer sandte seine Plutarch-Ausgabe (Nürnberg 1513), mit ihrer Dürer zugeschriebenen Holzschnittbordüre, Lefèvre die gesammelten Werke von Nikolaus von Kues (Paris 1514), die Beatus im folgenden Jahr in Basel erhielt. Conos Edition des Gregorios von Nyssa ist ein Widmungsexemplar für Beatus, der 1512 für Schürer den Druck in Straßburg vorbereitete. Da gibt es zahllose Anmerkungen, sei es nur, um Poggios ›Facetiae‹ als »für Jugendliche nicht geeignet« zu kennzeichnen oder um zu berichten, daß der Besitzer erst auf Julius Polydeuces Lexikon stieß, als er den »humanissimus vir«, den Gräcisten und Hebraisten Dr. Johann Reuchlin besuchte –, sie alle steigern das Interesse an der Sammlung und verlocken zu einer neuen Form ihrer literarischen Behandlung, einer Bio-Bibliographie. Weitere bedeutende Teile sind die langen Reihen von Erstausgaben des Erasmus, beginnend mit den ›Lucubratiunculae‹ die den Erstdruck des ›Enchiridion militis Christiani‹ (›Das Handbüchlein des christlichen Ritters‹) enthalten, der Antwerpener Erstausgabe von 1503 und im gleichen Jahr in Paris gekauft (eines der vier bisher bekannten vollständigen Exemplare); dann die Drucke der französischen, deutschen und schweizerischen Humanistenpressen (Froben ist hier besser vertreten als im Britischen Museum) mit ihren noblen Antiqua-Schriften und Titelrahmungen von Holbein und Urs Graf; schließlich die Reformationsflugschriften, die er bei Erscheinen kaufte. Sie entsprachen seinen eigenen Gedanken, er kannte Zwingli, Martin Butzer und Ulrich von Hutten und sympathisierte mit ihren Bestrebungen, freilich ohne ihnen bis zum Bruch mit der Kirche zu folgen. Die Erstausgabe von Luthers ›De libertate Christiana‹ (Von der Freiheit eines Christenmenschen, Wittenberg 1520) wurde von Luther dem Freund Pirckheimers, Bernhard Adelmann, Domherrn zu Tübingen, und von diesem Beatus handschriftlich gewidmet, der sie für den Nachdruck durchsah. Luthers Kreis war auf die Verbreitung dieser wichtigen Darlegung seiner Lehre bedacht; Beatus scheint der Mittelsmann gewesen zu sein, durch den die Flugschrift in die Druckerei Adam Petris in Basel kam, der sie 1521 zweimal, ohne Namen oder Ort des Druckers, neuauflegte.

Beatus ist von einem neueren Gelehrten beschuldigt worden, vorsätzlich Handschriften vernichtet zu haben, um dadurch den Wert seiner gedruckten Ausgaben zu erhöhen. Seine eigene Bibliothek macht diesen Vorwurf unglaubwürdig: Er war einer jener Sammler, die nichts wegwerfen konnten – Schreibhefte aus der Schule, Pariser Kollegnotizen, griechische Übungstexte, Gedichte des Janus Pannonius, abgeschrieben von einer Handschrift aus dem Besitz des Onkels von Jakob Sturm –, alles wurde aufbewahrt. In regelmäßigen Abständen ließ er seine Bücher mit Einbänden aus Holzdeckeln und geprägtem Kalbsleder versehen; die kleineren Werke wurden zu Sammelbänden vereinigt. Einige Bücher erhielten eine besondere Ausstattung. In Lefèvres Ausgabe von Aristoteles' ›Politik‹ und ›Ökonomie‹ (Paris 1506),

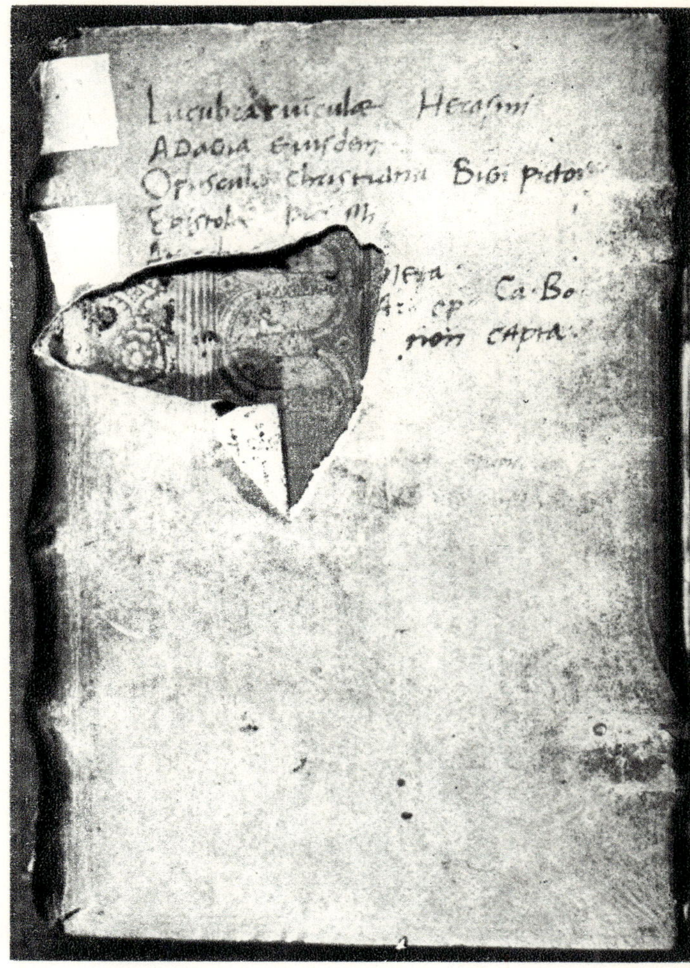

OBEN *Einer der ersten Schutzumschläge. Eine Pergamenturkunde dient als Schutz des Einbandes einer Sammlung von Flugschriften, die auch Erasmus' ›Lucubratiunculae‹ (Antwerpen 1503) enthält.* UNTEN *Luthers ›De Libertate Christiana‹ (Von der Freiheit eines Christenmenschen, Wittenberg 1520), das Luther Bernhard Adelmann widmete, und dieser Beatus.*

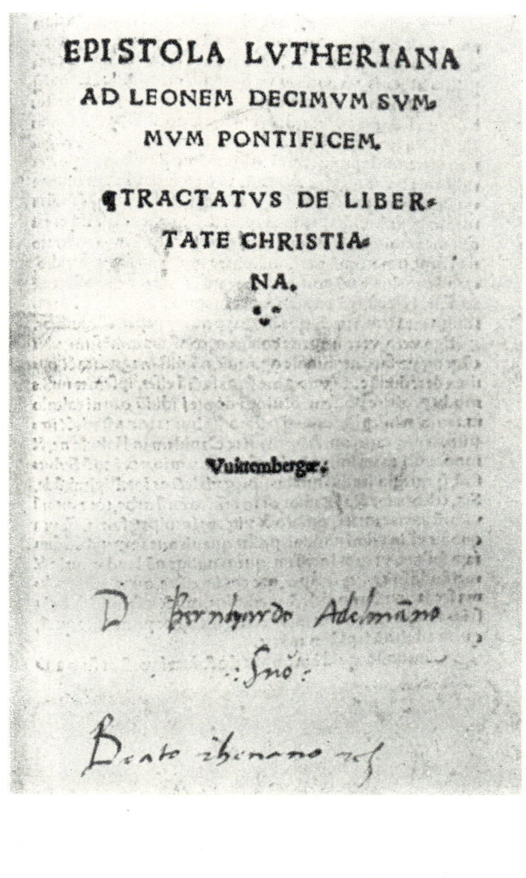

EPISTOLA LVTHERIANA
AD LEONEM DECIMVM SVM-
MVM PONTIFICEM.
¶TRACTATVS DE LIBER-
TATE CHRISTIA-
NA.
Vuittembergae.

LINKS *St. Georg in Schlettstadt.* RECHTS *Beatus' Wappen, das 1534 in ein Exemplar der Ambrosius-Ausgabe des Erasmus (Froben, Basel 1527) eingetragen wurde.*

an der er mitarbeitete, hat ein Pariser Illuminator Beatus' Wappen zwischen knienden Engeln an den Schluß der Einleitung gemalt. Ebenso erscheint sein Wappen, wahrscheinlich aus der Hand eines Schweizers, in Erasmus-Ausgaben des Hieronymus (1516), Ambrosius (1527) und Chrysostomos (1530) und als Einbandprägung auf seinem eigenen Tertullianus, auf Guillaume Budés Werk über römische Münzen ›De Asse‹ (Paris 1514) und auf einem Sammelband, der die Erasmus-Ausgaben des Origenes (1527) und von fünf Werken von Chrysostomos (1525–27) enthält. Die Auswahl zeigt einen Charakterzug des nördlichen Humanismus: die Wiederentdeckung der Kirchenväter und die Verdrängung der mittelalterlichen Gelehrten durch die Vorkämpfer der modernen Wissenschaft, Erasmus an der Spitze.

Eine Kettenbibliothek war um 1450 von der Stadtobrigkeit in der St. Georgskirche in Schlettstadt eingerichtet worden und hatte von verschiedenen Bürgern der Stadt Geschenke erhalten, darunter von Jakob Wimpfeling, dem ›Praeceptor Germaniae‹. Dieser Bibliothek vermachte Beatus seine Bücher, die aber nicht in der Kirche, sondern im Stadtarchiv untergebracht wurden. Natürlich erlitt auch sie Verluste. Die Königliche Bibliothek in Paris beschlagnahmte vierzig Inkunabeln. Der Tacitus aus dem Besitz des Matthias Corvinus wurde offenbar durch einen Artillerie-Offizier der napoleonischen Armee verschleppt und kam auf Umwegen in die Yale University. Trotz dieser Lücken ist die Sammlung erstaunlich vollständig geblieben, in einem bewundernswert ursprünglichen Zustand, wie wohl keine eines anderen Humanisten nördlich der Alpen.

OBEN *Ein Basler Einband von etwa 1530 mit dem Wappen von Beatus für die von Erasmus besorgten Ausgaben der Kirchenväter Origines und Chrysostomos.* RECHTS *Engel halten das Wappen des Beatus, Vignette eines Pariser Künstlers in Lefèvres Ausgabe der ›Politik‹ und ›Ökonomie‹ des Aristoteles, Paris 1506.*

BEATI 1534 RHENANI.
26

202

Bibliothèque Nationale PARIS

Als Kolumbus zum ersten Mal die Küste von Amerika erblickte, war die neue Wissenschaft der Renaissance auf die italienischen Bibliotheken beschränkt, außer einem Vorposten nördlich der Alpen, am Hofe des Königs Matthias Corvinus von Ungarn. Hundert Jahre später hatte das Bild sich völlig gewandelt. Nur die Vaticana hielt sich auf der Höhe. Budapest war an die Türken gefallen, zwei andere berühmte Sammlungen des Quattrocento waren verschwunden, und die übrigen wurden durch neue Gründungen diesseits der Alpen und in Spanien in den Schatten gestellt. Frankreich war der Haupterbe der italienischen humanistischen Tradition und, nach dem Faustrecht des Eroberers, der größte ausländische Eigentümer ihrer Handschriften.

Die Vorliebe für Literatur war im französischen Königshaus seit der Regierung Ludwigs des Heiligen (1226–70) Tradition geworden. König Karl v. stellte 1373 in einem der Türme des Louvre in drei Stockwerken eine Bibliothek zusammen, die sich auf neunhundertsiebzehn Bände belief. Einer der Räume war mit irischem Sumpfholz getäfelt, Fenstergitter aus Messing dienten als Schutz gegen »Vögel und anderes Getier«, die Einrichtung bestand aus drehbaren Lesepulten, Vorläufern der ›Leseräder‹ des sechzehnten Jahrhunderts. Indessen wurde 1424 die Bibliothek von Johann, Herzog von Bedford und Bruder Heinrichs v., erworben und nach seinem Tode in England aufgelöst.

Neuer Grund zu einer königlichen Sammlung wurde 1495 mit dem Feldzug Karls VIII. gegen Neapel gelegt. Unter den erbeuteten Schätzen des aragonesischen Königshauses an Tapisserien, Gemälden, Marmor und Porphyr, die nach Annas von Bretagne Schloß in Amboise »für die Ausschmückung und Benutzung besagten Schlosses« gebracht wurden, befand sich eine Bibliothek von über tausend Bänden, gedruckten Büchern und Handschriften. Sie enthielt sogar einige griechische Bücher, die Ferrante I. von Neapel bei seinem in Ungnade gefallenen Günstling Antonello Petrucci beschlagnahmt hatte. Karl VIII., obgleich in Griechisch und Latein unbewandert, hatte humanistische Neigungen und beschäftigte Paulus Aemilius, einen lombardischen Gelehrten, und Joannes Lascaris, der sich nach der Vertreibung der Medici aus Florenz dem aufgehenden Stern Frankreichs anschloß.

Leopold Delisle vermutete, daß der Plan einer königlichen Bibliothek als einer nationalen Einrichtung unter der Regierung von Karls Vetter und Nachfolger, Ludwig XII., (1499–1515) entstand. Ludwig war in der Tat ein großer Sammler. Er hatte in Schloß Blois über zweihundert Handschriften von seinem Vater, dem Dichter Charles d'Orléans, geerbt. Diesen fügte er die aragonesischen Bücher aus Amboise und einen großen Teil der Bibliothek des besiegten Herzogs von Mailand aus dessen Schloß in Pavia hinzu, ferner

OBEN *Christus in der Vorhölle; Miniatur und Initiale einer Seite der ›Grandes Heures‹ des Herzogs von Berry, 1409. Antonio de Beatis sah diese Handschrift 1517 in der königlichen Bibliothek zu Blois.* GEGENÜBER *Natürlicher und gewaltsamer Tod, Vernunft und Glück thronend; aus einer französischen Handschrift von Petrarca, ›Des remèdes de l'une et de l'autre fortune‹, Rouen 1503; Widmungsexemplar des Übersetzers für Ludwig* XII.

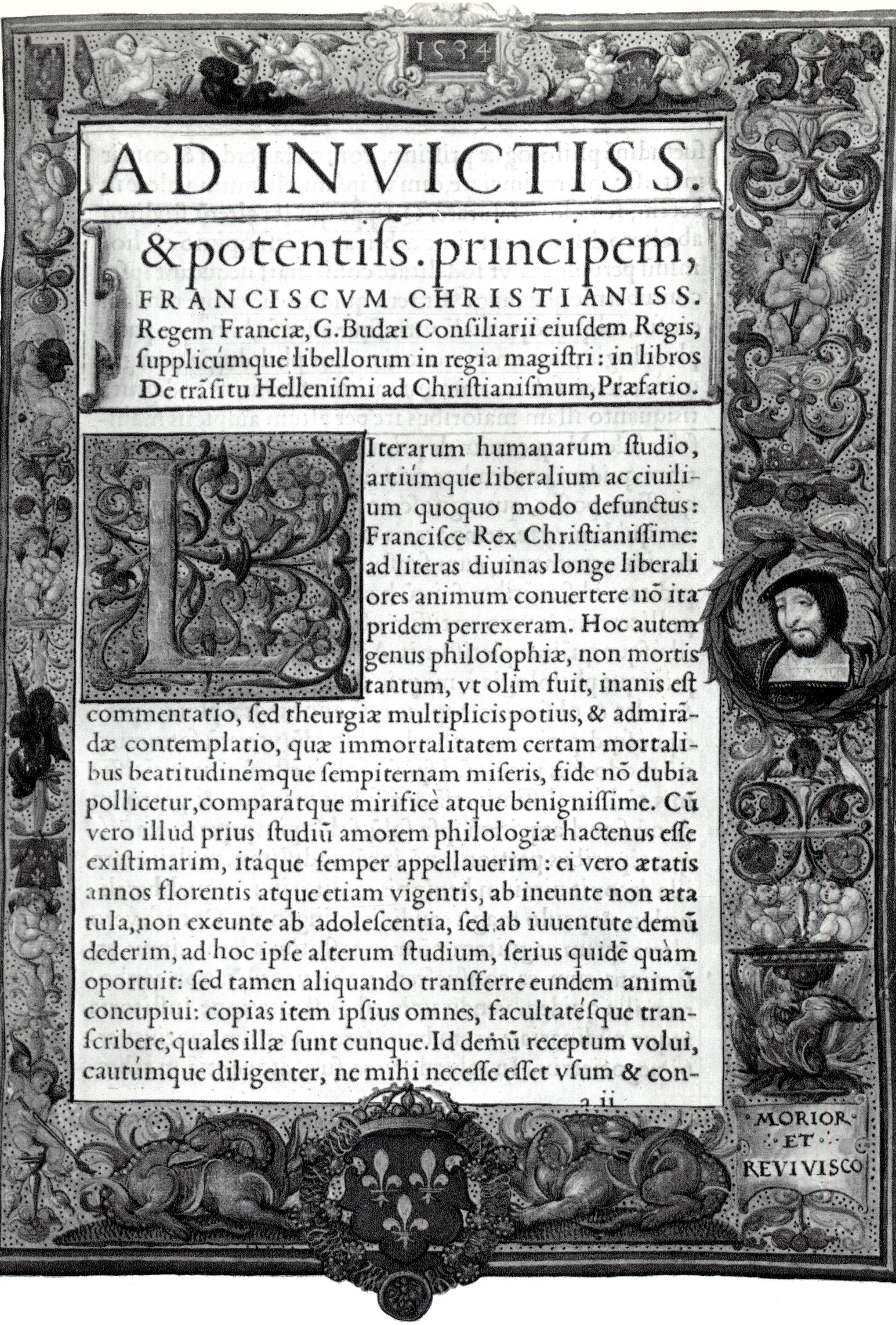

1534

AD INVICTISS.

&potentiſs. principem,

FRANCISCVM CHRISTIANISS.
Regem Franciæ, G. Budæi Conſiliarii eiuſdem Regis, ſupplicúmque libellorum in regia magiſtri : in libros De trãſitu Helleniſmi ad Chriſtianiſmum, Præfatio.

Literarum humanarum ſtudio, artiúmque liberalium ac ciuilium quoquo modo defunctus: Franciſce Rex Chriſtianiſſime: ad literas diuinas longe liberaliores animum conuertere nõ ita pridem perrexeram. Hoc autem genus philoſophiæ, non mortis tantum, vt olim fuit, inanis eſt commentatio, ſed theurgiæ multiplicis potius, & admirãdæ contemplatio, quæ immortalitatem certam mortalibus beatitudinémque ſempiternam miſeris, fide nõ dubia pollicetur, comparátque mirificè atque benigniſſime. Cũ vero illud prius ſtudiũ amorem philologiæ hactenus eſſe exiſtimarim, itáque ſemper appellauerim : ei vero ætatis annos florentis atque etiam vigentis, ab ineunte non ætatula, non exeunte ab adoleſcentia, ſed ab iuuentute demũ dederim, ad hoc ipſe alterum ſtudium, ſerius quidẽ quàm oportuit: ſed tamen aliquando transferre eundem animũ concupiui: copias item ipſius omnes, facultatéſque tranſcribere, quales illæ ſunt cunque. Id demũ receptum volui, cautúmque diligenter, ne mihi neceſſe eſſet vſum & con-

a.ii

MORIOR ET REVIVISCO

Handschriften aus dem Besitz von Ferrante von Neapels Witwe und von einem flämischen Edelmann, Louis de Bruges, der einige von König Karls v. Büchern aus England zurückgekauft hatte. Alles zusammen bildete eine eindrucksvolle, jedoch unsystematische Sammlung von Literatur und Buchmalerei des Mittelalters und der Renaissance. Der früheste dokumentarische Beweis der Bücheruasleihe taucht aber erst unter der nächsten Regierung auf, und als Gründungsjahr einer von Generation zu Generation erweiterten nationalen französischen Büchersammlung kann am ehesten 1544 gelten, das Jahr der Einrichtung der Bibliothek von Fontainebleau. Ein 1518 in Blois von Wilhelm Parvy, dem dominikanischen Beichtvater und Bibliotheksverwalter des Königs, aufgenommenes Inventar verzeichnete 1626 Titel, davon einundvierzig griechische, vier hebräische und zwei arabische. Ein neapolitanischer Besucher, Antonio de Beatis, der Sekretär des Kardinals Luigi von Aragon, hat im Jahr vorher eine Beschreibung der Bibliothek hinterlassen:

»In dem erwähnten Schloß oder Palast sahen wir eine Bibliothek von ansehnlicher Größe, von oben bis unten mit Pulten wie mit Regalen rundherum vom Boden bis zur Decke ausgestattet, alle mit Büchern gefüllt. Daneben sind andere in Kästen in einem kleinen Hinterraum untergebracht. Besagte Bücher sind alle mit der Hand in schönster Schrift geschrieben, in verschiedenfarbige Seide gebunden und mit zierlichen Beschlägen und versilberten Schließen versehen...«

Mit anderen Worten, die Bücher waren zum Teil in zwei Reihen freistehender Pulte nach italienischem Muster (kenntlich gemacht mit noch vorhandenen Bezeichnungen wie »an der Hofseite« und »an der Wallgrabenseite«) untergebracht, zum Teil auf schrägen an den Wänden angebrachten Regalen (tabulae), auf denen sie anscheinend mit dem hinteren Buchdeckel, »der die Titelschilder trug«, nach oben lagen. Die beiden Kästen waren besonders wertvollen Büchern vorbehalten, von denen einige den neapolitanischen Besuchern gezeigt wurden: Petrarcas ›Trionfi‹ und ›De remediis utriusque fortunae‹, ein großes Stundenbuch, eine Passionsgeschichte »mit griechischer Malerei«, und Ovids ›Metamorphosen‹ in französisch und lateinisch. Die Auswahl ist bezeichnend. Die Passionsminiaturen »di pictura greca« haben sich nicht identifizieren lassen, doch alle anderen sind mittelalterliche Werke, die offensichtlich in höherem Ansehen standen als die humanistischen Handschriften, welche die Bibliothek in Fülle besaß: die ›Grandes Heures‹ des Herzogs von Berry, mit inzwischen entfernten großen Miniaturen von Jacquemart de Hesdin, und zwei französische Petrarca-Übersetzungen, Geschenke an Ludwig XII., von Künstlern der Loire-Schule dürftig illuminiert.

Inzwischen hatte eine neue, humanistischen Bemühungen freundlicher gesinnte Regierung begonnen. Franz I., obwohl der alten Sprachen nicht mächtig, war von der römischen Geschichte und den Heldentaten der Antike erfüllt, wie den Titeln der Bücher zu entnehmen ist, die er in seiner Nähe hielt: französische Übersetzungen von Justinus, Thukydides, Appianus und Diodorus Siculus, neben der ›Destruction de Troie la grant‹, dem ›Roman de la Rose‹ und ein paar anderen Romanen aus dem Mittelalter. Die dem König 1519 unterbreitete Denkschrift des Humanisten Guillaume Budé mit dem Hinweis, daß der Ruhm eines Fürsten von seiner Förderung der Literatur abhinge, wurde gnädig aufgenommen und der Autor dafür mit einer offiziellen Berufung und dem neugeschaffenen Titel eines ›Maître de la Librairie‹ belohnt. Es ist wenig Anlaß zu bezweifeln, daß Budé den neuen Posten anders als eine einträgliche Pfründe ansah, und spätere Bibliothekare – Jasques Lefèvre d'Étaples (der Lehrer des Beatus Rhenanus), Jean de la Barre und der Dichter Mellin de Saint-Gelais – taten es ihm in der Verwaltung der Sammlung gleich.

OBEN *Dame und Spielmann, aus ›Livre des eschecs amoureux‹ (frühes 16. Jh.), für Franz* I. *vor seiner Thronbesteigung geschrieben.* GEGENÜBER *Guillaume Budé ›De transitu Hellenismi ad Christianismum‹ (Robert Estienne, Paris 1535); Widmungsexemplar für Franz* I., *Pergamentdruck mit des Königs Wappen, Devise und Bildnis.*

VORAUSGEHENDE SEITEN *Zwei Pariser Maroquin-Einbände mit Mosaik-Dekor für die Königliche Bibliothek, um 1550; der linke trägt das Wappen Heinrichs* II. *und enthält das 1550 von Robert Estienne gedruckte griechische Neue Testament; der rechte bezieht sich mit dem Portraitmedaillon der Diana, dem verschlungenen Doppel-D und mit Pfeil und Bogen auf den Inhalt (drei griechische Jagdbücher) und auf des Königs Maitresse, Diane de Poitiers.*

Immerhin war Budé bestrebt, unabhängig von der äußerst konserativen Sorbonne das Studium des Griechischen zu fördern, und er gewann den König für den Plan eines königlichen Collegiums, den Vorläufer des heutigen Collège de France. 1530 wurden Lehrer für Griechisch, Mathematik und Hebräisch und 1533 für Latein berufen, und man begann, griechische Handschriften für ihre Studien zu sammeln. Der Lehrer des Dauphin, Girolamo Fondulo aus Cremona, kaufte auf einer eigens unternommenen Italienreise fünfzig Handschriften; zwanzig wurden aus dem Nachlaß von Jean de Pins, des Bischofs von Rieux, erworben; andere Käufe erfolgten durch die französischen Gesandten in Venedig und Rom. Der größte Zuwachs ist Guillaume Pélicier, dem Bischof von Montpellier und von 1539–42 Gesandten in Venedig, zu verdanken, darunter achtunddreißig Handschriften von Antonios Eparchos, einem Flüchtling von Korfu, und die griechische und lateinische Bibliothek von Giovanni Francesco d'Asola, des Schwagers des Druckers und Verlegers Aldus Manutius.

Noch 1540 teilte Pélicier dem französischen Gesandten in Konstantinopel mit, daß die Bücher für das Collège des Königs in Paris bestimmt seien, doch scheint zur selben Zeit ein Alternativ-Vorschlag vorgelegen zu haben, sie der Königlichen Bibliothek zu übergeben, um auf diese Weise einen Sammelpunkt nationaler Gelehrsamkeit zu schaffen. Dieses neuerliche Interesse für die Bibliothek ist vielleicht auf Pierre Du Châtel zurückzuführen, der 1537 zum ›Lecteur du Roy‹ ernannt wurde mit der Aufgabe, dem König griechische und römische Autoren vorzulesen, und der Budé nach seinem Tod als ›Maître de la Librairie‹ folgte. Erstes Ergebnis war das berühmte königliche Edikt vom 28. Dezember 1537, bekannt als ›Ordonnance de Montpellier‹, das erste Gesetz dieser Art in irgendeinem Land. Drucker und Buchhändler wurden verpflichtet, ein Exemplar jedes neuen Buches an den Leiter der Bibliothek in Blois abzuliefern. Zum Verkauf eingeführte ausländische Bücher mußten zur Prüfung und zum Ankauf bei Eignung vorgelegt werden. Auf diese Weise, so erklärte das Edikt, würden zeitgenössische Werke als literarisches Ruhmesmal des Königs in Blois gesammelt; des Königs Nachfolger würden Geschmack am Lernen finden und einer Förderung der Literatur geneigter sein; schließlich würde die Nachwelt Texte in ursprünglicher Reinheit vorfinden, die sonst verderbt oder gar verlorengehen könnten.

Der nächste Hinweis auf Franz I. Absichten stammt von Robert Estienne, dem 1539 das königliche Patent als Drucker und Buchhändler für Hebräisch und Latein und drei Jahre darauf als Drucker für Griechisch verliehen worden war. In seiner Ausgabe von Ciceros ›Tusculanae disputationes‹ (1542) berichtete er, daß der König »mit großen Kosten habe eingerichtet und täglich weiter einrichte eine stattliche Bibliothek mit Büchern jeder Art, hebräisch, griechisch und lateinisch ... Ohne sich gegen irgendwen zu beklagen, ist er darauf bedacht, daß die Schriften der Griechen und Römer, die er unter großen und wahrhaft fürstlichen Kosten aus Italien und Griechenland beschafft habe, allen Menschen zum Nutzen gereichen«. Die so beschriebene

GEGENÜBER *›Der Gottesstaat des hl. Augustinus (Johann und Wendelin von Speyer, Venedig 1470), Pergament-Exemplar mit Randverzierungen eines venezianischen Künstlers. Durch den französischen Gesandten in Venedig, Guillaume Pélicier, aus der Sammlung Giovanni Francesco d'Asolas, des Schwagers von Aldus Manutius, für Franz I. erworben.*

DIVI·AVRELII ·AVGVSTINI·SANCTE·ECLE· DOCTOꝛIS·DE·CIVITATE·DEI·LIBER·PRIMVS·

INTEREA CVM ROMA GOTTHORVM IRRVPtione agentium ſub rege Alarico atq; impetu magnę cladis euerſa eſt: eius euerſionem deorum falſorum mutorũq; cultores quos uſitato nomine paganos uocamus: in chriſtianã religionẽ referre conantes: ſolito acerbius & amarius deũ uerꝛ blaſphemare cęperũt. Vnde ego exardeſcens zelo domus dei: aduerſus eorũ blaſphemias uel errores: libros de ciuitate dei ſcribere ĩſtitui. Quod opus per aliquot annos me tenuit. eo ꝙ alia multa intercurrebãt quę differri nõ oporter&: & me prius ad ſoluendum occupabãt. Hoc autẽ de ciuitate dei grande opus tandem. xxii. libris eſt termĩatũ quorũ quinque primi eos refellunt qui res humanas ita proſpari uolunt: ut ad hoc mutorum deorum cultum quos pagani colere conſueuerũt: neceſſariũ eſſe arbitrẽt̃. et quia prohibẽtur: mala iſta exoriri atq; abundare contendunt. Sequẽtes autem quiq; aduerſus eos loquuntur: qui fatẽtur hęc mala nec defuiſſe ũq̃ nec defutura mortalibus & ea nunc magna nunc parua: locis: tẽporibus: perſoniſq; uariari. Sed deorũ mutorum cultum quo eis ſacrificatur: propter uitam poſt mortem futuram eſſe utilem diſputant. His ergo. x. libris duę iſtę uanę opiniones chriſtianę religioni aduerſarię refelluntur. Sed ne quiſq̃ nos aliena tantum redarguiſſe non autem noſtra aſſeruiſſe reprehender&: id agit pars altera operis huius: quę. xii. libris continetur. Quanq̃ ubi opus eſt: & in prioribus. x. quę noſtra ſunt aſſeramus: & in. xii. poſterioribus redarguamus aduerſa. Duodecĩ ergo librorum ſequentium primi quatuor continent exortum duarum ciuitatum quarum eſt una dei altera huius mundi. Secundi quatuor excurſum earum ſeu procurſum. Tertii uero qui & poſtremi: debitos fines. Ita omnes. xxii. libri cum ſint de utraque ciuitate conſcripti: titulum tamen a meliore acceperunt ut de ciuitate dei potius uocarentur. In quorum decimo libro non debuit pro miraculo poni: in Abrae ſacrificio flammam cęlitus factam inter diuiſas uictimas cucurriſſe: quoniam hoc illi in uiſione monſtratum eſt. In xii. libro quod dictum eſt de Samuele non erat de filiis Aaron: dicendum potius fuit: non erat filius ſacerdotis. Filios quippe ſacerdotum defunctis ſacerdotibus ſuccedere magis legitimi moris fuit. Nam in filiis Aaró repit̃ pater Samuelis: ſed ſacerdos non fuit: nec ita ĩ filiis ut eũ ipſe genuerit Aaró: ſed ſicut omnes illius populi dicuntur filii iſrael.

DE ADVERSARIIS NOMINIS CHRISTI QVIBVS IN VASTATIONE VRBIS PROPTER CHRISTVM BARBARI PEPERCERVNT VICTIS CAP I

GLORIOSISSIMAM CIVITATEM DEI ſiue in hoc temporꝛ curſu cũ inter impios peregrinatur ex fide uiuenſ: ſiue ĩ illa ſtabilitate ſedis ęternę quã nunc expectat per patientiam: quoaduſq; iuſtitia conuertat̃ in iudiciũ: deinceps adeptura per excellẽtiam uictoria ultima et pace perfecta: hoc opere ad te inſtituto et mea promiſſione debito: defendere aduerſus eos q conditori eius deos ſuos pręferũt fili cariſſime Marcelline ſuſcepi magnum opus et arduum: ſed deus adiutor noſter. Nam ſcio quibus uiribuſ opus ſit: ut perſuadeatur ſuperbis q̃ta ſit uirtus humilitatis. qua fit ut oĩa terrena cacũina temporali mobilitate nutantia: non humano uſurpata faſtu: ſed diuina gratia donata celſitudo tranſcendat. Rex enim & conditor

c.

OBEN ›*Daniel in der Löwengrube*‹, *Jean Cousin zugeschrieben; Miniatur im Gebetbuch Heinrichs* II., *etwa 1550.* GEGENÜBER *Die ›Weltgeschichte‹ des Polybios (die ersten sechs Bücher) in einer Abschrift von Angelos Vergecios für Franz* I. *oder Heinrich* II., *1547. Die Kopfleiste zeigt das königliche Wappen.*

Bibliothek entstand 1544, als die Bücher von Blois, wo sie, bis dahin auf 1894 Titel angewachsen, zusammen mit einem Globus und dem Kopf eines Krokodils in einem Lederkasten, in eine Galerie des Schlosses von Fontainebleau gebracht wurden. Dort wurden sie mit 268 griechischen Handschriften (die in wenigen Jahren auf 540 anwachsen sollten) und der bourbonischen Familienbibliothek, die nach dem Abfall des Konnetabel von Bourbon konfisziert worden war, vereinigt. Die Bibliothek war in Fontainebleau nicht leicht zugänglich, doch aus Estiennes Bericht geht hervor, daß ein wesentliches Vorhaben der Druck noch unveröffentlichter Texte zum allgemeinen Nutzen war. Drei Größen griechischer Buchdrucklettern, die ›Grecs du Roi‹, wurden von Claude Garamond nach Vorbildern des griechischen Hofkalligraphen Angelos Vergetios geschnitten und aus der königlichen Kasse bezahlt. Eusebios' Kirchengeschichte Ecclesiasticae historiae libri X, 1544, war das erste Werk, das erschien, das griechische Neue Testament von 1550, dessen Edition sich auf neun königliche Handschriften stützte, das einflußreichste. Es heißt, Franz I. habe selbst die ›Römische Altertumskunde‹ des Dionysos von Halikarnassos zur Veröffentlichung (1546–47) bestimmt und 1546 die kleinste der drei griechischen Drucktypen für ein Neues Testament in Taschenformat gewählt. Das von Franz I. in Angriff genommene Programm, die griechischen Bücher und unansehnliche Bände von Blois neu einzubinden, setzte sein Nachfolger Heinrich II. großartig fort. Über neunhundert Einbände aus seiner Regierungszeit (1547–49) sind erhalten. Einfallsreiche Buchbinder, die Verwendung von Maroquin aus der Levante und Anregungen durch islamische Vorbilder brachten die Einbandkunst jener Epoche zu hoher Blüte. Die Fontainebleau-Bände müssen in ihrer damals einzig dastehenden Pracht einen unvergeßlichen Eindruck gemacht haben, als sie in einem eigenen Raum auf Pulten oder schrägen Regalen zur Schau gestellt wurden. Vielleicht in Nachahmung der französischen königlichen Sammlung ließ Großherzog Franz I. von Toskana die Laurenziana-Handschriften 1585 einheitlich in rotes Maroquin binden.

1567 empfahl der Graecist Pierre Ramus der Königinwitwe Katharina von Medici, die Bücher nach Paris bringen zu lassen, wo sie den Gelehrten und der Universität besser zur Verfügung stünden. Er berief sich auf das Beispiel Cosimos und Lorenzos de'Medici, »die ihre Bibliothek nicht in ihren herrlichen Villen in der toskanischen Landschaft einrichteten, sondern im Zentrum des öffentlichen Lebens ihres Vaterlandes«. Diese Argumente überzeugten, und ein paar Jahre später wurde die inzwischen auf 3650 Titel angewachsene Bibliothek in zwei Stockwerken eines Gebäudes in Paris untergebracht, wo sie vermutlich zum ersten Mal in Regalen moderner Art aufgestellt worden ist. Das war eine wichtige Entscheidung. In Fontainebleau wäre die Bibliothek womöglich verkümmert, als spätere Könige andere Residenzen bevorzugten. In der Hauptstadt konnte sie den nationalen Bedürfnissen entsprechend wachsen und sich freier entfalten.

Unter Heinrich IV. (1589–1610) wurden die Bücher im Collège de Clermont aufgestellt, das die Jesuiten verlassen hatten, dann vom königlichen Bibliothekar Jacques-Auguste de Thou ins Kloster der Cordeliers gebracht. Später siedelten sie dann in ein Zweighaus des Klosters in der Rue de la Harpe über. Der erste Katalog von 1622 verzeichnet fast sechstausend Titel, die durch das Vermächtnis der Bibliothek von Jacques Dupuy 1656 um das Anderthalbfache anwuchsen; darunter war ein Kodex von Livius' ›Dritter Dekade‹ aus dem fünften Jahrhundert, »eine der ältesten erhaltenen klassischen Handschriften« (E. A. Low). Colberts Lenkung der Geschicke der Bibliothek von 1661 bis 1683 über seinen zum Direktor berufenen Bruder war

ΠΟΛΥΒΙΟΥ ΜΕΓΑΛΟΠΟΛΙΤΟΥ ΙΣΤΟΡΙΩΝ ΠΡΩΤΗ

Εἰ μὲν τοῖς πρὸ ἡμῶν ἀναγράφουσι τὰς πράξεις παραλελεῖφθαι συνέβαινε τὸν ὑπὲρ αὐτῆς τῆς ἱστορίας ἔπαινον, ἴσως ἂν ἀναγκαῖον ἦν τὸ προτρέπεσθαι πάντας πρὸς τὴν αἵρεσιν καὶ παραδοχὴν τῶν τοιούτων ὑπομνημάτων, διὰ τὸ μηδεμίαν ἑτοιμοτέραν εἶναι τοῖς ἀνθρώποις διόρθωσιν τῆς τῶν προγεγενημένων πράξεων ἐπιστήμης· ἐπεὶ δ' οὐ τινὲς οὐδ' ἐπὶ ποσόν, ἀλλ' ἅπαντες ὡς ἔπος εἰπεῖν, ἀρχῇ καὶ τέλει κέχρηνται τούτῳ, φάσκοντες ἀληθινωτάτην μὲν εἶναι παιδείαν καὶ γυμνασίαν πρὸς τὰς πολιτικὰς πράξεις, τὴν ἐκ τῆς ἱστορίας μάθησιν. ἐναργεστάτην δὲ καὶ μόνην διδάσκαλον, τοῦ δύνασθαι τὰς τῆς τύχης μεταβολὰς γενναίως ὑποφέρειν τὴν τῶν ἀλλοτρίων περιπετειῶν ὑπόμνησιν, δῆλον ὡς οὐδενὶ μὲν ἂν δόξαι καθήκειν περὶ τῶν καλῶς καὶ πολλοῖς εἰρημένων ταυτολογεῖν. ἥκιστα δ' ἡμῖν· αὐτὸ γὰρ τὸ παράδοξον τῶν πράξεων, ὑπὲρ ὧν προῃρήμεθα γράφειν, ἱκανόν ἐστι προκαλέσασθαι καὶ παρορμῆσαι πάντα καὶ νέον καὶ πρεσβύτερον, πρὸς τὴν ἔντευξιν

α'

eine Periode lebhafter Aktivität; es wurden Sammlungen angekauft, die Gesandten beauftragt, laufend ausländische Bücher zu schicken, Gelehrte nach dem Orient entsandt, um nach Manuskripten zu forschen. Die Medaillen Gastons von Orléans bildeten den Kern des jetzigen Münzkabinetts, die Kupferstichsammlung des Abbé de Marolles den des Cabinet des Estampes. Zu seiner eigenen Bequemlichkeit richtete Colbert die Bibliothek am Ende seines Gartens in der Rue Vivienne ein. 1724 zog sie zum letzten Mal um – über die Straße in das Haus des Herzogs von Nevers.

Während dieser ganzen Zeit war die Bibliothek dem Publikum verschlossen, und selbst ein Gelehrter vom Rang eines Isaak Vossius fand nur auf Empfehlung des Hofes Zutritt. Es war deshalb ein großes Ereignis, das mit einem »herrlichen Mahl« gefeiert wurde, als der Abbé de Louvois (ein frühreifer Gelehrter, dessen Vater ihm das Amt eines Königlichen Bibliothekars als Geschenk zum neunten Geburtstag gekauft hatte) 1692 die Sammlung zweimal in der Woche zugänglich machte. Diese Einrichtung bestand noch nach sechs Jahren, als Dr. Lister die Bände, die inzwischen zweiundzwanzig Räume in zwei Stockwerken einnahmen, in durch Gitter geschützten Bücherschränken vorfand; sie wurde aber wieder aufgehoben. Die Bibliothek war bis 1735 nicht ständig geöffnet, sondern nur an zwei Tagen in der Woche.

Die Französische Revolution führte mit ihrer bedrückenden politischen Kontrolle auch hier zu harten Maßnahmen. Lefèvre d'Ormesson, der letzte Königliche Bibliothekar, und seine beiden von den Girondisten ernannten Nachfolger Carra und Chamfort wurden verhaftet; Chamfort starb im Gefängnis, die beiden anderen unter der Guillotine. Der Abbé Barthélemy und sein Neffe wurden gerade noch rechtzeitig aus dem Kerker befreit, um zu verhüten, daß die Schätze des Münzkabinetts eingeschmolzen wurden. Eine Abordnung plante, die Bibliothek zu verbrennen, weil sie durch die Bezeichnung ›Bibliothèque du Roi‹ entweiht worden sei – eine Drohung, an deren Verwirklichung vielleicht auch die Kommunarden von 1871 nur aus Mangel an Zeit und Brennmaterial verhindert wurden. In einem anderen Vorschlag hieß es, daß »die Bücher der öffentlichen Bibliotheken von Paris und in den Départements die Augen der Republikaner durch beschämende Zeichen der ›Servitude‹ so beleidigten, daß dergleichen unverzüglich verschwinden müsse, zum Beispiel die königlichen Lilien und Adelswappen, ob auf den Einbänden oder an anderen Stellen der Bücher, mitsamt allen Vorreden und Widmungen, die an Könige und Aristokraten gerichtet sind«. Glücklicherweise wurde das aber durch eine von zwei Buchhändlern und einem Drucker – Renouard, Chardin und Didot – geleitete Zeitungskampagne verhindert.

Die Revolution brachte den französischen Bücherbesitz völlig durcheinander. In den zwanzig Jahren nach dem Sturm auf die Bastille wechselten über 95 Prozent der Bücher des Landes den Eigentümer. Eineinhalb Millionen Bände, die aus dem Besitz von Geflüchteten, Klöstern und Hingerichteten stammten, wurden in acht Magazinen allein in Paris gestapelt. Beamte der Bibliothek wählten, so gut das unter den Umständen möglich war, hunderttausend gedruckte Bücher und über siebzigtausend Handschriften aus. Zu alledem begannen die literarischen Denkmäler der von Napoleon eroberten europäischen Länder nach Paris zu strömen. Nach Napoleons Sturz mußten sie zurückgegeben werden. Joseph Van Praet, dreiundvierzig Jahre hindurch Leiter der Bibliothek, gelang es, vor dem Hohenpriester der britischen Bibliomanie, Thomas Frognall Dibdin, 1818 den Anschein der Ordnung zu erwecken, als er ihn »sanft und liebenswürdig« mit unbeschnittenen Klassikern und Pergament-Aldinen überhäufte. Ein großer Teil der Flut von Neuerwerbungen war allerdings noch vierzig Jahre später unkatalogisiert, ja un-

geordnet. Die unkatalogisierten Rückstände wurden erst unter der Verwaltung des großen Léopold Delisle (1874–1905) aufgearbeitet. Zu ihrem Recht auf ein Pflichtexemplar jedes neuen Buches wurde der Bibliothèque Nationale in unserem Jahrhundert noch das Vorkaufsrecht bei Versteigerungen zugestanden. Mit dem Britischen Museum kann sie um den Anspruch wetteifern, als größte Bibliothek der Welt zu gelten.

Manuel Philes ›Eigenschaften der Tiere‹ in einer Abschrift von Angelos Vergecios für Heinrich II., *1554. Die Abbildungen zeigen einen Hund und einen Mantechora.* UNTEN *Die Fassade der Bibliothèque Nationale zur Place Louvois.*

Bayerische Staatsbibliothek MÜNCHEN

OBEN *Der hl. Ambrosius tauft den hl. Augustinus, Miniatur von Berthold Furtmayr in dem Missale des Bernhard Rohr, Erzbischof von Salzburg, 1481 bis etwa 1490.* GEGENÜBER *Randzeichnung Dürers im Gebetbuch Kaiser Maximilians, 1515. Der Text wurde in einer eigens angefertigten Schrift auf Pergament gedruckt.*

Herzog Albrecht v. von Bayern gründete die Münchner Hofbibliothek im Jahre 1558 mit dem Ankauf der Bücher Johann Albrecht Widmanstetters, des gelehrten Orientalisten und niederösterreichischen Kanzlers. Der Herzog (1550–72) hatte zwar eine Anzahl Handschriften geerbt, doch sollte die Neuerwerbung nicht seiner persönlichen Unterhaltung dienen, sondern Grundstock einer Bibliothek zur fürstlichen Prachtentfaltung und zur Benutzung durch Gelehrte und Hofbeamte sein. Er selbst liebte die Musik und wurde ein bedeutender Sammler von Kunstwerken und Kuriositäten. Es machte ihm Spaß, in Chroniken über bayerische Geschichte zu schmökern, wenn er auch sonst kein passionierter Leser war. »Er übt seinen Körper in ehrenwerter Jagd und erfrischt seine Seele durch die Musikinstrumente«, schrieb ein Hofchronist. Der Ankauf war ein Akt der Politik auf Anregung verschiedener Ratgeber: Johann Jakob Fuggers aus der Familie der Augsburger Handelsherren, Georg Selds, eines ehemaligen Diplomaten, und des Jesuitenordens, der sich eben in Bayern niedergelassen hatte und dessen Erziehungsaufgaben eine leicht zugängliche Bibliothek erforderlich erscheinen ließen. Der schwierige Verlauf der Verhandlungen beleuchtet das Zusammentreffen verschiedener Motive.

Die Bibliothek Widmanstetters war die eines Philologen. Er hatte das Hebräische und die Kabbala bei jüdischen Lehrern in Italien studiert, das erste syrische Neue Testament herausgegeben und das kopernikanische System vor Papst Clemens VII., zwei Kardinälen, einem Erzbischof und dem Leibarzt des Papstes erklärt. Widmanstetters Büchersammlung war reich an hebräischen, arabischen und anderen orientalischen Handschriften, enthielt die Evangelien in ungarischer Sprache, tschechische, polnische, kroatische Drucke, auch solche in romanischen Sprachen; aber nur ein einziges englisches Buch war darunter, ›A Glasse of the Truthe‹ von 1531, das in der Herzoglichen Bibliothek in eine Unterabteilung des Französischen eingereiht wurde. Widmanstetter starb 1557 und hinterließ drei Töchter. Ein Brief Georg Selds vom Februar 1558 berichtet, daß der Herzog mit den Erben verhandelte, eifrig bemüht, es dem Papst, dem König von Frankreich, der Republik Venedig, den Medici und dem pfälzischen Kurfürsten – alle Besitzer berühmter Bibliotheken – in dieser Form fürstlicher Repräsentation gleichzutun. Doch ein entmutigender Bericht über die Sammlung erreicht ihn; fast alles war gedruckt, es gab nur ein paar Handschriften, für die sich die Öffentlichkeit wohl kaum interessierte, das Ganze wahllos von Händlern und Klöstern zusammengekauft, darunter viele spitzfindige Traktate aus dem vorangegangenen Jahrhundert, Legendenbücher und so fort. Albrechts Begeisterung kühlte ab. Da kam ein neuer Anstoß: Über den Kaiserlichen Ge-

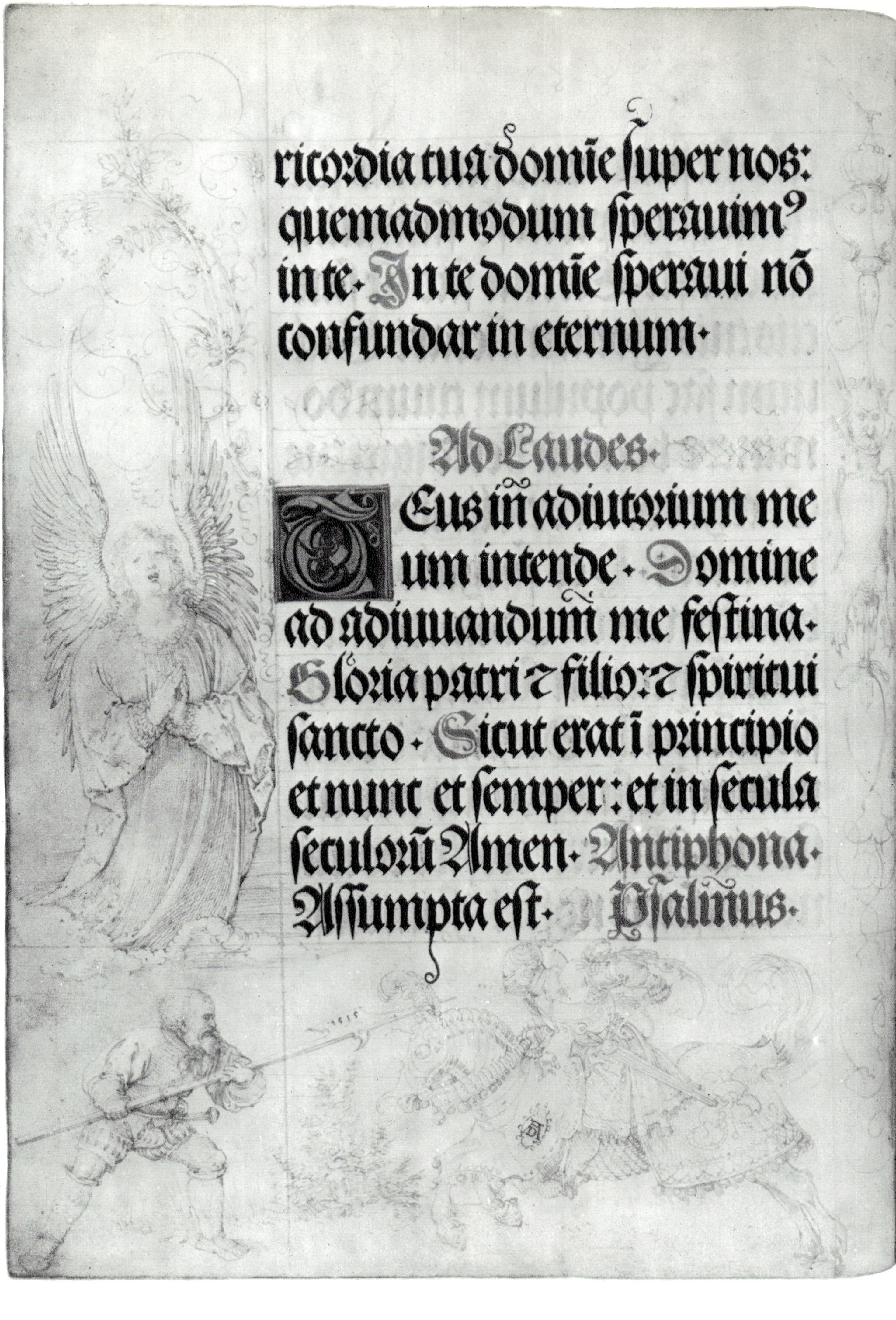
ricordia tua domīe super nos:
quemadmodum sperauimꝰ
in te. In te domīe speraui nō
confundar in eternum.

Ad Laudes.

Deus in adiutorium me
um intende. Domine
ad adiuuandum me festina.
Gloria patri ⁊ filio: ⁊ spiritui
sancto. Sicut erat ī principio
et nunc et semper: et in secula
seculorū Amen. Antiphona.
Assumpta est. Psalmus.

contrahuntur.

Quidam vir cū nō haberet vxorem. quandā meretricem sibi cōiugio copulauit q̄ erat sterilis neptis in-

iudr̄iter necessaria p bacōe cōpellas v

Quidam eps āgēs in extremis successorē sibi ex testamēto instituit. inde suorū amicorū patrocinio in eūdē epatū eligitur post electōnez p intemitate eccie canonicis iuramentū prebuit. accusatur de simonia tanq̄ munus

one iulapi. ut cetis metus incutiat.

Quidā clerici ppa relinquē nolunt. de suis 7 eccie rebus testamēta cō ficiūt. de reb9 ecclesie nōnulla largiūtur. Q̄do primū querit. utrū

eorū correctōne āmonuit.

Quidam laicus basilicam a se factā a dyocesana lege segregare queit. Eps eccle

GRATVLAMVR ET SCRIPTIS NOS
TRIS ATTESTAMVR ASPICIENTES
ILLVSTRISSIMI PRIN: ALBERTI·COM: PAL: RHE: VTRIVSQ
BAVARIÆ DVCIS DEI GRATIA CATHOLICÆ FIDEI ADHVC
STVDIOSISSIMI SVÆQ CELS: DILECTISS: FILIOR DVCV
GVILIELMI, FERDINANDI ET ERNESTI·AC ETIAM
PHILIBERTI MARCHIONIS IN BADEN EX SORORE NEPOTIS
ET CONSILIARIOR PRVDENTISS: ADSTANTIVM
IMAGINES AD ÆTERNAM GLORIA INCLYTÆ
DOMVS BAVARIÆ APPICTAS

VORAUSGEHENDE SEITEN *Miniaturen aus ›Decretum Gratiani‹ (Peter Schoeffer, Mainz 1472), einem für Berthold von Henneberg, den Mainzer Erzbischof, auf Pergament gedruckten und ausgemalten Exemplar.* RECHTS *Herzog Albrecht* V. *von Bayern mit seinen Söhnen und Räten, Buchmalerei von Hans Mielich in dem Riesenband der Bußpsalmen von Orlando di Lasso, der für den Herzog 1565-70 geschrieben und illuminiert wurde.*

LINKS *Herzog Albrecht* V. *und seine Gemahlin, Herzogin Anna, beim Schachspiel; Titelbild des von Hans Mielich gemalten Kleinodienbuches der Herzogin, 1552-5.* RECHTS *Portrait-Supralibros Herzog Albrechts* V. *von Peter Weinher auf einem Einband von Heinrich Peisenberg, etwa 1574.* UNTEN *Herzog Wilhelm* IV. *von Bayern und Leonhart von Liechtenstein beim Turnier, gemalt von Hans Ostendorfer; aus dem Turnierbuch Herzog Wilhelms* IV.*, 1541.*

sandten war die Nachricht durchgesickert, daß der König von Böhmen am Kauf interessiert sei. König Maximilian, der spätere Kaiser Maximilian II., obgleich nach außen ein gehorsamer Katholik, war wegen seiner lutherischen Neigungen bekannt. Die Bücher durften also nicht in die Hände eines fragwürdigen Rechtgläubigen fallen, und so schloß Albrecht eiligst den Handel gegen tausend Gulden ab. Dadurch zeigte er fürstlichen Sinn und versagte zugleich den Protestanten potentielles geistiges Rüstzeug.

Dem Herzog, der zuerst unschlüssig war, was er mit seiner Erwerbung anfangen sollte (einige Bände wurden den Jesuiten überlassen), wurde von Seld geraten, die Bücher als Grundstock einer Hofbibliothek nach München zu nehmen; der Fürst habe es dann leicht, wenn er eine Geschichte aus alter Zeit wolle; die Sammlung würde in der Hauptstadt sorgfältig gepflegt; sie wäre von größtem Wert an einem Ort, wo ständig politische Entscheidun-

gen zu treffen seien; schließlich stelle sie eine Zierde des Hofes dar, die auswärtigen Gelehrten gezeigt werden könne. Nicht lange, nachdem die Bücher im Alten Hof untergebracht waren, wurden sie mit einem Nachlaß von Albrechts Onkel, dem Erzbischof von Salzburg, vereinigt, einem Vermächtnis, demzufolge der Neffe die Verantwortung für die beiden natürlichen Söhne des Bischofs übernehmen mußte.

Die zweite große Erwerbung Herzog Albrechts war die Bibliothek Johann Jakob Fuggers. Der Teilhaber des Augsburger Handelshauses, Großneffe Jakob Fuggers des Reichen, war wie sein Bruder Ulrich und sein Vetter Marcus leidenschaftlicher Bibliophile und machte von den weitverzweigten Handelsbeziehungen seines Hauses eifrigen Gebrauch. In Italien, wo er (›il primo ricco di Germania‹) einen ähnlichen Ruf genoß wie später Pierpont Morgan, wurde Fugger von drei Hauptlieferanten bedient. Der erste war Jacopo Strada aus Mantua, der in den Pausen zwischen den Transporten ganzer Sammlungen nach Deutschland selber »achtzehn umfangreiche Bände eines Münzwerkes« abschrieb. Die beiden anderen waren zwei Niederländer in Venedig, Arnoldus Arlenius und Nicolaus Stoppio, die griechische und hebräische Handschriften herbeischafften, die griechischen hauptsächlich byzantinische theologische Werke, die hebräischen meist in zeitgenössischen Abschriften, doch darunter auch einige, die Pico della Mirandola gehört haben mochten, dem ersten italienischen Humanisten, der Hebräisch lesen konnte. Handschriften aus der Büchersammlung des Matthias Corvinus wurden von zwei gebildeten Bergwerksverwaltern in Tirol und in der Slowakei besorgt. Doch der interessanteste Bestandteil waren die tausend Handschriften und sechshundertsiebzig Drucke von Hartmann Schedel, einem Vertreter der ersten Generation deutscher Humanisten und Herausgeber der ›Weltchronik‹, Nürnberg 1493, dessen Bibliothek von seinem Enkel für fünfhundert Gulden verkauft wurde. Ein Papyrus-Codex aus dem 10. Jahrhundert, das Traditionsbuch der Kirche von Ravenna, lange Zeit als einer der Hauptschätze der Hofbibliothek angesehen, wurde von dem jungen Samuel Quickelberg aus Italien herbeigebracht, dem Nachfolger Hiernonymus Wolfs als Bibliothekar.

Die Fugger-Bibliothek wurde in dem eigens dafür nach einer Planidee von Jacopo Strada gebauten Antiquarium in der Residenz untergebracht. Die Bibliothek nahm den ersten Stock ein, die Bücherschränke standen offenbar in der Mitte des Raumes in einer Reihe, dazwischen ein Tisch, unter dem in einer Holzlade Bände von besonderem Wert aufgehoben wurden. Der Bibliotheksraum war mit zwei Globen von dem Ingolstädter Peter Apian und Landkarten über den Schränken und Fenstern ausgeschmückt. Ein Vorschlag Stradas, die Decke nach dem Vorbild des Palazzo del Tè in Mantua mit der Geschichte der Psyche auszumalen, scheint nicht verwirklicht worden zu sein. Es gab zwei Kataloge – den der Drucke und den der Handschriften. Eine kleine Gruppe von Raritäten, hauptsächlich illuminierten Handschriften, war besonders gekennzeichnet. Protestantische Theologie wurde auf Rat des päpstlichen Legaten gesondert aufgestellt und war theoretisch nur unter besonderen Umständen zugänglich. Die Kunstsammlung im Erdgeschoß enthielt hundertneun von Albrechts geliebten Bildbänden, die Strada-Folianten, das Turnierbuch seines Vaters, des Herzogs Wilhelm IV., Bände mit Zeichnungen von Waffen und Rüstungen, Bücher über Feuerwerk, Juwelen, Architektur, Fische, Pferdeaufzucht, Wappen, Fechten und Ringen, Trachten aller Völker und eine Palmblatthandschrift aus Burma oder Ceylon.

Albrechts Nachfolger, Herzog Wilhelm V. (1579–97), und Kurfürst Maximilian I. (1597–1651), erster Kurfürst von Bayern, vergrößerten die Biblio-

OBEN *Sichelkampf, eines der Jörg Breu zugeschriebenen 398 gemalten Bilder in Paul Hector Mairs Fecht- und Ringerbuch von etwa 1560, von Herzog Albrecht* V. *1567 erworben.* UNTEN *Perikopenbuch Kaiser Heinrichs* II. *aus dem Bamberger Dom; Anfang 11. Jh.: Auferstehung Christi und Initialzierseite.*

thek beträchtlich, die bereits 1586 auf elftausend Bände geschätzt wurde. 1602 wurde ein Verzeichnis der griechischen Handschriften veröffentlicht, der erste gedruckte Katalog einer fürstlichen Sammlung in Deutschland. Die hervorragendste Erwerbung dieser Jahre, die mit Recht das ›schönste Buch der Welt‹ genannt werden könnte, wurde 1609 von den Erben Kardinal Granvellas, Kaiser Karls V. Minister, verkauft: ein Teil des persönlichen Exemplars Kaiser Maximilians I. des in seinem Auftrag in wohl nur zehn Exemplaren auf Pergament gedruckten Gebetbuches von 1513 mit den Randzeichnungen von Dürer und Cranach, der andere Teil gelangte nach wechselvollen Schicksalen in die Stadtbibliothek von Besançon.

Bayern wurde schon von Beginn an in den Dreißigjährigen Krieg verwickelt. Eine bayerische Armee besetzte Heidelberg, und Maximilian I. von Bayern, dem der Kaiser die der Pfalz entzogene Kurwürde verlieh, bot die Heidelberger Palatina, die einzige deutsche Bibliothek, die es mit seiner eigenen aufnehmen konnte, dem Papst als Geschenk an. Neun Jahre später kam die Vergeltung mit der Plünderung Münchens durch die Schweden Gustav Adolfs 1632. Herzog Albrechts Kunstkammer im Erdgeschoß des Antiquariums wurde systematisch ausgeraubt, seine Bildbände wurden zerstört oder verstreut. Die meisten Strada-Bände und viele deutsche Handschriften fanden durch Bernhard von Weimar ihren Weg nach Gotha. Vier Strada-Bände wurden von dem Earl of Arundel gekauft, während er als Botschafter Karls I. von England am Reichstag in Regensburg war; sie befinden sich jetzt im Britischen Museum. Peter Wieners handgezeichneter Atlas von Bayern befindet sich in Stockholm. Die Bibliothek kam mit weniger harten Verlusten davon. Über zweitausend Bände verschwanden, weniger als ein Zehntel des Bestandes. Der Verlust wurde zahlenmäßig ausgeglichen, als kurfürstliche Truppen sich zwei Jahre darauf des größten Teils der Bücher Herzog Christophs von Württemberg bemächtigten.

Das 18. Jahrhundert war für die Bibliothek ohne besondere Ereignisse. Die einzige nennenswerte Bereicherung war die Sammlung Pietro Vettoris, des humanistischen Cicero-Herausgebers. Dann kamen die einschneidenden Umwälzungen der napoleonischen Kriege, aus denen München als großer Gewinner hervorging. Im Jahr 1803 wurde aller kirchlicher Besitz in Deutschland aufgehoben, um die links des Rheins enteigneten weltlichen Fürsten zu entschädigen. Davon wurden hundertfünfzig bayerische Klöster betroffen, von denen fünfundsechzig große Bibliotheken besaßen. Die Beschreibungen der Beschlagnahme durch einen der Kommissare, Johann Christoph von Aretin, sind noch heute eine unerfreuliche Lektüre. Beispielsweise in Tegernsee, einer Gründung aus dem 8. Jahrhundert, mit sechzigtausend Bänden und einer eigenen Druckerpresse, versuchten die Mönche, die ehrwürdigsten Schätze des Klosters zu retten; sie versteckten sie in ihren Zellen oder im Dorf, wurden jedoch so lange eingeschüchtert und bedroht, bis sie das Geheimnis preisgaben. Handschriften und Inkunabeln kamen nach München, ein Teil der Bücher später an die Landshuter Universität, an Schulen oder auch zum Verkauf. Nur wenig blieb verschont. Der Codex aureus Karls des Kahlen wurde nach mehr als neunhundert Jahren aus St. Emmeram in Regensburg weggeführt, Bamberg verlor Bücher, die Kaiser Heinrich II. dem Dom im frühen 11. Jahrhundert gestiftet hatte. Da das Fürstbistum Salzburg an Bayern gekommen war, verbrachte der Beauftragte König Maximilians I. auch hundertfünfzig von den Franzosen dort konfiszierte Bände nach München. Andererseits kam bei dieser Umwälzung viel Wertvolles ans Tageslicht. Das ›Breviarum Alarici‹ vom 6. Jahrhundert aus dem Würzburger Dom, der ›Türkenkalender‹ von den Augsburger Jesuiten – das einzige Exemplar

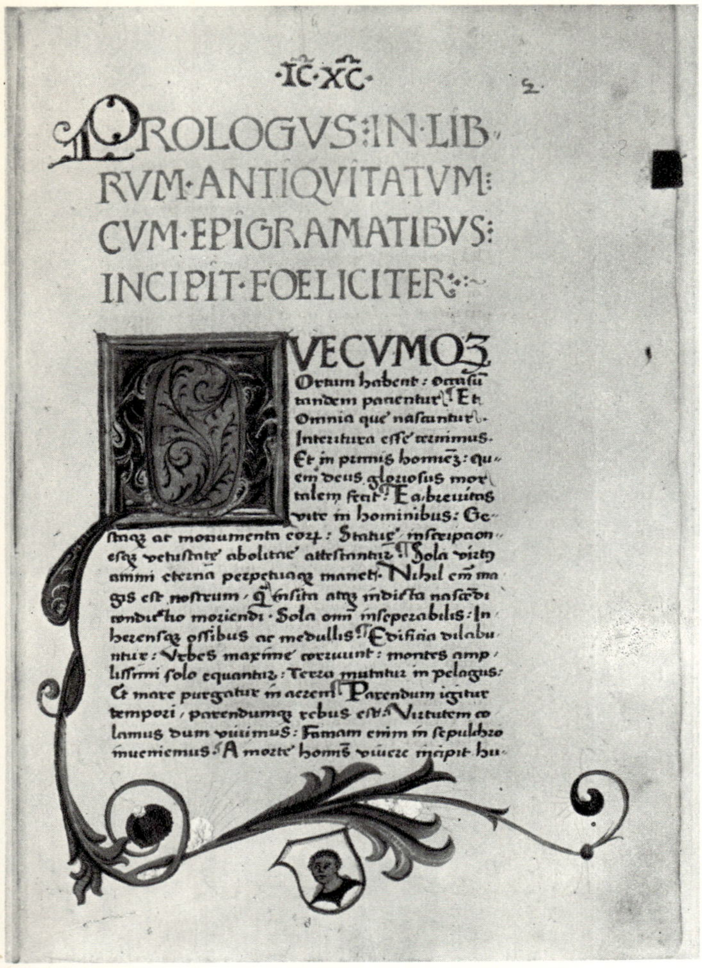

›Liber antiquitatum‹, eine Sammlung von Inschriften, humanistischen Gedichten usw., angelegt von Hartmann Schedel, mit seinem Wappen in der Fußranke (Nürnberg etwa 1504-5).

des ersten mit beweglichen Lettern gedruckten Buches – und einige der frühesten Zeugnisse der deutschen Sprache, wie das ›Muspilli‹ aus St. Emmeram, ein Gedicht aus dem 9. Jahrhundert über das Jüngste Gericht.

Thomas Frognall Dibdin hielt sich 1819 in München auf und bewunderte »die offenbar nicht endenwollende Flucht der Räume«... Doch hinter dieser stolzen Fassade für die Bücher verbargen sich verheerende Zustände. Die Bücher befanden sich in sechzig Räumen und Durchgängen in der Akademie der Wissenschaften. Ein Bericht von 1832 spricht von »zweihunderttausend Bänden, zum Teil überaus wichtigen Werken, die in Dachkammern aufgestapelt liegen, ständig von der Gefahr bedroht, durch Moder und Stockflecke unbrauchbar zu werden, zudem großer Feuersgefahr ausgesetzt ... das ganze Gebäude bedroht von einer gewaltigen Last, für die es nicht gebaut ist.« Fünfhunderttausend Bände waren in drei- oder vierfachen Reihen in dunklen oder, an trüben Tagen, in völlig finsteren Räumen gestapelt.«

Diese kritischen Zustände wurden auf drei Wegen behoben: durch Ludwigs I. Bau eines neuen Bibliotheksgebäudes an der Ludwigstraße, das 1843 eröffnet wurde; durch die erstaunliche Arbeit Johann Andreas Schmellers, der zwischen 1829 und 1837 achtzehntausend Handschriften katalogisierte, während er zugleich die vier Bände seines Bayerischen Wörterbuches (1827–37) fertigstellte, das allein schon ein Lebenswerk darstellt; schließlich durch den Verkauf unzähliger Dubletten. So gelang es Dibdin, einen Blockbuch-Reiseführer durch die Sehenswürdigkeiten Roms (›Mirabilia Romae‹) in deutscher Sprache zu kaufen, dazu für Lord Spencer die erste deutsche Bibel, und ein Exemplar von Bernhard von Breidenbachs ›Reise in das Heilige Land‹ (März 1486) erhielt er als Zugabe; aber es gelang ihm nicht, sich über ein anderes Blockbuch zu einigen: »der festgesetzte Preis war zu hoch, wirklich etwas übertrieben«. Über fünfzig Jahre noch ging diese Entwicklung weiter, die Inkunabeln des Britischen Museums sind zu beträchtlichem Teil Dubletten aus München.

Im Zweiten Weltkrieg wurde die Bibliothek viermal von Bomben getroffen und ihr Gebäude fast ganz zerstört. Die Handschriften und Inkunabeln waren verlagert worden und wurden gerettet; aber fünfhunderttausend Bände sind zugrunde gegangen, darunter viele unersetzliche Exemplare, die Widmanstetter oder Fugger gehört hatten, die Bibelsammlung, große Sammlungen von Reisewerken oder europäischer Geographie. Erfreulicherweise ist die Wiederherstellung der Bibliothek nahezu abgeschlossen. Ein neuer Lesesaal scheint so viel Besucher aufnehmen zu können wie das Britische Museum. Und die vier griechischen Weisen, Nachbildungen der Statuen Schwanthalers, stehen wieder an ihrem alten Platz, von wo aus sie die Ludwigstraße betrachten.

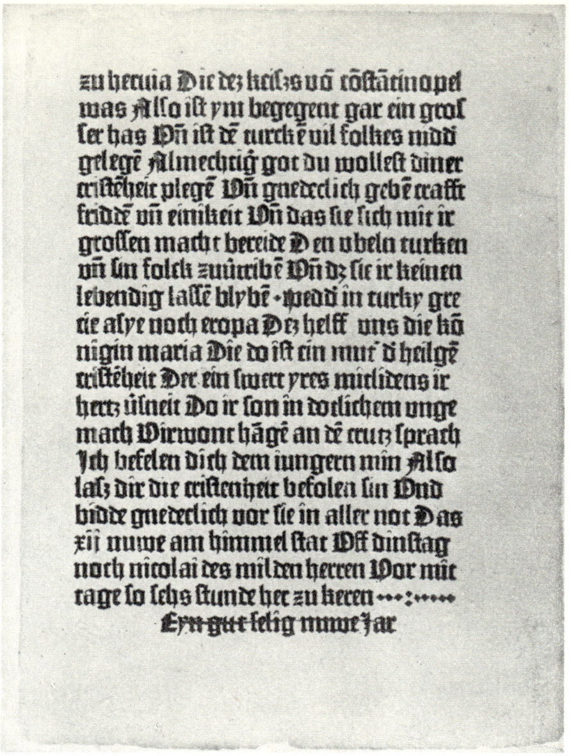

zu herçia Die dez keisers võ cõstãtinopel
was Also ist ym begegent gar ein gros
ser has Vñ ist dē turckē vil folkes nidd
gelegē Almechtig got du wollest diner
cristēheit plegē Vñ gnedeclich gebē crafft
friddē vñ einikeit Vñ das sie sich mit ir
grossen macht bereide Den ubeln turken
vñ sin folck zuůtribē Vñ dz sie ir keinen
lebendig lassē blybē · weder in turky gre
cie asye noch eropa Dez helff uns die kõ
nigin maria Die do ist ein mut' d' heilgē
cristēheit Der ein swert yres mitlidens ir
hercz ůsneit Do ir son in dotlichem unge
mach Vir wonte hāgē an dē crutz sprach
Ich befelen dich dem iungern min Also
lasz dir die cristenheit befolen sin Vnd
bidde gnedeclich vor sie in aller not Das
xij nuwe am himmel stat Vff dinstag
noch nicolai des milden herren Vor mit
tage so sehs stunde her zu keren ···:·····
Eyn gut selig nuwe Jar

›Mahnung der Christenheit wider die Türken‹ (Türkenkalender, Mainz 1454). Das einzige vollständig erhaltene Exemplar des ältesten und sicher zu datierenden gedruckten Buchs. Aus dem Jesuitenkolleg Augsburg, vorher im Besitz des Humanisten Konrad Peutinger. UNTEN Die ›Vier Griechen‹ auf der Freitreppe der von Friedrich Gärtner erbauten Bayerischen Staatsbibliothek. V. l. n. r.: Thukydides, Homer, Hippokrates und Aristoteles. Repliken der im Zweiten Weltkrieg zerstörten Statuen Ludwig Schwanthalers.

Österreichische Nationalbibliothek

WIEN

Im Juli 1575 war Hugo Blotz (oder Blotius), ein holländischer Kalvinist, beim Anblick der Bibliothek erschrocken, die gerade seiner Obhut anvertraut worden war: »Wie vernachlässigt und verwüstet das alles aussieht! Da waren überall Schimmel und Fäulnis, die Spuren von Motten und Bücherwürmern und eine dichte Schicht von Spinnweben. Die Fenster sind seit Monaten nicht geöffnet worden; nicht ein Sonnenstrahl ist durch sie hindurchgedrungen, um die unglücklichen Bücher zu bescheinen, die langsam dahinwelken – und wenn sie geöffnet würden, welche Wolke von verdorbener Luft strömte einem entgegen!« Die Worte beziehen sich auf die Kaiserliche Hofbibliothek in Wien; sie befand sich damals in einem Raum im ersten Stock des Minoritenklosters, und Blotius war ihr erster Vorstand.

Es war nicht leicht, die Nachteile des Gebäudes für die Aufbewahrung von Büchern zu beheben; da der Raum nur an einer Seite Fenster besaß, konnte die Luft nicht zirkulieren, von dem unmittelbar darunter befindlichen Brunnen drang Feuchtigkeit herauf und die Raumanordnung zwang dazu, die Bibliothek durch ein Getreidelager und durch den Schlafraum der Mönche zu betreten. Zwei Aufgaben waren von höchster Dringlichkeit: die Ordnung der Bücher und die Anlegung eines Katalogs, da die Sammlung so durcheinander geraten war, daß sich das vorhandene Verzeichnis als nutzlos erwies. Blotius quälte sich mit einigen Helfern durch den Herbst und Winter, und bis zum 24. April 1576 war schließlich ein ziemlich summarischer alphabetischer Katalog in zwei Exemplaren aufgestellt worden; einer davon wurde Kaiser Maximilian II. nach Prag gesandt, der zweite blieb in der Bibliothek. Die Bücher waren numeriert und in achtundzwanzig Regalen (vermutlich auch in einigen Schränken) untergebracht. Mit Ausnahme einiger griechischer und hebräischer Werke scheinen sie mit dem Rücken nach außen gestanden zu haben und waren durch ein Papieretikett gekennzeichnet, das am Fuß des Rückens Nummer und Regalbuchstabe trug. Alles zusammen waren es 7379 Bände.

Fünfzig Jahre vorher hatte Kaiser Maximilian I. (1493–1519), selber Verfasser autobiographischer Romane wie ›Freydal‹, ›Theuerdank‹ und ›Weißkunig‹, eine prächtige Bibliothek besessen, die er zum Teil von seinem Vater Friedrich III. geerbt hatte und in der sich einige hervorragende Beispiele böhmischer Illuminationskunst befanden, die von König Wenzel I. (1378 bis 1400) stammten. In der Vorliebe für Ritterromane und Heldensagen ähnelte die Sammlung der Librairie de Bourgogne; Maximilian hatte Philipps des Guten Enkelin geheiratet und war von den ritterlichen Sitten des burgundischen Hofes sehr beeindruckt. Doch in seiner Bibliothek kreuzten sich diese mittelalterlichen Einflüsse mit den Strömungen der

OBEN *Kaiser Maximilian* I. *diktiert seinem Geheimschreiber Marx Treitzsaurwein: »schreib mein Grabstifft und sannd Jörgen Orden, auch mein geschlecht und stamen außerkoren«.* GEGENÜBER *Der Prunksaal der Wiener Hofbibliothek, nach Entwurf von J. B. Fischer von Erlach, von seinem Sohn vollendet; Fresken von Daniel Gran.*

Der deutsche König Albrecht II., *auch König von Ungarn und Böhmen; Entwurf der Werkstatt Jörg Kolderers (1522-3) zum Grabmal Kaiser Maximilians* I. GEGENÜBER *Anemonenstrauß, Aquarell von Nicolas Robert. Aus einer Folge von Blumenbildern, die für den Minister Ludwigs* XIV., *J.-B. Colbert, angefertigt wurde. Aus der Bibliothek des Prinzen Eugen.*

italienischen Renaissance. Conrad Celtis, Humanist und in Nürnberg zum Dichter gekrönt, der einige Jahre vor seinem Tode im Jahre 1508 als Bibliothekar des Kaisers tätig war, beschreibt die Sammlung in der Widmung seiner ›Rhapsodia‹ (1505) als »klein aber geschmückt durch griechische, lateinische und exotische (d. h. hebräische und arabische) Autoren«. Einige der damals vorhandenen Bücher können halbwegs identifiziert werden: Handschriften des Terenz und lateinischer Übertragungen des Aesop und der ›Politik‹ des Aristoteles, ebenso gedruckte Ausgaben von Cicero, Petrus Crescentius und Ptolemäus.

Wie Philipp der Gute scheint Maximilian I. seine Bücher in Schränken aufbewahrt zu haben, auf verschiedene seiner Schlösser verteilt. Die meisten befanden sich bei seinem Tode in Innsbruck, ein anderer wesentlicher Teil in Wiener Neustadt. Einige von Maximilians Handschriften waren gewiß unter den Büchern, die Blotius 1575 gesehen hat, und in dieser Beziehung sind die Autoren der offiziellen Geschichte der Österreichischen Nationalbibliothek gerechtfertigt, von ihrem ununterbrochenen Bestehen seit dem vierzehnten Jahrhundert zu sprechen. Aber die Verbindung zwischen Kaiser Maximilians Bibliothek und der neuen Hofbibliothek war locker. Maximilians Enkel, Kaiser Ferdinand I., mag dieser einige ererbte Handschriften überlassen haben, doch die Innsbrucker Bibliothek gab er mit der Herrschaft Tirol seinem jüngeren Sohn, Erzherzog Ferdinand, und niemals hat er sich die Mühe gemacht, die Bücher von Wiener Neustadt nach Wien zu bringen. Im wesentlichen ist die Hofbibliothek eine Schöpfung der Mitte des sechzehnten Jahrhunderts, wie auch Angelo Rocca, ein Zeitgenosse und Gründer der Biblioteca Angelica in Rom, bemerkt, und Kaiser Maximilian II. (1564–76), der Urenkel Maximilians I., rief sie ins Leben.

Hinter ihrer Gründung oder Neugründung taucht das Bild enger Zusammenarbeit zwischen Fürst und Humanist auf: zwischen Maximilian II. und Kaspar von Niedbruck, einem jungen Diplomaten, der 1550 in seine Dienste trat und sieben Jahre später nur dreißigjährig starb. Ihr gemeinsames Interesse war nicht die griechische Literatur, sondern die Religion; beide sympathisierten mit Luther und waren bemüht, dem protestantischen Polemiker Matthias Flacius Illyricus beizustehen, der Wortführer eines kühnen Versuches war, die lutherische Kirche aus historischen Quellen als die wahrhaft apostolische zu legitimieren. Die Einzelheiten über Niedbrucks Tätigkeit sind betrübend lückenhaft. Wir sehen ihn in Frankfurt Bücher kaufen (darunter charakteristischerweise eine Sammlung franziskanischer Dokumente, die 1511 in Salamanca gedruckt worden waren), sich vom Collegium Carolinum in Prag Werke von Wiclif und Hus ausleihen und im Rheinland Handschriften erwerben, die – obwohl für Wien bestimmt – zuerst für Flacius Illyricus in Regensburg abgeschrieben wurden. Eine Verordnung von 1551, zweifellos durch die Ordonnanz von Montpellier angeregt, verlangte von den Druckern, drei Exemplare jedes mit kaiserlichem Privileg veröffentlichten Buches zu hinterlegen, von denen eines für die Hofbibliothek bestimmt war. Im Jahre 1558 war Herzog Albrecht V. von Bayern Kaiser Maximilian in seinem Versuch zuvorgekommen, die Bücher des Orientalisten Johann Albrecht Widmanstetter zu kaufen. Damals war die Hofbibliothek bereits groß genug, für die Ordnung der Bestände eine Gruppe von Studenten zu beschäftigen; und ein Hofbeamter Maximilians stellte zwei Verzeichnisse auf.

Die sechziger Jahre waren von zwei wichtigen Neuerwerbungen gekennzeichnet. Im Jahr 1546 hatte Wolfgang Lazius, Professor der Medizin an der Universität Wien, Ferdinands I. Aufmerksamkeit durch eine Geschichte der

Fasciculus Anemonum.

Bouquet d'Anemones doubles

Ferdinandus Diuina Fauente Cle-
mentia Electus Romanorum Imperator

LINKS *Ein Hummer an der Meeresküste, von Georg Hoefnagel, aus einer Folge naturwissenschaftlicher Zeichnungen für Erzherzog Ferdinand* II. *von Tirol, etwa 1585-90.* MITTE LINKS *Widmung an Kaiser Ferdinand* I., *aus dem Schreibbüchlein des Georg Bocskay, Wien 1562.* UNTEN LINKS *Die Heiligen Iduberga und Modoaldus; Miniatur aus ›Die Heiligen aus der Sipp-, Mag- und Schwägerschaft des Kaisers Maximilian* I.‹, *Werkstatt Jörg Kolderers, um 1515.* UNTEN RECHTS *Titelbild des ›Ambraser Heldenbuchs‹, Ulrich Funk (?), 1517.*

Stadt auf sich gelenkt und war dafür mit dem Titel eines Hofgeschichtsschreibers belohnt worden. Zwischen 1548 und 1551 machte er drei Studienreisen in Österreich, Süddeutschland, im Elsass und in der Schweiz auf der Suche nach Material in Klosterbibliotheken. Er war mit königlichen Empfehlungsbriefen ausgestattet und ließ sich für seine Ausgaben eine Summe aus der Schatzkammer auszahlen. Es scheint sein Verfahren gewesen zu sein, sich alles auszuleihen, was ihm von Interesse schien, es nach Wien zu bringen, und dann die Rücksendung zu vergessen. Hier ist seine Beschreibung, wie er die ›Historiae apostolicae‹ des Pseudo-Abdias in Ossiach gefunden hat:

»Vor zwei Jahren besuchte ich auf meiner zweiten Reise in die südlichen Länder Österreichs in Kärnten auch Ossiach, bei weitem das älteste Kloster in dieser Gegend. Die Bibliothek war infolge mehrerer Zerstörungen durch Feuer und kriegerische Heimsuchungen so gut wie verschwunden. Doch in meiner angeborenen Liebe oder besser Leidenschaft für Altertümer stöberte ich in den Zellen. Dort, inmitten von verwahrlosten Archiven und übelriechendem Dreck, stieß ich auf eine Pergamenthandschrift mit alten und sehr verblaßten Schriftzügen. Weil ich es eilig hatte meine Reise fortzusetzen, prüfte ich sie nur recht oberflächlich, da der Titel am Ende stand und der Anfang unvollständig war. Als ich eine halbe Seite gelesen hatte, fand ich Gefallen daran. Ich warf die Handschrift in mein Gepäck und nahm sie mit nach Wien, vielleicht nur wegen des Alters des Pergaments und wegen der Schrift. Und hier, als ich Muße hatte, mir den Inhalt meines mit Büchern gefüllten Korbes anzusehen, den ich zurückgebracht hatte, entdeckte ich, daß es ein Bericht der Apostelgeschichte war.«

Obwohl Ferdinands I. Name in Anspruch genommen wurde, um in den Besitz dieser Handschriften zu gelangen, scheinen sie erst nach dem Tode von Lazius die Hofbibliothek erreicht zu haben. Gegen Ende des Jahrzehnts schlossen sich ungefähr fünfzehnhundert Werke in 618 Bänden der Sammlung des Orientreisenden Hans Dernschwam an, der sein Leben als Bergbaudirektor in der Slowakei verbracht hatte.

Das waren dann die Hauptquellen der Bücher, die der Obhut des Blotius anvertraut wurden. Neben den Lazius-Handschriften und einigen älteren Büchern, die wahrscheinlich von Niedbruck gekauft worden waren, ist der größte Teil nach 1540 im Reich gedruckt worden und handelt von verschiedenen Gebieten: Rechtswissenschaft, Geschichte, Politik, religiösen Kontroversen, Kriegswesen, Medizin und so weiter. Als leichte Literatur gab es darunter ›Les marguerites‹ der Margarete von Navarra (1552), die Werke von Rabelais (1553), dessen viertes Buch des ›Pantagruel‹ und ein ihm fälschlicherweise zugeschriebenes sechstes Buch (1549). Ein Regal diente für französische, italienische und spanische Bücher, ein anderes für große Folianten – meist Klebebände mit Zeichnungen und Landkarten. Dernschwams Sammlung dagegen war die eines Humanisten mit internationalen Verbindungen und reich an Ausgaben der alten Klassiker und der italienischen Gelehrten der Renaissance in Drucken von Aldus, Froben, Robert Estienne und Badius ebenso wie in Mathematik, Astronomie und Chemie.

Die Hofbibliothek scheint sich in ihrer Entwicklung auf drei Hauptbedürfnisse eingestellt zu haben: auf politisches Wissen, auf historische Bücher über Österreich und das Haus Habsburg, auf ›Prestige‹-Bücher, mit denen man vor fremden Besuchern Eindruck machen konnte. Die ersten waren meist von der Art der Handschriften, wie Henry Wotton sie 1591 beschrieben hat: »Ich fand eines über alle Einkünfte und Ausgaben des Papstes, ein anderes von allen Häfen und Festungen in England und von der Königin

OBEN *Englischer Einband für Thomas Browne ›Religio Medici‹ (1669), Geschenk des Sohnes des Verfassers.* UNTEN *Vier Kurfürsten, Illustration zur Goldenen Bulle Karls* IV. *Prag, etwa 1400.*

höchster Macht, ein drittes über die Einkünfte der Republik Venedig. Zu den Büchern, mit denen – als Blotius die Bestände übernahm – fremden Gelehrten imponiert werden sollte, gehörte die illustrierte Ausgabe des ›Dioscorides‹ aus dem sechsten Jahrhundert. Sie war von dem kaiserlichen Gesandten in Konstantinopel, Ogier Ghislen von Busbeck, im Besitz des Sohnes des jüdischen Arztes Suleimans des Prächtigen entdeckt worden, und die syrische Evangelienhandschrift, die Ferdinand I. von einem Gesandten des Patriarchen von Antiochien überreicht worden war. Im Laufe der Zeit ist die Liste erheblich länger geworden. Edward Browne wurden 1688 zahlreiche Kuriositäten gezeigt, angefangen mit »einem Brief des gegenwärtigen Kaisers von China« bis zu »einem magischen Glas aus der Hand Kaiser Rudolphs, mit dem Erscheinungen zitiert und Gespräche mit Geistern gepflogen werden konnten«.

Es gab keinen Raum, um Bücher an Ort und Stelle zu studieren, und Blotius führte mit kaiserlicher Einwilligung ein liberales Ausleihsystem ein. Ein Jahrhundert später hatte sich das geändert; es wurde nicht gestattet, bisher unveröffentlichte Texte abzuschreiben und zu veröffentlichen – um nicht die Einzigartigkeit der Sammlung zu beeinträchtigen. Dem Philosophen Leibniz wurde die Ausleihung zweier Handschriften verweigert. Diese Einschränkungen waren glücklicherweise von kurzer Dauer. Im Jahre 1726 erklärte Kaiser Karl VI. die Bibliothek für allgemein zugänglich – ausgenommen für »Idioten, Bedienstete, Faulenzer, Plappermäuler und notorische Landstreicher«.

Blotius' Auffassungen von seinem Amt waren vielleicht durch die Tatsache beeinflußt, daß er eine reiche Witwe geheiratet hatte. Er war der Ansicht, daß des Kaisers Bibliothekar nicht nur verschiedene Sprachen beherrschen, ehrenhaft, verläßlich und fleißig sein müsse, sondern auch nicht arm sein dürfe (da er sonst versucht sein könnte, sich an den Büchern zu vergreifen), auch nicht übertrieben gewissenhaft (damit er nicht von der Menge protestantischer Bücher auf den Regalen erschüttert werden könnte). Er glaubte, daß der Bibliothekar die Sammlung mit allen Kräften erweitern solle und sich nicht schämen dürfe, gehörig hinter Stiftungen her zu sein. Doch paradoxerweise stammten die Haupterwerbungen während seiner Amtszeit nicht von ihm selber, sondern von Busbeck und Johannes Sambucus, einem ungarischen Privatgelehrten, der die meiste Zeit seines Lebens in den Universitätsstädten Deutschlands, Frankreichs und Italiens verbracht hatte. Busbeck hatte als Gesandter Kaiser Ferdinands I. in Konstantinopel 274 griechische Handschriften gekauft; Sambucus hatte 565 griechische und lateinische Handschriften gesammelt, einige davon aus den Händen von Pontano, Sannazaro, Filelfo und anderen Humanisten, weitere stammten von den aragonesischen Königen von Neapel, von Kardinal Bessarion, Guarino Veronese und Giorgio Antonio Vespucci. Beide Sammlungen wurden nach ausgedehnten Verhandlungen (für die Blotius nicht verantwortlich war) und Zahlungsverzögerungen, die sich über Jahrzehnte hinzogen, erworben.

Seit diesen Anfängen wuchs die Bibliothek und gewann Ruf und Raritäten. Die fruchtbare Zusammenarbeit zwischen dem großen Bücherfreund Leopold I. (1658–1705) und seinem norddeutschen Bibliotheksvorstand Peter Lambeck, der prächtige Bibliotheksaal des jüngeren Fischer von Erlach nach seines Vaters Plänen mit den Fresken von Daniel Gran, die 1738 erworbene Bibliothek des Prinzen Eugen mit ihren Erstausgaben der Klassiker, ihrer einzigartigen römischen Straßenkarte, den ›Tabulae Peutingerinae‹, ihren Handschriften französischer Ritter-Romane, Blaeus ›Atlas Major‹ in fünfundsechzig Bänden mit Extrakarten und Ansichten, und ihren Alben mit Blumen- und Vogelzeichnungen von Nicolas Robert und seinen Schülern – das waren die Hauptetappen des Aufschwungs zum Gipfel des Ruhmes Mitte des achtzehnten Jahrhunderts. Die ›Kaiserliche und Königliche Hofbibliothek‹, bis 1918, seitdem ›Österreichische Nationalbibliothek‹, besitzt über zwei Millionen gedruckte Bücher und 27000 Handschriften, nicht gerade überwältigend viel nach modernen Maßstäben. Aber Handschriften von textlicher und künstlerischer Bedeutung und seltene Frühdrucke bilden einen größeren Teil des Gesamtbestandes als in irgend einer vergleichbaren Bibliothek – die Vaticana ausgenommen.

Ansicht von Acapulco, von A. Boot, 1. Hälfte 17. Jh.
Aus Prinz Eugens Exemplar von Blaeus Atlas Major.

Biblioteca de El Escorial

OBEN *Das königliche Kloster El Escorial, erbaut unter Philipp* II. GEGENÜBER *Kaiser Konrad* II. *und Kaiserin Gisela beten Christus in der Verklärung an. Buchmalerei im Goldenen Evangelienbuch Heinrichs* III. *für den Speyerer Dom; Echternach zwischen 1043 und 1046.*

Bald nach Philipps II. Thronbesteigung wurde ihm von seinem Kaplan, dem Hellenisten Juan Páez de Castro, eine Denkschrift über die Errichtung einer öffentlichen Bibliothek unterbreitet, in der es hieß: »Es ist ein nicht zu verachtender Vorteil, über eine solche Einrichtung zu verfügen, welche die Nation veredelt und die bedeutendsten Gelehrten der Welt veranlaßt, uns zu besuchen«. Es folgten einzelne Empfehlungen: Valladolid, eine der Lieblingsresidenzen des Königs und Universitätsstadt, auf dem Wege nach Frankreich, sei der geeignetste Platz; die Bibliothek möge in einem feuersicheren Bau mit guten Lichtverhältnissen untergebracht werden und aus drei Räumen bestehen: einer für die Bibel, die Kirchenväter, ziviles und kanonisches Recht, Medizin und Geschichte, geschmückt mit Porträts und Skulpturen, ein zweiter für Landkarten, Globen, Stadtansichten, Stammbäume, seltene Uhren, Naturwunder und Altertümer, der dritte für Archivalien und Dokumente.

Juan Páez de Castro hatte eine Bibliothek nach dem Muster von Fontainebleau, Florenz und Venedig im Sinn. Wohl sah Philipp II. die Notwendigkeit einer nationalen Büchersammlung ein, aber da er die Gelehrsamkeit vornehmlich als ein Mittel gegen die Ketzerei und zur Bestätigung der göttlichen Offenbarung ansah, hatte er für solche neumodischen weltlichen Institutionen nichts übrig. Lieber ließ er sich vom frühen Mittelalter leiten, als die großen Klöster noch Mittelpunkt von Kultur und Erziehung waren, und übertrug in bewußtem Anachronismus Betreuung und Verwaltung der Bibliothek Mönchen und nicht einmal einem Orden mit wissenschaftlicher Tradition, sondern den Hieronymiten. Das der Meditation gewidmete Leben erforderte Einsamkeit und Isolierung. Deshalb wurde der neue Kloster-Palast San Lorenzo el Real mitsamt seinen Büchern nicht in einer großen, leicht erreichbaren Stadt errichtet, sondern bei dem Dorf El Escorial zu Füßen des wilden Guadarrama-Gebirges. Die Bücher sollten den Mönchen zur Verfügung stehen »zum öffentlichen Nutzen aller Gelehrten, die zu kommen und sie zu lesen wünschen«. Aber lästigere Maßnahmen konnten dazu kaum ersonnen werden. »Zu San Lorenzo«, bemerkte der Dichter Luis de Léon zu Gonzalo Pérez, »werden diese Bücher wie Schätze begraben sein«. Das ist eine zutreffende Voraussage. Noch fast drei Jahrhunderte nach Philipps Tod wurde von der Sammlung wenig Gebrauch gemacht.

Die Handschriften, die Philipp als seine größten Kostbarkeiten betrachtete, waren das im Auftrag Kaiser Heinrichs III. für den Speyerer Dom geschriebene Goldene Evangelienbuch, ferner ein Kodex aus dem frühen siebten Jahrhundert mit der Schrift des hl. Augustinus über die Kindertaufe, den er für eigenhändig hielt, und ein griechisches Evangeliar, das als einstiger

+ ANTE TVVM VVLTVM MEA
CRIMINA
DA VENIAM MEREAR
CVIVS SVM MVNERE CAESAR
PECTORE CVM MVNDO REGINA
ET PROPTER GAVDIA LVCIS
CVONRADVS IMP
GISELA IMPERAT

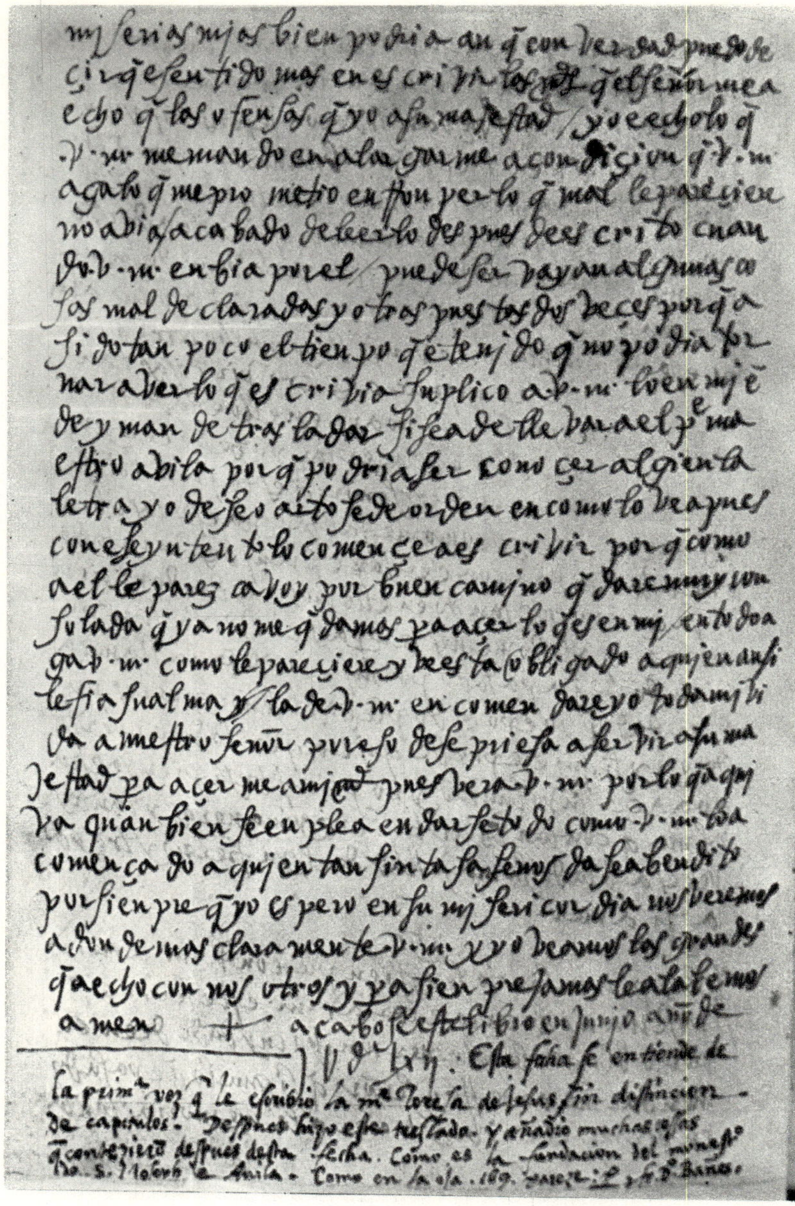

Lebensbeschreibung der hl. Teresa von Avila ›Libro de la Vida‹; eigenhändiges Manuskript, 1565-6 in Avila geschrieben.

Besitz des hl. Johannes Chrysostomos galt. Die einzigen Handschriften, die er selbst in Auftrag gab, waren Breviere, Missalen und Chorbücher, die von einer blühenden Illuminatorenwerkstatt im Escorial hergestellt wurden, und die einzige Erwerbung, die er als König persönlich veranlaßt hatte, waren vier eigenhändige Werke der hl. Teresa von Avila (1515–82), der Reformerin des Ordens der Karmeliterinnen. Er bekam ihre Lebensbeschreibung, das ›Libro de su Vida‹, von der Inquisition in Toledo, der es die Prinzessin Eboli angezeigt hatte; von einem privaten Besitzer erwarb er die erste Fassung des ›Camino de perfección‹, als geistlicher Führer für die Nonnen gedacht; wegen der ›Fundaciones‹ (ihrer Beschreibung ihrer Klostergründung) und ›Modo de visitar los conventos‹ wandte er sich an den Generalvikar der Karmeliter. Die Bücher wurden zuerst in einem verschlossenen Tisch hinter einem Gitter aufbewahrt, später in einem eigenen Reliquiar; nur bevorzugte Besucher durften sie berühren.

Bei der Auswahl anderer Erwerbungen folgte Philipp der Auffassung spanischer Gelehrter, daß der Ruf einer Bibliothek von ihrem Bestand alter Handschriften, vornehmlich griechischer Autoren, abhinge. Mit den Finanzen des Königs war es jedoch schlecht bestellt, und so ging es zögernd voran.

Der hl. Laurentius, Schutzheiliger des Escorial, mit seinem Marterwerkzeug, dem Rost; doppelseitige Miniatur im Gebetbuch Philipps II.*, entstanden 1568 im Escorial.*

Zweiundvierzig theologische Werke kamen als Hilfe bei der Abfassung von Predigten 1565 ins Kloster, zwei Jahre nach der Grundsteinlegung. Im nächsten Jahre folgten viele der größten Schätze des Königshauses, unter ihnen das Goldene Evangelienbuch, die bereits erwähnten Augustinus- und Chrysostomos-Handschriften und eine prächtig illuminierte Apokalypse, die Kaiser Karls v. Schwester, Maria von Ungarn, gehört hatte. Dann gab es ein paar Fehlschläge. Die wertvolle Bibliothek eines führenden Humanisten, Francisco de Mendoza y Bobadilla, des Kardinals von Burgos, stand nach seinem Tode 1566 zum Verkauf, aber der von Juan Páez de Castro als Treuhänder ermittelte Preis schreckte den König ab, und so ging die Gelegenheit ungenützt vorüber. Aus der reichen Sammlung von Honorato Juan, des Bischofs von Osma, wurden 1567 nur sechsundneunzig gedruckte Bücher und drei Handschriften erworben und im gleichen Jahr aus der Sammlung von Martin Pérez de Ayala, des Erzbischofs von Valencia, nur neunundsechzig Bände. Der Ankauf der Bibliothek von Gerónimo Zurita, des Historiographen von Aragon, wurde versäumt. Er hatte seine Bücher den Kartäusern von Saragossa hinterlassen, deren Abt bereit war, sie dem König für fünfunddreißigtausend Dukaten zu verkaufen. Doch wieder scheint es

OBEN *›Die Öffnung des vierten Siegels‹, aus einer zwischen 1428 und 1435 für Margarethe von Österreich mit Bildern geschmückten Apokalypse. Die Handschrift kam 1566 in die Bibliothek, ging während des Bürgerkriegs verloren und wurde 1963 anonym zurückgegeben.* GEGENÜBER *›Das Weib auf dem Tier‹, aus einer Handschrift von Beatus von Liébanas Kommentar zur Apokalypse; nördl. Spanien, 10. oder 11. Jh.*

NÄCHSTE SEITE LINKS *Adam und Eva, aus dem Codice Vigilano, einer Konzilsgeschichte, geschrieben 976 im nordspanischen Kloster Albelda.* RECHTS *Eine Wundertat Mariens, die Legende von der gestohlenen Hostie; Miniaturen aus ›Cantigas de Santa Maria‹ von Alfons dem Weisen von Kastilien, Höhepunkt der kastilischen Buchmalerei des 13. Jhs. Text in galizischer Sprache.*

am Preis gescheitert zu sein; die Angelegenheit schleppte sich jahrelang hin und blieb ergebnislos.

Nach diesen anfänglichen Verzögerungen ging es seit 1570 mit der Bibliothek schnell voran. Ein großer Teil der Bibliothek der aragonesischen Könige von Neapel war zu Beginn des Jahrhunderts von dem letzten Angehörigen der Dynastie, Ferdinand von Aragon, Herzog von Kalabrien, nach Spanien gebracht worden. Handschriften aus dieser Bibliothek erreichten den Escorial nun aus drei Quellen: in einer Sammlung vom Conde de Luna gekaufter klassischer Autoren, in zwei Bücherkisten von Francisco de Rojas, und unter 169 Bänden (darunter Papst Alexanders VI. ›Ptolemäus‹ und viele griechische Handschriften aus den Basilianer-Klöstern in Kalabrien), die Gonzalo Pérez zusammengebracht hatte. Hundertfünfzig Handschriften, davon einundsechzig in Arabisch, und die selbe Anzahl gedruckter Bücher, darunter eine durchschossene und reich mit Anmerkungen versehene Bibel, die das literarische Vermächtnis des Besitzers darstellte, wurden aus dem Nachlaß von Juan Páez de Castro erworben. Westgotische Handschriften waren Stiftungen des Generalinquisitors Pedro de Ponce de León, Bischofs von Plasencia. Der Hofhistoriograph Ambrosio de Morales bereiste die Diözesen Nordspaniens; Handschriften Isidors von Sevilla wurden in Klöstern und Kirchen für die Redaktion einer kritischen Ausgabe gesammelt, griechische Handschriften durch den spanischen Gesandten in Venedig, dem Hauptumschlagsplatz mit der Levante, gekauft und Kopisten beauftragt, wenn die Originale nicht käuflich waren. Im nördlichen Europa durchstöberte der bedeutende Hebräist Arias Montanus, König Philipps Hofkaplan und Herausgeber von Plantins Polyglott-Bibel (Antwerpen 1569–72), die Klöster der Niederlande, kaufte ebenso auf der Frankfurter Messe wie in Paris und Lyon und durchsuchte Buchhändler auf ihrem Weg von Italien nach England. Als die Sammlung, die bis dahin provisorisch in der Nähe gelagert worden war, den Mönchen 1575 feierlich übergeben wurde, umfaßte sie 2820 Handschriften und 1700 gedruckte Bücher in Hebräisch, Griechisch, Lateinisch, Kastilisch, Portugiesisch, Italienisch und Katalanisch.

+ VBI INTER LIGNA PARADISI AD POM V
EVA MANVM PORREXERAT SVMENS QVOD DE SERPENTIS ORE
PERNICITER ADE CONTVLERAT: POST
LIGNVM FICI
EVA
SERPENS
ADAM

tanto por ſu grande fermoſura/ como por ſu riqueza: ⁊ aſtucia: entre las naciones eſtremeras/ ⁊ del cabo del mũdo/ touo muy gran renombre. ⁊ entre los otros/ llego ſu fama alos griegos entre los quales: perſeo en aq̃l tiẽpo el mas garrido mãcebo delos griegos oydo la fama por muchos: ⁊ la relacion/ que de ella ſe fazia/ cayo en deſſeo de ver vna tan fermoſa dama/ ⁊ de tomar le ſu theſoro. E aſſi luego ſubio en vna naue que leuaua por eſtandarte el cauallo pegaſo/ ⁊ nauego cõ marauilloſo/ ⁊ preſto viaje a poniente. y ende vſando de ſeſo/ ⁊ de armas/ prendio la reyna/ ⁊ apaño ſu theſoro. ⁊ cargado de preſa tan abundoſa: ⁊ de vn tan rico deſpojo/ boluio a ſu patria: ⁊ alos ſuyos. E dende houo ſu inuẽcio aq̃lla fabula: ⁊ fiction delos poetas.

los hombres que miraua en piedras: ⁊ q̃ por yra de minerua: ſus cabellos: ſe le tornaron ſirpiẽtes/ porq̃ echãdo ſe con neptuno/ le enſuzio ſu templo. del qual ayũtamiẽto pario a pegaſo: ⁊ perſeo/ el qual caualgãdo en vn cauallo/ q̃ tenia alas/ volo aſu reyno. Deſuenturada coſa es por cierto poſſeer oro/ ⁊ riquezas: porq̃ ſi eſtan aſcondidas/ ⁊ ſecretas/ ninguna pro trahẽ al q̃ las poſſee Si ſe diſcubrẽ/ ⁊ eſtan manifieſtas/ naſcẽ aſſechanças infinitas delos q̃ las codician: ⁊ ahun q̃ no haya quiẽ las oſe robar/ no ceſſan ya por eſſo/ los anſioſos cuydados del q̃ las poſſee/ ca ni tiene reposo/ ni ſoſſiego en ſu coraçõ/ ⁊ pierde el ſueño. ⁊ ſiempre eſta con temor: ⁊ pocos le guardã fe/ ni lealdad/ ⁊ acreſcienta ſe la ſoſpecha: ⁊ al deſuẽturado ſe le abreuiã los

Es folgten zwei Haupterwerbungen. Diego Hurtado de Mendoza, ein vorzüglicher Aristoteliker und Mathematiker, ehemaliger spanischer Gesandter in Venedig und Rom, hinterließ 1575 dem König seine Bibliothek. Sie war reich an Aldinen und enthielt vierhundert arabische, zweihundert lateinische und dreihundert griechische Handschriften, viele davon vom Berge Athos und wenigstens eine als Geschenk des Sultans, alle in den heraldischen Farben des Eigentümers gebunden, der Oberdeckel rot, der untere grün. Antonio Agustín, Erzbischof von Tarragona, war ein anderer Humanist, dessen Rat beim Aufbau der Bibliothek angehört wurde. Bei seinem Tod im Jahre 1586 wurden alle seine griechischen Handschriften für den Escorial erworben, ebenso ein Teil seiner gedruckten Bücher (darunter der Mainzer ›Cicero‹ von 1465) und lateinischen Handschriften. Die Verbringung der Handschriften von Königin Isabella aus der Königlichen Kapelle in Granada ins Kloster (1591) bezeichnet den Höhepunkt des Bibliotheksaufbaus zu des Königs Lebzeiten. Spätere Verhandlungen zum Ankauf der römischen Bibliotheken Fulvio Orsinis und Kardinal Sirletos wurden nicht energisch genug verfolgt; die erste kam in den Besitz des Vatikans, die andere an Kardinal Ascanio Colonna.

Im Jahr 1577 ordnete Arias Montanus, der erste Bibliothekar, die Bücher nach einem von ihm selbst erfundenen äußerst komplizierten System. Sie wurden nach Sprachen gegliedert, nach gedruckten Bänden und Handschriften getrennt und dann wieder in vierundsechzig Sachgebiete unterteilt. Handgeschriebene Etiketten überlappten einander auf den Regalen. Das Ergebnis war, nach der Bemerkung eines Augenzeugen, »recht konfus und unschön«, während Antonio Gracián, der Sekretär des Königs, bei Antonio Agustín darüber klagte, daß die Unordnung schlimmer sei als das von Hesiod in der Antike geschilderte Chaos. Arias Montanus war jedoch, wie Schmeller, eine Katalogisierungsbegabung von erstaunlicher Energie, und es gelang ihm, mit den Neuerwerbungen Schritt zu halten, während er den Mönchen noch Grundunterricht in Griechisch und Hebräisch gab. Die Ausschmückung der ›Biblioteca Principal‹ wurde erst 1593 fertig – die Regale, entworfen vom Architekten Juan de Herrera, bedeckten die Wände unter einer von Pellegrino Tibaldi und Bartolomé Carducho üppig bemalten Decke. Der zweite Bibliothekar, Fr. José de Sugüenza, folgte einem einfacheren Verfahren, als er die Regale mit Büchern in Latein, Griechisch und Hebräisch füllte. Gedruckte Bücher in anderen Sprachen wurden in einem zweiten Raum unter-

GEGENÜBER *Perseus, Neptun und Medusa. Holzschnitt aus Boccaccios ›Berühmten Frauen‹, Text in spanischer Sprache (Pablo Hurus, Saragossa 1495).* OBEN *Der Mann, der dem Löwen den Dorn auszog, aus Äsops ›Leben und Fabeln‹ in spanischer Sprache (Juan Hurus, Saragossa 1489).*

GEGENÜBER *Apokalyptische Gesichte, aus Beatus von Liébanas Kommentar zur Apokalypse, Nordspanien, 10.-11. Jh.* OBEN LINKS *Ferdinand von Aragon im Gebet vor dem hl. Saturnin; aus dem Brevier Isabellas der Katholischen; kastilisch, etwa 1480.* OBEN RECHTS *Die hl. Elisabeth, aus dem Brevier Isabellas der Katholischen. Das Pfeilbündel in den Randverzierungen ist das Sinnbild der Katholischen Könige.*

gebracht, Handschriften in einem dritten. Alle drei Bibliotheksräume waren mit Bildern, Globen, Astrolabien und mathematischen Instrumenten ausgestattet. Die Bücher standen mit dem Schnitt nach außen, nach einer im sechzehnten Jahrhundert üblichen Praxis, und der Escorial ist die einzige Bibliothek, in der aus Pietät gegenüber dem Gründer niemals etwas geändert worden ist. Unter Philipps II. Nachfolger kamen zwei Sammlungen dazu: die Bibliothek Mulay Zeidans, Königs von Fez, die auf See unweit der algerischen Küste erbeutet wurde und über dreitausend arabische Handschriften umfaßt haben soll; dazu eintausend Handschriften aus den Bibliotheken von Philipps IV. Minister, dem Conde-Duque de Olivares, und seinem Schwiegersohn, dem Herzog von Medina de Las Torres, die dieser zum Geschenk machte. Durch einen königlichen Erlaß von 1616 über die Ablieferung von Pflichtexemplaren aller Neuerscheinungen an den Escorial war (allerdings weitgehend vergebens) versucht worden, den laufenden Zugang neuer Bücher zu sichern. Auch in anderer Hinsicht trat eher ein Niedergang ein. Längere Zeit hindurch konnte der Hieronymitenorden keine Bibliothekare stellen, die Griechisch lasen, geschweige denn Hebräisch oder Arabisch. Silberbeschläge und -schlösser, die man abnahm, um benachbarte Einbände nicht zu beschädigen, wurden nach Gewicht verkauft. Im Jahr 1671 brach ein verheerendes Feuer aus, während die Mönche in der Kirche waren. Die Flammen wurden durch heldenhafte Anstrengungen vor der Tür der ›Biblioteca Principal‹ erstickt, wovon noch verkohlte Wandtäfelungen zeugen. Doch die Mönche, die alle drei Bibliotheksräume bedroht sahen, hatten so viele Bücher, wie sie nur konnten, in den Hof geworfen, wo das mürbe Gewebe eines bei Lepanto erbeuteten türkischen Banners Feuer fing und den Bücherhaufen in Brand steckte. Über ein Drittel des Gesamtbestandes der Bibliothek von achtzehntausend Büchern und Handschriften wurde vernichtet, darunter einige Unikate.

Philipp v. (1700–46) errichtete in Madrid eine neue königliche öffentliche Bibliothek, und so kamen nach 1700 keine Neuzugänge mehr in den Escorial. Im neunzehnten Jahrhundert gab es weitere Einbußen, als Joseph Bonaparte die Bücher in die Hauptstadt verbracht hatte, ebenso später während der Karlisten-Kriege. 1837 wurden die Hieronymiten vertrieben; nur ein einziger Bruder blieb zur Betreuung der Sammlungen zurück. Der Zustand der Bibliothek im Jahr 1855 wird in einem Brief Sir Frederick Maddens, des Handschriftenverwalters im Britischen Museum, an Sir Thomas Phillipps wie folgt beschrieben: »Sie müssen mit Sicherheit einige wertvolle Manuskripte in dieser Escorial-Bibliothek besitzen, aber es ist schwierig, an sie heranzukommen. Sie liegt vierzig Meilen von Madrid und ist täglich mit nur einem Wagen im ›spanischen Schritt‹ zu erreichen. Wenn Sie dort endlich eintreffen, ist sie nur drei Stunden am Tag, nicht an den Feiertagen, geöffnet, somit zwei Drittel der Woche geschlossen. Der Bibliothekar, ein unwissender Mönch, wird nichts ohne Genehmigung der Königin [Isabella II.] kopieren lassen, die äußerst selten erteilt wird. Eine wahrhaft königliche Bibliothek für Sie!«

Im Jahre 1885 wurde die Bibliothek dem Augustiner-Orden übergeben, und ihre moderne Geschichte begann. Die Augustiner machten sich sogleich daran, die Bestände neu zu ordnen und zu katalogisieren. Ein Karteikatalog gedruckter Werke wurde um 1903 fertiggestellt. 1936 lagen von allen Handschriften Kataloge vor, ausgenommen die griechischen, von denen nur ein Band erschienen war. Diese aufopfernde Arbeit brachte den Mönchen bei Ausbruch des Bürgerkriegs keinen Schutz. In Madrid, wohin sie geflohen waren, wurden die meisten von kommunistischen oder anarchistischen Mörderbanden hingerichtet. Der Direktor der Bibliothek, P. Julián Zarco, Autor des Katalogs kastilianischer Handschriften, und sein Vorgänger, P. Melchor Martinez Antuña, kamen beide um. Den Büchern erging es besser; der wertvollste Teil war nach Katalonien verlagert. Nach dem Krieg wurden sie zurückgebracht, wenn auch die Apokalypse Marias von Ungarn die Bibliothek erst 1963 in einem anonymen Paket aus Frankreich erreichte. Die Augustiner kehrten 1939 zurück, und die Bibliothek des Escorial genießt wieder ihre sachkundige Pflege.

Die Bibliothek im Escorial; die Bücherschränke nach Entwurf des Architekten, Juan de Herrera, die Fresken von Pellegrino Tibaldi und Bartolomé Carducho.

Bodleian Library OXFORD

Reliefdenkmal für Sir Thomas Bodley in der Kapelle von Merton College. Beiderseits der Büste sind Bücher mit dem Schnitt nach außen gestapelt. GEGENÜBER *Divinity School und darüber Duke Humphrey's Library.*

Die früheste Universitätsbibliothek in Oxford war eine Sammlung von Büchern, die während des dreizehnten Jahrhunderts in St. Mary's Church in Schränken aufbewahrt wurden; gegen eine entsprechende Sicherheitsleistung wurden sie an Gelehrte ausgeliehen. Um 1320 schlug Thomas Cobham, Bischof von Worcester, vor, sie durch eine Kettenbibliothek in einem oberen Stock der Kirche zu ersetzen, aber durch einen Streit mit dem Oriel-College wurde der Raum nicht vor 1367 fertig, und die doppelseitigen Pulte, an denen die Bücher angekettet wurden, waren nicht vor 1410 aufgestellt.

Im Jahre 1439 erhielt die Universität die erste einer Reihe großzügiger Schenkungen von Humphrey, Duke of Gloucester, dem Onkel König Heinrichs VI., insgesamt 280 Bände. Damit wurde das Interesse auf die Bibliothek gelenkt; man entschied, sie in ein neues größeres Gebäude zu verbringen, das dem gewachsenen Ansehen der Sammlung angemessener sein sollte, zentral gelegen und zugleich »dem weltlichen Lärm mehr entrückt«, wie es in einem Brief an den Herzog hieß. Wer heute dem wilden Verkehrslärm in Oxfords High Street ausgesetzt ist, hat alle Veranlassung, diese Voraussicht zu segnen. Die Universität unterrichtete 1444 Herzog Humphrey von ihren Plänen, ein zweites Stockwerk der gerade im Bau befindlichen Divinity-School zu einem Bibliotheksraum auszubauen, und bot ihm das Patronat an. Durch seinen baldigen Tod blieb aber die erwartete Unterstützung aus. Dennoch wurde die neue Bibliothek, obwohl erst 1488 vollendet, aus Dankbarkeit für sein wohlwollendes Interesse nach dem Herzog genannt. Sie war größer als die frühere, aber nach denselben Grundsätzen eingerichtet, mit zwei Reihen doppelseitiger, von den Wänden abstehender Lesepulte.

Die Büchersammlung wäre von ungewöhnlichem Interesse gewesen, wenn sie sich erhalten hätte. Duke Humphrey war der erste wichtige englische Schutzherr der neuen Wissenschaften. In der Wahl seiner Bücher war er von dem Mailänder Humanisten Pier Candido Decembrio beraten worden. Unter seinen Schenkungen befanden sich viele der wiederentdeckten Klassiker, lateinische Übersetzungen von Plato, Aristoteles und Plutarch, ferner Werke von Dante, Petrarca und Boccaccio. Obwohl die verschiedenen Colleges von Oxford im 16. Jahrhundert reich waren, verfügte die Universität praktisch über keinen zentralen Etat und konnte daher weder das Bibliotheksgebäude instandhalten noch die Bücher beschaffen, die den neuen Erfordernissen entsprochen hätten. Der Raum wurde immer mehr vernachlässigt; die Bücher wurden entwendet und für den Pergamentwert an Buchbinder und Schneider verschleudert. 1556 kaufte das Christ Church College die Einrichtung. Während der nächsten zweiundvierzig Jahre hatte

Duke Humphrey's Library von Selden End aus gesehen. Balken und Kassetten der Decke tragen die Wappen von Sir Thomas Bodley und der Universität.

jedes College eine Bibliothek für seine Fellows, die Universität selber aber besaß keine.

Am 23. Februar 1598 schrieb Thomas Bodley dem Vice-Chancellor der Universität: »Daß Oxford bisher eine öffentliche Bibliothek besessen hat, zeigt nicht nur ihr ehemaliger Raum, sondern auch die Gründungsurkunde. Ich werde Mühe und Kosten übernehmen, den Bibliotheksraum wieder seiner früheren Bestimmung zuzuführen, ihn ausrüsten mit Stühlen, Regalen, Pulten und allem Notwendigen, um so die Wohltätigkeit anderer anzusprechen, selber Bücher beizusteuern.«

Bodley war 1545 geboren und von Eltern streng protestantischen Glaubens erzogen worden, die es unter der Regierung Königin Marias für geraten hielten, nach Genf auszuwandern. Nachdem er seinen akademischen Grad erworben und zwölf Jahre Fellow des Merton College gewesen war, war er auf Reisen nach Deutschland, Frankreich und Italien gegangen und hatte als Diplomat Karriere gemacht. Bodley hatte sich vor kurzem aus dem Staatsdienst zurückgezogen, nachdem er acht Jahre englischer Gesandter in den Niederlanden war, wo er gewiß die 1594 eröffnete Universitätsbibliothek von Leiden besucht hatte. Leidens Vorbild beeinflußte viele seiner eigenen Bibliothekspläne und hat ihn vielleicht zu seinem Angebot an den Vice-Chancellor angeregt. Wenn die holländische Universität sich nach kaum zwanzigjährigem Bestehen schon einer öffentlichen Bibliothek rühmen konnte, war es einer so alten Gründung wie Oxford geradezu unwürdig, keine zu haben. Das mag Thomas Bodley gedacht haben.

Der Rat der Universität trat am 2. März 1598 zusammen und nahm seinen Vorschlag an. Die Arbeit wurde sofort aufgenommen; die Wiederherstellung des Raumes war 1600 beendet, aber die Suche nach Büchern ging weiter.

Bodley erkannte, wie wichtig es war, gleich zu Anfang einen guten Eindruck auf Förderer zu machen, und verschob deshalb die offizielle Eröffnung bis zum 8. November 1602, als die Regale gefüllt mit gewichtigen Folianten dastanden und die Sammlung 299 Handschriften und 1700 gedruckte Bücher umfaßte. Zwei Jahre darauf wurde Bodley von Jakob I. in den Ritterstand erhoben und die Bibliothek nach ihm benannt. Im ersten gedruckten Katalog von 1605 waren rund sechstausend Bände verzeichnet, und die Sammlung wurde im wesentlichen als vollständig betrachtet.

Die Fenster in Duke Humphrey's Library zwangen Bodley, die mittelalterliche Anordnung der Pulte ausgehend von den Wänden beizubehalten, aber an Stelle der Pulte übernahm er das neue, vermutlich erstmals 1590 in Merton College eingeführte Regalsystem, das sehr viel mehr Bücher aufnahm. Jeder doppelseitige Tisch trug drei Regale mit angeketteten Folianten, der Buchschnitt nach außen gekehrt und mit Lederbändern verschlossen, die der Leser wieder zuknüpfen mußte, wenn er das Buch zurückstellte. Die Bände waren alphabetisch nach Autoren in vier Abteilungen geordnet. Die Theologie nahm alle Regale auf der Südseite ein; Medizin, Rechtswissenschaft und die Freien Künste, mit Mathematik, Geschichte, Philosophie und allem übrigen, die auf der Nordseite. Handschriften und gedruckte Bücher waren miteinander aufgestellt, so daß sie bequem im gleichen Leseraum benützt werden konnten. Der Zugang zu den Folianten war frei, und die Leser konnten sich nach einer Liste orientieren, die am Ende jedes Regals hing. Zur Benutzung der Oktav- und Quartbände mußte man sich an den Keeper oder seinen Vertreter wenden; sie waren anfänglich in Wandschränken am Ostende untergebracht – wo sich heute die Bibliotheksräume befinden –, später, als sie zahlreicher wurden, auf einer Galerie am gegenüberliegenden Ende. Bücher von besonderem Wert standen in zwei verschlossenen Schränken, den sogenannten »Archives«, »Grated Places« oder »hutche«, und durften nur durch den Keeper persönlich ausgehändigt werden. Die Decke war bunt ausgemalt, mit Bodleys Wappen auf den Balkenschnittpunkten und dem Universitätswappen auf jeder Deckenkassette: ›Dominus illuminatio mea‹ – eine geeignete Formel für des Begründers Glauben an die Kraft, welche die Gelehrsamkeit aus der Frömmigkeit und der Glaube wiederum aus der Wissenschaft gewinnen könne.

Die Statuten verlangten vom Bibliothekar, daß er Graduierter und Philologe sein müsse, »durch Heirat nicht behindert«. Zur Erklärung wurde hinzugefügt, daß »die Heirat zu sehr mit häuslichen Belastungen verbunden sei«, um ihm Zeit für Pflichten zu lassen. Thomas James jedoch, Bibliothekar von 1600 bis 1620, drohte mit seinem Rücktritt, wenn man für ihn die Pflicht zur Ehelosigkeit nicht aufhöbe. Widerstrebend willigte Bodley ein. Die beiden teilten dieselben strengen protestantischen Überzeugungen und paßten gut zueinander. Obwohl der Gründer freimütig James' Katalogisierungssystem, seine schleppende Beantwortung der Briefe und selbst seine Handschrift tadelte, behandelte er ihn höflich, ja mit Zuneigung. Zunächst ganz auf sich selbst gestellt, wurde James 1610 zu seiner Entlastung ein Under-Keeper an die Seite gestellt, »um dem Keeper Muße für sein privates Studium und Denken zu geben«, dazu eine weitere Hilfskraft, »um Bücher und Einrichtung abzustauben und sauberzuhalten«.

Sir Thomas Bodley verließ sich für die Beschaffung der Bücher vor allem auf private Gönner. Obwohl er eine beträchtliche Anzahl von Handschriften von der St. George's Chapel in Windsor und von der Kathedrale in Exeter erhielt, richtete sich sein Hauptappell an den Landadel. Wie heute die ehemaligen Studenten von Harvard oder Yale wurden sie hartnäckig wegen

Habsucht, aus ›The Mirroure of the Worlde‹ (England 15. Jh.), Geschenk von Robert Barker, the King's printer, 1604.

Bodleian Library, aus David Loggan ›Oxonia illustrata‹, 1675. OBEN *Arts End mit Globen von Sir Thomas Bodley zu Seiten des Eingangs zu Duke Humphrey's Library.* UNTEN *Selden End mit Seldens Büchern in den unteren Regalen und den Handschriften von Barocci, Digby und Laud auf der Galerie.* GEGENÜBER *Majnun schließt mit wilden Tieren Freundschaft, von Dhanun. Diese Handschrift von Nizamis persischem Liebesgedicht von Laila und Majnun wurde im späten 16. Jh. in Indien illustriert. Sie wurde 1952 von der Bodleian Library erworben.*

Spenden umworben, mit Dankschreiben der Universität und Eintragung in die Spendenlisten – und sie reagierten nobel. Von den gelehrten Freunden des Gründers spendeten Beiträge William Camden, Sir Henry Savile, Sir Walter Raleigh, Lord Lumley und Sir Robert Cotton. Die Stiftungen wurden durch Ankäufe bei zwei Londoner Buchhändlern, John Norton und John Bill, ergänzt und zum Teil aus Bodleys Geldbeutel finanziert, zum Teil aus Geldzuwendungen und durch den Verkauf von Dubletten. Viele Bücher wurden auf der Frankfurter Buchmesse erstanden, andere auf Einkaufsreisen John Bills nach Paris, nach Sevilla und durch Norditalien bis hinunter nach Rom. Als besonders ergiebig erwies sich Venedig.

Bodley traf die Wahl der Bücher selbst. Einer der wenigen Titel, die sowohl in seiner Bibliothek als auch in denen moderner Liebhaber elisabethanischer und Stuart-Literatur, wie Henry Clay Folger und Henry E. Huntington, zu finden sind, sind Chaucers ›Workes‹ von 1561. Eine Vorliebe hatte er für auf dem Kontinent gedruckte Folioausgaben, besonders aus Basel, Venedig, Paris und Antwerpen. Fünfundneunzig Prozent waren in lateinischer Sprache von sowenig bekannten und gelehrten Autoren wie Borrhaeus, Mollerus, Farinaceus und Velosillus, mit denen sich Folger und Huntington kaum abgegeben haben würden. Die nächste bevorzugte Sprache war das Italienische, dann folgten das Französiche, Spanische, Griechische, Hebräische und schließlich das Englische. Die Naturwissenschaften und die Geographie waren gut mit Werken von Kopernikus, Tycho Brahe, Ortelius und Mercator vertreten. In der Literatur war das anhaltende Prestige der florentinischen Renaissance und der Einfluß der eigenen Reisen in Italien offensichtlich. Es gab vier Exemplare von Dantes ›Göttlicher Komödie‹ gegenüber nur je zwei von Homer und Euripides; von Boccaccio waren das ›Decamerone‹ und ›Filocolo‹ vorhanden, doch weder Spenser noch Skelton; wohl Guarinis ›Pastor Fido‹ und Juan de Menas ›Obras‹, aber weder Ronsard noch Villon. In der Bibliothek gab es weder Shakespeare noch andere englische Dramatiker,und in einem berühmten Brief an Thomas James

The feuerall Notorious and levvd Cousnages of IOHN VVEST, and ALICE WEST, falsely called the King and Queene of Fayries.
Practised very lately both in this Citie, and many places neere adioyning, to the impouerishing of many simple people, as well Men as Women: Who were Arraigned and Conuicted for the same, at the Sessions House in the Old Bayly, the 14. of Ianuarie, this present yeare, 1613.
Printed at London for Edward Marchant, and are to be sold at his shop ouer against the Crosse in Paul's Church-yard. 1613.

A MASTIF WHELP with other ruff-Island-lik Currs fetcht from amongst the Antipedes.
Which bite and barke at the fantasticall humorists and abusers of the time.
Imprinted amongst the Antipedes, and are to bee sould, where they are to be bought.

AUF BEIDEN SEITEN *Flugblätter, aus dem Vermächtnis von Robert Burton, 1640.*

drückte der Gründer seine Entschlossenheit aus, solche »riffe raffe bookes« nicht zuzulassen.

Es wurde manches unternommen, Bücher in orientalischen Sprachen zu kaufen. So war die Rede davon, einen Gelehrten in die Türkei zu entsenden, um dort hebräische und arabische Bücher aufzustöbern, und 1606 befanden sich unter den Erwerbungen einige in Chinesisch. Aber im Unterschied zu seinen Vorgängern und Zeitgenossen auf dem Kontinent waren Bodley griechische Handschriften verhältnismäßig gleichgültig. Der Grund hierfür ist vielleicht wieder in seinen Erfahrungen in den Niederlanden und im Vorbild des großen Orientalisten Joseph Justus Scaliger in Leiden zu suchen.

Die Bibliothek wurde von ihrem Gründer in erster Linie als eine Sammlung protestantischer Theologie angesehen. Das schloß die Werke gegnerischer Lehren nicht aus. Zu ihrer Lektüre mußte jedoch (jedenfalls im Jahre 1620) die Erlaubnis des Vice-Chancellor und des Regius Professor of Divinity eingeholt werden. Dennoch stand die theologische Sammlung von Fernão Martins Mascarenhas, Bischof von Faro und späterem Großinquisitor von Portugal, auf den Regalen, ein Geschenk des Earl of Essex, der sie bei der Einnahme von Cadiz erbeutet hatte. Und Jakob I. schüttelte den Kopf über die Aufnahme eines Exemplars von Robert Gaguins Verteidigung des Dogmas von der Unbefleckten Empfängnis (De puritate conceptionis Virginis Mariae, Paris 1498) und wünschte, daß solche bedenklichen Werke gänzlich unterdrückt würden. »The Publique Librarie in the Vniversitie of Oxford« war Bodleys Bezeichnung für seine Gründung. Die allgemeine Zugänglichkeit war von Beginn an beabsichtigt. Graduierte waren ebenso zur Benützung berechtigt wie (eine sehr englische Anordnung) »die Söhne der Lords«, während jeder »ausländische Gentleman« die Genehmigung auf entsprechenden Antrag erhalten konnte. Der erste ›Extraneus‹, der am 15. Februar 1603 zugelassen wurde, war ein Franzose, andere Benutzer vor 1620 waren Spanier, Italiener, Juden und ein Äthiopier, aber besonders anziehend waren die Bestände der Bodleian Library für Studierende aus dem protestantischen Norden, aus Deutschland und Skandinavien. Als einer von ihnen, ein junger Norweger aus Bergen namens Ludvig Holberg, zwischen 1706 und 1708 in ›Duke Humphreys Room‹ arbeitete, überkam ihn zum ersten Mal der Gedanke, »wie erstrebenswert und ruhmvoll es sein würde, unter diesen Verfassern einen Platz einzunehmen«. Er sollte der ›Vater der dänischen und norwegischen Literatur‹ werden und gesagt haben, daß er Dänemark ohne Bücher vorfand und es als eine einzige Bibliothek verließ.

Sir Thomas Bodley stattete seine Gründung mit Grundbesitz bei Maidenhead und in London aus, um mit den Einkünften die Gehälter des Personals und andere Unkosten sowie den Kauf ausländischer Bücher dekken zu können. In den letzten drei Jahren seines Lebens traf er weitere Maßnahmen zur Vergrößerung der Bibliothek. Im Jahre 1610 erklärte sich die Stationer's Company mit der Lieferung eines Exemplars jedes neuen von ihren Mitgliedern gedruckten Buches einverstanden. Das war eine Vereinbarung, die durch mehrere Urheberrechts-Gesetze bestätigt wurde. Damit erhielt die Bodleian als eine der sechs Bibliotheken auf den britischen Inseln das Recht auf ein Pflichtexemplar. Zwischen 1610 und 1612 wurde am östlichen Ende von Duke Humphreys Room ein Trakt angebaut, so daß die Grundrißform eines T entstand. Der Name ›Arts End‹ weist darauf hin, daß der Anbau dazu bestimmt war, die wachsende Zahl der Bücher aus den Freien Künsten und den Geisteswissenschaften aufzunehmen sowie alle Oktav- und Quartbände. Erneut erwies sich Bodley als ein Neuerer, als er diesen Raum mit Wandregalen ausstattete, deren obere Fächer von einer Galerie aus erreichbar waren – eine Anordnung, die bis dahin nur die Ambrosiana kannte.

Sir Thomas Bodley starb 1613 und wurde mit öffentlichen Ehren in der Kapelle von Merton College beigesetzt. Zwei Sammlungen von Trauergedichten feierten die Tugenden des verstorbenen Wohltäters, meist in lateinischer Sprache. Auch Robert Burton steuerte Dankesverse bei:

Where erstwhile Chaos and thick darkness reigned,
And moth and wood-worm barbarous sway maintained;
Where far aloft their webs the spiders threw,
And all was foul and filthy to the view,
Now from gilt beam and painted roof there falls
New fretted light on Bodley's noble halls:
The well-bound volumes shine in goodly rows;
Each Muse her own appointed alcove knows,
And is herself again, through Bodley's care,
While what belonged to one now all may share.

Im Jahrhundert nach Bodleys Tod erlebte die Bibliothek viele Veränderungen. In einem Gegenstück zu ›Arts End‹ wurde Duke Humphrey's Room zum zweiten Mal erweitert. Damit verwandelte sich der Grundriß vom T zum H. Obwohl der neue Trakt den Namen ›Selden End‹ erhielt, beherbergte er neben den Folianten des Rechtsgelehrten und Orientalisten John Selden die griechischen Handschriften, die Giacomo Barocci in Venedig zusammengebracht hatte und der Universität von ihrem Kanzler, dem Earl of Pembroke, geschenkt worden waren, außerdem Erzbischof Lauds umfangreiche Stiftung früher Handschriften, von denen viele aus Würzburg und anderem geistlichen Besitz 1631 von den Schweden auf ihrem Siegeszug durch Süddeutschland erbeutet worden waren. Über den Regalnischen im ursprünglichen Lesesaal wurden Galerien gebaut, um eine Stiftung von Bischof Barlow aufzunehmen. Infolgedessen wurde das auf dem Unterbau lastende Gewicht so groß, daß 1700 kein geringerer Architekt als Sir Christopher Wren geholt werden mußte, um den Zusammenbruch des ganzen Gebäudes zu verhindern. Zu den Beständen von ›Arts End‹ kamen die Sammelbände mit Theaterstücken aus dem Vermächtnis Robert Burtons hinzu. Doch kann leider nicht nur von Zuwachs die Rede sein. Sir Thomas Anweisungen über die Abstoßung von Dubletten betrafen nicht nur Zweitexemplare gleicher Ausgaben, sondern auch überholte Ausgaben des gleichen Werkes. So wurde die erste Folio-Ausgabe der Werke Shakespeares nach dem Erscheinen des dritten Folio vom Jahre 1664 als überflüssig ausgeschieden; das First Folio, eine der größten Seltenheiten des Büchermarkts, konnte erst 1906 wieder beschafft werden. Der zweistöckige Bau von Schools Quadrangle, an den Duke Humphrey's Library anstößt, wurde aus Mitteln, die der Gründer für diesen Zweck hinterlassen hatte, aufgestockt und mit einem Fries von Gelehrten- und Dichterportraits ausgeschmückt. Da dieser Zuwachs als Platzreserve für die weitere Ausdehnung der Bibliothek gedacht war, blieb der Raum ein Jahrhundert hindurch von Büchern frei und nahm die Bodleysammlungen von Münzen und Bildern auf. Die Hauptsehenswürdigkeiten waren in Anatomy School aufgestellt und konnten gegen ein Trinkgeld für den Pförtner besichtigt werden: der Lammfellmantel des russischen Zaren, ein Krokodil aus Jamaica, ein irischer Schädel, ein im Severn gefangener Wal, eine Mumie und der getrocknete Leichnam eines Negerknaben.

Am Ende dieser kleinen Geschichte der Bodleian sei noch erwähnt, daß die Bibliothek zwischen 1780 und 1860 durch große Ankäufe und Stiftungen von Inkunabeln, Klassiker-Erstausgaben und illuminierten Handschriften

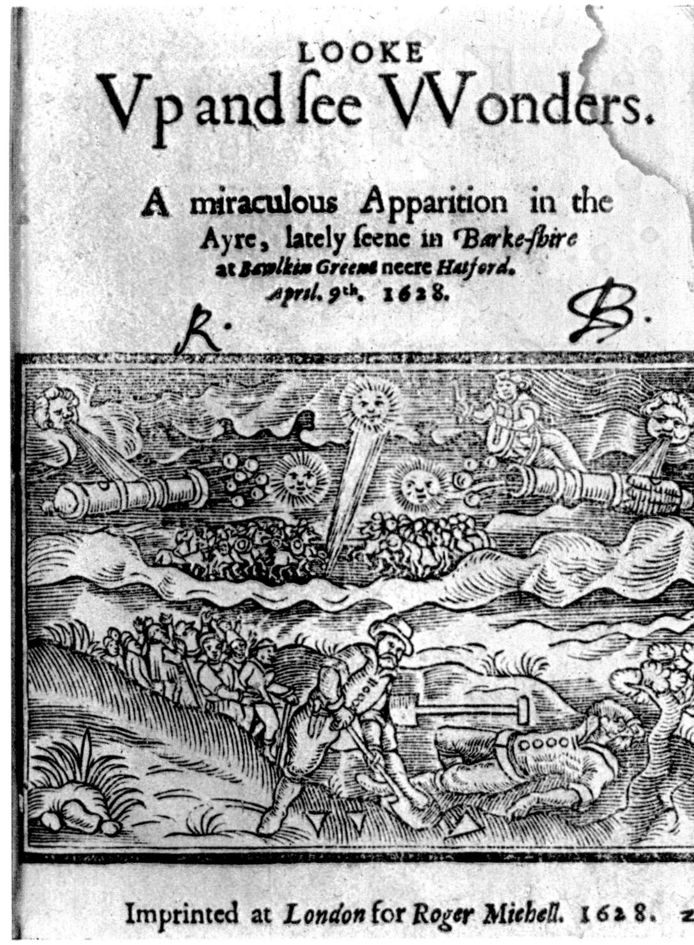
LOOKE
Vp and see VVonders.
A miraculous Apparition in the Ayre, lately seene in Barke-shire at Bawlkin Greene neere Hatford. April. 9th. 1628.
Imprinted at London for Roger Michell. 1628.

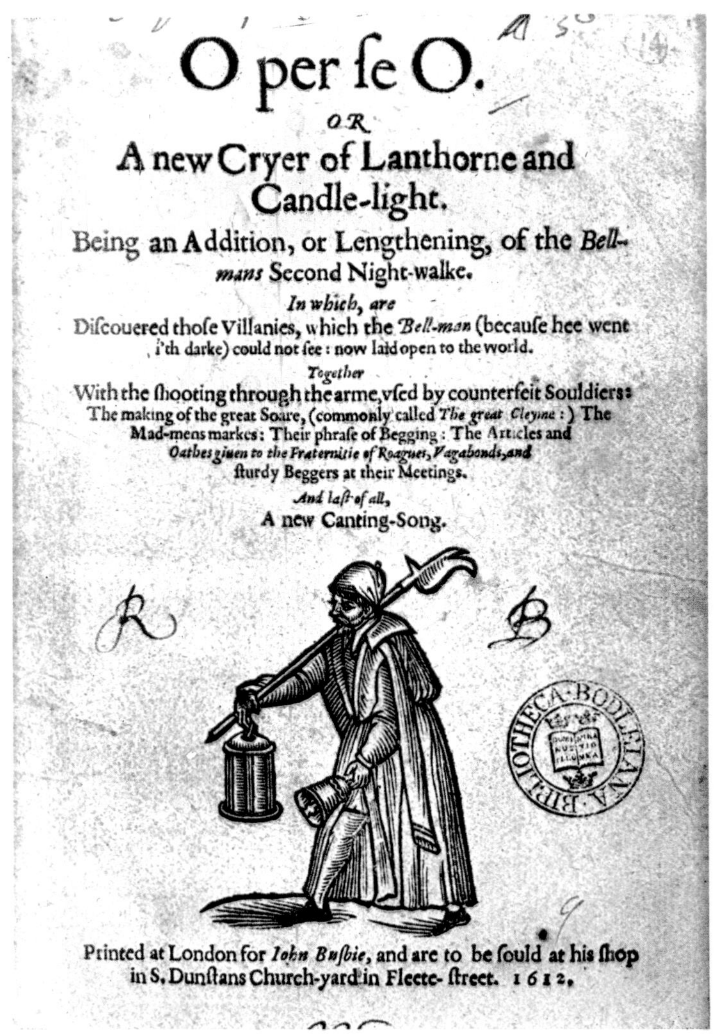
O per se O.
OR
A new Cryer of Lanthorne and Candle-light.
Being an Addition, or Lengthening, of the Bell-mans Second Night-walke.
In which, are
Discouered those Villanies, which the Bell-man (because hee went i'th darke) could not see: now laid open to the world.
Together
With the shooting through the arme, vsed by counterfeit Souldiers: The making of the great Soare, (commonly called The great Cleyme:) The Mad-mens markes: Their phrase of Begging: The Articles and Oathes giuen to the Fraternitie of Rogues, Vagabonds, and sturdy Beggers at their Meetings.
And last of all,
A new Canting-Song.
Printed at London for Iohn Busbie, and are to be sould at his shop in S. Dunstans Church-yard in Fleete-street. 1612.

Memore de saint georgr. ā.
Georgi martir inclite te decet laus
et gloria predotatum milicia p quē

bereichert wurde, wobei die letzteren ja gern als Maßstab für das Niveau einer Sammlung angesehen werden. Das ganze Schools Quadrangle ist verschluckt, die von James Gibbs 1737–47 errichtete Radcliffe Camera aufgesogen worden,und ein großer neuer Anbau ist aufgeschossen. Die jetzigen Bestände umfassen vier Millionen gedruckte Bücher, über vierzigtausend Handschriften und achtzehntausend Urkunden und Rechtsdokumente. In einzigartig erfolgreicher Weise ist es der Bodleian gelungen, Geschichte und Überlieferung mit den Aufgaben einer schnell wachsenden modernen wissenschaftlichen Bibliothek zu verbinden.

OBEN *Bodleian Gemäldegalerie im Jahre 1829, Aquarell von J. M. Whessell.* GEGENÜBER *Der hl. Georg mit dem Drachen; aus einem Stundenbuch, Normandie, 15. Jh., einer Überlieferung zufolge aus dem Besitz des Königs Heinrich* VII.

Trinity College DUBLIN

OBEN *Das 1732 vollendete Bibliotheksgebäude mit dem Denkmal des Historikers W. E. H. Lecky.* GEGENÜBER *Der große Bibliotheksaal. Die gewölbte Holzdecke stammt aus dem 19. Jh., die Büsten standen ursprünglich auf den Balustraden der Galerie.*

Das Trinity College in Dublin wurde 1592 durch königliches Privileg Königin Elisabeths I. mit der Bestimmung gegründet, »Körperschaft und Pflanzstätte wahrer Bildung in diesem rauhen, verödeten und unwissenden Land« zu sein oder, in anderen Worten, Mittelpunkt des Protestantismus und englischer Gesinnung in Irland. Die ersten Studenten wurden 1594 zugelassen. Doch zuerst waren keine Mittel für Bücher vorhanden, und noch sechs Jahre später bestand die Bibliothek aus nur zweiundvierzig Werken. Dann stand eine Summe von sechshundert Pfund zur Verfügung, die den jährlichen Einkünften des College entsprach; sie war nach altem Brauch von Offizieren der englischen Armee in Irland zusammengebracht worden. Im Juni 1601 kam Dr. Luke Chaloner, Kanonikus von St. Patrick's Cathedral und einer der ersten drei Fellows des College, zum Einkauf von Büchern nach London. Es folgten weitere Einkaufsreisen nach London: 1603 gemeinsam von Chaloner und James Ussher, einem der Scholars aus der Gründungszeit des College, 1608 von Provost Alvey, und das Jahr darauf wiederum von Chaloner und Ussher. Vier Jahre später berichtete Ussher, abermals in London, von der Absendung einer Ladung im Werte von zwanzig Pfund und fragte an, ob für Sir Henry Saviles Ausgabe der Werke des hl. Johannes Chrysostomos (Eton 1610–12) ein Stifter gefunden werden könne, weil die Kosten von neun Pfund die Mittel von Trinity College überstiegen.

Der nächste, der für die Sammlung Interesse zeigte, war der Provost William Bedell (1627–29). Er fand im College vieles reformbedürftig: »die Verwahrlosung von Halle und Kapelle, die affektierte Kleidermode, die langen Haare, die Rüschen und Krausen«. Das Amt des Bibliothekars, das zuerst von James Usshers Bruder Ambrose, einem ausgezeichneten Hebräisten und Arabisten, ausgeübt wurde, war zu einer Gelegenheitsarbeit herabgesunken, die jedes Jahr von einem anderen jungen Fellow übernommen wurde. Bedell verlangte, der Inhaber dieses Postens müsse »genügsam, häuslich, den Studien ergeben und ein Freund der Bücher« sein und überredete einen Senior Fellow, die Aufgabe für ein Gehalt von sechs Pfund im Jahr zu übernehmen. Er legte die Statuten fest, die bis dahin »aus ein paar locker zusammengehefteten Blättern bestanden, zum Teil in Englisch, zum Teil in Lateinisch, und alles in Unordnung«. Er arbeitete eine regelrechte Bibliotheksordnung aus. Die Bibliothek sollte täglich vier Stunden geöffnet sein; den Senior Fellows wurde ein Schlüssel bewilligt, doch mußten sie öffentlich schwören, jedes ausgeliehene Buch in eine Liste einzutragen und innerhalb von zwei Wochen zurückzugeben; Nachschlagewerke, die ständig benutzt wurden, durften nicht mitgenommen werden. Wenn ein Band vermißt wurde, sollte eine strenge Kontrolle in den Arbeitsräumen und in den Schlafsälen der Undergraduates

oo
nn
mm
ll
kk
ii
hh
gg

stattfinden. Dieses Verfahren wurde wahrscheinlich nur einmal durchgeführt, als man 1793 einen Bachelor of Arts dabei ertappte, als er Bücher aus der Bibliothek am Hafen verkaufte.

Wahrscheinlich war es auch auf Bedells Initiative zurückzuführen, daß eine Reinschrift des Bibliothekskatalogs angelegt wurde, der von Ambrose Ussher begonnen und in den die Neuerwerbungen fortlaufend eingetragen worden waren. Es war die Praxis in Dublin, wie Bedell damals James Ussher klagte, »Rechtswissenschaft und Medizin zu vernachlässigen und sich nur um den Unterhalt eines ärmlichen College von Theologen zu kümmern«. Bei der Auswahl der Bücher überwog die Theologie, die allein zwölf Schränke gegenüber zehn für alle anderen Gebiete einnahm. Wie in Oxford überwogen lateinische Drucke aus dem Ausland. Kaum ein Buch, abgesehen von Grammatiken und Wörterbüchern, war in einer anderen lebenden Sprache als in Englisch vorhanden, auch die nachantike Literatur suchte man vergebens – mit der einzigen Ausnahme von Chaucers ›Workes‹ (1598). Der Gesamtbestand betrug über siebentausend Bände.

Die Bibliothek bestand aus zwei Räumen, die offenbar durch Treppen verbunden waren (da von einer »oberen« und einer »unteren« Bibliothek berichtet wird), durch eine normalerweise abgeschlossene Tür voneinander getrennt. Ein gewisser Mr. Frith wurde 1611, als er in einem Anfall von Ungeduld die Tür hatte aufbrechen wollen, mit einer Woche Ausschluß aus der Hall bestraft. Die Bücher standen mit dem Schnitt nach außen in zweiundzwanzig Schränken, die mit Pulten verbunden waren. Sie waren nicht angekettet und konnten ausgeliehen werden; ein System, das zu vielen Verlusten und Beschwerden führte. So fand der Kanonikus von St. Owen's im Kloster der Dubliner Franziskaner acht Bände und verlangte, »daß von nun an der Provost wie die Fellows darauf sehen sollten, daß kein papistischer Priester oder Jesuit Zutritt zur Bibliothek des College haben sollte«. Nur der Provost sowie die Fellows und die Bachelors der Theologie hatten freien Zugang zu den Regalen. Anderen Lesern wurden die Bücher in einen äußeren Raum gebracht, der mit vier holländischen Tischen, einer Reihe von Landkarten, zwei Globen und einem Skelett »in einem Seidenkostüm« ausgestattet war. Da vor 1700 nicht mehr als dreizehn Studenten in Medizin einen akademischen Grad erwarben, war das Skelett vermutlich mehr als ›Memento mori‹ denn als Unterrichtsobjekt gedacht. Vor Ende des Jahrhunderts wurde es durch eine noch größere Kuriosität ersetzt: »die Haut eines gewissen Ridley, eines notorischen Tory . . . gegerbt und mit Stroh ausgestopft«.

Im Jahre 1661 erhielt das College seinen bedeutendsten Zugang, die Bibliothek ihres einstigen Professors der Theologie, James Ussher (1581–1656), Erzbischofs von Armagh, Primate der Church of Ireland, eines Wissenschaftlers außergewöhnlicher Gelehrsamkeit und Intelligenz. Seine Sammlung enthielt fast siebenhundert Handschriften, meist über seine Spezialgebiete: Bibelkritik, kirchliches Altertum, Geschichte und Zeitrechnung. Viele hatten englischen Klöstern vor der Aufhebung (1539) gehört – Klöstern wie Fountains, Rievaulx, St. Alban's, St. Augustine's in Canterbury und anderen. Syrische und arabische Fassungen der Heiligen Schrift, als Textzeugnisse hochgeschätzt, waren aus der Levante durch einen englischen Kaufmann in Aleppo und einen Professor von Uppsala mit Verbindungen in Konstantinopel erworben worden. Handschriften der Waldenser, der ketzerischen Bauernbewegung in den Westalpen, die ein reformiertes Christentum vertreten hatten, spiegelten das Interesse des Erzbischofs für dissidentische Bewegungen in der römisch-katholischen Kirche, Werke von Galilei und Kepler und die Manuskripte von John Bainbridge, Savilian Professor in Oxford, Usshers

LINKS *Illustrationen aus der Lebensbeschreibung St. Albans von Matthew Paris, vor 1240 teilweise von ihm selbst geschrieben und mit Zeichnungen versehen. Oben: Offa, König des angelsächsischen Königreiches Mercia, zieht gegen die Westsachsen zu Felde; unten: der Standort für St. Albans Abbey wird gerodet.*
OBEN *Markus bei der Niederschrift des Evangeliums. Aus einem Neuen Testament und Psalter des 12. Jhs., das im 15. Jh. Winchcombe Abbey, Gloucestershire, gehörte und später in den Besitz von Heinrich* VIII. *kam.*

Interesse für Mathematik und Astronomie. Er verfolgte die Berichte über neuentdeckte Völker und Erdteile, wie sie in Richard Hakluyts ›Voyages‹, Samuel Purchas' ›Purchas his pilgrimes‹, Lopes ›Report of the Kingdom of Congo‹ (1597) und John Smiths ›A Map of Virginia‹ (Oxford 1612) beschrieben wurden. Zudem besaß er, mehr oder minder zufällig, einige Werke der englischen Literatur: zwei Handschriften von ›Piers Plowman‹, eine Sammlung der Tudor-Lyriker Wyatt und Surrey und die Antwerpener Ausgaben von Caxtons ›History of Jason› und ›Hystorye of Paris and of the fayre Vyenne‹.

Usshers Bibliothek hatte europäischen Ruf, und ihr Schicksal wurde nach seinem Tode eine Sache der hohen Politik. Sowohl Kardinal Mazarin als auch Friedrich III. von Dänemark waren offenbar auf ihren Erwerb aus, aber Cromwell intervenierte, um den Verkauf zu verhindern. Einige dunkle Transaktionen folgten und endeten mit der unwahrscheinlichen Ankündigung,

OBEN *Die Bibliothek im Jahre 1794; aus James Malton ›A picturesque and descriptive view of the city of Dublin‹*
GEGENÜBER *William Caxton ›The veray trew history of the valliant knight Jason‹ (G. Leeu, Antwerpen 2. Juni 1492). Aus der Sammlung des Erzbischofs Ussher.*

daß die Armee den Kaufpreis von zweitausendzweihundert Pfund aus ihren Soldrückständen bezahlt habe. Die Bücher wurden nach Irland verschifft, um eine geplante öffentliche Bibliothek in Dublin auszustatten. In diesem Stadium wurde die schwache Flamme des offiziellen Interesses immer müder und verlosch schließlich ganz. Als das irische House of Commons 1661 erfuhr, daß die Sammlung immer noch in Dublin Castle lagerte, ordnete sie ihre Überführung ins Trinity College an.

Die Bibliothek dürfte 1651 in ein neues Gebäude übersiedelt sein; oder, wenn nicht, wurde sie doch umgebaut (vielleicht um den Zustrom von Büchern aufzunehmen, die in katholischen Klöstern konfisziert worden waren) und durch zwei eichene Treppenhäuser verschönert, ein Geschenk von Henry Jones, Vice-Provost und späterem Bischof von Meath. Die Unterbringung der Ussher-Sammlung erforderte weitere Veränderungen; es wurde ein weiterer Raum mit Neuerwerbungen hinzugefügt, bekannt als ›Bibliothek der Countess of Bath‹, da der erste Ankauf 1671 aus ihrer Stiftung von 200 Pfund hatte bestritten werden können. Im frühen achtzehnten Jahrhundert waren alle diese Gebäude hoffnungslos überfüllt, und so wurde der kühne Entschluß gefaßt, eine neue Bibliothek großen Stils zu erbauen. Thomas Burgh, Chefingenieur und Generalinspektor des Festungswesens, »der erste unbestreitbar und unverwechselbar irische Architekt« (Craig), entwarf den Bau. Er kostete zwanzigtausend Pfund und brauchte zu seiner Fertigstellung zwanzig Jahre (1712–1732). Aus Sandstein in warmem Farbton (der hinter der jetzigen Fas-

The veray trew history of the valiaũt knight Jasõ

How he conqueryd / or wan the golden fles. by the Counsel of Medea. and of many othre victoryouse and wondrefull actis and dedys that he dyde by his prowesse and cheualrye in his tyme . : .

sade von Portland-Stein verborgen ist) wurde er ursprünglich von einer Reihe offener Arkaden getragen, welche die Bücher vor dem feuchten Untergrund schützen sollten, eine Vorkehrung, die Wrens Bibliothek in Trinity College in Cambridge nachgeahmt war und die er mit Gibbs Radcliffe Camera teilte. Der zweistöckige Long Room mit seiner Galerie erhielt sein Licht durch zweiundachtzig Fenster; er bot Raum für einhunderttausend Bände und war erst nach mehr als hundert Jahren ganz gefüllt.

Drei große Neuerwerbungen trugen dazu bei: die Sammlung von dreizehntausend Bänden aus der Schenkung des Vice-Provost Dr. Claudius Gilbert von 1736, die Bibliothek des niederländischen Staatsmannes Greffier Fagel, die 1802 für zwanzigtausend Pfund gekauft wurde, gerade bevor sie bei Christie hätte zur Auktion kommen sollen, und die anspruchsvoll zusammengestellte Bibliotheca Quiniana, das Vermächtnis von Henry George Quin vom Jahre 1805.

Gilbert sammelte Drucke des 16. Jahrhunderts (besonders von Aldus Manutius und den Estiennes) und besaß Inkunabel-Ausgaben der antiken Klassiker, Widmungsexemplare des Danziger Astronomen Hevelius an Ismael Bulliaud von Laon und viele Bücher aus der Auflösung der Bibliotheken von Colbert und des Kardinals Loménie de Brienne. Doch seine Hauptstärke waren nicht Raritäten, sondern die Gesamtausgaben und die gelehrten Kompilationen, die damals weit mehr kosteten als Caxton-Drucke oder Erstausgaben: Werke wie Montfaucons ›L'Antiquité expliquée‹ (1719) in zehn Bänden und De la Bignes ›Maxima bibliotheca veterum patrum‹ (Lyon 1677) in siebenundzwanzig Bänden. Seine Kaufnotizen zeigen, daß er den höchsten Preis, 67 Pfund 5 Shilling, für Rymers ›Foedera‹ (1701–17) zahlte und seine beiden Grolier-Einbände für 17 Shilling Sixpence und für 15 Shilling kaufte.

Die Fagel-Bibliothek war das Ergebnis eines Jahrhunderts exquisiter Amsterdamer Buchauswahl, bemerkenswert wegen der großen Sammlung von Landkarten, europäischer Topographie und Ansichten, obwohl für das College ihre zehntausend politischen Flugschriften die Hauptattraktion gebildet haben dürften. Das traditionelle holländische Interesse am Gartenbau bewies sich in Luxusausgaben botanischer Werke, mit kolorierten Bildtafeln und goldgeprägten Titeln, und in Blumenbüchern von Nicolas Robert und den Tulpenbüchern eines einheimischen Künstlers mit Angabe der Preise, die während der Zeit des Tulpenfiebers für Semper Augustus und andere Züchtungen gezahlt wurden.

Henry George Quins Stiftung unterschied sich von jeder anderen, die Trinity College jemals erhalten hatte. Seine Bücher – insgesamt nur 108 Titel – waren nicht aus Bildungsdrang gekauft worden, sondern um bewundert und als Kunstwerke genossen zu werden. Fast alle waren Werke der Literatur

LINKS *Die hl. Maria Magdalena durchbohrt Christi Herz mit den Pfeilen ihrer Liebe; aus einem von den Augustinerinnen des Klosters St. Agnes in Delft geschriebenen und ausgeschmückten Missale, 1459-60.* GEGENÜBER *Der Astronom und sein Gehilfe; aus Johannes Hevelius ›Machina coelestis‹, Danzig 1673. Widmungsexemplar des Autors für Ismael Boulliau von Laon.*

Fig. N.
A Stech Delin.

(mehr als Zweidrittel in Lateinisch oder Italienisch, nur vier in Englisch) und jeder einzelne war wegen seiner Typographie, seiner Illustrationen oder seines Einbandes bemerkenswert. Er besaß die Dante-Ausgabe aus Foligno (1472), Aldinen auf Pergament und auf blaugetöntem Luxuspapier, ein Pergamentexemplar von Kaiser Maximilians ›Teuerdank‹ (1517), Renaissance-Einbände für Jean Grolier und Thomas Mathieu sowie zeitgenössische Einbände von Roger Payne und Derome. Seine Sammlung und Fagels Bücher

UNTEN *Jacea Lusitanica, botanische Zeichnung von Nicolas Robert für Ludwigs* XIV. *Minister Colbert.* GEGENÜBER *Eine Schmuckseite aus dem ›Book of Durrow‹; northumbrische Buchmalerei des späten 7. Jhs.*

PORTIO MEA DO
MINE SIT IN
TERRA VI
VENTI
UM.

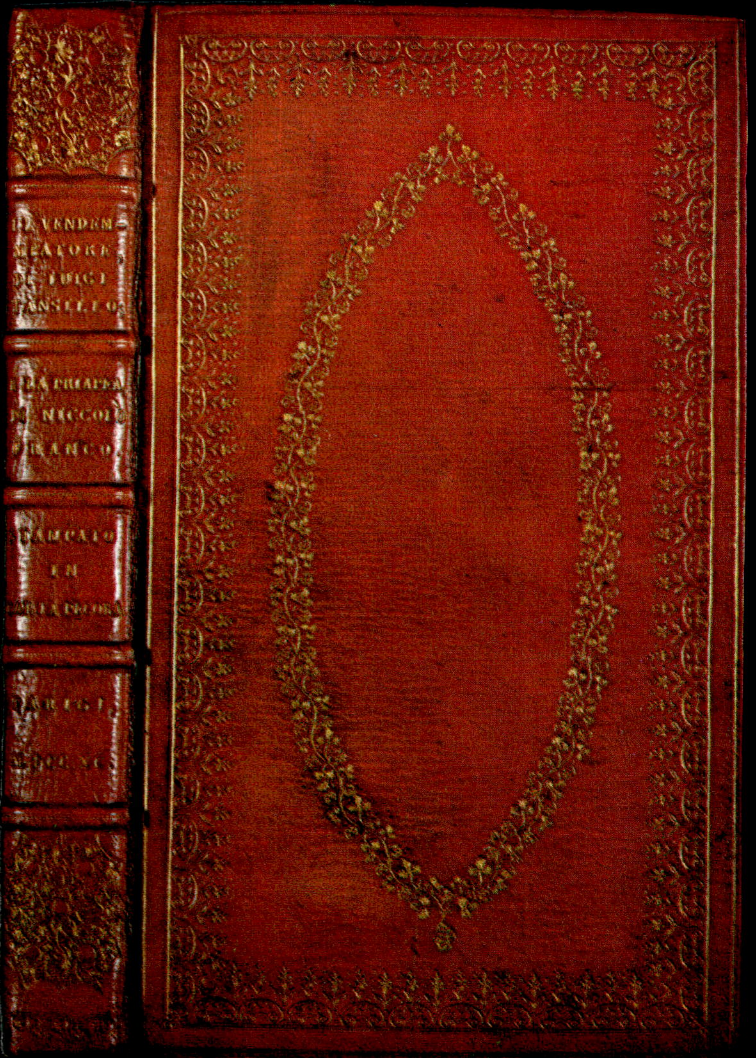

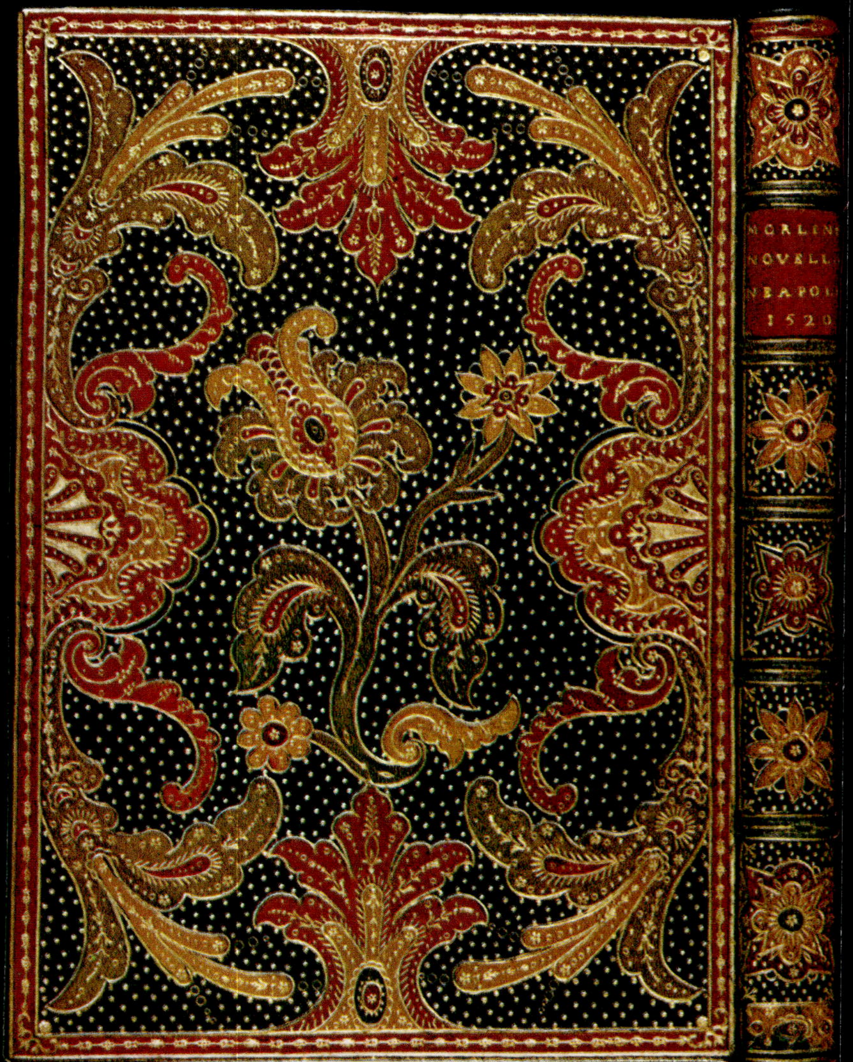

führten ein leichteres Element in eine Bibliothek ein, die vorher allein den strengen Ansprüchen der Gelehrsamkeit gedient hatte.

Die meisten der irischen Handschriften, für welche Trinity College Library berühmt ist, kamen unabhängig von diesen großen Stiftungen und Ankäufen. Ussher war am Irischen nicht besonders interessiert und besaß nur fünf Handschriften in dieser Sprache; zwei davon, das Book of Lecan und das Book of Ballymote, verschwanden im 17. Jahrhundert aus der Bibliothek und gehören jetzt der Royal Irish Academy. Die berühmteste aller Handschriften, das Book of Kells aus dem neunten Jahrhundert, war lange seiner Sammlung zugeschrieben worden, doch neuere Untersuchungen haben den wirklichen Stifter ermittelt: Henry Jones, Bischof von Meath, dessen Geschenk vom Jahr 1651, die eichenen Treppenhäuser, bereits erwähnt worden ist. Jones stiftete außerdem das Book of Durrow aus dem siebten Jahrhundert, das früh dem irischen Kloster gleichen Namens gehörte, obwohl jetzt angenommen wird, daß es in England, in Wearmouth oder Jarrow, geschrieben worden ist. Im Jahre 1786 überredete der Staatsmann Edmund Burke, der in Trinity College studiert hatte, Sir John Sebright, einundzwanzig irische Handschriften zu stiften, die von dem Keltisten Edward Lhuyd gesammelt worden waren. Die wertvollsten waren ein Sammelband altirischen Gewohnheitsrechts (Brehon Law) und das Book of Leinster aus dem 12. Jahrhundert, das die ›Cattle-Raid of Cooley‹, ›Táin Bó Cualgne‹ und andere Erzählungen aus der Heldenzeit enthält. Das Book of Dimma aus dem achten Jahrhundert und das Book of Armagh aus dem Jahr 807 kamen 1836 bzw. 1858 in die Bibliothek; beide waren auf Auktionen ausgeboten worden, hatten aber den Schätzpreis nicht erreicht. Bis zur Mitte unseres Jahrhunderts war das College in der eigenartigen Lage, daß es mehr Handschriften der isländischen als der englischen Literatur besaß. Sein größtes literarisches Archiv, die Manuskripte des irischen Lyrikers und Dramatikers J. M. Synge (1871–1909), wurden erst 1968 erworben.

Durch das Copyright-Gesetz von 1801 erhielt die Bibliothek den Anspruch auf ein Freiexemplar von jedem im Vereinigten Königreich Großbritannien gedruckten Buch. Der öffentliche Zutritt zur Bibliothek war nicht erleichtert worden, und bis zur Mitte des 19. Jahrhunderts war sie ohne weiteres nur Graduierten zugänglich, Undergraduates waren ausgeschlossen, und Fremde mußten die Bürgschaft des Provost oder eines Fellows beibringen. Eineinhalb Jahrhunderte des Zuwachses an Büchern haben manche architektonische Veränderung erfordert. Das Dach von Thomas Burghs ›Long Room‹ ist aufgestockt, die ebenerdigen Arkaden sind zugebaut worden. Im Jahre 1937 ist ein Lesesaal hinzugekommen, 1967 ein neues Bibliotheksgebäude. Die Handschriften sind, wie ein Schwarm von Schwalben, durch den Fellows Garden zu einem kleinen Tempel hinübergezogen, der auf einen verlassenen Croquet-Rasen blickt. In dieser ländlichen Zurückgezogenheit erscheinen die Studienverhältnisse im alten Irland angenehm wiedererstanden: »Eine Hecke von Bäumen umgibt mich, einer Amsel Lied macht Musik für mich ... Über meinem Buch trillern die Vögel«.

OBEN *In principio, Beginn des Johannes-Evangeliums im ›Book of Armagh‹ (Irland, 807).* GEGENÜBER *Vier Einbände aus der Sammlung von Henry George Quin; oben links: von Edwards of Halifax, 1789; rechts: für Jean Grolier, Paris etwa 1545; unten links: von Roger Payne, 1793; rechts: zugeschrieben an Derome, Paris Mitte 18. Jh.*

Biblioteca Ambrosiana MAILAND

OBEN *Kardinal Federigo Borromeo, Gemälde eines unbekannten Künstlers.* GEGENÜBER *›Vitae archiepiscoporum Mediolanensium‹, Handschrift von etwa 1500. Die Miniatur mit der Taufe des Apostels Barnabas, der als der erste Bischof Mailands angesehen wird, stammt von einem lombardischen Künstler.*

»Laß uns Gott bitten«, schrieb Kardinal Federigo Borromeo einem Freund, kurz bevor er 1595 Rom verließ, um Erzbischof von Mailand zu werden, »daß solche rohen Jahrhunderte nicht wiederkehren, die Barbarei von einst, die unsere Großväter oder Urgroßväter sahen und in die Italien erneut zu versinken droht, obwohl es die Amme und Mutter alles Anmutigen und aller kultivierten Sitten ist. In dieser Ecke Italiens, an seinen Grenzen, am Fuße der Alpen und von Bergen, die einst so schwer zu überqueren waren, werden wir die Schönen Künste bei uns zu behalten versuchen, so sehr sie auch über die Berge und übers Meer entkommen wollen«. Dieser Satz veranschaulicht die verschlungenen Motive, die zur Gründung der Ambrosiana geführt haben. Neben das oberste Ziel – wie es schon in Deutschland und in Spanien zu beobachten war –, ein Zentrum katholischer Gelehrsamkeit als festes Bollwerk gegen die Ketzerei und zur Ausbreitung des Glaubens jenseits des Meeres zu errichten, trat die spezifisch italienische Besorgnis, die glänzenden Errungenschaften der Renaissance in einem neuen dunklen Zeitalter untergehen zu sehen. Eine der Gründungen des Kardinals war eine Hohe Schule, an der das Toskanische gelehrt wurde, mit Dante, Petrarca und Boccaccio wie dem Philosophen und Philologen Speroni als Leitbildern. Ein Mann aus seiner Umgebung berichtete von dem Vergnügen des Kardinals, daß die berühmte Vergilausgabe mit einem Titelbild von Simone Martini – einer seiner frühen Ankäufe – »überall mit den schönsten Anmerkungen von Petrarcas eigener Hand« versehen war. All das läßt vermuten, daß er das Bedürfnis nach einem Zentrum der ›Italianità‹ inmitten eines überwiegend von fremden Mächten beherrschten Landes spürte. Schon seine Bescheidenheit, der Bibliothek nicht seinen eigenen Namen zu geben, sondern sie nach dem Kirchenvater und größten Bischof dieser Stadt ›Ambrosiana‹ zu nennen, war in gewissem Sinne Ausdruck seines mailändischen Patriotismus.

Federigo Borromeo ist 1564 geboren, Sproß einer illustren Patrizierfamilie Mailands und Vetter des heiligen Karl Borromäus. Nachdem er in Bologna Rhetorik, Philosophie und Mathematik und in Pavia Theologie studiert hatte, lebte er zehn Jahre in Rom. Bereits mit dreiundzwanzig Jahren wurde er Kardinal und 1595 Erzbischof von Mailand, wo er durch seine Nächstenliebe, besonders während der Hungersnot von 1627–28, und seinen Heldenmut während der Pest von 1630 sich hervortat. Schon als Knabe soll in ihm das Interesse für Bücher wach geworden sein, als er im Palast seiner Familie in Arona ein altes Werk über Kosmographie fand. Er erzog sich dazu, auch im Liegen zu schreiben und zu lesen, und nutzte jeden Augenblick zur Lektüre, so während des Rasierens oder auf Reisen, die er aus diesem Grunde immer in einer Sänfte unternahm. Seine fast alle noch unveröffentlichten Schriften

IHS

BArnabas apostolus Jhesu Christi natione Ciprus: Mediolani Epus primus: venit ad sedem Anno Do. xl. Sedit annis vij. hic primus Rome & Anthiochie predicaue-rat annis iiij. postea de Roma se-cessit: et ad ciuitatem Mediolanensem se transtulit & in ea predicans ciues Mli ad Christum conuertit fide et mo-ribus informauit: Brixienses Cives per Anathelonem eius discipulum similiter ad Christum conuertit.

F A

Titelseite von Galileo Galileis ›Il Saggiatore‹, Rom 1623. Galilei sandte dieses Exemplar an Kardinal Borromeo.

zeugen von einer weit ausgreifenden Wißbegierde. Neben den antiken Klassikern, den Kirchenvätern und den Humanisten zitiert er zeitgenössische Reisebeschreibungen, erörtert, warum die Vögel singen, behandelt die Sprache der Engel und Dämonen, legt dar, warum Engel Eigennamen haben und warum manche Tiere länger leben als andere, denkt nach über die Ernährung auf Island, über ägyptische Hieroglyphen, über die Bräuche und Glaubensvorstellungen der Eingeborenen von Guinea, über den Ursprung und das Alter der Schrift. Andererseits zeigte er wenig Interesse an der künstlerischen Gestalt eines Buches. Zu einem Sammler, der ihm einen schön gedruckten und hübsch gebundenen Cicero gezeigt hatte, meinte er: »Mir gefiele er noch besser, wenn er etwas weniger sauber und ein wenig mehr gelesen wäre«. Er war sehr an den Naturwissenschaften interessiert, kannte Galilei und versuchte dessen Freund Bonaventura Cavalieri für seine neue Gründung zu gewinnen. In der Ambrosiana befindet sich ein Exemplar von ›Il Saggiatore‹ (1623), das Galilei dem Kardinal mit einem Begleitbrief widmete, »nicht weil ich denke, daß es wert sei, von Euch gelesen zu werden, sondern meiner Selbstachtung wegen und um für das Werk, das selbst gering und gebrechlich ist, Fortleben und Ansehen in Eurer Eminenz stolzer und unsterblicher Bibliothek zu erlangen«.

Die Bibliothek wurde 1609 eröffnet; ihre Bestände waren in den sechs vorangegangenen Jahren durch eine Gruppe von Kaufagenten, Mitgliedern aus der Umgebung des Kardinals oder geistlichen Vertrauten, zusammengetragen worden. Diese Sendboten, die über weite Teile des Mittelmeergebietes reisten, wurden von Mailand aus streng unter finanzieller Kontrolle gehalten und arbeiteten nach einem vom Kardinal ausgearbeiteten Plan. In diesem Programm nahmen die griechischen Handschriften, von denen mehr als eintausend zusammenkamen, den Ehrenplatz ein, der ihnen seit der Renaissance zukam, aber die orientalischen Sprachen wurden stärker berücksichtigt als in früheren öffentlichen Sammlungen. Es gelang nur ein großer en bloc-Ankauf; Versuche, die Bibliothek des Kardinals Ascanio Colonna in Rom oder die Sammlungen von Giacomo Barocci und von Pietro Bembo in Venedig zu erwerben, hatten keinen Erfolg, obwohl Lucrezia Borgias Liebesbriefe vermutlich aus Bembos Nachlaß kamen. Sonst wurden die Bücher einzeln oder in kleinen Gruppen erworben.

Eine wichtige Einkaufsquelle waren die Kirchen und Klöster von Norditalien, an die sich der Kardinal-Erzbischof begreiflicherweise am leichtesten wenden konnte. Der wertvollste auf diese Weise erworbene Kodex war wahrscheinlich der Josephos-Papyrus aus dem sechsten Jahrhundert aus Sant' Ambrogio in Mailand, der Meisterstreich der Erwerb eines Teils der alten Bibliothek von Bobbio durch Austausch gegen »nützlichere« moderne Bücher. Bobbio war im frühen siebten Jahrhundert von einer Gemeinschaft irischer Mönche unter St. Columban gegründet worden und besaß neben der Dombibliothek von Verona die einzige weitere Sammlung vorkarolingischer Handschriften in Italien. Kardinal Federigo wählte zu diesem Zweck einen geeigneten Abgesandten: Gian Giacomo Valeri, aus einer alten Mailänder Familie, Kanonikus von Santa Maria della Scala und selbst ein Sammler alter Bücher. Die Verhandlungen begannen 1605 und hatten sofort Erfolg. Im folgenden Jahr erhielt die Ambrosiana etwa vierundsiebzig Handschriften, davon mindestens zwei in Irland geschriebene (eine aus Bangor im County Downe), und verschiedene Palimpseste, darunter eines mit den ausgelöschten Texten dreier verloren geglaubter Reden Ciceros.

Antonio Olgiati, Bibliothekar des Kardinals und erster Präfekt der Ambrosiana, wurde auf eine Einkaufsreise nach Süddeutschland, in die südlichen Niederlande und nach Frankreich entsandt; Francesco Bernardino Ferrari, später Olgiatis Nachfolger als Präfekt, machte eine ähnliche Reise nach Spanien. Ein Gelehrter der Ambrosiana, Antonio Salmazia, verbrachte 1607–08 ein Jahr auf Korfu auf der Jagd nach griechischen Handschriften. Bei seinen Bemühungen wurde er durch das Ausbleiben der nötigen Gelder und durch die Feindseligkeit der Bevölkerung behindert. Nicht weniger qualvoll waren Erzählungen von Reisenden vom türkischen Festland von »einer umfangreichen und wertvollen Bibliothek, die einst einem Kaiser in Konstantinopel gehört habe«, oder von einem Evangelium, in dem die Worte Christi in Gold und die der Juden in Schwarz geschrieben waren. Dennoch gelang es ihm schließlich, 113 Handschriften nach Gewicht zu kaufen (ein Korfu-Pfund Handschriften kostete fünf Mailänder Lire). Eine Anzahl griechischer Handschriften kaufte man in Venedig von dem Titularerzbischof von Philadelphia, andere kamen mit einer Schiffsladung von Chios oder wurden in den Klöstern der Abruzzen entdeckt. Hebräische Handschriften und einige seltene Drucke konnten bei den jüdischen Gemeinden in Bologna und anderen italienischen Städten durch Domenico Gerosolimitano, einen konvertierten Rabbi im Dienste des Kardinals, erworben werden.

Die orientalischen Sprachen pflegte die Ambrosiana seit ihrer Gründung.

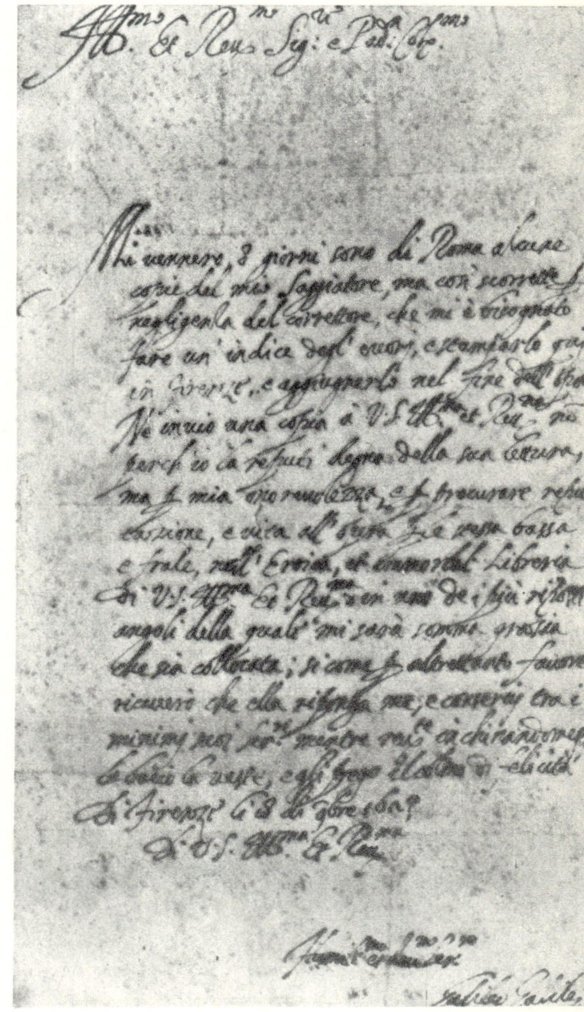

Galileis Begleitbrief zu ›Il Saggiatore‹ an Kardinal Borromeo, 1623; »... um für das Werk, das selbst gering und gebrechlich ist, Fortleben und Ansehen in Eurer Eminenz stolzer und unsterblicher Bibliothek zu erlangen«.

وزعموا ان ولد الذئب من الكلبة الديسم ورووا لبشار بن برد في ديسم العنبري
انه قال

ثم رجع فيه من غير مباينة له لكان في ذلك احق بالنظافة من الانعام
والسنتها وان الارنب لتحيض حيضا بينا فما عاف لحمها اصحاب التقزز
لمشاركتها للانعام في الجرة ه فقال صاحب الكلب اما ما عبتموه به من

GEGENÜBER *Illustrationen zu ›Kitab al-Hayawan‹ von al-Gāhiz; arabische Handschrift, vor 1623 geschrieben; oben: ein Wolf; unten: ein Hase.*

CONTEMPTVS
mundi jenbu.
CORE YOVOITOI, IESV CHRIS-
tono gocōxeqiuo manabi tatematçu-
ru michiuo voxiyuru qiō.
IHS
NIPPON IESVSNO COMPANHIA
no Collegio nite Superiores no goguegiuo
motte coreuo fanni firaqu mono nari.
Tojini goxuxxeno nenqi. 1596.

Aber man weiß sehr wenig darüber, wie und wo die 340 arabischen, persischen und türkischen Handschriften des ›vecchio fondo‹ angekauft wurden. Ein Christ aus dem Libanon wurde 1610 bis 1617 in die Levante entsandt, doch mit welchem Ergebnis – außer einem Geschenk »chaldäischer Bücher« von dem Patriarchen der Maroniten –, wird nicht berichtet. Vermutlich folgte man dem Rat von Diego de Urea, einem spanischen, in Neapel lebenden Arabisten; er empfahl, den Großherzog von Toskana und den Großmeister des Malteserordens zu bitten, ihre Schiffsleute sollten so viel wie möglich arabische Handschriften kaufen, wenn sie Kairo und »ähnliche Gegenden« anliefen. Selbst damit war das Verlangen des Bibliotheksgründers nach Exotischem noch nicht gestillt. Er besaß Werke in glagolitischer Schrift (dem mittelalterlichen Alphabet des Kroatischen) und einen japanischen ›Contemptus mundi‹, der 1596 in Amakusa gedruckt worden war, und er bat Kardinal Bindinis Sekretär, für ihn nach Büchern in Hieroglyphen zu fahnden.

Im Jahre 1601 starb Kardinal Federigos Korrespondent und Freund Gian Vincenzo Pinelli in Padua. Zweihundert Bände – Abschriften von Staatspapieren – wurden von der Republik Venedig vereinnahmt, und eine noch größere Anzahl Bücher ging auf dem Seetransport zu den neapolitanischen Erben durch Piratenüberfall verloren. Der Rest der Bibliothek wurde 1608 auf einer Auktion in Neapel (der frühesten bezeugten Buchversteigerung in Italien) ausgeboten und für 3050 Scudi von der Ambrosiana gekauft. Doch gab es noch weitere Verzögerungen: Pinellis Nichte war mit dem Preis unzufrieden und verweigerte die Herausgabe der Sammlung, die Verschiffungskosten überstiegen den Wert der gedruckten Bücher und auf diese wurde daher verzichtet, aus Sicherheitsgründen mußte auf die Genueser Flotte gewartet werden, die von der Eskortierung eines neuen Erzbischofs aus Sizilien heimkehrte. Mitte 1609 schließlich erreichten fünfhundertfünfzig Handschriften Mailand, fast die Hälfte davon griechische. Darunter befanden sich die Fragmente einer illustrierten Homer-Handschrift aus dem vierten oder fünften Jahrhundert, die als die ›Ilias Ambrosiana‹ bekannt geworden ist, ein Horaz aus dem zehnten oder elften Jahrhundert, die in Padua um 1355 geschriebene ›Divina Commedia‹ Dantes, Boccaccios ›La Fiammettà‹ mit Anmerkungen von Pietro Bembo und viele Sammelbände mit antiken, humanistischen und lokalen Miszellen.

Im Jahre 1637, sechs Jahre nach Kardinal Federigos Tode, erhielt die Ambrosiana ihren heute berühmtesten Besitz von dem Marchese Arconati,

OBEN *Eines der beiden bekannten Exemplare von Thomas a Kempis ›Contemptus mundi jenbu‹ (Nachfolge Christi), 1596 in japanischer Sprache gedruckt in der Jesuitendruckerei von Amakusa, Japan.* UNTEN *Titel von Francesco Rivolas Armenisch-Lateinischem Wörterbuch, Mailand 1621, hergestellt in der orientalischen Druckerei des Collegio Ambrosiano.*

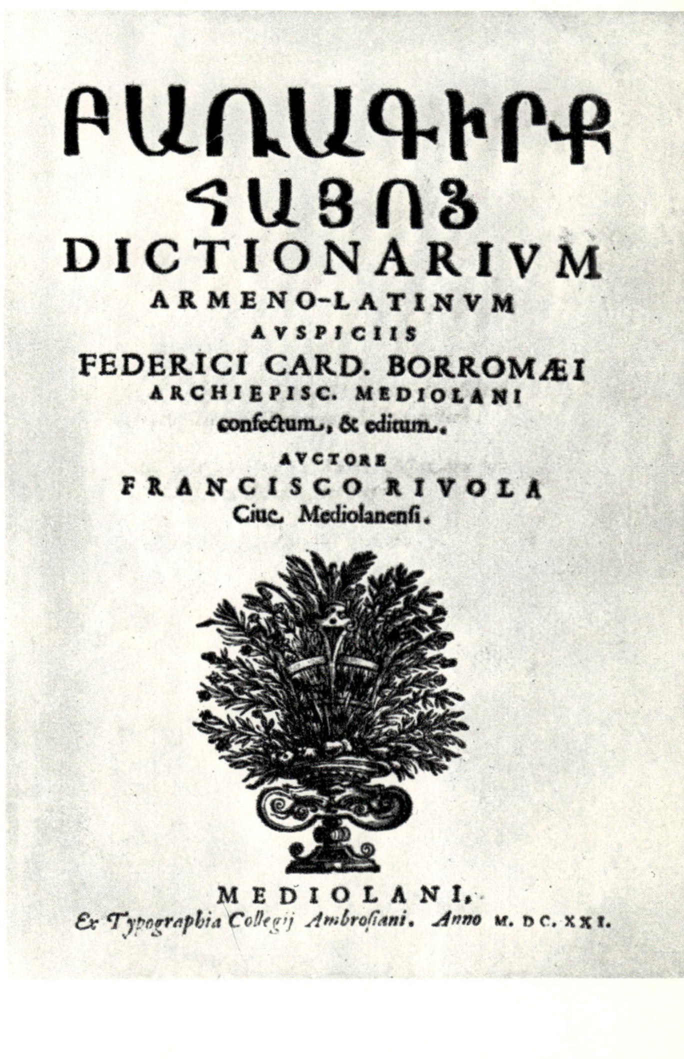
ԲԱՌԱԳԻՐՔ
ՀԱՅՈՑ
DICTIONARIVM
ARMENO-LATINVM
AVSPICIIS
FEDERICI CARD. BORROMÆI
ARCHIEPISC. MEDIOLANI
confectum, & editum.
AVCTORE
FRANCISCO RIVOLA
Ciue Mediolanensi.
MEDIOLANI,
Ex Typographia Collegij Ambrosiani. Anno M. DC. XXI.

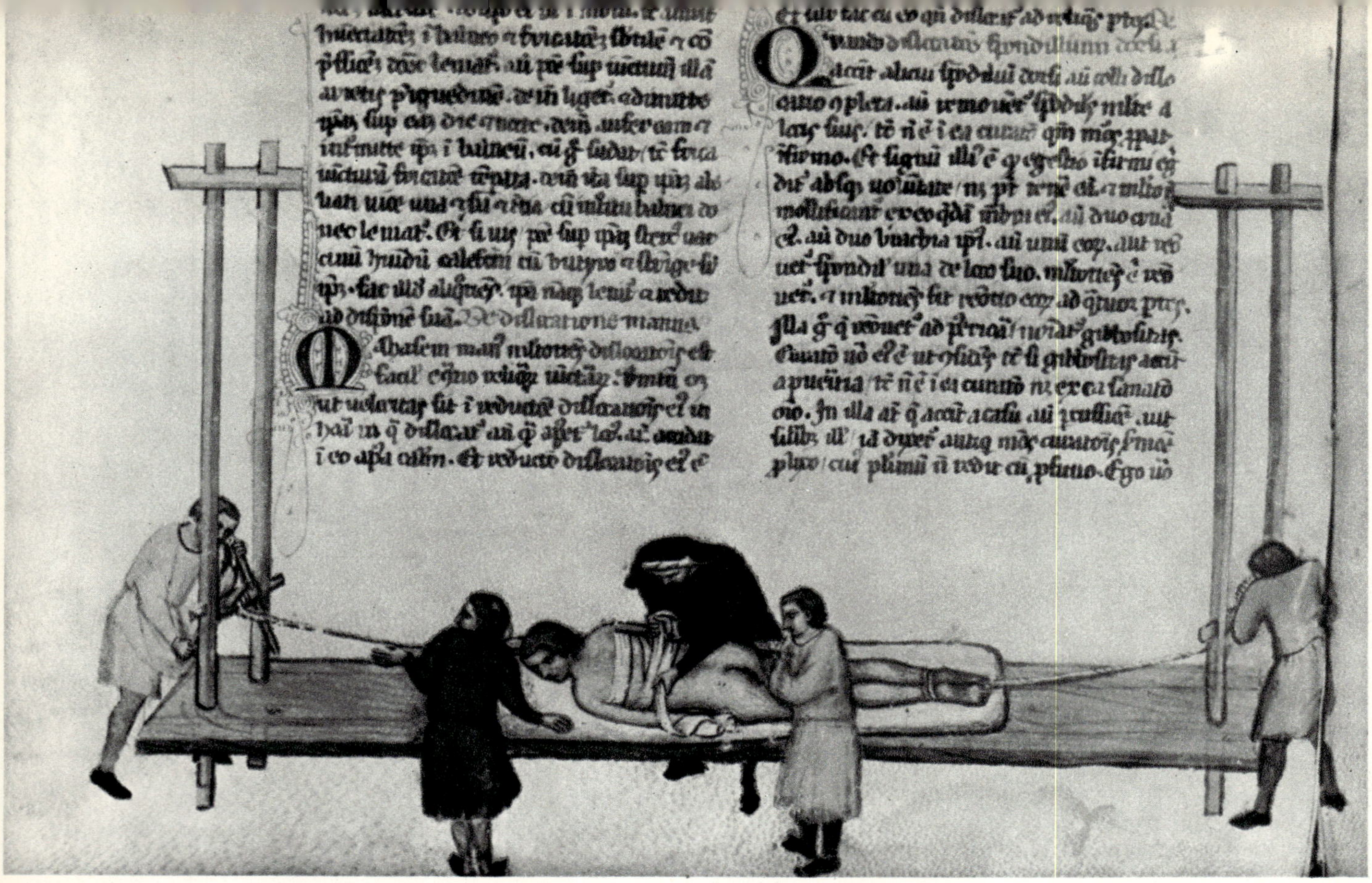

OBEN *Darstellung einer Operation in Rhazes ›Opera chirurgiae‹, bolognesische Handschrift des 14. Jhs.* GEGENÜBER *Zwei Miniaturen aus der ›Ilias Ambrosiana‹ des 4./5. Jhs. Die Handschrift gehörte der Bibliothek G. V. Pinelli an, die 1608 in Neapel auf einer Auktion erworben wurde. Oben: Ares beklagt sich bei Zeus; unten: Kampf zwischen Griechen und Trojanern.*

der ein verlockendes Angebot von Thomas Howard, Earl of Arundel, abgelehnt hatte. Es war der Riesenband mit Zeichnungen Leonardo da Vincis, der von dem Bildhauer Pompeo Leoni zusammengestellt worden war und wegen seines großen Formats die Bezeichnung ›Codex Atlanticus‹ führt; er umfaßt drei aufgelöste Notizbücher und viele Einzelblätter.

Die Bibliothek – fünfzehntausend Handschriften und dreißigtausend gedruckte Bücher – war hinter Messing-Gittern in Regalen rund um die Wände eines einzigen Raumes mit gewölbter Decke untergebracht, die von Francesco Maria Richino und Lelo Buzzi ausgemalt und 1609 vollendet wurde. Zwei Friese mit Porträts von Dichtern und Künstlern, meist Kopien von Paolo Giovios berühmter Folge in Como, liefen entlang der Galerie und über den Regalen hin. Räume zur Aufbewahrung von Bildern und Abgüssen antiker Statuen, denen später eine Schule für Malerei und Bildhauerei angegliedert wurde, nahmen den Rest eines langen schmalen Gebäudes ein, das sich an die Kirchen von San Sepolcro und Santa Maria della Rosa im Herzen Mailands anschloß.

Die wichtigste Bestimmung der Bibliotheks-Statuten war die getrennte Verantwortung für Verwaltung und wissenschaftliche Benutzung der Sammlungen. Die Verwaltung wurde sieben Conservatori anvertraut, unter denen sich das älteste Mitglied der Familie Borromeo befinden sollte; für die zweite Aufgabe wurde ein Kollegium von Gelehrten bestellt. Sie waren gehalten, sich auf verschiedene Themen zu spezialisieren, waren von allen Routinearbeiten befreit, aber verpflichtet, innerhalb von drei Jahren nach ihrer Berufung ein wissenschaftliches Werk zu veröffentlichen. Dem Bibliothekar waren lästige Verantwortungen auferlegt, darunter der Kauf neuer Bücher und die Beratung der Gelehrten bei ihren Forschungsaufgaben; dennoch blieb er aufgrund einer inzwischen überholten Vorschrift ein bloßer Beamter, ohne akademischen Grad. Es sollten getrennte alphabetische Kataloge der gedruckten Bücher und der Handschriften angelegt werden, doch nicht allen Lesern zugänglich sein und »aus gewissen uns wohlbekannten Gründen« niemals gedruckt werden. Es ist vermutet worden, daß der Grund für dieses

XXIII
ηρα
ζευς
αθηνα
απολλων

XXIX

Verbot darin bestand, die Kenntnis indizierter Bücher nicht noch zu verbreiten. Da jedoch auf dem Index stehende Werke ohnehin nicht in die Bibliothek kamen und auf zweifelhafte Titel leicht verzichtet werden konnte, ist diese Erklärung nicht überzeugend. Möglicherweise fürchtete der Kardinal die Begehrlichkeit des Königs von Spanien oder seines Vizekönigs in Mailand, wenn die Schätze der Sammlung offenbar würden. Die umfangreichen spanischen Ankäufe für den Escorial waren noch allzu frisch in der Erinnerung. Unglücklicherweise hat diese Bestimmung die systematische Veröffentlichung von Katalogen der Bibliotheksbestände gehemmt. Eine Handvoll Klauseln in den Statuten spiegelt den kirchlichen Ursprung der Ambrosiana: wenigstens vier der Gelehrten sollten Theologen sein, die Verbindung mit Ausländern »gottlosen Glaubens« war verboten, jeder Gelehrte mußte innerhalb von zehn Jahren nach seiner Berufung ein Werk über die Jungfrau Maria veröffentlichen, der Kolleg und Bibliothek geweiht waren.

Daß die Bibliothek von Beginn an wirklich für das Publikum geöffnet war (vier Stunden täglich, inzwischen auf fünf erhöht), wird von frühen Reisenden bestätigt. »Die Biblioteca Ambrosiana ist eine der besten Bibliotheken in Italien, weil sie nicht so zurückhaltend ist wie die anderen, ... sie öffnet ihre Tore allen Kommenden und Gehenden und erlaubt ihnen das Buch zu lesen, das sie wünschen« (Richard Lassels, The Voyage of Italy, 1670).

Die weitere Geschichte der Bibliothek handelt von bedeutenden Gelehrten, unter ihnen der Historiker Ludovico Antonio Muratori (1695–1700), Angelo Mai, der die Palimpseste von Bobbio entzifferte und herausgab und später Kardinal-Präfekt der Vaticana wurde (1810–1819), Achille Ratti (später Papst Pius XI.) und Kardinal Giovanni Mercati; sie berichtet auch von wachsenden Beständen (gegenwärtig fünfhunderttausend gedruckte Bücher und dreißigtausend Handschriften), erweiterten Gebäuden (jetzt ungefähr dreimal so groß wie ursprünglich) und Kriegskatastrophen, wie sie ähnlich Verona erlitten hat. Von den dreiunddreißig Büchern, welche die französischen Kommissare 1796 wegführten (darunter alle berühmten Prunkstücke der Bibliothek), kamen zwölf Notizbücher Leonardo da Vincis 1815 nicht wieder zurück und befinden sich jetzt im Institut de France. In der Nacht vom 15. auf den 16. August 1943 wurde der älteste Teil des Gebäudes durch einen Bombenangriff der Alliierten schwer getroffen. Handschriften und Inkunabeln waren verlagert worden und blieben unbeschädigt. Der Gebäudeschaden ist nach dem Krieg wieder behoben worden (die Porträts sind jetzt sogar viel besser zur Wirkung gebracht), doch fünfzigtausend Bände gingen zugrunde und – was noch trauriger ist – Kardinal Federigos ursprünglicher Bibliotheksraum wurde völlig zerstört.

OBEN *Der Bibliothekssaal vor dem Bombenschaden von 1943.* GEGENÜBER *Simone Martinis Titelbild zu Petrarcas Vergil-Handschrift. Vergil sitzt dichtend zu Füßen eines Baumes; Servius, der berühmte Vergilkommentator, zeigt auf ihn hin. Äneas, neben Servius stehend, sowie ein Weinbauer und ein Schäfer verkörpern drei Hauptwerke Vergils.*

Ytala p̄claros tellus alis alma poetas/
Sz tibi grecorū dedit hic attingere metas.
Servius altiloqui retegens archana maronis.
Ut pateant ducibz pastoribz atqz colonis.

Harvard University Library

CAMBRIDGE, MASS.

OBEN *Harvard, die Widener Library.* GEGENÜBER *Die Heiligen Adalbert, Sigismund, Veit und Wenzel; Matthias Grünewald zugeschriebener Holzschnitt in einem 1522 in Leipzig gedruckten Prager Missale.*

»Hier bin ich«, schrieb Henry James von Cambridge, Massachusetts, im Mai 1870, »hier bin ich die letzten zehn Tage gewesen – die letzten zehn Jahre. Es ist sehr heiß! das Fenster vor mir ist offen: gegenüber, durch die dünnen Bäume sehe ich die scharlachroten Wände des Palazzo des Präsidenten. Etwas weiter, die noble graue Masse – die geliebten Umrisse der Bibliothek und darüber den aufschwingenden Campanile der Holzkirche auf der Piazza«.

Die in dieser meisterhaften Beschreibung von Harvard Yard genannte Institution, bereits zweiundeindrittel Jahrhunderte alt, beherbergte unter ziemlich bescheidenen Bedingungen etwa 134000 Bände in einem etwas unpraktischen, doch architektonisch harmonischen Gebäude im Flamboyant-Stil. Sie ging zurück auf ein Vermächtnis von 1638 von Büchern »an die kleine Schule für Geistliche in Neu-England«, die zwei Jahre zuvor gegründet worden war, ein Vermächtnis von John Harvard, MA, vom Emmanuel College in Cambridge, der vor seinem Tode im Alter von dreißig Jahren weniger als ein Jahr in Amerika gewesen war. Von den vierhundert Büchern des Vermächtnisses – dreiviertel Theologie, doch darunter Bacons ›Essays‹, Chapmans Homer-Übersetzung und Francis Quarles' ›Divine Poems‹, ist nur ein einziges erhalten geblieben: John Downhams ›The Christian Warfare against the Devill World and Flesh‹ (1634). Engländer standen dem jungen College tatkräftig zur Seite. Sir Kenelm Digby (1603–65) – erstaunlich, da er Royalist und Katholik war – steuerte siebenundzwanzig Bände der griechischen und lateinischen Kirchenväter bei; John Lightfoot, Vice-Chancellor der Universität von Cambridge, vermachte 1675 eine Sammlung orientalischer Literatur. Aber die größten Wohltäter der Bibliothek waren drei Generationen der Londoner Kaufmannsfamilie Hollis. Der Jüngste, Thomas Hollis (1720–74), ein exzentrischer Jünger der Freiheit und allgemein als ›der Republikaner‹ bekannt, schenkte viele hundert Werke in Einbänden, die mit eigens entworfenen Emblemen geschmückt waren; dazu kam ein Legat von fünfhundert Pfund, dessen Ertrag noch heute für Ankäufe verwendet wird. Der Älteste, obwohl er niemals Neu-England besucht hat, half mit Büchern wie mit Ratschlägen, so in einem Brief von 1725: »Euere Bibliothek wird hier für schlecht verwaltet gehalten, wie ich von einigen Leuten erfahre, die sie kennen; Ihr braucht Stühle zum Sitzen und Lesen und Ketten für Euere wertvollen Bücher wie unsere Bodleian Library oder das Sion College in London sie haben. Ihr kennt ihre bewährten Methoden, aber ahmt sie doch nicht nach. Ihr laßt Euere Bücher nach Belieben mit nach Hause nehmen, so gehen viele verloren; Euere unreifen Studenten nehmen sie mit auf ihr Zimmer und reißen Bilder und Landkarten heraus, um damit ihre Wände zu schmücken...«.

Ob diese Vorwürfe berechtigt waren, ist heute nicht mehr festzustellen,

S. Adalbertus. S. Sigismūd⁹. S. Vitus. S. wencesla⁹.

OBEN *Einige Bände aus der Bücherstiftung von Thomas Hollis (1720-74) an Harvard, in emblemgeschmückten Einbänden.* UNTEN *Seite aus einem Skizzenbuch von Giuseppe Galli Bibiena (1696-1756).*

da fast die ganze ursprüngliche Bibliothek in einer stürmischen Januarnacht des Jahres 1764 vernichtet wurde, als Harvard Hall bis auf den Grund niederbrannte. Nur 404 Bände wurden gerettet. In der neuen, zwei Jahre später wiedererrichteten Hall teilte die Bibliothek den oberen Stock mit dem Vorlesungsraum. Die Bücher waren nach ihren Spendern angeordnet. »Über der Kapelle, im zweiten Stock, befindet sich die Bibliothek, die dreizehntausend Bücher enthält, in zehn Nischen aufgestellt, in jeder ein Fenster; über den Fenstern sind die Namen der Stifter verewigt ... Der Boden der Bibliothek ist mit einem wertvollen Teppich bedeckt, und die Wände sind mit verschiedenen Gemälden und Stichen geschmückt«. Diese Beschreibung von 1790 berichtet von einer raschen Erholung von der Feuerkatastrophe und läßt an eine Anordnung und eine Atmosphäre wie in einigen Colleges in Oxford denken, zum Beispiel an die Bibliothek von Queen's College vom späten siebzehnten Jahrhundert.

Britische Truppen besetzten das College während des Unabhängigkeitskrieges. Die Bücher wurden in Sicherheit gebracht. Doch die Schlacht von Bunker's Hill (1775) hat diejenigen, die nicht unmittelbar an ihr beteiligt waren, offenbar so wenig beunruhigt, daß Samuel Phillipps Jr. in sein Tagebuch schrieb: »Inmitten all der Schrecken der Schlacht war ich in der Harvard-Bibliothek so eifrig beschäftigt, daß ich von dem Kampf erst hörte, als er zu Ende war«.

Die Bibliothek wuchs weiter: von 4350 Bänden 1766 auf dreißigtausend 1830, 334000 im Jahr 1895 bis zu 675000 im Jahr 1915. Unter den Spendern befanden sich Benjamin Franklin (mit Baskervilles Vergil, 1757, mit der Bemerkung, daß viele die Ausgabe für den »merkwürdigsten Druck irgendeines Buches der Welt« hielten); Goethe (mit einer neununddreißigbändigen Ausgabe seiner Werke); Carlyle (mit den Büchern, die er für seinen ›Oliver Cromwell‹ und für seine ›History of Frederick the Great‹ benutzt hatte, viele mit zahlreichen Randbemerkungen) und – um es kurz zu machen – Amy Lowell, die Dichterin Neu-Englands, die 1925 ihre Sammlung englischer Literatur vermachte, besonders reich an Keats, mit dem Manuskript von ›The Eve of St. Agnes‹ und dem Fanny Brawne gewidmeten Exemplar von ›Lamia‹; und schließlich die Kuratoren der Bodleian Library, die zu Harvards Dreihundertjahrfeier im Jahre 1936 ihre Dublette (eines von nur zwei bekannten Exemplaren) der siebten Ausgabe von Kolumbus' Brief an Rafael Sanchez überreichten, in dem er seine Entdeckung ankündigte (Paris, Guiot Marchant, um 1493). Diese Jubiläumsgabe bereicherte die bemerkenswerte Sammlung zur amerikanischen Geschichte, die mit der Bibliothek des Hamburger Professors Christoph Daniel Ebelings beginnt, die 1815 für 6500 Dollar gekauft und von einem Bostoner Kaufmann der Bibliothek geschenkt wurde.

Das erste eigene Bibliotheksgebäude, Gore Hall, dessen grauer Umriß Henry James so entzückt hatte, wurde 1841 errichtet; doch erwies es sich schon bald als nicht groß genug, um die ständig wachsende Flut der Neuerwerbungen aufzunehmen. Jedes Aushilfsmittel wurde versucht: Erweiterung 1877, Neugestaltung 1895, Anbau 1907; dennoch war der Raummangel 1912 kritisch geworden. Zu Winterausgang dieses Jahres war ein siebenundzwanzig Jahre alter Harvard-Graduierter, Harry Elkins Widener, ein vielversprechender Büchersammler und Mitglied der reichsten Familie von Philadelphia, mit seinen Eltern in London. Die Auflösung der Huth-Bibliothek hatte schon begonnen, und Widener konnte sich viele seltene Werke der englischen Literatur sichern, darunter die Oktavausgabe von Bacons ›Essayes‹ (1598). »Ich denke, ich werde diesen kleinen Bacon mit mir nehmen«, sagte er zu Quaritch, »wenn ich Schiffbruch erleide, wird er mit mir untergehen«. Die Worte waren von einer tragischen Prophetie. Die Familie schiffte sich auf der ›Titanic‹ ein und beide, Vater und Sohn, ertranken. Zu seinem Gedenken errichtete die Mutter die Harry E. Widener Library in Harvard. Dieses riesige, 1915 eingeweihte Gebäude war keine Verschönerung des Harvard Yard; sein massiger Klassizismus erdrückt die zurückhaltende Harmonie seiner älteren Nachbarn, und seine dicken Säulen und seine pompösen Treppen lassen jede menschliche Tätigkeit, die nicht an die Krönungsszene in ›Boris Godunow‹ heranreicht, als unangemessen erscheinen.

Herkules mit der toten Hydra; Titelkupfer von Giorgio Ghisi für Vitruvs ›Gli oscuri et dificili passi‹, Mantua 1558.

Für eine Weile waren die Bibliotheksprobleme gelöst, aber als sich das Tempo des Zuwachses beschleunigte, wurde die Raumfrage wieder dringlich. 1940 war die Widener Library bis an den Rand gefüllt. Mehr noch, eine moderne Klimaanlage erwies sich als notwendig, um die Bücher zeitgemäß zu konservieren, und sie konnte in dem alten Gebäude nicht ohne Schwierigkeiten eingebaut werden. Zwei Jahre vorher war William A. Jackson mit dem Titel eines Professors zum Assistant Librarian ernannt worden, um sich des Treasure Room (der Sammlung seltener Bücher) anzunehmen. Zur selben Zeit eröffnete Philip Hofer, ein Harvard-Graduierter und beachtlicher Privatsammler, der in der Pierpont Morgan Library und der New York Public Library gearbeitet hatte, ein neues Department of Printing and Graphic Arts, das »dem Studium der Geschichte der Entwicklung der Buchkunst« dienen sollte.

Das war die bedeutendste Partnerschaft in den Annalen des Bibliothekarsberufes. Jackson war ein Bibliothekar vom Kaliber Panizzis und Gabriel Naudés, ein Gelehrter von größter Exaktheit, unermüdlichem Fleiß und erstaunlichem Gedächtnis, mit einem Wissen, das die gesamte europäische und amerikanische Literatur und Geschichte zu umfassen schien, so daß er ebenso leicht imstande war, über französische gotische Plattenstempel, die Erstaus-

RECHTS *Der König von Aragon in Ratsversammlung; aus ›Usatges de Barcelona e Constitucions de Cataluña‹, Druck von Père Miquel, Barcelona 1495.* UNTEN *›The Owl and the Pussycat‹, Autograph mit Zeichnungen von Edward Lear.*

gaben von Alfieri oder verschiedene Ausgaben englischer Drucke vor 1640 zu diskutieren. Mit den wichtigsten Sammlern und Buchhändlern beider Kontinente stand er in vertrauensvoller Verbindung, und seine mit überzeugender charakterlicher Aufrichtigkeit verbundene Begeisterungsfähigkeit war ebenso erfolgreich, einem großen Kreis ehemaliger Studierender Zuwendungen zu entlocken, wie er einem Händler einzureden vermochte, daß es verdienstvoller sei, Harvard ein Buch zu verkaufen als einen großen Profit zu machen. Es war charakteristisch für seine fundierte Gelehrsamkeit, daß die zweite Sprache, die er wie die eigene beherrschte, Latein war, und bezeichnend für seine berufliche Besessenheit, daß seine eigene Büchersammlung aus Bibliothekskatalogen mit Anmerkungen früherer Bibliophilen bestand.

Philip Hofer war und ist ein nicht weniger bemerkenswerter Charakter. Als er seine Abteilung gründete (die erste ihrer Art an einer Universitätsbibliothek), dachten einige Kenner an »erlesene illustrierte Bücher«, womit sie allenfalls Holzschnitt-Inkunabeln, die französischen Kupferstecher des 18. Jahrhunderts und vielleicht Illustrationen von Rowlandson, Cruikshank und der englischen Aquatintameister meinten. Hofer jedoch (wie Jackson bemerkt), stets mehr interessiert »an ausgewählten Exemplaren des Ungewöhnlichen als am seltenen, aber bekannten Buch«, hat die Grenzen des Geschmacks beträchtlich erweitert. Bücher, Aufsätze, Kataloge und Ausstellungen, über ›Barocke Buchillustration‹, ›Der Künstler und das Buch 1860–

›1960‹, über japanische Bildrollen und Alben, über das französische sechzehnte, das englische siebzehnte und das italienische achtzehnte Jahrhundert, haben nacheinander die Entdeckung neuer Gebiete der Buchästhetik festgehalten.

Um den Platzmangel der Widener Library zu beheben, stiftete ein Harvard-Graduierter und ausgezeichneter Sammler, Arthur Amory Houghton Jr., Präsident der Steuben Glass Company, ein neues Gebäude für die Sammlung seltener Bücher. Die Houghton Library wurde 1942 eingeweiht. Von bescheidener Größe und unterirdischen Magazinen, ein Ziegelbau mit elegant vorgewölbter Fassade, steht sie in feinem und elegantem Kontrast zu dem Widener Prunkbau dahinter. Die Kellermagazine sind für die Unterbringung von 250000 Bänden berechnet und waren bereits mit Beständen aus dem alten Treasure Room halb angefüllt, als die Bibliothek eröffnet wurde. Die Unterbringungsmöglichkeiten sind seitdem verdoppelt worden, nähern sich aber bereits wieder ihrer Grenze, so daß bald neue Wühlarbeit notwendig wird.

Die Zunahme der Sammlung seltener Bücher wurde in einer Reihe von Jahresberichten festgehalten: 1944 ein Papierexemplar der Gutenbergbibel, 1947 zwei Tonnen Thomas Wolfe-Archiv, 1951 William K. Richardsons Sammlung illuminierter Handschriften, schöner Einbände und Klassiker-Erstausgaben, die mit sicherem Geschmack ausgewählt waren, 1954 das erste in Afrika gedruckte Buch, 1956 die Bagrow-Sammlung früher russischer Landkarten, 1968 die Friedman Judaica. 1952 berichtete Jackson: »Über zehn Prozent der vor 1640 in England gedruckten 1645 Bücher, die während dieses Jahrzehnts in die Bibliothek kamen, sind entweder Unika oder unbekannt. Von späteren Zeitabschnitten kann man sagen, daß von vielen Autoren, darunter manchen recht produktiven, sämtliche gedruckten Werke, die den Bibliographen bekannt sind, jetzt auf den Regalen von Harvard stehen.« Zehn Jahre später teilte er mit besonderer Befriedigung mit, daß sich die Benutzung der Sammlung seltener Bücher mehr als verdreifacht hatte.

Harvard besitzt den handschriftlichen Nachlaß von Emerson und Longfellow, Emily Dickinson und Trotzki, hat dreitausendsechshundert Inkunabeln, hat Sammlungen von Luther, Erasmus, Machiavelli und Ronsard, Keats, Lewis Carroll, Edward Lear, Henry James und E. E. Cummings, Heine, Rilke und Hugo von Hofmannsthal, Corneille, Racine, Molière und Bossuet, Dante, Tasso und Goldini, Camões und Cervantes, von Schreibmeisterbüchern und Schriftproben, hat die beste Sammlung von Erstausgaben russischer Literatur im Westen und noch viel mehr als hier erwähnt werden kann. Als Jackson 1964 in einem tragisch frühen Alter von neunundfünfzig Jahren starb, hatte er für Harvard so viel geleistet wie Panizzi für das Britische Museum. Harvard kann niemals erwarten, mit dem Handschriftenbestand der großen europäischen Institutionen zu wetteifern, doch ist es als Sammlung von Erstausgaben europäischer und amerikanischer Literatur bereits in die erste Reihe gerückt.

OBEN *›Le Cheval‹, aus der Radierungsfolge von Picasso zu Texten von Buffon (Copyright* SPADEM, *Paris). Paris 1942, Martin Fabiani.* UNTEN *The Houghton Library, Harvard.*

Herzog August Bibliothek

WOLFENBÜTTEL

OBEN *Herzog August von Braunschweig-Lüneburg; Gemälde von Heinrich Boiling, 1666.* GEGENÜBER *Der Apostel Matthäus mit dem Propheten Isaia in einem Medaillon zu seinen Füßen; aus dem Helmershausener Evangeliar von 1194, Geschenk des Landgrafen Wilhelm von Hessen an Herzog Julius, 1573.*

Herzog Julius von Braunschweig-Wolfenbüttel (reg. 1568–89) gilt als Gründer der Bibliothek. Er war im Jahr 1528 als jüngerer Sohn geboren und ursprünglich für die Kirche bestimmt; daher wurde er zum Studium nach Köln und Löwen geschickt. Es folgten Reisen nach Paris, Orléans und Borges, wo er den ›Tristan‹ und andere Ritterromane kaufte, erstes Zeichen seiner Vorliebe für die französische Schöne Literatur, die ihn später zum Kauf des einzigen vollständig erhaltenen Exemplars der ›Histoire de Mélusine‹ von Jean d'Arras (Genf 1478) aus einer Nürnberger Sammlung veranlaßte. Nachdem er 1568 die Nachfolge angetreten hatte, führte er den Protestantismus ein. Zwar wurden die Klöster nicht sogleich aufgehoben, doch zeigte der Herzog lebhaftes Interesse für ihre Bücherschätze. Fünf Nonnenklöster verloren alle ihre Handschriften; bei vieren waren es zusammen nur 148 – darunter immerhin zwei schöne illuminierte Psalterien; dagegen wurden im fünften Kloster, Marienberg, 292 Bücher und Handschriften »durch Paul von Cleve mit einigen Soldaten beschlagnahmt und durch den herzoglichen Fuhrmann Cosmas nach Wolfenbüttel gebracht«. Eine Sammlung von Luthers Schriften aus dem Besitz der Witwe Johann Aurifabers, des Herausgebers seiner Werke, und einige Geschenke, darunter ein illuminiertes Evangeliar von 1194 aus dem Kloster Helmarshausen, das er vom Landgrafen von Hessen erhielt, waren weitere Erwerbungen während seiner Regierungszeit. Der Herzog war einfach und nüchtern (Leckerbissen, die ihm seine Frau schickte, wurden mit dem Hinweis zurückgesandt, Speck und Wurst seien gut genug für den Illustrissimo), und äußerst kleinlich, daher nicht leicht zu behandeln. Die Vorschriften für seinen Bibliothekar bestimmten, daß dieser täglich von früh bis spät, ob Sommer oder Winter, in »Unserer Bibliotheca« tätig und immer verfügbar sein mußte. Er hatte die Bücher einmal wöchentlich abzustauben und zu reinigen, durfte keinen Band ohne schriftliche Genehmigung ausleihen und niemanden bewaffnet, in Robe oder mit Mantel hereinlassen. Leonhard Schröter, der erste, der dieses Amt innehatte, mußte neben seiner Arbeit in der Bibliothek noch den Sohn des Herzogs unterrichten und im Chor mitsingen. Für das alles erhielt er im Jahre fünfzig Taler mit freier Kost, Unterkunft und zwei Gewändern. Er blieb nicht lange genug, um noch seine Sommerkleidung in Empfang zu nehmen, sondern floh nach Leipzig, wo er sich über die »unfreundlichen, barschen Worte« des Herzogs beklagte (bei einem Anlaß sogar von herzoglichen Fausthieben begleitet), wenn dieser Schröter nicht an seinem Arbeitsplatz angetroffen habe. Lukas Weischner, ein Buchbinder, war drei Jahre lang sein Nachfolger. Dann kam eine lange Pause. Als 1600 wieder ein hauptamtlicher Bibliothekar an der Bibliothek eingestellt wurde, fand er die

Holzschnitte aus einem ›Totentanz‹, Ulm etwa 1488, Johann Zainer. OBEN *Totentanz,* UNTEN *Der Tod mit Arzt, Bürger, Dieb und Jungfrau.* GEGENÜBER *Handschrift aus der berühmtesten nichtitalienischen Renaissancebibliothek, der des Königs Matthias Corvinus von Ungarn. Die Initialmedaille zeigt das Bildnis des Königs. Das Buch enthält das lateinische Humanistengedicht ›Laudes Bellicae‹ von Alexander Cortesius, durch den Paduaner Kalligraphen Bartolomeo Sanvito etwa 1480–90 in prachtvoller Humanistenschrift geschrieben.*

Bestände im größten Durcheinander vor, »Unordnung in den Regalen, alles verstellt, durcheinandergebracht, verwüstet, verfallen und vernachlässigt«, während der wiedereröffnete Raum einen so fürchterlichen Gestank ausströmte, daß der Leiter der angrenzenden Kantorei um die Gesundheit seiner Schutzbefohlenen bangte.

Ein Bibliothekar war nötig, um einen größeren Ankauf des neuen Herzogs, Heinrich Julius (reg. 1589–1613), zu ordnen: die von dem protestantischen Kontrovershistoriker Matthias Flacius Illyricus hinterlassene Sammlung von 165 Pergamenthandschriften (zu einem Preis von anderthalb Talern pro Stück). Viele stammten aus sehr früher Zeit, darunter eine griechische Unzialhandschrift mit Werken des hl. Johannes Chrysostomos aus dem sechsten Jahrhundert, ein Gesetzbuch der Alemannen aus dem achten Jahrhundert und zwei Kapitularien Karls des Großen. Auf der Suche nach seltenen Texten war der Beauftragte des Flacius bis nach Schottland gekommen. Daher besitzt Wolfenbüttel heute ein Hymnar mit musikalischen Notationen aus St. Andrew's (Auszüge daraus sind kürzlich auf Schallplatten aufgenommen worden) und einen Claudianus des dreizehnten Jahrhunderts aus Arbroath in Angusshire. Beim Tode des Herzogs Heinrich Julius umfaßte der Bestand über fünftausend Bände, darunter viele Sammelbände, die alle 1618 von Friedrich Ulrich, seinem Nachfolger, an die Universität von Helmstedt gegeben wurden. Erst 1815 wurden sie wieder mit der herzoglichen Bibliothek vereinigt.

Der nächste Herzog, August von Braunschweig-Lüneburg (1579–1666), aus einer Nebenlinie des Fürstenhauses, fand 1634 bei seinem Regierungsantritt ein durch Krieg verwüstetes und von kaiserlichen Truppen besetztes Herzogtum vor. Erst neun Jahre später konnte er in sein Schloß in Wolfenbüttel einziehen. Ein vorbildlicher Herrscher, ebenso geschickt in den Verhandlungen über den Rückzug der Besatzungstruppen wie bei der Wiederherstellung seines Landes, war er auch einer der fähigsten und eifrigsten Büchersammler. Nach Studienjahren in Rostock und Tübingen, einer ausgedehnten Bildungsreise nach Holland, England, Frankreich und Italien und nachdem er eine Domherrenstelle am Straßburger Münster bekleidet hatte, ließ er sich in einer »fürstlichen Residenz« in Hitzacker nieder. Hier verbrachte er seine Zeit mit gelehrten Studien, veröffentlichte Werke über Geheimschriften und das Schachspiel und baute eine Bibliothek auf, für die er den größten Teil seiner Einkünfte, fünfzehn- oder sechzehntausend Taler im Jahr, ausgab. 1627 besaß er ungefähr 10000 Werke; nach seinem Regierungsantritt ging es noch schneller: 1649 waren es 60000, 1661 bereits 116357 Werke in 28415 Bänden. Die meisten waren in lateinischer oder deutscher Sprache, verhältnismäßig wenige in italienisch, französisch oder griechisch; unter einigen englischen Büchern befand sich ›Hamlet‹ in der Quarto von 1637. Größtenteils waren es zeitgenössische Ausgaben, doch der Anteil bedeutender Inkunabeln und besonders früher illustrierter Bücher bewies einen Geschmack, der seiner Zeit weit voraus war. Die Achtung vor dem ursprünglichen Zustand der Bücher veranlaßte August, mittelalterliche Einbände zu bewahren und manche beschädigte oder unvollständige Exemplare von Holzschnittbüchern aufzunehmen, die sonst verloren gegangen wären. Das bekannteste Beispiel dafür ist ein Band, der drei der außerordentlich seltenen von Albrecht Pfister in Bamberg gedruckten Bücher enthält, darunter das einzige erhaltene Exemplar von Ulrich Boners ›Edelstein‹, 1461, das erste datierte illustrierte Buch einer deutschen Druckerpresse.

August selbst schrieb mit seinen charakteristischen Schnörkeln den Titel auf den Rücken jedes Bandes, bei neuen Einbänden unmittelbar auf das Per-

LAVDES BELLICAE

ILIACAS ALII FLAMMAS THEBANAQVE FRATRVM ARMA: ET IASONIIS INSIGNEM HEROIBVS ARGO

Astrorũ cursus: & ditis inania regna.
Fictaq; pierio referant miracula cantu:
Nos propriis spectanda oculis: nos inclyta dextrae
Facta tuae canimus: quibus aurea sydera viuus
Tangis: & aetherias fama petis arduus arces:
Sed sine te nunq̃ tenues ad carmina tanto
Subsistant uires oneri: tu numine toto
Dexter ades: da maeoniam tua facta canenti
Matthia coruine chelyn: si delphica parent
Templa tibi: sentitq; frequens tua nomina cyrrha
Si musae si phoebus amant: hoc tempore solus
Carminibus si digna facis: quae nulla uetustas

OBEN *Bücherleserad, aus Agostino Ramellis ›Le diverse et artificiose machine‹, Paris 1558.* RECHTS *Das Bücherleserad Herzog Augusts aus Augsburg, mit drei Bänden seines Bibliothekskatalogs.*

Die Wolfenbütteler Bibliothek im 17. Jh.

gament, bei älteren auf aufgeklebte Etiketten. Er legte auch einen eigenhändigen Katalog an, vier Foliobände von je mehreren hundert Seiten, die einer seiner Sekretäre erst dann zur Fortsetzung bekam, als er bereits bei Seite 5900 angelangt war. Diese Kataloge sind wegen der Vollständigkeit ihrer Eintragungen bemerkenswert, die vollständige Titel samt Druckort und -jahr erfassen, sowie für die zahlreichen Rückweise auf andere Ausgaben des gleichen Werks. Zur bequemeren Benutzung dieser großen Bände ließ August aus Augsburg ein ›Leserad‹ kommen, eine Erfindung, die zum ersten Mal in ›Le diverse et artificiose machine‹ (Paris 1588) des italienischen Ingenieurs Ramelli abgebildet worden war, ein Hilfsmittel für Gichtbrüchige zur Handhabung schwerer Folianten.

Über Stallungen im ersten Stock eines stattlichen Gebäudes neben dem Wolfenbütteler Schloß wurde die Bibliothek eingerichtet. Die Bücher wurden, nach Formaten geordnet, in hohen Schränken an den Wänden aufgestellt, in Gruppen unterteilt. Am stärksten waren Theologie, Geschichte und die Rechte vertreten. Die Handschriften bildeten eine eigene Gruppe. Die Philosophie war in Ethik und Logik gegliedert, die Schönen Künste und die Wissenschaften in Dichtung, Rhetorik, Grammatik, Musik, Politik, Ökonomie, Kriegskunst, Arithmetik, Geometrie, Astronomie, Geographie, Physik und Medizin. Gemischtes wurde unter ›Quodlibetica‹ eingereiht, einer Gruppe, die unverhältnismäßig zu wachsen drohte.

Eine internationale Einkäuferkette schaffte von überall Bücher und Handschriften herbei. Diese Agenten waren vielfach ›gentlemen dealers‹, wie man heute sagen würde, Männer wie Philipp Hainhofer aus Augsburg, der auch Maximilians Gebetbuch für die Münchener Bibliothek kaufte, Freiherr Heinrich Julius von Blum, Diplomat in kaiserlichen Diensten, Abraham Wicque-

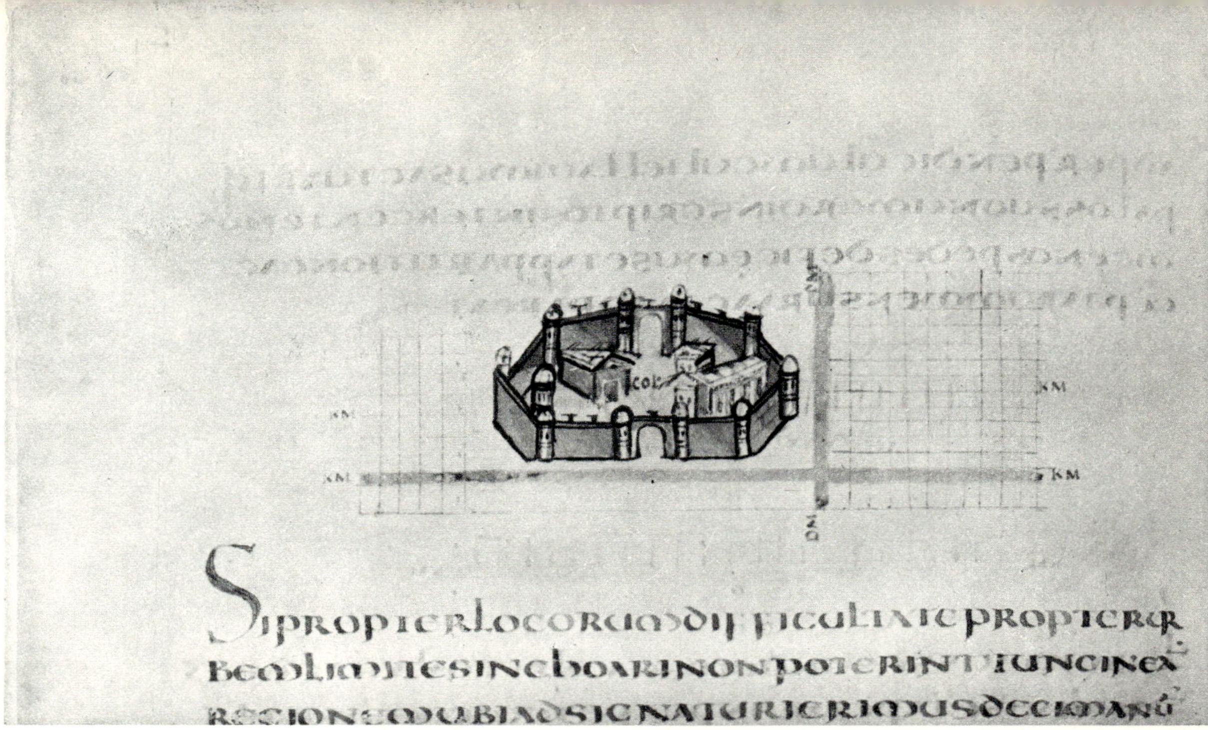

fort, Gesandter des Kurfürsten von Brandenburg am französischen Königshof, oder gelehrte Korrespondenten wie der Jesuit und Universalgelehrte Athanasius Kircher, der dem Herzog ein syrisches Evangeliar aus dem Jahr 634 besorgte »aus Dankbarkeit für viele Wohltaten«. August beschlagnahmte Handschriften aus den Klöstern St. Blasien in Braunschweig und Marienthal bei Helmstedt, dazu kamen manche Geschenke, unter anderem hundert Bände von Mazarin mit dem Wappen des Kardinals, schließlich zwei hebräische Handschriften von einem Juden aus Halberstadt. Im übrigen stammten die Neuerwerbungen aber aus rechtschaffenem Ankauf, selbst bei Büchern mit ungewöhnlicher Vorgeschichte, wie bei dem bayerischen Missale, das die Schweden aus München mitgenommen hatten, oder den drei griechischen Handschriften aus dem Besitz von Guarino Veronese, die kaiserliche Truppen bei der Einnahme von Mantua erbeutet hatten. Deutschland war naturgemäß die Hauptquelle der Lieferungen; doch die früheste Handschrift, der Codex Arcerianus, eine Unzialhandschrift der römischen Feldmesser aus dem sechsten Jahrhundert, die im Mittelalter im Besitz des Klosters Bobbio war und in der Renaissance den Amerbachs in Basel gehörte, wurde in Holland gekauft; die mittelalterliche isländische ›Eyrbyggia Saga‹ war über Dänemark und Holstein gekommen; ein aquitanisches Urkundenregister, eines der wenigen der Zerstörung in der Französischen Revolution entgangenen Dokumente, war von den Archiven von Bordeaux erworben worden; aus England kam eine ungewöhnlich schöne Wycliffe-Bibel. Der Briefwechsel des Herzogs mit seinen Agenten befindet sich, in dreißig Bänden, in der Bibliothek, die Rechnungen in den Staatsarchiven – ein einzigartiger unveröffentlichter Schatz, der auf einen mutigen Doktoranden wartet.

August machte die Bibliothek geistlichen und weltlichen Räten sowie »anderen Standespersonen« zugänglich. Die Benutzungsregeln, in lateinischen Versen und in Goldlettern über der Eingangstür angebracht, waren ebenso liebenswürdig wie alles an ihm. »Wenn [der Leser] etwas nicht ganz nach seinem Geschmack findet oder etwas anderes seiner Ansicht mißfällt, möge er sich ruhig verhalten und in der Stille darüber nachsinnen ...« Sein Testament vermachte die Sammlung dem ältesten Fürsten der Wolfenbütteler Linie (erst 1954 wurde sie, nach dem Tode des letzten regierenden Herzogs, Eigentum des Landes Niedersachsen) und bestimmte, daß keine Gelegenheit zu ihrer Erweiterung verpaßt werden solle. Diese Anweisung wurde ernst genommen: 1689 mit dem Erwerb von 105 Handschriften aus dem Kloster Weißenburg im Elsaß, mehr als die Hälfte davon aus der Zeit vor 900; 1710 mit dem Ankauf von 467 Handschriften von Marquard Gude,

OBEN *Die Anlage einer Stadt; aus dem Codex Arcerianus, einer Sammlung des 6. Jhs. von lateinischen Texten römischer Feldmesser. Die Handschrift gehörte im 10. Jh. der Abtei Bobbio und später der Basler Druckerfamilie Amerbach.* UNTEN *Ermordung Julius Cäsars und Hektors Leiche vor den Mauern Trojas, Miniaturen in einer Handschrift von Thomasin von Zerclaere ›Der wälsche Gast‹, 1408.* GEGENÜBER *Zwei Miniaturen zu ›Willehalm‹ von Wolfram von Eschenbach, aus einer Handschrift des 14. Jhs., die Herzog August 1664 in Nürnberg erwarb.*

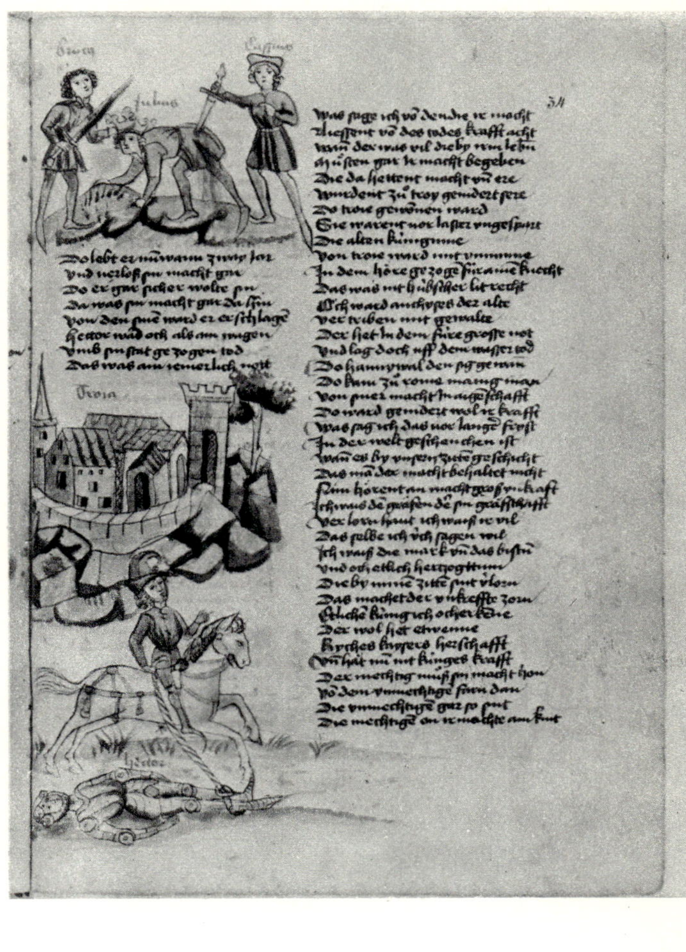

34 Es ist vō rechter natur· Das meiste teil aller cre=
atur· Mit fleis nerē ire kint· Die von in gebo=
ren sint· Eine mynner die ander mee· Jr kind schāde
tut in wee· Ein mausz mit grosē fleise zoch· Jr kint
traut die zeit hā doch· Sie sprach ir sult mich eben
verstā· Do sie an ir erbeit wolt gā· Nu horet mein
vil liebē kint· welch freunt oder veint sint· Das mu=
get ir gewissē wol· Das lant ist veint vol· Volget
ir dē rate mein· Vnd laset ewr laufen sein· Vnd be=
leibt in dem hausz· Also schied vō in die alt mausz
Die jūgen tanzē huben an· Vnd wolten freude hā
Sie liefen ein sie liefen ausz· Ein han geloffen kam
in das hausz· Geflogen mit den hennen schir· Vil
schon was seins kāmes zir· Sein sporn stūden ym

einem dänischen Staatsmann; 1753 mit der Übernahme der Privatsammlung des Herzogs Ludwig Rudolf. Gottfried Wilhelm von Leibniz, Polyhistor, Gelehrter, Philosoph und Weltmann zugleich, war von 1690 bis 1716 Hauptbibliothekar und verfaßte einen alphabetischen Autorenkatalog, der heute noch in Gebrauch ist. Von 1770 bis 1781 nahm Lessing diese Stellung ein, der von seinen Entdeckungen in der Sammlung begeistert war. »Dieser Schatz«, schrieb er von einem solchen Fund, »gehört nicht Wien, sondern Wolfenbüttel, hierher muß der Gelehrte kommen, um ihn zu finden« – eine heute noch verständliche, wenn auch selten gewordene Äußerung. Zwischen 1705 und 1710 wurde Augusts ›Marstall‹ durch eine von Hermann Korb erbaute Rundbibliothek mit Galerie ersetzt, die Gibbs' Radcliffe Camera in Oxford (1747) und später den Lesesaal des British Museum beeinflußt haben mag. Ganz aus Holz erbaut, zu klein und zu schwach für langen Bestand, mußte sie 1886 einem solideren, aber weniger edlen Bau weichen.

Wolfenbüttel wurde zweimal von den Franzosen besetzt. Im Siebenjährigen Krieg nahm der Duc de Richelieu die Bücher unter seinen besonderen Schutz; es kam nichts abhanden, mit Ausnahme von drei Landkarten, für die sich die Empfangsbestätigung noch heute in der Bibliothek befindet. Ein halbes Jahrhundert darauf wurde Braunschweig von Napoleon besonders hart behandelt. Ungefähr vierhundert Bände wurden für wert befunden, die Sammlungen der kaiserlichen Bibliothek zu bereichern und nach Paris gebracht. Unter ihnen waren die drei Pfister-Drucke, die von Bozérian kostbar in rotem Maroquin eingebunden wurden. Beinahe wäre es zu ihrer Auflösung gekommen, Jérôme Bonaparte, König von Westfalen, wollte den größten Teil ihres Bestandes nach Göttingen bringen. Nach Napoleons Sturz wurde fast alles zurückgegeben, obwohl es Van Praet gelang, ein unvollständiges Exemplar der 36zeiligen Bibel gegen das makellose Wolfenbütteler Stück auszutauschen, das in Paris geblieben ist. König Georgs IV. Bruder, dem Duke of Clarence, wurde vier Jahre darauf bei einem Besuch bei seinen deutschen Vettern (deren Vater bei Quatre-Bras gefallen war) Boners ›Edelstein‹ gezeigt. Ein Gefühl der Genugtuung über das Walten der Vorsehung ergriff ihn; er bat um Feder und Tinte und wandte sich auf dem Vorsatzblatt an die Nachwelt: »Dieses äußerst bemerkenswerte Werk wurde der legitimen Familie von Braunschweig 1815 nach der Einnahme von Paris wiedererstattet. Dieses Geschehnis hat William Duke of Clarence festgehalten ... zur Erinnerung an die glückliche Restitution des illustren Hauses von Braunschweig und in besonderer Achtung und Freundschaft für diese beiden jungen vielversprechenden Prinzen.« Er hatte Recht erfreut zu sein, denn die Bibliothek von Wolfenbüttel hatte ihre schwerste Heimsuchung überstanden.

OBEN *Louis Jacke, Ansicht des alten Bibliotheksgebäudes in Wolfenbüttel, 1705-10 von Hermann Korb erbaut.* GEGENÜBER *Die Mäuse und die Hennen; aus Boners ›Edelstein‹, 1461 von Albrecht Pfister in Bamberg gedruckt – das einzige Exemplar des ältesten mit Lettern und Illustrationen gedruckten, datierten Buches.*
Lettern und Illustrationen gedruckten Buches.

The Jhesus of Lubeke tunnes vij c

Men
Souldiours C xviij
Marryners C lviij
Gonnars xxiiij
iij C

ffor the Jhesus of Lubeke. Ordenaunce Artillary Municions Habillimentes for the Warre. ffor the Armyng and in the deffence of the sayd Shyppe to the See.

Gonnes of Brasse	Gonnes of yron	Gonne powder	Shotte of yron	Shotte of … and leade
Cannons — ij	porte pecys — iiij	Serpentyne powder — ij last	for Cannons — l	for porte pe…
Culveryns — ij	Slyngs — v	Grosse corne powder — ij barel	for Culveryns — lx	for ffowlers
Sakers — ij	ffowlers — iiij	ffyne corne powder — cl lb	for Sakers — lx	for tope pec…
	Bassys — xvj		for Slyngs — xx	for Bassys
	Tope pecys — ij		Dyce of yron for hayle shotte — vj c	shott of lead for handgon…
	hayle shott pecys — xx			
	handgonnes complet — xx			

ffor the Pawncey. Ordenaunce Artillary Municions Habillimentes ffor Warre. ffor the Armyng and in the defence of the sayd Shyppe to the See

Gonnes of Brasse	Gonnes of yron	Gonne powder	Shotte of yron	Shotte of … and leade
Di Cannons — iij	porte pecys — vj	Serpentyne powder in Di barrells — xxx	for Di Cannons — c	for porte pe…
Culveryns — ij	Di Slyngs — iij	Grosse corne powder Di barell — ij	for Culveryns — l	for ffowlers
Di Culveryns — ij	ffowlers — ix	ffyne corne powder — xl lb	for Di Culveryns — lx	for tope pe…
Sakers — iij	Bassys — xxiiij		for Sakers — c	for Bassys
	Tope pece — j		for Di Slyngs — [illegible]	shott of lead…
	hayle shott pecys — xx		Dyce of yron for hayle shotte — ij c	for handgon…
	handgonnes complet — xx			

Pepys Library, Magdalene College

CAMBRIDGE

»Dann zum Piper und in die Duck Lane, dort des Buchhändlers Frau geküßt und Legende gekauft.« Samuel Pepys' lakonischer Bericht über den Kauf der ›Legenda aurea‹ des Jacobus de Voragine (gedruckt von Wynkyn de Worde, 1521) am 10. April 1668 ist eine der zahlreichen Tagebuch-Eintragungen über Bücherjagden dieses eingefleischten Bibliophilen, Lesers und Schmökerers. Wie alle gebildeten Leute seiner Zeit beherrschte er das Lateinische vollkommen; er konnte in dieser Sprache die Konversation mit einem sonst nur seiner Muttersprache mächtigen holländischen Admiral bestreiten und konnte um vier Uhr morgens aufstehen, um seine venezianische Ausgabe des Cicero von 1582 zu lesen, des besten Schriftstellers, »den ich je in meinem Leben gelesen habe«. Er war auch ein frommer Mann und ein kritischer Zuhörer einer Predigt. Doch hier hört jede Ähnlichkeit zwischen seiner Bibliothek und Sir Thomas Bodleys lateinischen Theologica auf. Von heute gesehen, erscheint Bodley als einer der letzten in der Tradition bis zu Cassiodor zurück; Pepys mit seiner Vorliebe für englische Literatur, für Bücher über Reisen und Seefahrt und für Naturwissenschaften ist schon ein ausgesprochen moderner Sammler.

1668 besaß Pepys mehr Bücher, als er in seinen beiden Schränken unterbringen konnte, insgesamt über fünfhundert, von denen er einige abzugeben dachte. In den nächsten zwanzig Jahren, die er fast ganz in dem einflußreichen Amt des Secretary to the Admiralty zubrachte, beeinträchtigte »das Durcheinander der Geschäfte« (wie er es später ausdrückte) seine Möglichkeiten zum Besuch von Buchläden erheblich. Dennoch wuchs die Sammlung, und er erwarb viele begehrenswerte Raritäten, darunter zwei der drei Urkunden mit dem illustrierten Bericht von Anthony Anthony über die Flotte Heinrichs VIII., die Pepys von König Karl II. erhielt, und eine Handschrift über das Leben der schottischen Königin Maria Stuart, ein Geschenk seines anderen Herrn aus Königshause, Jakobs, Duke of York.

Im Jahr 1689, unter den Nachwirkungen der ›Glorreichen Revolution‹ der Whigs, zog sich Pepys aus dem öffentlichen Dienst zurück. Als er sich zu einem Leben seither ungewohnter Muße niederließ, wurden seine Sammlungen zur Hauptbeschäftigung. Das erste Anzeichen der neuen Lebensweise war eine Reise in einer Sänfte zu einer Kupferstich-Versteigerung in Covent Garden im November 1690. Vornan in seinem Bibliophilenkreis stand sein alter Freund John Evelyn, dessen Übersetzung von Gabriel Naudés ›Advis pour dresser une bibliothèque‹ ein Geschenk von 1665 war und die Pepys damals als »etwas über meinem Horizont« gefunden hatte. Seitdem hatten die beiden ›Virtuosi‹ sich des öfteren gegenseitig beschenkt, wobei Pepys eindeutig als Gewinner hervorging. Seine Bibliothek besitzt noch eine

OBEN *Samuel Pepys, Gemälde von Geoffrey Kneller in der Bibliothek in Cambridge.* GEGENÜBER *Anthony Anthonys illustrierter Bericht über die Flotte Heinrichs* VIII.*, den Pepys von König Karl* II. *erhielt.*

Pepys Bücher mit den lederbezogenen Holzleisten zum Ausgleich der Rückenhöhe.

wertvolle Sammlung historischer Dokumente, die ihm Evelyn eigentlich nur leihweise überlassen hatte, aber »später niemals zurückverlangte«. Die beste von Pepys' Gegengaben war »eine von Caxton gedruckte Landkarte«, was auch immer man sich darunter vorstellen mag. Andere Tauschfreunde waren Dr. Arthur Charlett, Master des University College, Oxford, wo sein Neffe John Jackson sich in ›Statu pupillari‹ befand; ein brillanter junger Paläograph, Humfrey Wanley, Assistant an der Bodleian Library; Hans Sloane, der sich damals als Sammler zu betätigen begann; John Bagford, Schuster, Buchverwerter und Kommissionsagent. Seine Gelehrtenkollegen von der Royal Society aber waren jeden Samstag Abend bei ihm in York Buildings in London zu Gast. Wenigstens die Hälfte seiner Bibliothek kam in den letzten dreizehn Jahren seines Lebens zusammen. Im Jahre 1692 fand er, daß es jetzt Zeit sei, seine Bestände zu überprüfen und neu zu ordnen. Der erste Schritt war, sich für drei Monate aufs Land zurückzuziehen, um die historischen Dokumente in eine Ordnung zu bringen (sie waren nicht in der Bibliothek untergebracht, befinden sich daher nicht im Magdalene College, sondern bildeten später einen Teil von Richard Rawlinsons Stiftung an die Bodleian Library). Zu den Vorbereitungen gehörte auch die Übersendung seines Exemplars des ersten englischen Buches über Seefahrt, Pierre Garcias ›The Rutter of the Sea‹ (gedruckt um 1555 und vom Besitzer allzu optimistisch »um 1490« datiert) nach Oxford, um es dort mit Seldens Exemplar kollationieren zu lassen. Eines Tages im Jahr 1693 war alles zu der komplizierten Aktion bereit, die Pepys ein »Adjustment« nannte. Das bedeutete, alle Bücher in strenger Ordnung nach der Größe aufzustellen und sie vom kleinsten aufwärts durchzunumerieren. Jeder Band, der mit seinen Nachbarn nicht genau übereinstimmte, war in Gefahr, herausgeworfen zu werden, doch wenn es ein Lieblingsbuch war, wurde es durch eine mit vergoldetem Leder bezogene Holzleiste auf die gewünschte Größe gebracht. Nachdem die nun hübsch angeordneten Bände in den Schränken standen, wurden zwei Kataloge angelegt, der eine nach der Aufstellung, der andere alphabetisch, dazu ein Sachregister mit der Bezeichnung ›Appendix Classica‹. Der Katalog erhielt den großartigen Titel ›Supellex Literaria‹, denn Pepys hatte eine Schwäche für lateinische Namen, ebenso wie er ›Consutilia‹ für Sammelbände mit Flugschriften und ›Repertorium Chiro-Typicum‹ für eine Sammlung von Faksimiles von Unterschriften berühmter Leute gebrauchte.

Das Aussehen der Bibliothek in York Buildings nach dem Adjustment von 1693 ist aus Zeichnungen bekannt. Da war ein langer getäfelter Raum, ohne Teppiche, mit Fenstern, die auf die Themse hinausschauten. Sieben eichene Schränke mit Glastüren standen an den anderen Seiten, die ältesten noch erhaltenen verglasten Bücherschränke, die Pepys im Jahre 1666 von »Sympson dem Tischler« anfertigen ließ. Sie enthielten ungefähr 1600 Bände, mit Platz für weitere. Über ihnen hingen Porträts von Evelyn, Robert Boyle und anderen berühmten Zeitgenossen, über dem Kamin das von Jakob II., ein Kniestück. Ein mit Draperien versehener Tisch, so flach, daß er fast orientalisch wirkte (unter dem sich vermutlich die Schränke für große Folianten verbargen), stand in der Mitte, mit zwei geöffneten Bänden, wahrscheinlich dem Katalog. Zur Haupteinrichtung gehörten ferner zwei Leitern, mit deren Hilfe der Besitzer, ein kleiner Mann, das oberste Bücherbrett erreichen konnte.

Der Inhalt der Schränke nach dem nächsten Adjustment im Jahr 1700 – inzwischen auf 2474 Bände angewachsen – wird in dem vorhandenen Katalog aufgeführt. 1694 war Pepys aufgefordert worden, zu den in Oxford vorbereiteten ›Catalogi librorum manuscriptorum Angliae et Hiberniae‹ eine

Liste seiner Handschriften beizusteuern. Er antwortete, daß er keine Zeit gehabt habe, sich nach »Kuriositäten« über irgendwelche Themen umzusehen, es sei denn über die Seefahrt. Dieser Teil seiner Sammlung war mindestens Anfang 1664 begonnen worden, als er eine Veröffentlichung über den Seekrieg mit Holland vorhatte, »eine Sache, die mir sehr am Herzen liegt und die stark meinen Neigungen entspricht«. Er besaß handschriftliche Beschreibungen von Clement Adams' Reisen nach Rußland (Philipp II. und Königin Maria gewidmet), Berichte von Frobishers stellvertretendem Kommandanten, Edward Fenton (ein Geschenk Evelyns) und von Bartholomew Sharpe, dem Piraten, sowie unter anderen offiziellen Dokumenten siebzehn Bände der Korrespondenz der Admiralität, um deren Rückgabe sein Nachfolger sich vergeblich bemühte. Eine große Abteilung über Navigation enthielt zwei vorzügliche zusammengebundene elisabethanische Werke: Robert Recordes ›Castle of Knowledge‹ (1556) und William Cuninghams ›The Cosmographical Glasse‹ (1559). Die Abteilung Schiffsbau begann gewichtig mit Athanasius Kirchers ›De Arca Noe‹, Amsterdam 1675 (ein Gegenstand, über den ein kompetentes Urteil abzugeben Pepys sich durchaus berechtigt fühlte: »Mr. Shere schätzt nach den angegebenen Ausmaßen, daß sechs Monate genügt hätten, das zu bauen, wofür Moses hundert Jahre ansetzt«) und enthielt Sir Anthony Deanes ›Doctrine of Naval Architecture‹, über dessen saubere maßstabgetreue Zeichnungen Evelyn sich am 28. Januar 1682 begeistert äußerte: »Ich glaube nicht, daß die Welt noch Gleiches aufzuweisen hat. Ich halte dieses Buch für eine ungewöhnliche Kostbarkeit.«

Die Sammlung war mit Bänden über das heroische Zeitalter der elisabethanischen Seefahrt gut ausgestattet, und selbst Heinrichs VIII. Taschenkalender wurde gegen den von Francis Drake ausgetauscht. Augustine Rythers Stiche über die Operationen der Armada waren vorhanden, ebenso das Seekartenbuch, das von den englischen Schiffen damals benutzt worden war,

88 *Lithotomia Vesicæ.*

CHAP. XII.

How the Chyrurgian ought to Carry and behave himselfe in the time of Incision.

Hitherto it hath been briefly shewed, how both the Patient and Physitian ought to prepare and order themselves for Lithotomie, and in what manner the sick person is to be layed and bound. It now remaineth that we should

OBEN *Pepys Bibliothek in seiner Wohnung in York Buildings, London, etwa 1693. Durch die Fenster ist die Themse zu sehen; Portraits berühmter Zeitgenossen schmücken die Wände.* UNTEN *Ein Patient wird zur Gallensteinoperation vorbereitet, einer Operation, der sich Pepys im Jahre 1658 selbst unterziehen mußte.*

OBEN *›London's Dreadful Visitation‹, 1665; ein Verzeichnis der Peststerbefälle.* UNTEN *Der Herkulessprung, aus Will Stokes, ›The Vaulting-Master‹, Oxford 1652.*

Waghenaers ›Speculum Nauticum‹ in holländischer, lateinischer und englischer Ausgabe (daß die ›Waggoners‹ verlorengegangen sein könnten, war eine der Hauptsorgen von Pepys während des großen Brandes von 1666). An einem Tag des Jahres 1690 bekam er – vielleicht über einen englischen Kaufmann in Sevilla – einen Band, der ihm besondere Freude bereitet haben muß: Proviantlisten der Flottenlieferanten der spanischen Armada von 1587. Der Untergang der Armada ereignete sich 1588; die Nähe der Daten war unwiderstehlich und die Erwerbung wurde als »das originale Libro de Cargos ... des Proveedor der spanischen Armada von 1588« verzeichnet.

Bestimmte Bestandskategorien sind im Bibliothekskatalog von 1700 in chronologischen Übersichten aufgeführt. Eine davon überblickt die englische Literatur von Bedas ›Historia Ecclesiastica‹ in Angelsächsisch und Lateinisch bis zu dem letzten Versuch ihrer Verfeinerung durch Sir Philip Sidney in seiner ›Arcadia‹. Es ist eine eindrucksvolle Liste: darunter Gedichte Chaucers in Handschrift, »von denen manche überhaupt nicht gedruckt worden sind«, sechs Caxton-Drucke, unter ihnen das einzig bekannte Exemplar von ›Reynard the Fox‹ und das Fragment eines siebten Caxton-Druckes, sowie die einzigartige Handschrift von Buch 10 bis 15 aus Caxtons Übersetzung der ›Metamorphosen‹ des Ovid – deren erster Teil erst 1965 unter dem Berg von unidentifizierten Papieren entdeckt worden ist, den der unersättliche Bibliomane Sir Thomas Philipps aufgetürmt hatte. Schottische Literatur wurde gesondert aufgeführt; das Kernstück waren zwei Gedichtsammlungen von Sir Richard Maitland, Gavin Douglas und William Dunbar – erworben bei Auflösung der Bibliothek des Duke of Lauderdale im Jahre 1692.

›Of the Origine & Growth of Printing in England‹ ist der Titel einer an-

deren Übersicht, die einem Exemplar von Joseph Moxons ›Mechanick Exercises‹ von 1677 beigebunden ist: ein ziemlich genauer Überblick, der auf Informationen von Moxon, Bagford und auf eigenen Untersuchungen fußt. Dieses Interesse veranlaßte ihn, Beispiele der Druckerzeugnisse von Pressen von Machlinia und St. Albans zu kaufen, weiter siebzehn Drucke von Wynkyn de Worde und sechzehn von Pynson. Die Altmeister der Druckkunst galten ihm mehr als ihre Nachfolger. So wurde ein späterer Druck von John Fishers ›Fruitful sayings of David‹ (wahrscheinlich von Thomas Marsh, 1555) gegen Wynkyn de Wordes Ausgabe von 1509 eingetauscht. Mit dem Übergang zur neueren Zeit, deren Beginn Pepys ungefähr mit dem Jahr 1590 angesetzt zu haben scheint, wurde das entgegengesetzte Prinzip angewendet: die spätere Ausgabe galt mehr als die frühere. So wurde die am 7. Juli 1664 gekaufte dritte Shakespeare Folio abgestoßen, um der vierten aus dem Jahr 1685 Platz zu machen.

Andere Teile der Bibliothek spiegeln den Umkreis seiner Interessen: Naturwissenschaften, hauptsächlich die Beiträge seiner Kollegen von der Royal Society, namentlich zweiundvierzig Werke Robert Boyles und Newtons ›Principia Mathematica‹, die 1687 mit dem Imprimatur von Pepys als Präsidenten gedruckt wurden; Musik; Bücher über Kurzschrift; Grammatiken und Wörterbücher; die erste Gesamtausgabe von Racine, 1676, und Werke von Molière, Pascal, Descartes und Boileau; spanische Theaterstücke und Volksbücher, die er bei einem Besuch in Sevilla 1684 gekauft hatte; parlamentarische Dokumente, Flugschriften und Traktate über die ›Papistische Verschwörung‹; Einblattdrucke; volkstümliche Romanzen, Witzsammlungen und moralische Erzählungen, die unter ›Vulgaria‹, ›Penny-Belustigungen‹ und ›Penny-Erbauungen‹ eingeordnet wurden, und Kuriositäten – wie der ›Divan‹ des Anwari auf Persisch; ein slawonisches Stundenbuch, zwei Beispiele der chinesischen Holzschnittkunst und ein leeres türkisches Notizbuch aus schwarzem Papier in einem lackierten Einband. Vor das House of Commons geladen, verlangte Pepys kühn von jedermann den Beweis dafür, daß er je ein ›papistisches‹ Buch in seinem Hause gehabt habe. Es war nur gut, daß er mit dieser Herausforderung nicht beim Wort genommen wurde, denn niemals hatte er aufgehört, sich für die Liturgie »der alten katholischen Zeiten« und die Riten der Römischen Kirche der Neuzeit zu interessieren. In späteren Jahren besaß er den ›Index librorum prohibitorum‹ (1624) von Mascarenhas (dem portugiesischen Großinquisitor, dessen Bücher ihren Weg zu Bodley gefunden hatten), einen illustrierten Bericht über ein Autodafé von 1680 in Madrid und den zweiten Teil einer ›Praeparatio ad Confessionem‹, der aus einem Sündenregister auf Einzelblättern bestand, wahrscheinlich zum Gebrauch hilfloser Beichtkinder. Katholische homiletische und spekulative Werke sind noch überraschender, so die dreibändige ›Mystica ciudad de Dios‹ (Lissabon 1681) der spanischen Nonne María de Jesús.

Pepys kaufte seine illuminierten Handschriften wahrscheinlich aus antiquarischen Interessen. Sein schönes Skizzenbuch eines englischen Künstlers aus dem vierzehnten Jahrhundert wird bescheiden beschrieben als »ein altes Buch mönchischer Zeichnungen und Entwürfe für den kirchlichen Gebrauch«. In der zeitgenössischen Illustrationskunst kannte er sich jedoch gründlich aus. So verbrachte er eine Stunde in Joseph Kirtons Laden in St. Paul's Churchyard, um die »ausgezeichneten Stiche« von Braun und Hogenbergs ›Theatrum orbis terrarum‹ und Sanders ›Flandria illustrata‹ zu bewundern. Er besaß nicht nur englische illustrierte Werke wie Francis Barlows Aesop-Ausgabe (ein Buch, das er luxuriös hatte einbinden lassen), sondern auch ungewöhnliche Bücher vom Kontinent, wie ›Fiestas de Sevilla‹ von La Torre

Fo? I my selfe do now aduyse
To kepe me chast that I may mary
Fayre dame Clennes that noble lady

OBEN *Holzschnittillustration im einzigen Exemplar von Stephen Hawes, ›The exemple of Virtue‹, gedruckt von Wynkyn de Worde, 1510.* UNTEN *Sir Richard Maitlands Gedichte, Abschrift für seine Tochter, 1586.*

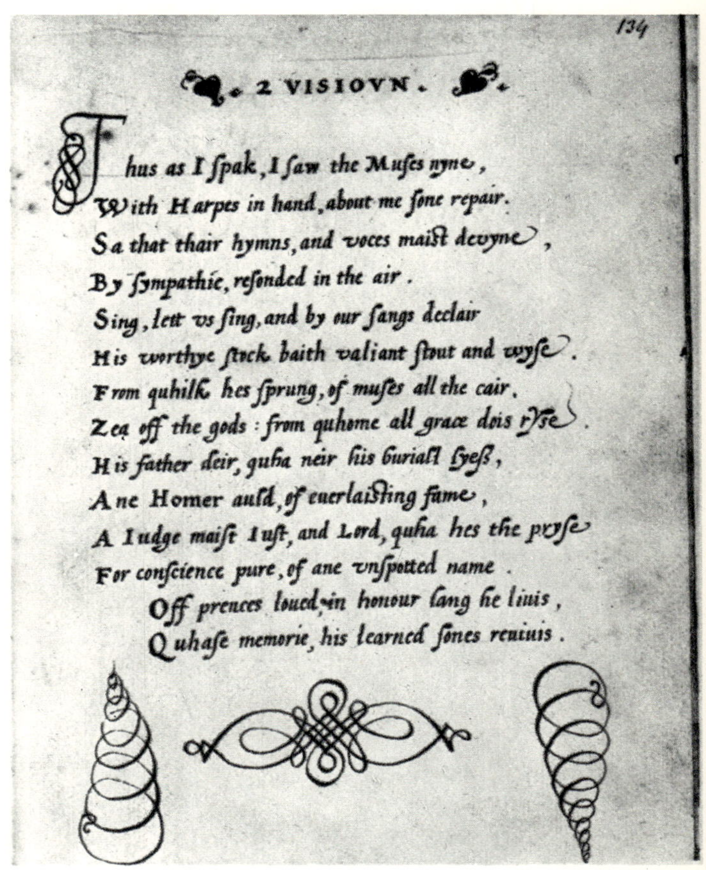
134

2 VISIOVN.

Thus as I spak, I saw the Muses nyne,
With Harpes in hand, about me sone repair.
Sa that thair hymns, and voces maist devyne,
By sympathie, resonded in the air.
Sing, lett vs sing, and by our sangs declair
His worthye stock baith valiant stout and wyse.
From quhilk hes sprung, of muses all the cair,
Zea off the gods: from quhome all grace deis ryse.
His father deir, quha neir his buriall lyes,
Ane Homer auld, of euerlasting fame,
A Iudge maist Iust, and Lord, quha hes the pryse
For conscience pure, of ane vnspotted name.
Off prences loued, in honour lang he liuis,
Quhase memorie, his learned sones reuiuis.

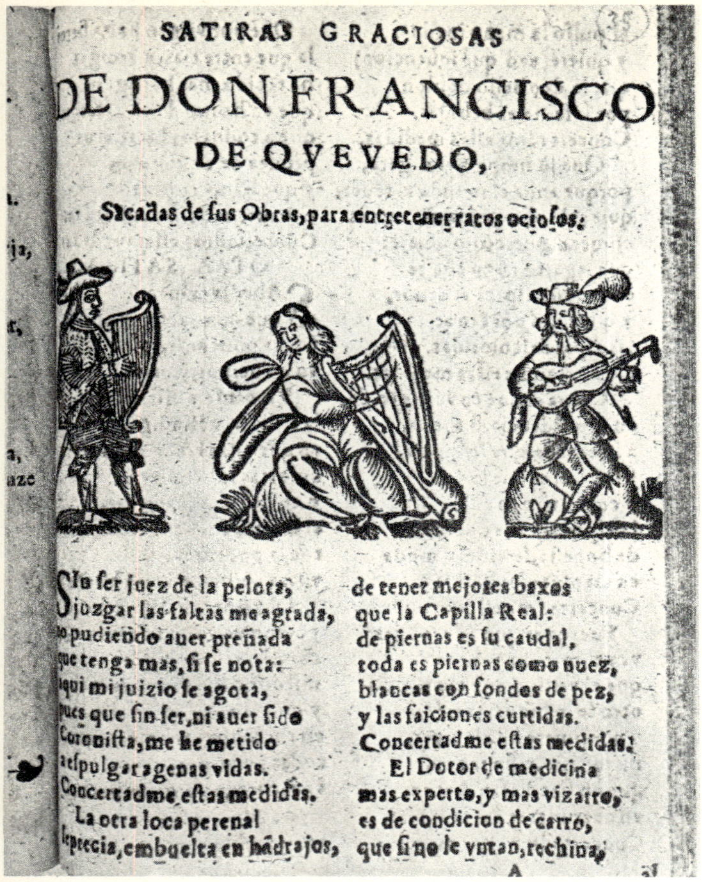
SATIRAS GRACIOSAS
DE DON FRANCISCO
DE QVEVEDO,
Sacadas de ſus Obras, para entretener ratos ocioſos.

SIn ſer juez de la pelota,
juzgar las faltas me agrada,
no pudiendo auer preñada
que tenga mas, ſi ſe nota:
aqui mi juizio ſe agota,
pues que ſin ſer, ni auer ſido
Coroniſta, me he metido
a eſpulgar agenas vidas.
Concertadme eſtas medidas.
La otra loca perenal
ſe precia, embuelta en hadrajos,
de tener mejores baxos
que la Capilla Real:
de piernas es ſu caudal,
toda es piernas como nuez,
blancas con ſondes de pez,
y las faiciones curtidas.
Concertadme eſtas medidas.
El Dotor de medicina
mas experto, y mas vizarro,
es de condicion de carro,
que ſi no le vntan, rechina,

OBEN *Eines der 1694 in Sevilla erworbenen spanischen Volksbücher, Francisco de Quevedos ›Satiras graciosas‹.*
UNTEN *›The most Pleasant History of Tom a Lincoln‹, London 1682. Dies ist einer der Ritterromane, die Pepys seine ›Vulgaria‹ nannte.*

The most Pleaſant
HISTORY
OF
TOM A LINCOLN
That Ever Renowned Souldier,
THE
Red-Roſe Knight.
Printed by H. B. for W. Thackery at the Angel in Duck Lane, 1682.

Farfan (1675) mit Stichen nach Murillo, Valdes Leal und dem jüngeren Herrera.

»Meine Freude ist die saubere Ordnung von allem« – dieses leitende Prinzip der Bibliothek ist bereits 1663 festgelegt worden. Die Bücher wurden mit roter Tinte bezeichnet und, wo erforderlich, mit handschriftlichen Registern versehen. In Den Haag hatte Pepys 1660 drei Ankäufe »um ihres Einbands willen« (sie scheinen dabei in ziemlich einfaches Pergament gebunden gewesen zu sein) gemacht, und niemals verlor er seine Vorliebe für ein gut gebundenes Buch. Die Musikdrucke waren meist in dekorierten Pappbänden, die anderen Werke in Kalbsleder mit vergoldetem Rücken. Maroquin war Wycliffes Neuem Testament und anderen hochgeschätzten Seltenheiten vorbehalten. Er besaß Einbände mit dem Supralibros des königlichen Wappens Karls I. (für die er Silvanus Morgan, dem ›Herald Painter‹, eine Guinee gegeben hatte) und Bücher, die Heinrich VII., Lord Burleigh, dem Lord Chief Justice Coke, Sir Robert Cotton, John Dee, Robert Burton, Ben Jonson und Henri, Duc de Rohan, gehört hatten. Als sich das Jahrhundert dem Ende zuneigte, konnte Pepys seine Bibliothek mit Wohlgefallen betrachten.

Aber noch war er nicht fertig. Er unternahm es, seine ›Workes of King Charles the Martyr‹ mit dem Exemplar in Lambeth zu vergleichen, das von der Inquisition in Lissabon geprüft worden war. John Jackson bereiste den Kontinent, er kannte inzwischen seines Onkels Geschmack und konnte sicher sein, aus Italien manche Dinge von Interesse mitzubringen: Reiseführer, Ansichten römischer Altertümer, Corellis Sonaten, die Autographen der zweiundzwanzig am meisten ›papabilen‹ Kardinälen; vielleicht konnte er auch eine zuverlässigere Abschrift von Heinrichs VIII. Briefen an Anna Boleyn aus der Vaticana besorgen, als Fall, der Präzentor von York, siebzehn Jahre vorher erhalten hatte. Dann waren die Sammelalben zu vervollständigen und zu binden, die Sammlung von Pariser Ansichten aus den ›Taille-Douce‹ -Läden, zu der ihn Evelyn vor drei Jahrzehnten angeregt hatte, die Ansichten von London, seine ›Miscellany of Prints General‹, die sorgfältig nach Gegenständen geordnet werden mußten: ›Scripture Story‹, ›Devotion Pieces‹, ›Solemnity & Pastimes‹ und vieles andere; schließlich seine Sammlung von Porträts und ganzfigurigen Abbildungen. Seine beiden letzten Sammlungsgebiete, Titelbilder und Kalligraphie, machten ihm allerdings Sorgen. Freilich sandte Shadwell Titelkupfer aus Paris, sein Vetter Gale aus Amsterdam, aber Jackson hatte enttäuschend wenig in Rom gefunden. Bei der Anlage der kalligraphischen Sammlung, die mit Handschriftenproben beginnen und mit den spätesten Schreibmusterbüchern aufhören sollte, mußte er sich für das Material auf Bagford und für die Identifizierung und Beschreibung auf Humfrey Wanley verlassen. Nach seinen Wünschen sollte sie ein ganzes Jahrtausend umgreifen (eine schöne Zeitspanne), aber Wanley konnte kein Beispiel aus dem siebten Jahrhundert beibringen – und selbst in dem Isidorus von Sevilla, den er zum Trost schickte, fehlte ein halbes Dutzend Blätter. Dann war ein beunruhigender Brief aus Durham gekommen über die Fragmente, die sein alter Freund, der Dean John Montagu, gefälligerweise für ihn aus zwei Handschriften herausgeschnitten hatte, damit er ihren »Charakter und ihr Alter« prüfen könne; es schien, das Domkapitel forderte sie jetzt zurück. Wie konnten sie das verlangen – »bei der Wißbegierde eines Menschen meines Geschmacks an diesen Dingen?« Die Zukunft der Bibliothek mußte sorgfältig bedacht werden; es hatte so unendlich viele Mühen, Zeit und Kosten verursacht zu sammeln und zu ordnen . . . Wie Fernando Colombo war Pepys in Sorge, ob man sich um seine Bücher kümmern würde, die doch der Nachwelt Nutzen bringen

OBEN *Drei Einbände aus Pepys Sammlung.*
LINKS *Londoner Einband, vielleicht von Nott;* MITTE *Weiß-goldener Umschlag;* RECHTS *Einband von Samuel Mearne, etwa 1685.*
UNTEN *›Dame se promenant a la Campaigne‹, nach I. D. de St. Jean, 1670, aus einer Folge französischer Modekupfer.*

sollten. Zwei Testamentsnachträge vom 12. und 13. Mai 1703, vierzehn Tage vor seinem Tode, galten diesen Fragen. John Jackson wurde die Bibliothek auf Lebzeiten zugesprochen mit der Verpflichtung, die Bibliothek zu »vervollständigen«. Fehlende Bände und Serien sollten ergänzt, ungebundene Broschüren und Flugschriften gebunden, Pepys' Wappen als Supralibros auf jeden Einband geprägt und ein abschließendes ›Adjustment‹ durchgeführt werden. Nach Jacksons Tod sollte die Bibliothek auf das Magdalene College übergehen, das College in Cambridge, dem er und sein Neffe angehört hatten. Die Bücher sollten dort in einem eigenen Raum untergebracht werden, mit dem Namen ›Bibliotheca Pepysiana‹, ohne jede zukünftige Veränderung, weder durch Erweiterung, noch Verminderung. Die Bibliothek sollte an das Trinity College fallen, wenn diese Bedingungen mißachtet würden.

John Jackson starb 1723. Im folgenden Jahr wurde der Bücherbestand, der sich theoretisch auf dreitausend Bände belief – wieder eine schöne runde Zahl –, obwohl in Wirklichkeit wegen einiger Lücken in der Numerierung nicht ganz so viel, nach Cambridge überführt, zusammen mit zwölf Schränken und einem für große Folianten bestimmtem Schreibtisch; dort wurde die Bibliothek im ersten Stockwerk eines Ergänzungsbaus des College aus dem siebzehnten Jahrhundert untergebracht. Hier gewann ein deutscher Reisender, Nathanael Jacob Gerlach, im Jahre 1728 einen düsteren Eindruck von ihrer Zukunft: »Diese Bibliothek kennt keinen Zuwachs und darf nicht von der Stelle bewegt werden, sondern bleibt in ›honorem familiae‹ konserviert. Mir erscheint sie wie ein Monument der Eitelkeit. Nach einiger Zeit wird der ganze Plunder nichts mehr wert, das bißchen Gold gedunkelt sein, und die Bibliothek bringt keinen Nutzen mehr.« Das genaue Gegenteil trat ein. Zuerst wenig bekannt oder besucht, enthielt die Bibliothek eine Zeitbombe mit einem Jahrhundert-Zünder: die sechs Bände von Pepys' Tagebuch, in Thomas Sheltons Stenographiesystem geschrieben. Als 1825 Lord Playbrookes Teilveröffentlichung nach der Reinschrift von Reverend John Smith erschien, wurde Pepys – bis dahin ein vergessener Flottenadministrator – plötzlich berühmt. Das Interesse an seinen Büchern ist seitdem bis zum heutigen Tag ständig gestiegen. Die Sammlung übt in der Tat eine mächtige Faszination aus, wahrscheinlich weil ein glücklich veranlagter Mensch sie zu seinem Vergnügen zusammengetragen hat. »O glücklicher Mister Pepys!« hatte Evelyn einst an ihn geschrieben, »wer kennt, besitzt und genießt so das, was des Suchens wert ist.«

RECHTS *Bibliotheksraum.* UNTEN *Pepys Library nimmt das erste Obergeschoß dieses Gebäudes des 17. Jhs. in Magdalene College ein.*

CORNELIVS TACITVS

Yale University Library

NEW HAVEN, CONN.

Im Jahr 1700 war man sich in Connecticut einig, daß die Kolonie ein College brauche. Zehn Geistliche, die Auftrag hatten, den Entschluß zu verwirklichen, hielten in Branford Parsonnage ihre erste Sitzung ab. »Jedes Mitglied brachte einige Bücher mit und legte sie mit den Worten auf den Tisch: ›Diese Bücher sind mein Beitrag zur Gründung eines College in dieser Kolonie‹.« Obwohl die Historiker die Wahrheit dieser Geschichte gerne bezweifeln, die in Präsident Claps ›Annals of Yale College‹ 1766 nachzulesen ist, zeigt sich hier wenigstens das frühe Verständnis für die zentrale Bedeutung der Bibliothek für die spätere Yale University.

Die Neugründung wechselte verschiedene Male den Ort, ehe sie sich 1718 in einem dreistöckigen Gebäude in New Haven niederließ. Die Bibliothek befand sich im zweiten Stockwerk und war durch zahlreiche Stiftungen, die Jeremiah Drummer, der Londoner Beauftragte der Kolonie, vermittelt hatte, auf tausend Bände angewachsen. Steele hatte einen kompletten Satz des ›Tatler‹ und des ›Spectator‹ geschenkt. Newton steuerte seine ›Optics‹, die zweite Ausgabe (1713) seiner ›Principia Mathematica‹, den ›Thesaurus Linguae Graecae‹ des Etienne und ein anderes Buch in griechischer Sprache bei, der Astronom Halley sein Exemplar des Apollonios, und eine Dauerleihgabe von Elihu Yale, dem prominentesten Sohn Connecticuts in England, enthielt die illuminierte mittelalterliche Handschrift, die wohl als erste Nordamerika erreicht hat: ein ›Speculum humanae salvationis‹ aus dem vierzehnten Jahrhundert. Außer der üblichen theologischen Literatur waren die Werke Chaucers, Spensers, Miltons, Ben Jonsons, Bacons ›Essays‹, Butlers ›Hudibras‹, Temple und Cowley vertreten. Im Jahr 1733 erhielt Yale von Bischof Berkeley neunhundert Bände, »die vorzüglichsten, die jemals zusammen nach Amerika gekommen waren«. Zehn Jahre darauf verzeichnete der erste gedruckte Katalog zweitausendsechshundert Bände – mit Shakespeare, Dryden und Pope, neben den anderen bereits erwähnten englischen Autoren.

Im Jahr 1763 erlebte die Bibliothek den ersten ihrer vielen Umzüge, in ein ehrwürdiges Gebäude, das sie mit der Kapelle teilte, und im selben Jahr erhielt sie von Jared Eliot ihre erste Dotation für Ankäufe, nämlich zehn Pfund. Ebenso wie in Harvard brachte der Unabhängigkeitskrieg britische Besatzung; die Bibliothek wurde in aller Eile und mit großen Verlusten verlagert. Dann kamen zwei neue Umzüge in neue Gebäude. Endlich wurde 1843 das erste selbständige Bibliotheksgebäude vollendet. Es war die Ausgeburt wildester architektonischer Phantasie, klein, aber ehrgeizig nach dem Vorbild von King's College Chapel in Cambridge entworfen und prachtvoll von Zinnen gekrönt. Ein neuromanischer Saal kam 1889 dazu, ein gotischer

OBEN *Karte von Utopia in der Erstausgabe von Sir Thomas Mores ›Utopia‹, 1516 gedruckt. Dieses Exemplar gehörte Cuthbert Tunstall, Bischof von Durham.* GEGENÜBER *Einband des ›Tacitus‹ des Königs Matthias Corvinus (Buda etwa 1480). Die Handschrift war Eigentum von Beatus Rhenanus und wurde von einem Artillerieoffizier Napoleons aus Schlettstadt mitgenommen.*

OBEN ›*Speculum humanae salvationis*‹; *englische Handschrift des 14. Jhs., von Elihu Yale im Jahre 1714 der Bibliothek geschenkt. Möglicherweise ist dies die erste mittelalterliche illustrierte Handschrift, die nach Nordamerika gelangte. Die Zeichnungen zeigen Daniel und den Drachen Bel, und David, der Goliaths Haupt abschlägt.* UNTEN *Ansicht von Yale College, etwa 1745; Stich von T. Johnson nach J. Greenwood.* RECHTS *Beinecke Library, Yale University, Neubau von 1964 nach Plänen von Gordon Bunshaft.*

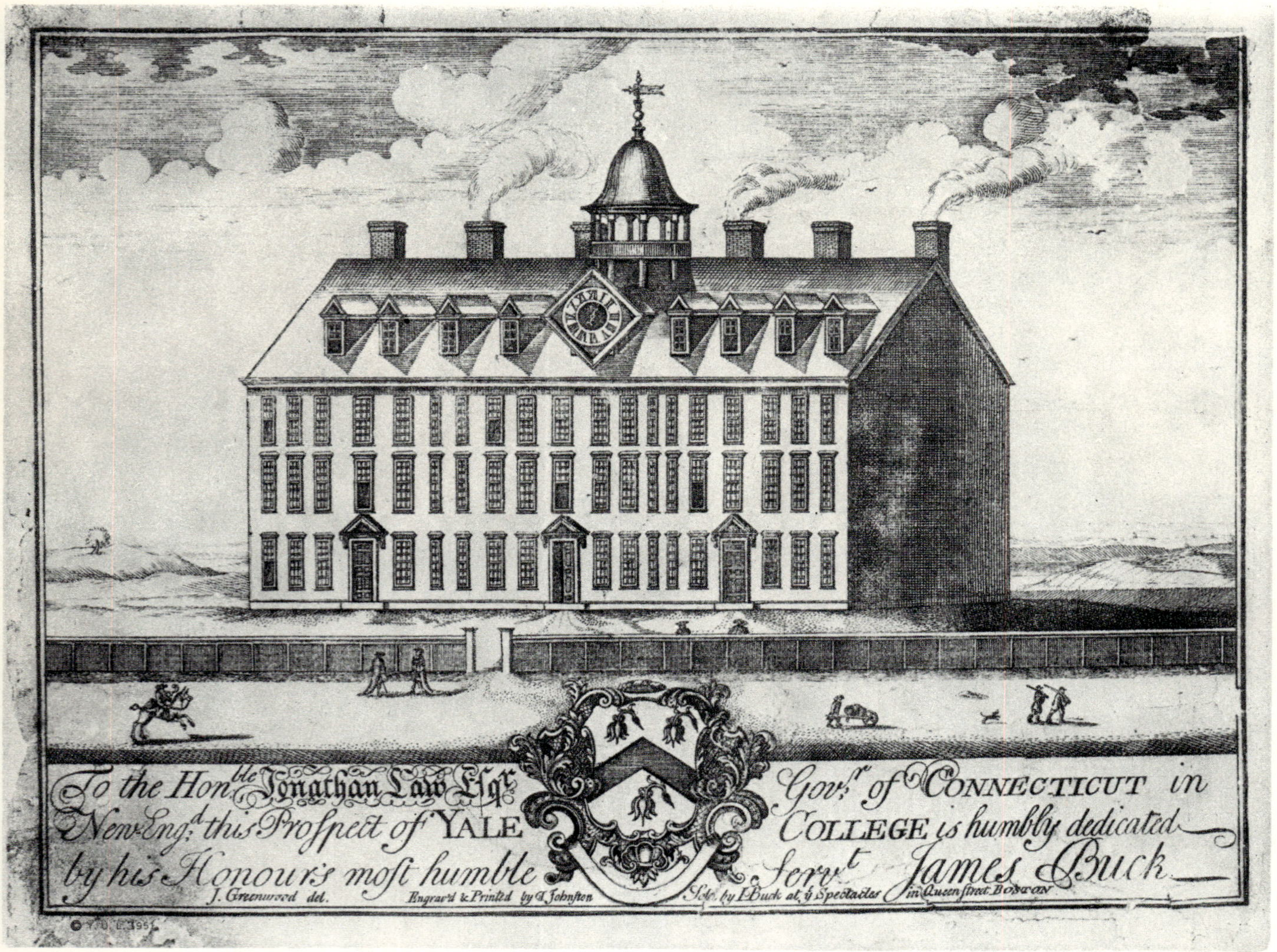

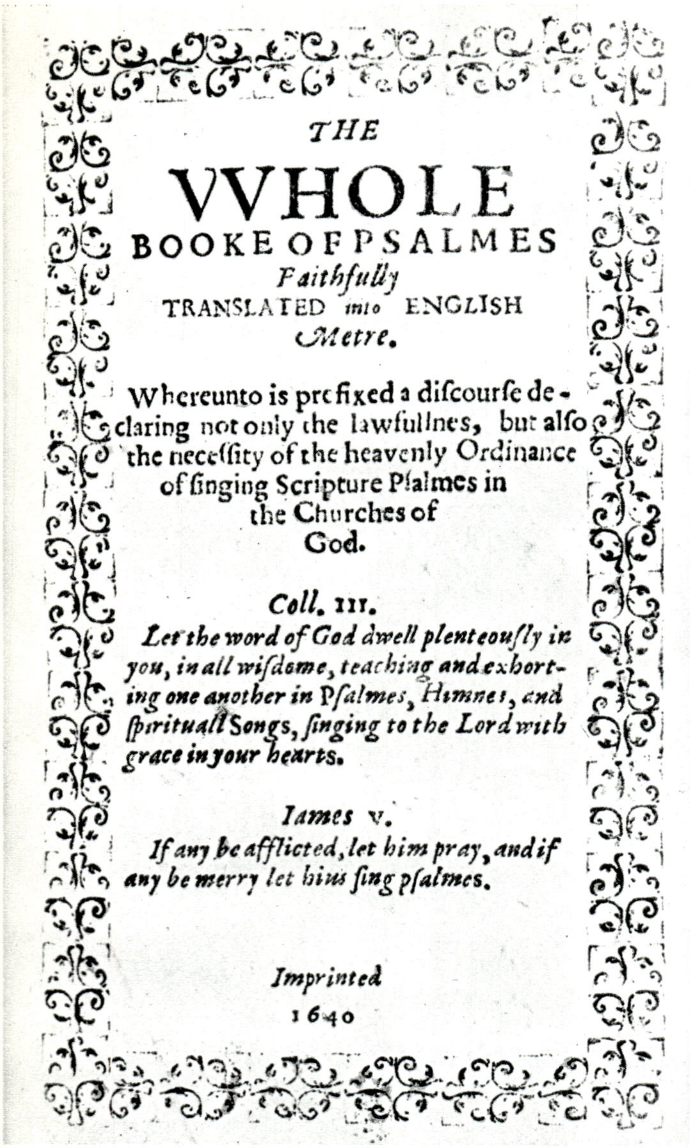

THE

VVHOLE

BOOKE OF PSALMES

Faithfully

TRANSLATED *into* ENGLISH

Metre.

Whereunto is prefixed a diſcourſe declaring not only the lawfullnes, but alſo the neceſſity of the heavenly Ordinance of ſinging Scripture Pſalmes in the Churches of God.

Coll. III.

Let the word of God dwell plenteouſly in you, in all wiſdome, teaching and exhorting one another in Pſalmes, Himnes, and ſpirituall Songs, ſinging to the Lord with grace in your hearts.

Iames V.

If any be afflicted, let him pray, and if any be merry let him ſing pſalmes.

Imprinted

1640

OBEN *Das ›Bay Psalm Book‹, 1640 in Cambridge, Mass., gedruckt. Eines der drei erhalten gebliebenen Exemplare des ersten in Nordamerika gedruckten Buches.*

GEGENÜBER *Die 42-zeilige oder Gutenbergbibel, 1454-5 in Mainz gedruckt. Dieses Exemplar gehörte dem Stift Melk an der Donau; die Initialen stammen von einem zeitgenössischen deutschen oder österreichischen Illuminator.*

UMSEITIG *Zeichnungen von Alfred Jacob Miller, einem Teilnehmer der William Drummond Stewart-Expedition von 1837-8 nach dem Westen der USA:*

OBEN LINKS *Zwei Shoshone Indianermädchen.* RECHTS *Schaukelndes Snake Indianermädchen.* UNTEN *Angeschossener Büffel.* RECHTE SEITE *J. J. Audubon, Schnee-Eule; aus ›The Birds of America‹ 1827-38.*

im Jahre 1905. Doch alles war zu eng geworden und wurde 1930 endlich ersetzt durch die Sterling Memorial Library: in gigantischen Ausmaßen erinnert sie von fern an Albi – halb Festung, halb Kathedrale – zwar auf einem Universitäts-Campus etwas überraschend, aber doch in Übereinstimmung mit der Neigung von Yale, sich mit einer Landschaft wie aus französischen Stundenbüchern zu umgeben.

Nach dem Entschluß zum Bau der Sterling Library, aber sechs Jahre vor ihrer Eröffnung wandte sich Chauncy Brewster Tinker, Professor für englische Literatur, bei einer Wiedersehensfeier an die ehemaligen Studenten. Er betonte, daß der neue Bau allein nicht die Bibliothek von Yale sein werde, auf den Inhalt käme es an, und von dem Vorhandenen entwarf er ein deprimierendes Bild. »Harvard . . . ist immer in der Führung gewesen. Für einen hier Graduierten ist es ärgerlich, sich damit abfinden zu müssen, daß Yale im Rennen immer an zweiter Stelle liegt . . .; aber mit unseren laufenden Ausgaben liegen wir nur an sechster Stelle.« Man kann diese Worte jetzt nicht ohne Erstaunen lesen, denn nach vierzig Jahren steht Yale unbestritten in der ersten Reihe der amerikanischen Bibliotheken. Doch im neunzehnten Jahrhundert war der Wert einer Sammlung seltener Bücher für eine Universität noch nicht recht begriffen worden. Die Bibliothek war nur ein paar Stunden täglich geöffnet; die Trustees knauserten mit dem Geld für Bücher und Unterhalt, im Winter gab es nur einen einzigen geheizten Ofen im Korridor. Als der Bibliothekar, Daniel Gilman, 1864 sein Amt aus Protest gegen diese Vernachlässigung aufkündigte, war er überrascht, einen durchaus zustimmenden Brief von Präsident Woolsey zu bekommen: »Der Posten besitzt nicht die Bedeutung, die ein Mann von geistiger Aktivität begreiflicherweise sucht, und das College kann ihm jetzt oder später keine größere Bedeutung verleihen, wenn die Verhältnisse so bleiben, wie sie sind.«

Dennoch besaß Yale zur Zeit von Tinkers Ansprache bereits mit drei Sammlungen eine feste Grundlage für seine künftige Bedeutung. Das war die 1911 von Owen F. Aldis gestiftete Sammlung amerikanischer Literatur, ferner die 1913 von William Alfred Speck deponierte Goethe-Sammlung, deren erster Kurator er wurde, und schließlich die Bücherei des Elizabethan Club, einer Schenkung von Alexander Smith Cochran. Cochran war von den ungeistigen, fast ausschließlich den Sport behandelnden Gesprächen der Studenten enttäuscht. Sein Club sollte das alles ändern. Dort, in einem Haus des achtzehnten Jahrhunderts, dessen Wände mit Porträts und Dokumenten aus der Zeit Elisabeths I. und Jakobs I. bedeckt waren, trafen sich die Studenten täglich zur Teestunde, um über die Literatur dieser beiden Epochen zu diskutieren, wozu ihnen die vier Shakespeare-Folios und 24 Quartos aus Huths Bibliothek und die Erstausgabe von 1597 von Bacons ›Essayes‹ (von Quaritch für zehntausend Dollar gekauft) zur Verfügung standen.

Das erste bemerkenswerte Ergebnis von Tinkers Appell war 1926 die Gutenberg-Bibel aus der Abtei von Melk an der Donau, Geschenk von Mrs. Edward S. Harkness, der Witwe eines der großzügigsten Wohltäter Yales. Dr. Rosenbach hatte sie in ihrem Auftrag auf einer Auktion in New York gekauft, wobei er das Limit um 31000 Dollar überschritt. Einundzwanzig Jahre später ergab sich, wiederum auf einer Versteigerung, die Gelegenheit, das vollständige Exemplar des anderen Monuments der Druckkunst zu erwerben, das eine große amerikanische Bibliothek besitzen muß, das Bay Psalm Book von 1640, das erste in Nordamerika gedruckte Buch. Abermals bot Rosenbach für Yale und kaufte es für den Weltrekordpreis von 151000 Dollar – 61000 Dollar über seinen Auftrag hinaus. Doch diesmal wurde ihm seine Eigenwilligkeit nicht verziehen. Mrs. Harkness, die 30000

Incipit prologus sancti Jeronimi in libros paralipomenon

Si septuaginta interpretum pura et ut ab eis in grecum versa est editio permaneret: superflue me chromati episcoporum sanctissime atque doctissime impelleres: ut hebrea volumina latino sermone transferrem. Quod enim semel aures hominum occupaverat et nascentis ecclesie roboraverat fidem: iustum erat etiam nostro silentio comprobari. Nunc vero cum pro varietate regionum diversa ferantur exemplaria et germana illa antiquaque translatio corrupta sit atque violata: nostri arbitrii putas aut e pluribus iudicare quid verum sit aut novum opus in veteri opere condere: illudentibusque iudeis cornicum ut dicitur oculos configere. Alexandria et egiptus in septuaginta suis esichium laudat auctorem: constantinopolis usque antiochiam luciani martiris exemplaria probat. Medie inter has provincie palestinos codices legunt: quos ab origene elaboratos eusebius et pamphilus vulgaverunt. Totusque orbis hac inter se trifaria varietate compugnat. Et certe origenes non solum exempla composuit quatuor editionum e regione singula verba describens ut unus dissentiens statim ceteris inter se consentientibus arguatur: sed quod maioris audacie est in editione septuaginta theodotionis editionem miscuit: asteriscis designans que minus fuerint et virgulis que ex superfluo videbantur apposita. Si igitur aliis licuit non tenere quod semel susceperant et post septuaginta cellulas que vulgo sine auctore iactantur singulas cellulas aperuere. Hocque in ecclesiis legitur quod septuaginta nescierunt: cur me non suscipiant latini mei qui inviolata editione veteri ita novam condidi ut laborem meum hebreis et quod his maius est apostolis auctoribus comprobem? Scripsi nuper librum de optimo genere interpretandi ostendens illa de evangelio: ex egipto vocavi filium meum: et quoniam nazareus vocabitur: et videbunt in quem compunxerunt: et illud apostoli quod oculus non vidit nec auris audivit et in cor hominis non ascenderunt que preparavit deus diligentibus se: ceteraque his similia in hebreorum libris inveniri. Certe apostoli et evangeliste septuaginta interpretes noverant: et unde eis hec dicere que in septuaginta non habentur? Christus dominus noster utriusque testamenti conditor in evangelio secundum iohannem qui credit inquit in me sicut dicit scriptura: flumina de ventre eius fluent aque vive. Utique scriptum est quod salvator scriptum esse testatur. Ubi scriptum est? Septuaginta non habent: apocrifa nescit ecclesia. Ad hebreos igitur revertendum est: unde et dominus loquitur et discipuli exempla presumunt. Hec pace veterum loquor: et obtrectatoribus meis tantum respondeo qui canino dente me rodunt: in publico detrahentes et legentes in angulis idem est accusatores et defensores: cum in aliis probent quod in me reprobant: quasi virtus et vicium non in rebus sit sed cum auctore mutetur. Ceterum memini editionem septuaginta translatorum olim de greco emendatam tribuisse me nostris: nec inimicum debere estimari eorum quos in conventu fratrum semper edissero. Et quod nunc

Snake Indian Girl

Buffalo

Dollar zugesagt hatte, zog ihr Angebot entrüstet zurück. Als das Buch nach aufreibenden Verhandlungen Yale erreichte, war die fehlende Summe nur durch einen unfreiwilligen Zuschuß der Brüder Rosenbach in Höhe von 45 000 Dollar aufgebracht worden.

Von den Spendern abgesehen, ist vor allem zwei Männern das gegenwärtige Ansehen der Bibliothek zu danken: Tinker selbst, einem äußerst beliebten Lehrer, der mehr als eine Generation von Sammlern mit seiner Begeisterung für englische Literatur angesteckt hat, und James T. Babb, der von 1945 bis 1965 Bibliothekar war. Beide Männer spezialisierten sich auf das englische achtzehnte Jahrhundert, und es ist nicht zufällig, daß Yale gerade auf diesem Gebiet hervorragt, obwohl es infolge eines glücklichen Zufalls schon besonders reich mit Zeitungen aus jener Epoche ausgestattet war. Es hat bereits die beste William Beckford-Sammlung (Babbs Spezialinteresse), und nun hat noch ein alter Gönner der Bibliothek, Wilmarth S. Lewis, der in seinem Haus in Connecticut Strawberry Hill geistig nachgeschaffen hat mit einer Sammlung von dreitausend Briefen von und an Horace Walpole und Zweifünfteln von Walpoles Bibliothek, seine Sammlung Yale zugedacht.

Mr. Lewis hat einen witzigen und amüsanten Bericht über seine Sammlung geschrieben, aber selbst er würde zugeben, daß ihre Geschichte nicht so außergewöhnlich ist, wie die der Malahide Papers. In den frühen zwanziger Jahren suchte Tinker, nach dem Erscheinen seines ›Young Boswell‹, durch Inserate in irischen Zeitungen nach Briefen Boswells. Er bekam zwei Antworten. In der einen, anonymen, hieß es: »Versuchen Sie's mit Malahide Castle«; die andere, unleserlich unterzeichnet, lautete: »Der letzte Erbe Boswells und Besitzer von Auchinleck ist Honble. James Talbot, Malahide Castle, County Dublin. Er hat kürzlich einen Schreibtisch Boswells herübergebracht, der voller noch unkatalogisierter Briefe ist.« Tinker setzte auf diese Spuren Ralph Isham an, einen ehemaligen Studenten von Yale, dem es schließlich durch Ausdauer, Charme und Diplomatie hohen Grades gelang, von den Talbots nicht nur die Papiere in dem Schreibtisch zu kaufen, sondern noch sechs andere Verstecke in Dachkammern, in einem alten Krocketkasten, einem Nebenhaus und in Fettercairn House in Schottland aufzustöbern. Die meisten dieser Aufzeichnungen sind zu Recht schließlich (1949) von Yale erworben worden. Darunter befanden sich Boswells unveröffentlichte Tagebücher, das Manuskript seines ›Account of Corsica‹ und des ›Journal of a Tour to the Hebrides‹, ein größeres zusammenhängendes Fragment des ›Life of Johnson‹ und Briefe von Goldsmith, Burke, Chatham, Burns und Voltaire.

Andere Zugänge können nur kurz erwähnt werden: ein Papyrus-Fragment der Genesis, das für das älteste Stück eines gebundenen Buches und das früheste einer christlichen Bibelhandschrift gehalten wird; eine Sammlung von westlichen Americana, darunter die beste Texas-Sammlung; Bücher und Handschriften über Sport; Ornithologie, mit zwei Exemplaren der Basis jeder solchen Sammlung, Audubons vierbändigen ›The Birds of America‹ (1827–38); schließlich die Karte von Vinland, die von einigen Fachleuten als die erste Darstellung des amerikanischen Kontinents angesehen wird. In einem angrenzenden Kellergeschoß enthalten Reihen alter Whiskey-Kartons Professor James M. Osborns erstaunliche Konvolute von Manuskripten der englischen Literatur des siebzehnten und achtzehnten Jahrhunderts, und

GEGENÜBER *Eigenhändiges Manuskript Boswells seines ›Life of Johnson‹, Widmung an Sir Joshua Reynolds.*

Dedication

To Sir Joshua Reynolds.

My Dear Sir,

Every liberal motive that can actuate an Authour in the dedication of his labours concurs in directing me to you as the person to whom the following Work should be inscribed.

If there be a pleasure in cele:brating the distinguished merit of a Contemporary mixed with a certain degree of vanity not altogether inex:cusable in appearing fully sensible of it, where can I find one in complimenting whom I can with more ~~[illegible]~~ general appro:bation gratify those feelings. Your ex:cellence not only in the art over which you have long presided with unrivalled fame, but also in elegant philosophy and literature are well known to the present,

Charles Dickens Lieblingsrabe brütet über Colonel Richard Gimbels Sammlungen von Aeronautica, Thomas Paine und Dickens selber. Die Yale Historical Medical Library, in einem eigenen Gebäude untergebracht, hat eine Rivalin nur in der Wellcome Historical Medical Library in London. Kürzlich hat Mr. Paul Mellon, die Stiftung seiner englischen Farbstichbücher, seiner dreizehn Caxton-Drucke und seiner Blake-Sammlung angekündigt, die das einzige kolorierte Exemplar von Blakes ›Jerusalem‹ enthält.

Neuerwerbungen verlangen Platz. Dreißig Jahre nach ihrer Fertigstellung war das Fassungsvermögen der Sterling Library erschöpft. Drei Brüder der Familie Beinecke kamen in diesem Augenblick mit dem Angebot eines Neubaus für die Unterbringung der Sammlung seltener Bücher. Alle drei waren natürlich ehemalige Yale-Studenten und Büchersammler – Frederick W. Beinecke von Western Americana, Edwin J. von Robert Louis Stevenson, Walter von James Barrie. Die Beinecke Library, entworfen von Gordon Bunshaft von Skidmore, Owings und Merrill, wurde im April 1964 eröffnet; sie ist der phantasievollste Bau seiner Art seit wenigstens zwei Jahrhunderten. Der Außenbau besteht aus Vermontmarmor-Platten in Fassungen aus Woodbury-Granit, und nichts in ihrer streng horizontalen Linienführung bereitet den Besucher auf die Überraschung vor, die ihn beim Eintreten erwartet. Der Hauptschmuck sind die Bücher selber, die in sechs Regalgeschossen um die Raummitte angeordnet sind, und der ganze Innenraum leuchtet in einem reichen, abgestuften Licht, das durch die geäderten Marmorplatten einfällt. Die Diensträume des Kurators sind um einen tieferliegenden Hof gruppiert, mit einer abstrakten Landschaft aus weißen Marmorskulpturen Noguchis. Es ist eine Bibliothek, die alle Erwartungen erfüllt, luxuriös für die Leser, zweckmäßig in der Verwaltung und mit einer Ausstellungshalle von einer Brillanz, die seit dem Barock keine Parallele hat.

Beinecke Library von Gordon Bunshaft, 1964 eröffnet.
Links im Hintergrund Sterling Library.

Coimbra und Mafra

Johann v. von Portugal war ein kultivierter und friedliebender Monarch mit Neigung zur Mathematik und Leidenschaft für die Musik. Seine Liebe zu Büchern und seine Bauleidenschaft machten seine Regierungszeit (1706–50) für die portugiesischen Bibliotheken zu einem goldenen Zeitalter. Seine beiden Hauptbauten, der Kloster-Palast von Mafra, der den Escorial übertreffen sollte und die Biblioteca da Universidade de Coimbra wurden im selben Jahr, 1717, begonnen.

Die Universität, die älteste Portugals, besaß naturgemäß schon lange vorher eine Büchersammlung. In Lissabon 1290 gegründet, wechselte sie zwischen der Hauptstadt und Coimbra, bis sie hier im Jahre 1537 durch König Johann III. ihren endgültigen Sitz erhielt. Ein königlicher Erlaß von 1541 verfügte, daß ihre Bücher von Lissabon dorthin gebracht werden sollten. Nach einem Bericht war die Bibliothek 1548 vormittags und nachmittags je zwei Stunden geöffnet. Die Universitätsstatuten von 1597 verlängerten die Öffnungszeit auf täglich sechs Stunden und sahen alle drei Jahre hundert Cruzados für Neuanschaffungen vor. Kurz danach, zur selben Zeit, als ähnliche Reisen für die Universitäten von Oxford und Dublin stattfanden, wurde der Bibliothekar mit fünfhunderttausend Reis (viertausend Reis = ein Cruzado) auf eine Einkaufsreise nach Venedig und Flandern geschickt.

Wie überall auf der iberischen Halbinsel brachte das siebzehnte Jahrhundert eine Ära des Verfalls. 1705 war das Bibliotheksgebäude eine Ruine, und die Bücher wurden in der Registratur gelagert. Elf Jahre darauf wurde die Büchersammlung des Dr. Francisco Barreto zum Verkauf gebracht, und ein fähiger und energischer Rektor, Nuno de Silva Telles, erhielt die Einwilligung des Königs, sie für vierzehntausend Cruzados zu erwerben. Die Errichtung eines damit dringlich gewordenen neuen Gebäudes wurde am 31. Oktober desselben Jahres bewilligt. Ein Vertrag für den Bau wurde am 14. August 1717 mit João Carvalho Ferreira abgeschlossen, für die Holzarbeiten mit João Rodrigues d'Almeida. Die Inneneinrichtung war im August 1723 fertiggestellt, als Manuel da Silva, ein Maler von Lissabon, verpflichtet wurde, sie mit vergoldeten Chinoiserien auszuschmücken – das erste Beispiel dieser Mode in Portugal. Zur selben Zeit erhielten zwei andere Lissaboner Künstler, Antonio Simões Ribeiro und Vicente Nunes, den Auftrag, die Decken mit Allegorien der Tugenden und der Kontinente auszumalen. Die Arbeit war 1728 vollendet.

Die Bibliothek befindet sich an einem Ende des dreiseitigen Universitätsplatzes. Ein imponierender Portikus, bekrönt von dem königlichen Wappen, und sechs Bogenfenster schmücken die Südseite, die sich nach dem Mondego-Tal öffnet. Das äußerst prächtige Innere besteht aus drei gleichgroßen, durch

OBEN *König Johann* V. *von Portugal, von Debrie; Stich aus Antonio Caetano Sousa de Castros ›Könige Portugals‹, Lissabon 1743.* GEGENÜBER *Biblioteca da Universidade de Coimbra.*

Arkadenöffnungen verbundenen Räumen, wobei der Eindruck der Höhe durch die Scheinperspektive der Deckenmalereien gesteigert wird. Jeder Raum ist aufgegliedert durch Bücherschränke, deren Dekoration an asiatische Lackarbeit erinnert; der erste und dritte Raum in Grün (jetzt stark nachgedunkelt), der mittlere in Rot. Am Ende der Raumflucht, der Eingangstür gegenüber, befindet sich ein Porträt Johanns v. in Lebensgröße, vermutlich von seinem italienischen Hofmaler Giorgio Domenico Duprá, mit reicher barocker Umrahmung. Die ursprüngliche Ausstattung ist noch vorhanden: sechs Tische aus brasilianischem Ebenholz, mit gelbem Jacarandaholz eingelegt, je zwei in einem Raum, mit versilberten Tintenfässern darauf. In den Trägern der Regale sind geschickt Leitern verdeckt eingebaut, mit denen die oberen Bücherreihen zu erreichen sind. Der erste Raum enthält Geschichte und Schöne Literatur, der zweite Recht und Naturwissenschaften, der dritte Theologie und Kanonistik. Elf Nischen hinter verdeckten Türen waren Professoren oder anderen privilegierten Lesern vorbehalten. Ein größerer Nischenraum mit der Aufschrift ›Cimelien‹ bezeichnet, enthielt die seltenen Bücher und den Arbeitsplatz des Bibliothekars.

Coimbra besitzt neben der Wiener Hofbibliothek das schönste Bibliotheksgebäude des achtzehnten Jahrhunderts. Ärgerlicherweise ist sein Architekt unbekannt. Ein an der Universität von 1700–1702 beschäftigter französischer Bildhauer, Claude de Laprade, wie auch Johann Friedrich

OBEN *Hl. Hieronymus mit dem Löwen; Holzschnitt aus Antonio de Bejas ›Wider die Prophezeiungen der Astrologen‹, einer Schrift gegen die Voraussage einer Hochwasserkatastrophe im Februar 1524.* UNTEN LINKS *Portugiesischer ›Fächereinband‹ mit Wappen König Johanns* V.*, Lissabon 1708.* UNTEN RECHTS *König Johann* III. *und Königin Leonore von Portugal, Christus unter dem Kreuz anbetend; Holzschnitt aus ›Leben Jesu‹ von Ludolf von Sachsen, Lissabon 1495. Der Druck dieses schönsten portugiesischen Buches vor 1500 wurde von der königlichen Familie finanziert.*

OBEN LINKS *Nuno Alvares Pereira, Marschall von Portugal und 1385 Sieger in der Schlacht von Aljubarrota gegen Kastilien. Aus der Chronik des 16. Jhs. ›Cronica do Condestabre de Portugal‹.* OBEN RECHTS *Einer der Bücherschränke in Coimbra, mit Chinoiserie-Lackmalerei.* UNTEN *Das Siegel des Ordens von Santiago, aus den Ordensstatuten, die der deutsche Drucker Hermann von Kempen 1509 im südportugiesischen Fischereihafen Setúbal druckte.*

Ludwig (portugiesisch Ludovice), der deutsche Protégé Johanns v., wurden in Betracht gezogen, aber keine der beiden Vermutungen wirkt ganz überzeugend. Das Vorbild des Entwurfs bleibt ebenso dunkel. Seit der Renaissance ist Coimbra die erste Bibliothek, in der das Einraumprinzip des Salone Sistino der Vaticana verlassen wurde. Johann v. war der Schwager Kaiser Karls VI. von Habsburg, und so liegt die Vermutung nahe, daß die Anlage einer dreiteiligen Raumfolge mit Wandregalen auf ein Wiener Vorbild zurückgeht, nämlich die Bibliothek des Prinzen Eugen im Oberen Belvedere. Auch diese war in drei Räume gegliedert, jeder offenbar nach einem besonderen Farbschema, da die Bücher, den Gegenständen entsprechend, in Rot, Gelb oder Grün gebunden waren. Dieser Hypothese stehen aber die Daten entgegen. Die Pläne für Coimbra müssen schon 1717 vorgelegen haben, während Lukas von Hildebrandt erst 1721 das Obere Belvedere begann. Ein gleich schwerwiegender Einwand ist, daß die in Salomon Kleiners Kupferstichfolge von Ansichten des Belvedere (1731) abgebildete ›Bibliothec‹ mit der Bibliothek von Coimbra keinerlei Ähnlichkeit hat.

Daß dieses üppige Barock-Interieur aus England stammen soll, mag zwar überraschend erscheinen, doch gibt es Gründe, die dafür sprechen. Johann v. interessierte sich für die Bibliotheken des Nordens, und viele seiner Bücher wurden durch die portugiesischen Gesandten in Paris, Den Haag und London beschafft. Die beiden ersteren kauften Werke über Handel und Schiffahrt und boten 1725 bei der Versteigerung der Sammlung des Kardinals Dubois; der Gesandte in London erwarb sechs Kisten Handschriften aus dem Besitz des Earl of Sunderland sowie Rymers ›Foedera‹ und die ›Historia coelestis Britannica‹ (1725) des englischen Astronomen John Flamsteed. 1726–27, als der Bau in Coimbra und auch der Ausbau von Mafra fast beendet waren,

Fo. CVII

chanceller da dicta ordẽ e cavallaria: e secretario do dicto capitollo q̃ aqui sobscrivi e assyney.

/O Mestre/

Gil vaz dacunha. Dom Gonçalo continho. Gonçalo figueyra. Aluaro mazcarenhas. Parradas licenciado.

Esta obra fue emprimida em Setuual: por mi Herman de kempis alemã: Enel anno de Mil quinhẽtos e noue. E se acavo a treze del mes de Dezembro.

sandte man einen Beauftragten des Königs, Luis da Cunha, zur Besichtigung der Bibliotheken Englands und der Niederlande. Er besuchte Oxford, studierte die Cotton-Bibliothek und besichtigte die Jesuitenkollegs von Antwerpen und Gent sowie die Universität von Löwen. Von allen Universitäts-Bibliotheken im frühen achtzehnten Jahrhundert war die Bodleian Library bei weitem die berühmteste; ihre Einrichtung war dem König vermutlich durch Loggans ›Oxonia illustrata‹ (1675) bekannt. Die Galerien in Coimbra mit ihren zierlichen Stützsäulen der Balustraden wurden vielleicht durch Loggans Abbildung von Selden End angeregt, und das Dreiraum-Schema von Coimbra könnte auf die Einteilung der Bodleian Library in Arts End, Duke Humphreys und Selden End zurückgehen. Die größere Länge und die mittelalterliche Gliederung des Mittelabschnitts in Oxford könnte man als ungeeignet empfunden oder in Loggans Darstellung nicht richtig abgelesen haben.

Johann V. überwies der Universität eine beachtliche Anzahl Werke über Theologie, Philosophie, Geschichte, Recht und ›moderne Medizin‹. Von seinem Tode bis zum Ende des Jahrhunderts wuchs die Sammlung langsam. Ein Exemplar der 1462 von Fust und Schöffer in Mainz gedruckten lateinischen Bibel wurde 1796 für 680000 Reis gekauft. Es hatte vier Jahre vorher auf einer Pariser Auktion seinen Schätzpreis nicht erreicht und war privat an einen portugiesischen Buchhändler verkauft worden. Diese Bibel ist der wertvollste Druck der Bibliothek und, zusammen mit der Gutenberg-Bibel der Biblioteca Nacional in Lissabon, in Portugal das einzige Beispiel aus den ersten Anfängen des Drucks. Eine prächtige großformatige Bibel aus dem zwölften Jahrhundert, in einem Pariser Einband des achtzehnten Jahrhunderts, ist wahrscheinlich zur gleichen Zeit angekauft worden. Im Jahre 1806 erhielt die Bibliothek ihren bedeutendsten Zuwachs, die in Lissabon von Monsignore Hasse zusammengetragene Sammlung schöner und seltener Bücher, darunter eine Handschrift, die Chronik des Dom Pedro in dem bisher einzigen bekannten Einband mit dem Wappen der Marques von Távora, jener alten Familie mit tragischem Schicksal, deren Angehörige 1758 sämtlich wegen eines angeblichen Attentats auf den König hingerichtet wurden. Kurz danach kaufte ein Professor der mathematischen Fakultät in Holland eine bemerkenswerte hebräische Bibel, die höchstwahrscheinlich in Portugal oder Spanien geschrieben und durch ausgewanderte Sephardim in die Niederlande gelangt ist. Nach 1834 erhielt die Universität zahlreiche Bücher aus den aufgehobenen Klöstern, darunter einen Teil der Bibliothek von Coimbras größtem Kloster, Santa Cruz, in dem 1530 die erste Druckpresse der Stadt durch Germão Galharde eingerichtet worden war.

Im Jahre 1961 wurde ein modernes Bibliotheksgebäude fertig. Johanns V. Bibliothek, die bis 1926 der Hauptlesesaal geblieben war, dient jetzt nur noch repräsentativen Zwecken. Die Universität erhält ein Pflichtexemplar jedes in Portugal veröffentlichten Buches; ihr gegenwärtiger Bestand beläuft sich auf über eine Million Bände.

Die Mafra-Bibliothek ist ein eindrucksvoller Gewölberaum, achtundachtzig Meter lang, mit kreuzförmigem Grundriß, zwischen 1717 und 1730 von Johann Friedrich Ludwig erbaut. Obwohl die Bibliothek zumindest schon 1751 von den Franziskanern benützt worden ist, für die der König sie ursprünglich erbaut hatte, scheint sie nur mit behelfsmäßigen Regalen ausgestattet gewesen zu sein. Erst 1771, als die Franziskaner den Augustinern weichen mußten, beauftragten diese Manuel Caetano de Sousa mit der Anfertigung der noch vorhandenen Schränke. William Bedfords Geschmack waren sie zu barock; er fand sie 1787 »schwerfällig im Entwurf, grob in der

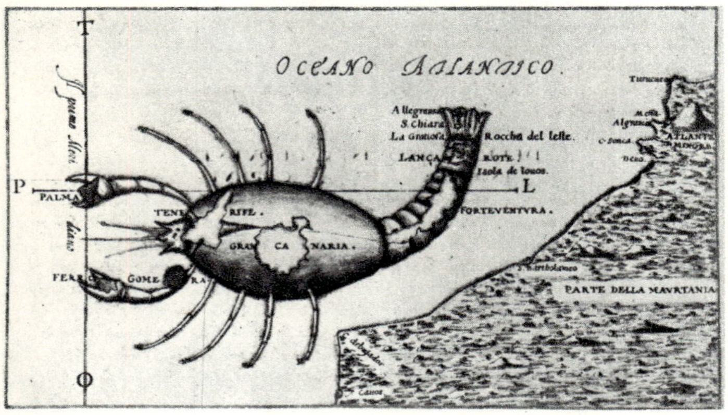

OBEN *Die Kanarischen Inseln als Teile eines Krebses. Kupferstich aus Lorenzo Torriani von Cremonas ›Beschreibung und Geschichte der Kanarischen Inseln‹, für König Philipp II. von Spanien in der 2. Hälfte des 16. Jhs. verfaßt.* UNTEN *Luis de Camõens ›Lusiaden‹, Lissabon 1572; die seltene Erstausgabe des berühmtesten portugiesischen Versepos.*

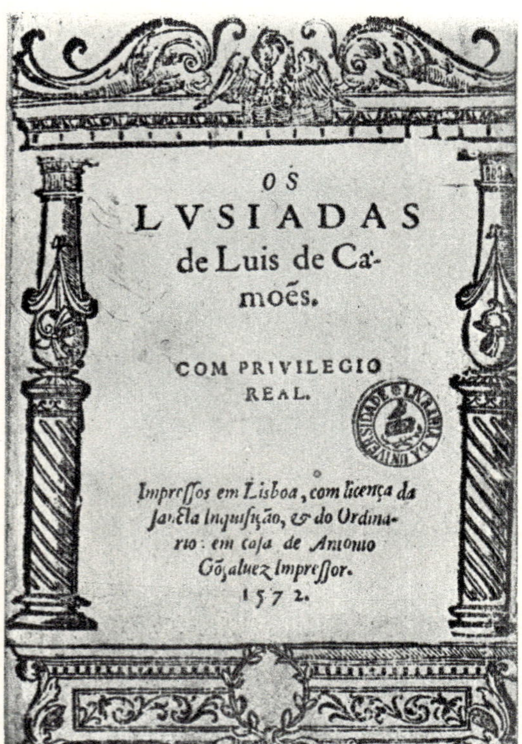
OS
LVSIADAS
de Luis de Ca-
moēs.

COM PRIVILEGIO
REAL.

Impressos em Lisboa, com licença da
sancta Inquisição, & do Ordina-
rio: em casa de Antonio
Gõçaluez Impressor.
1572.

Ausführung und durch eine Galerie verdunkelt, die sich sehr ungeschickt in den Raum hineinschiebt«. Die Rückkehr der Franziskaner fünf Jahre nach Bedfords Besuch verhinderte die Pläne, die Schränke vergolden zu lassen, und so sind sie in trübem Weiß geblieben. Die Wirkung der Bibliothek ist im Vergleich mit Coimbra unscheinbar, allein die Buchrücken geben ihr Farbe und Glanz. Viele der Einbände sind angeblich im Kloster hergestellt worden und tragen den Namen Mafra am Fuß des Rückens. Die Bücher, insgesamt 38000, befinden sich noch genau in der Anordnung, die ihnen der erste Bibliothekar der zurückgerufenen Franziskaner, Frater João de Santa Ana, gegeben hat, dessen noch heute benützter handgeschriebener Katalog 1819 vervollständigt wurde. Sie sind nach Wissenschaftsgebieten aufgestellt, die Folianten in den unteren Schränken, die kleineren Formate auf der Galerie. Die Bibelausgaben nehmen den vorgewölbten Schrank am Ende des Raumes ein; andere Teile sind dem bürgerlichen und öffentlichen Recht vorbehalten, der Theologie (sowohl der Scholastik wie der Kontroverstheologie), der Liturgik, der Kirchengeschichte, den Heiligenleben, Predigten und Ordensregeln. Die weltlichen Wissenschaften umfassen griechische, lateinische und italienische Literatur, Literaturgeschichte und Bibliographie, Medizin, Philosophie und Mathematik. Die meisten Bücher stammen aus dem siebzehnten oder dem achtzehnten Jahrhundert. viele aus Ankäufen in Paris, zum Teil noch mit den Supralibros ihrer einstigen Besitzer; aber auch einige Inkunabeln befinden sich darunter. Das wertvollste Buch ist wahrscheinlich die seltene Erstausgabe von Gil Vicentes ›Obras‹ (1562), ein Exemplar, das reichlich mit Anmerkungen eines kirchlichen Zensors versehen ist.

Trotz ihrer späten Gründung handelt es sich hier ausgesprochen um eine Klosterbibliothek, mit einem ähnlich weiten Sammelbereich wie St. Gallen und Admont, eine der ganz wenigen, die sich unberührt und unverändert erhalten haben.

OBEN *Wurzel Jesse; Initial L des Matthäus-Evangeliums in einer Riesenbibel des 12. Jhs.* UNTEN *Bibliothekssaal von Mafra, 1717 bis 1730 von Johann Friedrich Ludwig (Ludovice) errichtet.* UMSEITIG *Die Universitätsbibliothek von Coimbra, 1717-28 im Auftrag Johanns V. von Portugal erbaut. Die Bibliothek besteht aus drei gleich großen Räumen.*

CIMELIOS

British Museum LONDON

OBEN *Sir Hans Sloane, Gemälde von S. Slaughter.* GEGENÜBER *Alexander O'Driscoll, nach E. Shaw: Einfahrt ins Montague House von Great Russell Street, etwa 1840.*

Das British Museum ist durch das Parlament gegen den Willen des Premierministers zustandegekommen und dann eine Zeitlang ohne deutlichen Zweck oder erkennbare Planung gewachsen – wie das Britische Weltreich ein Beispiel für die nationale Begabung, in einem Zustand der Zerstreutheit eindrucksvolle Institutionen zu begründen. Es hatte keinen besonderen Stifter und wurde durch den Tod des zweiundneunzig Jahre alten Mediziners und ehemaligen Präsidenten der Royal Society, Sir Hans Sloane, am 11. Januar 1753 ins Leben gerufen. Sloane hinterließ ein Haus in Chelsea, das vollgestopft war mit lebenslang angehäuften Kuriositäten: naturgeschichtlichen Sammelstücken, ausgestopften Tieren, Muscheln, Fossilien, Mineralien, Insekten, Münzen und Medaillen, antiken Altertümern und einigen orientalischen oder indianischen Stücken – das alles neben ungefähr 3400 Handschriften und einer allzu optimistisch auf fünfzigtausend Bände geschätzten Bibliothek. Es war Sloanes Wunsch, »daß diese Dinge, die auf mancherlei Weise zur Ehre Gottes, zur Widerlegung des Atheismus und seiner Folgen, zum Nutzen und der Vervollkommnung der Medizin und anderer Künste und Wissenschaften, ja zum Wohle der Menschheit dienen könnten, zusammenbleiben und nicht voneinander getrennt werden sollten, und daß besonders in der Stadt London und ihrer Umgebung . . ., sie bei der großen Ansammlung der Menschen von höchstem Nutzen sein können«. Nach seinem Willen wurden die Sammlungen der Obhut von über siebzig namentlich aufgeführten Trustees unterstellt, die sie dem König für 20000 Pfund anbieten sollten.

»Sie werden kaum ahnen, wie ich meine Zeit verbringe«, schrieb Horace Walpole an Sir Horace Mann, »gegenwärtig nämlich hauptsächlich mit der Bewachung von Embryos und Konchyliengehäusen. Sir Hans Sloane ist tot und hat mich zu einem der Trustees seines Museums gemacht . . . Er hat es auf achtzigtausend bewertet, und das würde jeder tun, der Nilpferde, einohrige Haifische und gänsegroße Spinnen liebt! Es ist eine Lebensaufgabe, jeden Fötus mit Spiritus zu versorgen.« Horace Walpoles Brief war zwei Tage nach der Nachricht geschrieben, daß der König den Ankauf abgelehnt hatte. Der nächste Schritt war, an das Parlament heranzutreten, und am 6. März wurde die Eingabe der Trustees dem House of Commons unterbreitet.

Henry Pelham, First Lord of the Treasury, beantragte, die Petition solle »auf dem Tisch liegen bleiben« – mit anderen Worten, daß nichts unternommen werden sollte. Doch er wurde überstimmt, und das Parlament debattierte am 19. März über den Antrag. Bald erwies sich, daß die Mitglieder geneigt waren, das Sloane-Museum zu den Bedingungen des Testaments zu

OBEN *Die hl. Elisabeth mit dem kleinen Johannes; aus einem Hymnal des 11. Jhs., Cotton Collection.* UNTEN *Oberes Bild: Christus in der Vorhölle; unteres Bild: Maria Magdalena und der auferstandene Christus. Aus einem Psalterium des 12. Jhs., geschrieben in St. Swithun's Priory, Winchester. Cotton Collection.*

erwerben. Pelham und Arthur Onslow, der Speaker, lenkten die Aufmerksamkeit dann auf zwei andere Sammlungen: die englischen Handschriften und Bücher zur englischen Geschichte, die in der Regierungszeit Königin Elisabeths und Jakobs I. von Sir Robert Cotton aus den Restbeständen der Klosterbibliotheken gerettet und 1702 von seinem Enkel der Öffentlichkeit vermacht worden waren; ebenso auf die 7600 Handschriften, die Edward und Robert Harley, der erste und der zweite Earl of Oxford, gesammelt hatten und von der Witwe und der Tochter des jüngeren Earl für zehntausend Pfund gekauft werden könnten. Die Cotton-Handschriften waren unterdessen ohne Unterkunft, vorübergehend in der Westminister School untergebracht, nachdem zweiundzwanzig Jahre vorher Ashburnham House durch Feuer zerstört worden war.

Das House of Commons brauchte für die Entscheidung nicht lange. Man entschloß sich, sowohl die Sloane als auch die Harleian Collection zu kaufen und sie in einem geeigneten Gebäude mit den Cotton-Handschriften zu vereinigen, wobei das nötige Geld durch eine öffentliche Lotterie aufgebracht werden sollte. Ein entsprechender Beschluß erhielt am 7. Juni 1753 die königliche Bestätigung. Zwei Jahre darauf wurde das Montagu House in Bloomsbury als »Repositorium« für die Sammlungen erworben. Im Jahre 1757 machte Georg II. auch die königliche Bibliothek zum Geschenk, die, neben den Büchern von Erzbischof Cranmer und Isaac Casaubon, eine wesentliche Gruppe von Geschichtswerken und Ritterromanen aus dem fünfzehnten Jahrhundert enthielt, die in Flandern für Eduard IV. geschrieben und illustriert worden waren. Am 15. Januar 1759 wurde das Britische Museum für das Publikum geöffnet.

Weil die Sammlungen zum Teil in Übereinstimmung mit den Bedingungen der Erblasser verwaltet werden mußten, das Museum andererseits aber auch nicht auf einflußreiche Förderer verzichten konnte, wurde ein Board of Trustees durch eine Verfügung ins Leben gerufen, wie sie W. S. Gilbert als Satire auf die viktorianische Verwaltung nicht besser hätte erfinden können. Drei Hauptkuratoren, der Erzbischof von Canterbury, der Lord Chancellor und der Speaker des House of Commons, sollten unterstützt werden durch den Lord High Admiral, den Lord Steward, den Chancellor of the Exchequer und verschiedene andere Minister, den Lord Chief Justice und zwei weitere Richter, die Präsidenten der Royal Society und des College of Physicians, durch sechs Trustees, die von den Familien Sloane, Cotton und Harley zu bestimmen waren, dazu noch durch fünfzehn weitere, die von den ›ex officio Trustees‹ gewählt werden sollten. Diese eifrigen Vertreter von Kirche und Staat beschränkten sich keineswegs auf eine allgemeine Kontrolle. Von Anfang an bestanden sie darauf, die Details der Verwaltung zu überwachen. Viermal im Jahr kamen sie zusammen, um über Urlaubsgesuche der Beamten zu entscheiden und »um die Lieferantenrechnungen durchzusehen«. Ohne ihre Genehmigung konnte bis 1950 kein Ankauf im Wert von über fünfzig Pfund durchgeführt werden. Es ist erstaunlich, daß dieses System unverändert bis 1963 bestand. Es spricht für die Bücherliebe der Engländer, daß die Bibliothek sich trotz dieser schwerfälligen Verfassung in einem Jahrhundert zur größten der Welt entwickelte.

Die ersten Jahre des Museums waren so still und idyllisch wie die Lage von Montagu House in einem acht Morgen großen Garten am Rande des freien Feldes, das sich bis zum malerischen Städtchen Highgate erstreckte. Die höheren Beamten, alles Gelehrte oder Geistliche, brauchten nur an zwei Tagen der Woche anwesend zu sein, und es kamen im Monat kaum mehr als fünf oder sechs Leser. Einer der ersten, der Dichter Thomas Gray, schrieb im

August 1759, er habe »vier Stunden am Tag in der Stille und Einsamkeit des Lesesaales verbracht, die von nichts unterbrochen wird als von Dr. Stuckley, dem Altertumsforscher, der hier das Tagesgeschwätz und die Neuigkeiten aus dem Kaffeehaus an den Mann bringen will«. Der Beschluß von 1753 hatte Einkünfte von jährlich neunhundert Pfund vorgesehen, aus denen Gehälter und Sachausgaben zu bestreiten waren; aber für Bücherkäufe war nichts vorgesehen. Obwohl das Museum durch die Vereinigung mit der königlichen Bibliothek theoretisch das Recht auf ein Freiexemplar jedes von der Stationers Hall registrierten Buches erhalten hatte, lief in der Praxis nur wenig ein. »Das Britische Museum ist reich an Handschriften«, berichtete John Wilkes dem House of Commons 1777, »aber es ist jämmerlich arm an gedruckten Büchern«. Dennoch kamen bedeutende Zugänge durch Stiftungen oder Nachlässe: die politischen Schriften der Sammlung Thomason, mehr als 22000 Titel über den Bürgerkrieg, die Georg III. 1762 gekauft und gestiftet hatte; David Garricks Sammlung von Theaterstücken, ein Nachlaß aus dem Jahr 1779; die Sammlung griechischer und lateinischer Klassiker, schöner Einbände und früher Drucke, die der Reverend C. M. Cracherode zusammengetragen hatte (1799); schließlich die prächtige Bibliothek Georgs III. mit insgesamt 65000 Bänden und 868 Kapseln mit Flugschriften, die Georg IV. im Jahr 1823 gestiftet hatte. Zu jener Zeit belief sich die Zahl neu zugelassener Leser schon auf fünfhundert im Jahr; und der Lesesaal bot ein belebtes Bild – mit Studenten, die dort, mit dem Buch in der Hand, ihren Rücken am Feuer wärmten, und den »in Pelz und Lammfell gekleideten Dandies von der Bond Street«.

Diese lockere, dilettantische Institution wurde durch einen italienischen Doktor der Rechte, Antonio Panizzi, völlig verwandelt, der 1831 dem Personal als Extra Assistant in der Abteilung für gedruckte Bücher zugeteilt worden war. Panizzis Leben verlief äußerst dramatisch: wegen Verschwörung gegen den Herzog von Modena in absentia zum Tode verurteilt, 1823 in England als völlig mittelloser Flüchtling gelandet, 1837 über die Köpfe älterer Kollegen zum Keeper of Printed Books befördert, eifersüchtig verfolgt durch die Intrigen Sir Frederic Maddens, des Keeper of Manuscripts, und des Reverend Josiah Forshall, Sekretärs des Verwaltungsrates, rehabilitiert durch die Royal Commission von 1847–50, Forshalls Zusammenbruch mit Anzeichen beginnenden Wahnsinns und schließlich 1856 seine triumphale Beförderung zum Principal Librarian – all das hätte fast aus dem Libretto einer romantischen Oper stammen können.

Panizzis Ziele kamen in dem Kuratoriumsbericht von 1845 an das Schatzamt zum Ausdruck. Er erstrebte »eine öffentliche Bibliothek mit einem Bestand von 600000 bis 700000 gedruckten Büchern, die alle notwendige Unterrichtung über alle Gebiete des menschlichen Wissens, aus allen Ländern und in allen Sprachen vermitteln und damit für künftige Jahre in der Lage sein sollte, mit der Entwicklung des menschlichen Wissens Schritt zu halten.« Dieser Anspruch, der während Panizzis Leitung weitgehend verwirklicht worden ist, muß mit den Verhältnissen bei seinem Eintritt in das Museum verglichen werden. Der Bestand an gedruckten Büchern belief sich damals auf ungefähr 240000. Wenn sich darunter auch viele Seltenheiten befanden und die Sammlung griechischer und lateinischer Literatur besonders reich war, so gab es doch auf allen anderen Gebieten deutliche Lücken: keine Musikliteratur des Auslands, kaum irgendeine fremde Literatur, außer italienischer und spanischer, kein Exemplar »auch nur der bekanntesten Gedichte« von Keats, und nahezu ein völliger Mangel an Erstausgaben von Defoe, Richardson, Sterne, Fielding und Smollett.

OBEN *Eröffnungsseite einer Handschrift von Bonaventuras ›Leben des hl. Franziskus‹, 1504 in Florenz geschrieben. Die Miniatur stellt den Autor dar, dem der hl. Franziskus erscheint; der hl. Thomas von Aquin tritt zur Tür herein. Harley Collection.* UNTEN *Sir Anthony Panizzi, Karikatur von ›Ape‹, 1874.*

Brauner Maroquinband der Buckingham Palace Bindery für König Georg III., etwa 1815.

In dreifacher Weise machte Panizzi sich daran, diese Situation zu verbessern. Von 1850 an, als er die Verantwortung übernahm, bestand er auf strikter Einhaltung der Copyright Act; säumige Verleger wurden zur Rechenschaft gezogen. In sechs Jahren verdreifachte sich so der Einlauf der Pflichtexemplare. Zweitens veranlaßte er das Schatzamt und die Trustees, die jährliche Summe für die Bucherwerbung von eintausend auf zehntausend Pfund zu erhöhen (»... wenn Sie in zehn oder zwölf Jahren dreimal so viel, sagen wir hunderttausend Pfund gegeben haben, dann werden Sie allmählich eine Bibliothek besitzen, die der britischen Nation würdig ist.«) Das war ein beachtlicher Betrag in einer Zeit, als die Buchpreise sich von der Depression nach Ende der napoleonischen Kriege noch nicht ganz erholt hatten und ehe der amerikanische Wettbewerb fühlbar geworden war; so konnte der Betrag zu Einkäufen auf breitester Grundlage verwendet werden. Bücher vom Kontinent kamen meist aus Berlin durch Vermittlung Ashers, dessen Einkaufsnetz ganz Europa überspannte, amerikanische Bücher über Henry Stevens aus Vermont. Panizzi beauftragte Stevens, das Museum mit »allem zu beliefern, etwa mit allen historischen Werken, sowohl der allgemeinen wie der Lokalgeschichte, bis hin zur Geschichte aller kleinen Kirchen und Gemeinden, mit allen Schulbüchern, Theologie, Naturwissenschaften, Belletristik, mit Aktenpublikationen, mit Gesetzestexten, mit allen Amtsdrucksachen der Union wie der einzelnen Staaten, dazu mit allen Periodika, mit Topographie, Literatur über Indianer usw. – kurzum: mit allen amerikanischen Büchern aller Gattungen«. Schließlich kam 1847 Thomas Granvilles Bibliothek von zwanzigtausend Bänden mit vielen kostbaren Raritäten als Vermächtnis hinzu, eine Frucht der Freundschaft dieses Sammlers mit Panizzi.

Diese Flut von Neuerwerbungen führte zu dringlichen Raumproblemen. Um 1851 konnte Panizzi nur zweitausend Pfund seines Jahresetats ausnutzen, weil es an Platz für weitere Neuanschaffungen fehlte. Sir Henry Ellis forderte das Schatzamt zweimal auf, zusätzliche Grundstücke und Häuser an der Ostseite des Museums zu kaufen. Man reagierte auf keine dieser Anre-

gungen, und die Beamten waren bald verzweifelt. Da kam Panizzi auf eine verblüffend einfache Lösung: in den quadratischen Innenhof einen runden Lesesaal einzubauen, mit Magazinen in den vier Ecken. Der Vorschlag fand Anklang, und der Bau wurde 1857 vollendet; er bot Raum für eine Million Bände und Arbeitsplätze für fünfhundert Leser. Das Eröffnungsfrühstück am 2. Mai 1857, zu dem Panizzi die politische und literarische Prominenz geladen hatte, war die Krönung seiner Laufbahn.

Das Museum gab im Jahre 1881 seine Naturaliensammlung an das Museum of Natural History in South Kensington ab. Sonst aber ist es noch Sir Hans Sloanes Kabinett der Gelehrsamkeit und des Wissensdrangs, nur ein riesiger Ausdehnung, mit einem Material, das in anderen Hauptstädten drei Museen und eine Bibliothek einnehmen würde. In der Theorie umfaßt diese nach wie vor »alle Gebiete des menschlichen Wissens, aus allen Ländern, in allen Sprachen«. In der Praxis hat sie sich jedoch von Panizzis Ideal entfernt, seitdem 1886 der Einkaufsetat um vierzig Prozent gekürzt worden ist. Wie lange kann das Britische Museum noch beide Funktionen erfüllen? Es wächst ständig mit einem Zugang von 130000 Bänden und 575000 Kleinschriften oder um eineinhalb Regalmeilen im Jahr. Der Raummangel wird unzweifelhaft früher oder später eine gründliche Änderung erzwingen. Wie sie aussehen wird, ist noch ungewiß. Der Vorschlag der Trustees, die Gebäude nach Süden hin bedeutend zu erweitern, ist von der Regierung abgelehnt worden. Statt dessen empfahl ein Komitee die Verlagerung der Bibliothek als eigene Einheit an eine andere Stelle und unabhängig davon die Schaffung einer Nationalbibliothek für Naturwissenschaften und Technik. Viele Tausende von Lesern aller Nationen benutzen das Museum und profitieren von seinem erstaunlichen Reichtum an seltenen Büchern, besonders auf dem Gebiet der Literatur und Geschichte. Sie alle wünschen ihm einen glückhaften Ausweg aus seiner Not.

Der Portikus von Sir Robert Smirke an der Südfassade des British Museum und eine Alternativskizze des Architekten.

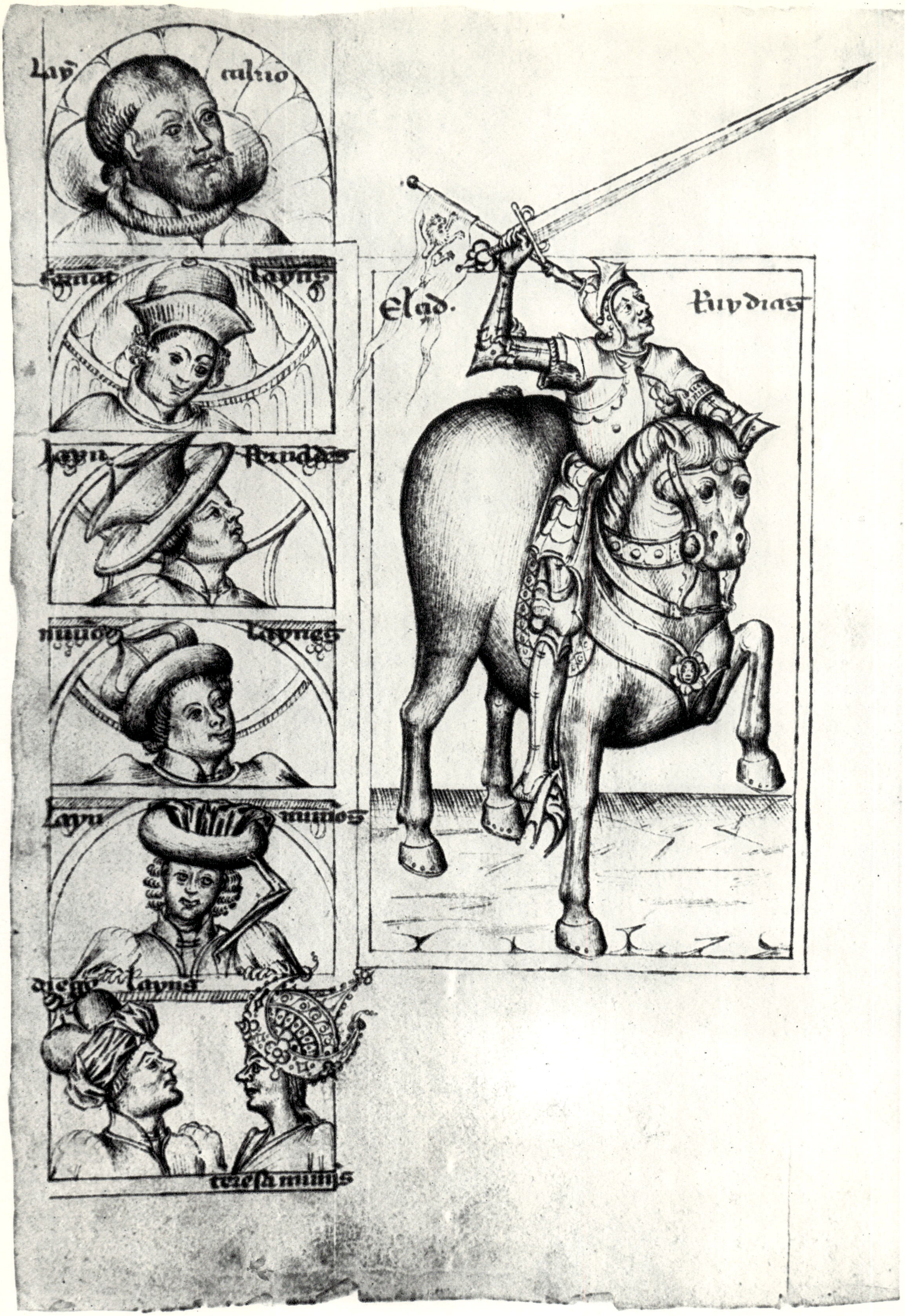
Ruy diaz

Biblioteca de Palacio MADRID

Die ehemalige königliche Bibliothek in Madrid, die jetzt als Biblioteca de Palacio bekannt ist, war eine Schöpfung der bourbonischen Dynastie. Als Philipp v., der erste Bourbonenkönig, 1700 nach Spanien kam, fand er einen Bestand von ungefähr achttausend von Philipp iv. gesammelten Bänden vor. Diesen fügte Philipp v. einige aus Frankreich mitgebrachte Bücher dazu und bildete damit die Königliche Öffentliche Bibliothek, den Kernbestand der heutigen Biblioteca Nacional. Allerdings hielt er zwei Skizzenbücher Leonardo da Vincis zurück, die erst im 19. Jahrhundert übergeben wurden. Die Königliche Öffentliche Bibliothek war in einem Nebengebäude untergebracht und entging so dem Feuer am Heiligen Abend des Jahres 1734, das den alten Palast der Habsburger völlig zerstörte. In dem an gleicher Stelle nach Plänen von Juvara und Sacchetti im italienischen Stil errichteten Palacio de Oriente war keine Bibliothek vorgesehen. Während des größten Teils des achtzehnten Jahrhunderts wurden die privaten Bücher der königlichen Familie in Schränken aufbewahrt, die verstreut in Repräsentationsräumen und Korridoren standen. Philipp v. kaufte eine kostbare Handschrift aus altem Königsbesitz zurück, ein Stundenbuch, das um 1460 für Königin Juana Enríquez de Aragon, die Mutter Ferdinands des Katholischen, in Paris geschrieben und reich illuminiert worden war. Philipp iv. hatte es 1642 Kardinal Teodoro Trivulzi geschenkt und ein Jahrhundert später wurde es nun von der Mailänder Familie durch den Kastraten Farinelli, den Vertrauten des Königs, zurückgekauft.

Der Palast scheint mehr oder weniger ohne Bücher geblieben zu sein, bis Karl iii. seinem Bruder auf dem Thron folgte. Ein Jahr nach seiner Thronbesteigung, 1760, führt ein reizvoll geschriebener und illustrierter Katalog seiner Sammlung 824 Werke in 2153 Bänden an. Es ist durchaus die Handbibliothek eines Monarchen: Geschichte, Gesetzgebung, Religion, Pferdezucht und Kriegsführung sind die Hauptsammelgebiete. Es finden sich keine um ihrer Typographie oder ihrer Illustrationen willen erworbenen Bücher; eine »sehr alte gotische Handschrift« (nicht weiter beschrieben) ist das einzige Buch nicht praktischen Inhalts. Ein Zensor – vielleicht der Beichtvater des Königs – hat sein ›Prohibido‹ gegen den Koran in Arabisch, Le Maistre de Sacys französische Bibelübersetzung (1730) und einige andere Titel vermerkt. Im Jahre 1782 verzeichnet ein Supplementkatalog 453 Zugänge, einen Zuwachs von nur etwa zwanzig Werken pro Jahr; unter ihnen war das Meisterwerk der spanischen Druckkunst im achtzehnten Jahrhundert, die Sallust-Ausgabe von Ibarra (1772), von Maella illustriert, deren Übersetzung ins Spanische von Karls iii. jüngerem Sohn, dem Infanten Don Gabriel, stammte. In den letzten Jahren der Regierung wurden einige Handschriften

OBEN *Königin Juana Enríquez de Aragon, vor der Madonna und dem Kind kniend; Miniatur in einem Pariser Stundenbuch, etwa 1460.* GEGENÜBER *Der Cid Rodrigo (Ruy) Diaz; Federzeichnung in einer Handschrift der spanischen Übersetzung der Genealogie der Könige von Kastilien des Alonso de Cartagena, Bischofs von Burgos.*

aus Mittel- und Südamerika erworben. Neben acht Wörterbüchern des Araucanischen, des Karibischen und anderer westindischer Sprachen, die auf Veranlassung des Königs von Missionaren zusammengestellt worden waren, gibt es eine reizvolle Folge von Aquarellen der Flora und der Fauna Perus, von kreolischen und heimischen Trachten, von Gebräuchen und Volksfesten, die von Baltasar Martínez Compañon, Bischof von Trujillo in Peru, gesammelt und dargestellt worden sind.

Bei Karls III. Tod befanden sich etwa zweitausend Werke in der Bibliothek. Um 1801, dreizehn Jahre später, als José Angel Alvárez Navarro, Unter-Bibliothekar und ein vollendeter Kalligraph, in eleganter Schrift einen neuen Katalog abschloß, gab es über zwanzigtausend, die in Schränken aus seltenen amerikanischen Hölzern in einer Flucht von sechs kleinen Räumen untergebracht waren – mit Deckenfresken von Maella und Bayeu mit mythologischen Darstellungen. In der Person Karls IV., Goyas Schutzherrn und Angriffsziel, war ein Büchersammler auf den Thron gekommen. Dieser harmlose und gutmütige Monarch stand bei seinen Zeitgenossen nicht gerade im Ruf überragender Intelligenz. Es war nicht besonders schwierig mit dem armen Karl IV. das Gesprächsthema zu wechseln, berichtet die Herzogin von Abrantès in ihren Memoiren, man mußte nur sagen, ein Hund liefe vorbei, und schon war es erreicht. Seine Bibliothek scheint ihn jedoch beständig beschäftigt zu haben. Sie verdankt ihre rasche Erweiterung drei großen Ankäufen. Der wichtigste war die Erwerbung der an Inkunabeln und frühen Holzschnittbüchern reichen Sammlung, die im vorangegangenen Jahrhundert Diego Sarmientode Acuña, Conde de Gondomar, der spanische Gesandte

Zwei weitere Seiten aus Alonso de Cartagenas ›Genealogia de los reyes‹. OBEN *Ferdinand IV. mit Schnabelschuhen.* UNTEN *Alfonso VIII. und links oben seine englische Gemahlin Eleonore. Links unten König Ludwig der Heilige von Frankreich.*

am Hofe Jakobs I., zusammengetragen hatte. Eine der berühmtesten Privatbibliotheken in Spanien seit der Auflösung der Büchersammlung des Conde Duque de Olivares, war sie in Valladolid völlig intakt in Familienbesitz geblieben. 1798 wurden die Colegios von San Bartolomé und von Cuenca an der Universität von Salamanca aufgehoben und ihre Handschriften für die königliche Bibliothek konfisziert. Alle noch in Madrid befindlichen Bestände wurden neuerdings auf General Francos Befehl nach Salamanca zurückgegeben, mit der einzigen Ausnahme von Francisco López de Caravantes ›Allgemeiner Bericht über die Provinzen Peru, Tierra Firme und Chile‹ – der Philipp IV. gewidmet war. Schließlich gab das ›Sekretariat für Gnade und Recht in den amerikanischen Provinzen‹ der Palastbibliothek 1807 eine wertvolle Sammlung von Handschriften über Amerika, unter ihnen das eigenhändige Manuskript von Fray Bernardo de Sahagúns ›Historia general de las cosas de Nueva España‹ (um 1577), die erst 1829 gedruckt wurde. In unbefugten Händen gefundene Staatspapiere wurden beschlagnahmt und von vielen privaten Besitzern Bücher gekauft, zum Beispiel von Don Francisco Bruna, einem Richter an der Audiencia von Sevilla, des hl. Augustinus ›De civitate Dei‹ (Jenson, Venedig 1475) und Rochas Musterbuch für Schneider (Geometría y traza perteneciente al oficio de sastres, Valencia 1618), ein Werk von großer Seltenheit.

Obwohl von einem intriganten baskischen Kanonikus aus Saragossa schlechterzogen (er brauchte nur eine Stunde am Tag zu lernen), zeigte Karls IV. Erbe, Ferdinand, Prinz von Asturien, schon früh echtes Interesse an der Lektüre. Buchhändlerrechnungen unterrichten darüber, daß er Werke kaufte

Ferdinand III. empfängt die Schlüssel von Sevilla nach Einnahme der Stadt. Aus Alonso de Cartagenas ›Genealogia de los reyes‹.

Ein valencianischer weißer Seidenband mit Chinoiserie-Malerei, 1776 als Widmungsband für Karl III. angefertigt.

E. 167.

NOTICIA GENERAL
de las Prouincias del Piru
tierra firme y Chile
Al CONSEIO REAL DE
las Indias del Rey Phelipe quarto
Nro Señor escrita por Fran.co Lopez de Carauan
tes su cont.or de quentas en el tribunal de la contadu
ria mayor de las mismas Prouincias

GEGENÜBER *Darstellung aus den spanischen Kolonien in Amerika in einer Handschrift der Königlichen Bibliothek.* LINKS *Mummentanz in Kondorgestalt; aus einer Folge von Szenen aus Peru, die der Bischof von Trujillo Karl III. überreichte, 18. Jh.* RECHTS *Indianer mit Lama; Titelbild für einen Bericht über die spanischen Kolonien in Südamerika, 1630-4.* OBEN *Viktoria krönt Ferdinand VII.; kalligraphische Illustration in einem Schreibbuch des Bruno Gómez von Saragossa, 1816.*

Amòr, cuya
inicial letra primera
tan dulce ſe preſenta al pronunciarla,
que tan solo la boca placentera
la anuncia bien y facil al dictarla:
del mismo amòr eſ ſigno; puès dò quiera
que ſu grato placèr ò encanto para,
al que ſu aſpiracion ha poſeido
queda preſo en las redes de Cupido.

Caracter antiguo de estampilla.

ABCDEFGHIJK
LMNOPQRSTV
UXYZ.

Jsè Dominguez.

wie Duhaldes Beschreibung des Kaiserreiches China, eine Geschichte des Ordens vom Goldenen Vlies und eine spanische Übersetzung des ›Robinson Crusoe‹, und für den erst fünfzehnjährigen Prinzen legte Angel Navarro schon ein Inventar seiner Bücher an. 1808 wurde er auf Napoleons Befehl zusammen mit seinem Bruder Don Carlos und seinem Onkel Don Antonio in Talleyrands Schloß Valençay interniert. Noch lange danach erinnerte sich Talleyrand der Ankunft der spanischen Prinzen in einer alten Kutsche, »die aussah, als stammte sie aus der Regierungszeit Philipps v.«. Der Gastgeber tat sein Bestes, um es den spanischen Gästen angenehm zu machen.

»Ich versuchte, sie für einige Stunden in der Bibliothek zu beschäftigen, doch ohne viel Erfolg, obwohl der Bibliothekar, Monsieur Fercoc, und ich mit allen möglichen Mitteln ihre Aufmerksamkeit zu erregen suchten. Nachdem wir mit den Büchern als solchen kein Glück hatten, hoben wir die Schönheit der Ausgaben hervor, dann die illustrierten Werke, schließlich sogar die Themen der Illustrationen. Ich kann nicht beschreiben, wie sehr das alles zwecklos war. Ihr Onkel, Don Antonio, der den Eindruck der meisten Bücher einer solchen erlesenen Bibliothek auf sie fürchtete, dachte sich bald eine Entschuldigung aus, um sie zur Rückkehr in ihre Gemächer zu bewegen.«

Der fromme Don Antonio fühlte sich, in der Tat, durch die freizügigen Illustrationen in Talleyrands Ausgaben von La Fontaine, Boccaccio und anderen schockiert und brachte die Jahre seiner Gefangenschaft damit zu, die Bücherei zu säubern, indem er die ihm unanständig erscheinenden Abbildungen herausriß.«

Obwohl in Valençay ihre Kasse ständig leer war, wurde den Infanten erlaubt, Besuche von Buchhändlern zu empfangen; und sie verwendeten viel Zeit und Energie auf ihre Sammlungen. Im Jahre 1812 sollen sie eine gute Bibliothek gehabt haben, die jeden Tag wuchs, dazu ein naturwissenschaftliches Labor, eine Apotheke und ein Krankenhaus, in dem sie täglich die Patienten besuchten. Im folgenden Jahr wurde ein Buchhändler aus Bourges eingestellt, um die Bestände zu ordnen und zu katalogisieren. Der Gouverneur des Schlosses berichtete, daß Ferdinand sich damit beschäftigte, Chateaubriands ›Le Génie du Christianisme‹ zu übertragen, Don Carlos damit, ein Werk über Chemie zu übersetzen, während Don Antonio Bäume pflanzte. Unter den Erwerbungen dieser Jahre befinden sich ein Pergamentexemplar von Durandus' ›Rationale divinorum officiorum‹ (Fust und Schöffer, Mainz 1459), dem frühesten in Spanien vorhandenen Druck, ein schönes Pariser Stundenbuch aus dem frühen fünfzehnten Jahrhundert, die Totenmaske Heinrichs IV. von Frankreich, Breguet-Uhren und Musikinstrumente. Als Ferdinand 1814 heimkehrte, füllten seine Bücher und Kunstwerke zahlreiche Kisten.

Während die Bibliothek so in Frankreich erweitert wurde, erlitt sie in Madrid Verluste. Am 21. Juni 1813 schlug die vereinigte englische und spanische Armee unter dem Herzog von Wellington die Franzosen bei Vitoria und erbeutete den ganzen Gepäcktroß, in dem sich auch Joseph Bonapartes Wagen fand, voll geplünderter Wertgegenstände, unter anderem zweihundertundzwanzig Gemälde und dreißig Bücher. Die meisten stammten aus der königlichen Sammlung, und obwohl sie in aller Eile und zum Teil aufs Geratewohl herausgesucht worden waren, befanden sich drei der schönsten Handschriften darunter, ein Sallust und ein Vergil, beide prächtig illuminiert, und eine illustrierte Geschichte der Inkas. Als man die Besitzverhältnisse geklärt hatte, erbot sich der Herzog sofort, die erbeuteten Werke zurückzugeben, aber Ferdinand verzichtete großzügig darauf. »Seine Majestät«, schrieb der spanische Gesandte, »ist von Ihrem Takt so gerührt, daß er nicht wünscht,

OBEN *Ein Tierarzt näht in Gegenwart des Königs die Wunde eines Jagdhundes, im Vordergrund der erlegte Eber. Miniatur aus dem ›Libro de Monteria‹, einem Jagdbuch Alfons XI. von Kastilien in einer Handschrift des späten 15. Jhs.* GEGENÜBER *Lesebuch für die Infanten Ferdinand (später Ferdinand VII.) und Maria Isabella, etwa 1790-5 von José Dominguez geschrieben.*

Sie dessen zu berauben, was durchaus zu Recht und ehrenhaft in Ihren Besitz gelangt ist«.

Im späteren neunzehnten Jahrhundert wurde die Bibliothek unter der Verwaltung von Manuel Zarco del Valle, einem ausgezeichneten Bibliographen, bedeutend erweitert. Die erste spanische Republik bestimmte, sie der Bibliothek der Cortes einzugliedern, aber die eingewurzelte Lethargie schob die Durchführung hinaus, bis die Monarchie wieder errichtet wurde und Alfons XII. den Erlaß aufhob. Am 7. November 1936, als die marokkanischen Truppen Francos ihren Angriff auf Madrid über die Casa de Campo hinweg begannen, geriet die Sammlung, die während der Regentschaft der Königin María Cristina im Westteil des Palastes untergebracht worden war, in die Feuerzone. 250000 gedruckte Bücher, 5000 Handschriften, 250 Inkunabeln, 2000 Notendrucke und 1500 Landkarten mußten in höchster Eile weggeschafft werden, glücklicherweise ohne Verluste. Sie sind nun in vierundzwanzig Räumen untergebracht, die schön gebundenen Bände in verschlossenen, verglasten Schränken. Von durcheilenden Touristenscharen bewundert, scheinen sie wie in einem Dornröschenschlaf auf die Rückkehr eines bourbonischen Herrschers zu warten.

OBEN *Valencianischer Einband aus marmoriertem Kalbsleder mit Blumenstücken, als Geschenk für Prinzessin María Luisa von Asturien 1788 angefertigt. Das Buch enthält den Lehrplan des Seminars von Valencia.* RECHTS OBEN *Weltkarte aus einem Atlas des Joan Riezo genannt Oliva, Neapel 1580.* RECHTS UNTEN *Der Palacio de Oriente, von Juvara und Sacchetti für Philipp V. erbaut.*

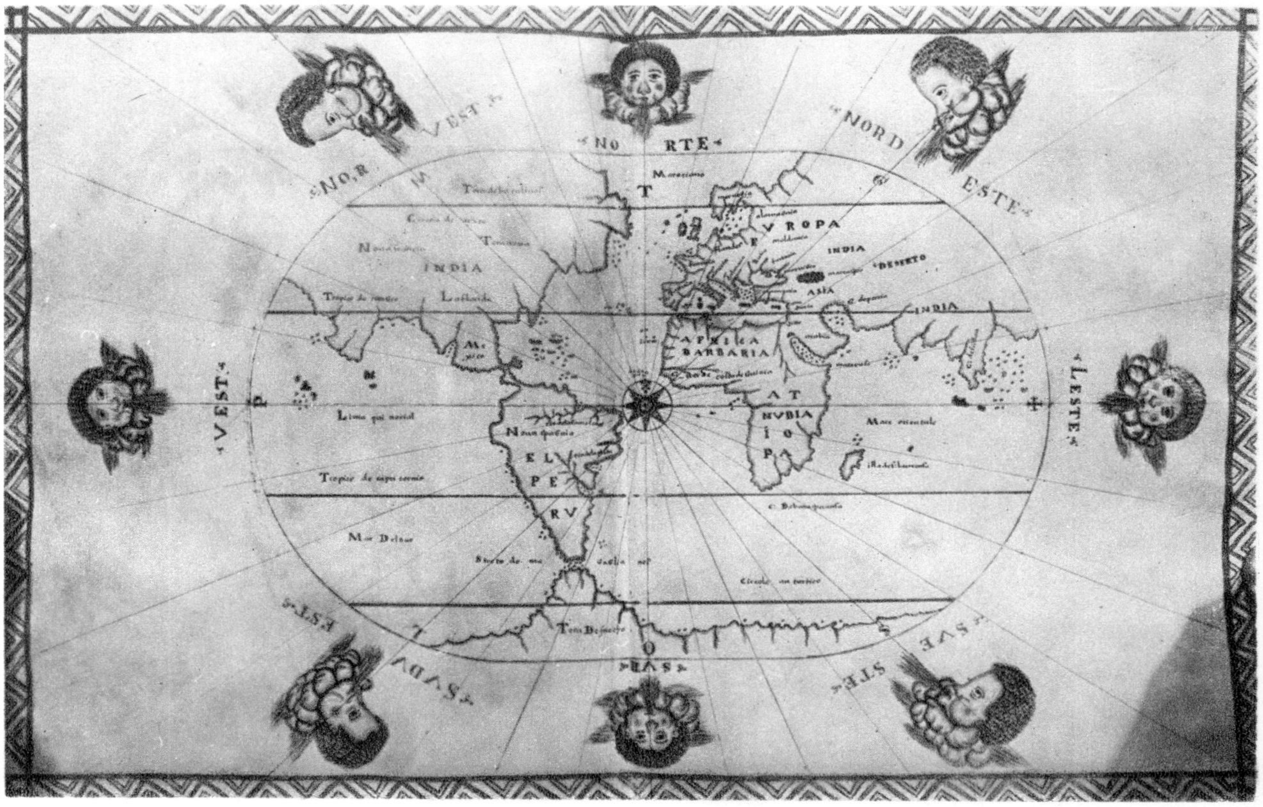
NO RTE
NORD ESTE
LESTE
SVE STE
SVR
SVDV EST
VEST
NOR VEST
VROPA
INDIA
DESERTO
ASIA
INDIA
AFRICA
BARBARIA
AT NUBIA IOPA
INDIA
EL PERV
Mar Deltar

Bibliothèque de l'Arsenal PARIS

OBEN *Bibliothèque de l'Arsenal, Paris.*
GEGENÜBER *Astronomen berechnen den Kalender; Miniatur aus dem Psalterium der Blanca von Kastilien, Paris 13. Jh. Bis zur Revolution war diese Handschrift einer der Hauptschätze der Sainte-Chapelle.*

Das achtzehnte Jahrhundert war in Paris ein goldenes Zeitalter für Büchersammler. Sie wurden durch zahlreiche fachkundige Buchhändler und durch häufige Auktionen versorgt. Nur eine winzige Zahl von Büchern verschwand endgültig vom Markt, weil sie in die einzige öffentliche Bibliothek, die des Königs, kam. Bevor sich russisches und englisches Interesse gegen Ende des Jahrhunderts bemerkbar machte, wurde kaum etwas exportiert. Im Gegenteil, der Markt wurde beständig durch einen Zustrom von Büchern aus Klöstern, durch die Herstellung von Luxusausgaben und durch Einfuhr aus dem Ausland aufs neue versorgt. Als das Jahrhundert vorrückte, stieg die Flut der Bücherleidenschaft. Es wurden Vermögen ausgegeben, Erbschaften, kaum daß sie empfangen waren, wieder verschleudert. Brancas de Lauraguais ruinierte sich mit Mosaikeinbänden und mit den Werken von Giordano Bruno. Girardot de Préfonds erbte hunderttausend Livres und zahlte für die Mainzer Bibel von 1462 sofort einen Rekordpreis. Baron d'Heiss war wegen seiner Überschuldung bei Buchhändlern gezwungen, seine Sammlung zu verkaufen und benutzte den Ertrag, um sofort eine neue anzufangen. Um 1770 waren zwei Sammlungen besonders bemerkenswert: die des Duc de la Vallière und die des Marquis de Paulmy.

Antoine-René de Voyer d'Argenson, Marquis de Paulmy, wurde 1722 als Sohn einer Familie geboren, die seit Generationen unter den französischen Königen hohe Stellungen eingenommen hatte. Zwei Vorfahren waren Gesandte in Venedig, sein Großvater war Siegelbewahrer, Generalleutnant der Polizei und Präsident des Finanzrats, sein Onkel Kriegsminister, sein Vater kurz Minister des Auswärtigen gewesen. Er selber war im Alter von sechsundzwanzig Jahren Gesandter in der Schweiz, Staatssekretär im Kriegsministerium und während dreizehn Monaten Kriegsminister, dann Gesandter in Polen und in Venedig. Im Jahr 1770 zog er sich aus dem öffentlichen Dienst zurück, um in Paris zu leben, wo er die ehemalige Residenz des Großmeisters der Artillerie im Arsenal bewohnte, eines von Ludwig XV. aufgehobenen Amtes.

Als der Marquis de Paulmy achtzehn Jahre alt war, schilderte sein Vater, der Marquis d'Argenson, seinen Charakter: »Er ißt nichts als Medizin, Kuchen und Milchspeisen, er haßt Fleisch... er scheut jede Art körperlicher Übung. Seit seiner Kindheit hat er seine Kräfte auf den Intellekt gerichtet, weder auf seine Phantasie, seine Sinne oder sein Herz. Er liebt Komödien und weiß viel über sie, doch er lacht nur über den Witz und weint niemals bei Tragödien; bei den tragischsten Momenten bewundert er die Kunst des Dramatikers, aber fühlt nichts. Mehr und mehr wird mein Sohn, da seine Bande zur Gesellschaft lockerer werden, zwar nicht gehaßt, aber auch nicht geliebt

GEGENÜBER *Französische Übersetzung des Terenz, Pariser Handschrift des frühen 15. Jhs. mit Miniaturen für Jean, Duc de Berry. Eine der herrlichen Handschriften, die der Marquis de Paulmy aus dem Nachlaß seines Onkels, des Comte d'Argenson, erwarb.* UNTEN *Bildnis des Jacopo Antonio Marcello aus seinem Buch ›Passio Sancti Mauricii‹, Padua 1453.*

werden, besonders dann, wenn seine Natur noch kälter wird und er der Gesellschaft nur das bietet, was ebensogut im Wörterbuch steht.«

Gelassen, peinlich genau, unveränderlich höflich, immer korrekt, konnte Marquis de Paulmy seiner Tochter auf dem Totenbett versichern: »Ich habe mir keine unredliche oder entehrende Handlung vorzuwerfen. Du kannst mich als einen guten Vater, als einen guten Freund und selbst als einen guten Christen beweinen.« Er erinnerte sie noch daran, seinen Schwiegersohn, den Duc de Luxembourg, als ›Monsieur le Duc‹ anzureden. So tief seine Leidenschaft für Bücher auch eingewurzelt war, er hatte sie doch immer unter Kontrolle. Er hatte eine Frau mit einem Vermögen von 45 000 Livres geheiratet, hatte aber selber kein Geld außer seiner Staatspension von 52 000 Livres, die sich nach Neckers Sparmaßnahmen auf 46 000 Livres verringerte. Nur durch sorgsame Verwaltung, durch Verzicht auf Auktionskäufe, wenn die Preise heftig stiegen, und durch seine Geschicklichkeit in Verhandlungen gelang es ihm, seine Konkurrenten zu schlagen und aus der Auflösung ihrer Sammlungen Nutzen zu ziehen. Er besaß bereits 1754 eine bedeutende Bibliothek, obwohl es sich wahrscheinlich meist um gängige Werke handelte und sie wenige Seltenheiten enthielt. Um 1756 kaufte er den schriftlichen Nachlaß der Familie Arnauld, und vier Jahre darauf bemühte er sich erfolglos um einen Teil der Briefe der Madame de Sévigné. Aber seine Sammlung erreichte den höchsten Rang erst 1764, nach dem Tode seines Onkels, des Comte d'Argenson, aus dessen Nachlaß er für 37586 Livres die 934 kostbarsten Bücher, Drucke und Handschriften kaufte. Sie waren ihm von Kindheit an vertraut und hatten zweifellos seinen bibliophilen Geschmack beeinflußt. Unter ihnen waren prächtige Beispiele gotischer Buchmalerei: die Terenz-Ausgabe von Jean, Duc de Berry, die als der ›Térence des ducs‹ bekannt ist, ein luxuriöses italienisches Exemplar von Roberto della Portas ›Romuleon‹ und nicht weniger als vierzig Bände aus der Librairie de Bourgogne, die 1746 nach der Einnahme von Brüssel durch die Franzosen weggeführt und anscheinend dem Kriegsminister durch einen gewissen Courchelet d'Esnans übergeben worden waren, der den Auftrag hatte, in den besetzten Gebieten nach Werken zur französischen Geschichte zu fahnden. Ferner gab es da seltene gedruckte Bücher wie das mozarabische Missale und Brevier (Toledo 1500 und 1502) sowie Widmungsexemplare von Montesquieus ›De l'Esprit des Loix‹ und von Voltaires ›La Pucelle d'Orléans‹, 1755, und ›Poèmes sur la religion naturelle‹, 1756. Diese waren von einem Brief begleitet mit dem Kopf ›aux délices près de Genève‹ und der Unterschrift ›le suisse V.‹: »Ich bin nicht so anmaßend, einen Kriegsminister zu bitten, sie zu lesen, sondern überreiche sie ihm bescheiden und fromm, auf daß er geruhe, für sie einen Platz unter seinen Andachtsbüchern zu finden.«

Andere Käufe erfolgten privat und auf der Auktion des Duc de la Vallière, eine Auswahl kam aus der Bibliothek eines reichen Finanzmannes, Jean Milsonneau, darunter eine Handschrift von Petrarcas ›Canzoniere‹ in einem Einband für Jean Grolier und der schriftliche Nachlaß von Valentin Conrart, dem Sekretär der Académie, ein unerschöpflicher Schatz für die Literaturgeschichte von Malherbe bis zum ›Misanthrope‹; von seinem Hausnachbarn, dem Cölestiner-Kloster (in seinem Katalog diskret nur als ›Kloster‹ bezeichnet) wurde eine illuminierte Bibel angekauft, eine Stiftung von Louis d'Orléans, der sie 1377 von seinem Bruder, König Karl v., erhalten hatte, und ein schönes Exemplar der ersten in Frankreich gedruckten Bibel (Paris, bei Gering, Crantz und Friburger, 1476); Heinrich von Navarras protestantischer Katechismus, Jacopo Antonio Marcellos ›Passio Sancti Mauricii‹ mit Miniaturen aus der Schule von Mantegna, und vierundfünfzig andere Hand-

Crito senex. Mysis ancilla. Dauus seruus.

Crito. In hac habitasse platea dictum est chri
sidem. que sese inhoneste optauit pa
rare hic diuicias. potius quam hone
ste in patria pauper uiuere. eius morte ea ad me
lege redierunt bona: sed quos percontor uideo. Sal

Qui vult venire post me abneget
semetip̄m tollat crucem suam
et sequatur me:~

Miniaturen einer französichen Gedichtsammlung des 13. Jhs. OBEN *Die drei Lebenden und die drei Toten.* UNTEN *Eine Krönung.* GEGENÜBER *Miniatur aus dem Gebetbuch der Margarete von Valois, die links im Bilde erscheint; in der Mitte ihr Gemahl, später Heinrich IV. von Frankreich.*

schriften kamen 1780 aus dem Verkauf der Sammlung Charles-Adrien Picard; die historischen Dokumente von Charles-Marie Fevret de Fontette, die größtenteils mit dem ›Cabinet des Chartes‹ gegen Lacurne de Sainte-Palayes Sammlung französischer Literatur getauscht wurde; endlich 1781 für 100000 Livres die gesamte Bibliothek des Baron d'Heiss, eines verabschiedeten Offiziers, der sich durch seine Bücherleidenschaft ruiniert hatte. Paulmy behielt dreihundert Handschriften und viele Drucke aus der Sammlung d'Heiss; aber die Versteigerung des verschmähten Restbestandes zeigte ein betrübliches Bild der wahllosen Sammelwut des Barons: die Handschriften enthielten neun Bibeln, sieben Breviere, fünf ›Romans de la Rose‹ und nicht weniger als siebenundsiebzig Stundenbücher.

Obwohl die größten Kostbarkeiten aus französischen Sammlungen stammten, sorgte ein weites Netz für den Ankauf neuer Bücher. Viele Erwerbungen erfolgten während Paulmys Gesandtschaft in Venedig. Neben zeitgenössischen venezianischen illustrierten Büchern wird vom Versand einer Kiste aus Turin und anderer auf Reisen durch Italien gesammelter Bücher gesprochen. Bevor er 1770 heimkehrte, händigte er einem gewissen Abbé Luigi Baroni fünfundzwanzig Louisdor und Debures ›Bibliographie instructive‹ aus und schickte ihn auf eine Einkaufsreise. Aber der Abbé hatte nur Mißerfolge zu melden. In der Lombardei fand er wenig oder gar nichts, zu viele

andere Sammler waren ihm zuvorgekommen; und auf seinem Wege zu Konsul Smiths Witwe, um wegen der Bücher ihres Mannes anzufragen, überschlug sich sein Wagen und brach ihm ein Bein.

Deutsche Veröffentlichungen kamen durch den Buchhändler Jean Néaulme in Altona. Catesbys ›Natural History of Carolina‹, 1754, und George Edwards ›Gleanings of Natural History‹, 1758, wurden in England bestellt, und Horace Walpole sandte die zweite Ausgabe seines ›Catalogue of engravers‹ (Strawberry Hill 1765). Paulmy wußte sich erfinderisch die gleichen Vorteile zu verschaffen, die eine Staatsbibliothek genoß. Französische Verleger, Autoren und Drucker waren gesetzlich verpflichtet, acht Exemplare jedes neuen Buches abzuliefern; dem Briefwechsel des Sekretärs des Marquis, Pierre-Antoine Soyer, zufolge, scheint jeweils ein Exemplar über die Polizei in den Besitz des Arsenals gekommen zu sein.

Es handelte sich um eine allgemeine Bibliothek, die nach dem damals üblichen System in Theologie, Recht, Kunst und Wissenschaft, Belles Lettres, Geschichte aufgegliedert war, dazu noch die Gruppe Literaturgeschichte, die nicht üblich war. Jede Abteilung enthielt wertvolle Werke, aber die Stärke der Sammlung war die französische Literatur, besonders in mittelalterlichen Handschriften und den seltenen Romanen des sechzehnten Jahrhunderts. Paulmy besaß einige wenige humanistische Handschriften, aber es scheint nicht, daß er es auf die Erstausgaben der antiken Klassiker abgesehen hatte, er zog die zuverlässigeren, von den Estienne und späteren Herausgebern veröffentlichten Texte vor. Seine italienischen Bestände waren umfangreich, und er hatte eine repräsentative Sammlung von über hundert Titeln aus der englischen Literatur, von Chaucer bis Macphersons ›Ossian‹. Hier ist sein Kommentar über Popes und Warburtons Shakespeare-Ausgabe von 1747:

»... er lebte in einem noch barbarischen Jahrhundert und konnte sich von den antiken Vorbildern nur nach schlechten englischen Übersetzungen ein Urteil bilden; er war ungebildet, ungezwungen und Schauspieler von Beruf; er schrieb seine Stücke, um seinen Lebensunterhalt zu bestreiten und das gewöhnliche Volk zu unterhalten; dennoch bricht der Genius durch seine Werke, die bisweilen großartig sind. Seine Fehler waren die seines Jahrhunderts und die seiner Zustände, doch seine Begabung war ganz seine eigene.«

Ein Gedicht in Kroatisch und hundert orientalische Handschriften sind vielleicht einer Vorliebe für Kuriositäten zuzuschreiben, die Marquis de Paulmy mit Samuel Pepys teilte; doch im Zeitalter der Vernunft fühlte er sich verpflichtet, das zu vertuschen. Sein Vater hatte es getadelt, alles durcheinander zu sammeln: die Begeisterung für schöne Ausgaben, für Meisterleistungen der Druckkunst – das war etwas; er konnte es noch verstehen, wenn man die ersten in jeder Sprache gedruckten Bücher sammelte, aber noch weiter zu gehen, das war falsch und unvernünftig. Eine gewisse Rechtfertigung des Sohnes ist in der Einleitung zu seinem Katalog theologischer Werke zu finden. Da »das Wissen von der Erlösung« am allerwichtigsten sei, schrieb er, brauche ein Weltmann, ein Laie, in seiner Bibliothek nur eine Bibel, einen guten Katechismus, ein Stundenbuch und die beste Predigtsammlung. Aber ein Gelehrter, »curieux de bons ouvrages«, müsse weitergehen. »Das Studium des Fortschritts des menschlichen Geistes, selbst seiner Irrtümer, und das Studium der Geschichte sind die Hauptgegenstände des Interesses desjenigen, der eine Bibliothek aufbaut«; die Theologie hat eine Beziehung zu diesen Gegenständen. So fand der Sammler seinen Bestand von vier- bis fünftausend Bänden über Religion gerechtfertigt: das Leben Jesu auf Chinesisch, Werke über Christi Nabelschnur, die in Châlons-sur-Marne verehrt wurde, über die Träne Jesu in Vendôme, über das Leichentuch des Herrn in Campiègne und Abhandlungen über die richtigen Dimensionen der geistlichen Tonsur und das Recht der Kleriker, Perücken zu tragen.

Paulmys Hauptinteresse richtete sich auf den Inhalt, aber er war für das Äußere eines Buches keineswegs unempfänglich. Obwohl karolingische und romanische Miniaturen ihm »lächerlich«, »überaus schlecht gezeichnet« schienen, war er ein Sammler, der die gotische Buchmalerei frühzeitig gebührend einschätzte und den ›Térence des ducs‹ zu Recht von »größter Schönheit« fand. Sein Geschmack auf dem Gebiet der Buchillustration war altmodisch; die Künstler, die er bewunderte, waren alle im vorangegangenen Jahrhundert berühmt geworden: Abraham Bosse, Claude Mellan, Charles Le Brun, Robert Nanteuil, Sébastien Le Clerc, Hyacynthe Rigaud, Bernard Picard, Callot, Sadeler, Hollar. Er lobte Cochins Werk, aber Piazzetta, der zwanzig Jahre zuvor gestorben war, hielt er für »sehr modern, hervorragend in diesem Jahrhundert in Venedig, wo die Künste in Verfall geraten«, und Romeyn de Hooghe erschien ihm als ein »kräftiger Zeichner, aber seine Arbeiten sind unangenehm«. Er ging an alles Englische, selbst an die Kunst, mit behutsamem Respekt heran: »Hoggart [Hogarth] était d'un génie tout à fait anglais«. John Pines gestochene Horaz-Ausgabe (London 1733–37) war für ihn »un très bel ouvrage« und Baskerville fast der einzige Drucker, dessen Arbeit er bewunderte. Er schätzte luxuriöse Einbände, doch aus Sparsamkeit zog er es vor, Bücher ungebunden zu kaufen und sie in marmoriertem Kalbsleder von Anguerrand, oder nach 1775 von Bradel, einfach binden zu lassen. Die reich vergoldete Mappe aus rotem Maroquin für Madame de Pompadours Radierungen war eine seltene Ausnahme.

Paulmy las alle, oder fast alle seiner Bücher. Der überwiegende Teil ist mit kritischen Randbemerkungen und mit Einzelheiten aus dem Leben des Autors und Notizen über andere Ausgaben versehen. Sein Ehrgeiz scheint darin bestanden zu haben, eine allgemeine Bibliographie, eine revidierte und erweiterte Version von Debures ›Bibliographie instructive‹, auszuarbeiten und durch allgemein verständliche Kurzfassungen seine Sammlung jedermann zugänglich zu machen, so wie Algarotti Newtons Astronomie in seinem ›Newtonianismo per le donne‹ (1737), den Paulmy in französischer Übersetzung besaß, popularisiert hatte. Zwei enorme, aber unvollendete Werke waren das Ergebnis: die ›Bibliothèque universelle des romans‹, abgebrochen, nachdem sie drei Jahre lang mit sechzehn Bänden jährlich erschienen war, und ›Mélanges tirés d'une grande bibliothèque‹, die siebzig Bände erreichten.

Gelehrte und Schriftsteller konnten die Bibliothek frei benutzen. Einmal, als der königliche Bibliothekar nicht anwesend war, fand es sein Stellvertreter einfacher, die Benutzer in das Arsenal zu schicken, als selber nach den gewünschten Titeln zu suchen. Aber Bücher wurden niemals ausgeliehen, und die einzige bekannte Ausnahme hatte verheerende Folgen: Ein illustriertes Kostümwerk, das sich der Duc de Luxembourg ausgeliehen hatte, wurde von seinen Kindern »erbärmlich zerrissen«. Paulmy war darauf bedacht, daß die Sammlung auch nach seinem Tode als öffentliche Bibliothek erhalten bliebe. Er bot sie zuerst Ludwig XVI. mit der Bedingung an, daß man ihn zum königlichen Bibliothekar bestelle; das wurde aber abgelehnt. Die Lösung brachte 1785 der Verkauf an den Bruder des Königs, den Comte d'Artois, mit dem Benutzungsrecht für Paulmy auf Lebenszeit und mit der stillschweigenden Vereinbarung, daß die Sammlung eine zweite, Gelehrten zugängliche Königliche Bibliothek bilden solle. Der Preis war 400000 Livres, die in acht jährlichen Raten von 50000 Livres zu zahlen waren. Doch schon bevor die erste Rate fällig wurde, machte der Marquis mit den verbliebenen 80000 Bänden der Bibliothek des Duc de la Vallière einen neuen Ankauf.

GEGENÜBER UNTEN *Die Erbauung Roms, aus Roberto della Porta ›Romuleon‹, italienische Handschrift von 1500.* GEGENÜBER OBEN *Holzschnitt mit Theaterdarstellung, aus einer französischen Terenzausgabe des frühen 16. Jhs.* UNTEN *Edward Tyson: ›Orang-Outang, sive Homo Sylvestris; or, the anatomy of a Pygmie‹, Londoner Druck von 1699. Der Katalog des Marquis de Paulmy vermerkt »Die Beschreibung einer Affenart, die dem Menschen so ähnelt, daß der Leser empörende Überlegungen anstellt.«*

Bei seinem Tod im Jahre 1787 umfaßte der Buchbestand des Arsenals etwa 160000 Bände. Der Comte d'Artois fügte 30000 seiner eigenen hinzu und stellte den ehemaligen Buchhändler Saugrain als Bibliothekar ein. Am 14. Juli 1789, als der Mob von der Bastille zum Arsenal drängte, um die Residenz dieses unpopulärsten aller königlichen Prinzen zu plündern, rettete Saugrain die Sammlung, indem er den Portier veranlaßte, sich in die königliche Uniform zu stecken, um so die Menge glauben zu machen, daß sie hier an die falsche Adresse geraten sei. Seitdem ist die Bibliothèque de l'Arsenal eine nationale Bibliothek, obwohl sie während der Restauration wieder in den Titular-Besitz des Comte d'Artois (des späteren Königs Karl x.) zurückgelangte. Es wurde der Bibliotheksverwaltung gestattet, aus den während der Revolution beschlagnahmten Buchbeständen auszuwählen; auf diese Weise erhielt sie nicht weniger als fünfzigtausend Bände, vor allem das Psalterium der Blanca von Kastilien, ein Hauptschatz der Sainte-Chapelle seit dem dreizehnten Jahrhundert, und die Archive der Bastille. Während der Bibliothekarszeit Charles Nodiers von 1822 bis 1844 traf sich in seinem Salon ein glanzvoller Kreis von Literaten und Künstlern. Victor Hugo, Alexandre Dumas, Lamartine, Alfred de Musset, Balzac, Sainte-Beuve, Alfred de Vigny, Delacroix und Liszt kamen, um ihren Gastgeber über jedes Thema von der Insektenkunde bis zur Dampfschiffahrt plaudern zu hören. »Er kennt die Geschichte der Estiennes, der Aldusse und der Manutiusse«, schrieb Gustave Planche, der das also von sich bestimmt nicht behaupten konnte. In den Jahren 1860 bis 1863 zerstörte die Übernahme aller orientalischen Handschriften, chinesischen Bücher, Kupferstiche (darunter Jean Duvets ›L'Apocalypse figurée‹, Lyon 1561), Zeichnungen und Medaillen durch die Bibliothèque Nationale die Geschlossenheit der Sammlung des Gründers, ohne doch der größeren Institution entsprechend zu nützen. Seitdem ist der ursprüngliche Kernbestand von Theaterstücken durch abgewogene Neuerwerbungen gewachsen und durch die Stiftung von dreihunderttausend Bänden von Auguste Rondel im Jahre 1925 und den kürzlichen Ankauf von Edward Gordon Craigs Sammlung zur reichsten Theaterbibliothek der Welt geworden. Das Arsenal erhält Pflichtexemplare von allen in Frankreich gedruckten Werken der Literatur und des Theaters und besitzt jetzt 1,8 Millionen gedruckte Bücher und 11800 Handschriften, von denen 2728 Dokumente aus der Bastille sind.

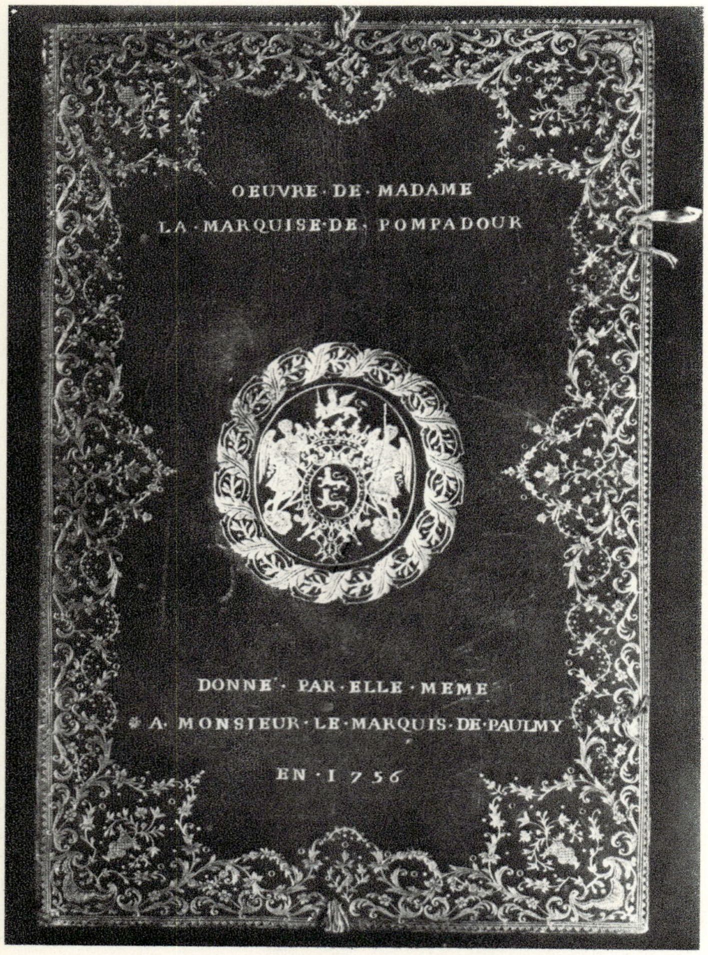

Roter Maroquin-Einband mit dem Wappen des Marquis de Paulmy; er enthält eine Sammlung der Radierungen der Madame de Pompadour, die sie 1756 dem Marquis schenkte.

Einer der Wohnräume des Marquis de Paulmy im Arsenal. Die Standuhr gehörte bis zur Revolution der Abtei von St-Victor in Paris.

John Rylands Library MANCHESTER

OBEN *Holzschnittillustration zu Äsops Fabeln (Francesco del Tuppo, Neapel 1485).* GEGENÜBER *Die Große Halle der John Rylands Library, von der Galerie aus. Der Bau nach Entwürfen von Basil Champneys wurde 1899 vollendet.*

Die John Rylands Library verdankt ihr Bestehen und ihre Eigenart vier bemerkenswerten Personen: drei Sammlern, George John, dem zweiten Earl Spencer, Alexander, dem fünfundzwanzigsten Earl of Crawford and Balcarres, und seinem Sohn James, dem sechsundzwanzigsten Earl; sowie einer Wohltäterin, Mrs. John Rylands.

Der 1758 geborene Earl Spencer gehörte zu einer der großen Whig-Grundbesitzerfamilien, einer Klasse, die damals reicher war als viele souveräne Fürsten. Er erhielt die übliche klassische Erziehung eines kultivierten Engländers jener Zeit, ging in die Politik, nachdem er Harrow absolviert hatte, und war von 1794 bis 1801 First Lord of the Admiralty, als der er weitgehend dafür verantwortlich war, daß Nelson ein unabhängiges Kommando im Mittelmeer erhielt, was zum Sieg bei Abukir führte. Nach einer kurzen Tätigkeit als Home Secretary von 1806 bis 1807 zog er sich aus dem öffentlichen Leben zurück, um sich seinen Aufgaben als Grundbesitzer, Friedensrichter und Oberst einer berittenen Freiwilligentruppe zu widmen – und seiner Bibliothek.

Sein frühester Kauf eines seltenen Buches war im Jahr 1789 Caxtons Prosaübersetzung der ›Disticha Catonis‹. Ein Jahr darauf kaufte er die hervorragende Sammlung von Erstausgaben griechischer und lateinischer Klassiker, die Graf Károly Reviczky, ein als Diplomat in kaiserlichen Diensten stehender ungarischer Adeliger, meist bei der La Vallière-Auktion und anderen französischen Versteigerungen des vorangegangenen Jahrzehnts erworben hatte. Von Caxton-Drucken und klassischen Erstausgaben spannte sich der Bogen seiner Interessen zu schönen und frühen Drucken überhaupt, Blockbüchern und frühen Holzschnittillustrationen, zu italienischer Lyrik, Aldinen, Elzevieren und Bibelausgaben.

Spencer verfügte über ein bemerkenswertes Gedächtnis und ein scharfes Unterscheidungsvermögen für Schrifttypen; er war imstande, auf einen Blick Bücher aus der Presse Ulrich Hans in Rom oder aus der des Petrus Caesaris in Chartres zu erkennen. Er zahlte beträchtliche Beträge für Bücher von Rang; zwanzig Jahre nach seinem Tode wurden für Caxton-Drucke nur noch dreißig Prozent des Preisstandes zu seinen Lebzeiten bezahlt. Während der neunziger Jahre betrieb er das Sammeln noch mit ziemlicher Lässigkeit. So vereinbarte er mit dem Duke of Roxburghe auf der Mason-Versteigerung von 1798, nicht gegeneinander zu bieten, sondern anschließend um den jeweiligen Anteil zu losen. Die Zielstrebigkeit des leidenschaftlichen Sammlers wurde erst in späteren Jahren deutlich. Als er etwa hörte, daß sein Neffe, der Duke of Devonshire, beabsichtigte, ihm das Merly-Exemplar von Caxtons ›Book of divers ghostly matters‹ streitig zu machen, sicherte er es sich mit

OBEN *Dido leitet die Erbauung Karthagos; Holzschnitt aus Boccaccios ›De claris mulieribus‹, Johann Zainer, Ulm 1473.* GEGENÜBER *Josua, Holzschnitt aus der ersten dänischen Bibel, Ludwig Dietz, Kopenhagen 1550.*

einem unschlagbaren Gebot von zweihundert Pfund »oder noch mehr«. Auf der Versteigerung der Bibliothek des Duke of Roxburghe 1812 besiegte Spencer »mit der vollen Höhe des Roxburgheschen Fiebers« (wie er später beklagte) eine hartnäckige Konkurrenz, um fünf Drucke Caxtons an sich zu reißen. Doch die erste datierte Ausgabe von Boccaccios ›Decamerone‹ (Venedig 1471, Valdarfer) verlor er bei 2 260 Pfund an den Marquess of Blandford nach einem geradezu dramatischen Kampf von zehn Minuten Dauer mit 112 Geboten. Dieser Preis machte in ganz Europa Sensation, denn bis zu jenem Tag und noch lange Zeit später war es der höchste Betrag, der je für ein gedrucktes Buch bezahlt worden war. Die Niederlage wurmte ihn, doch Versuche, das einzige andere vollständige Exemplar aus Privatbesitz in Mailand zu bekommen, waren ohne Erfolg. Geduld und Beharrlichkeit wurden schließlich doch belohnt. 1819 verkaufte der Marquess seine Bibliothek, und Spencer erhielt den ersehnten ›Decamerone‹ für nur 918 Pfund.

Im Jahr 1802 sandte Thomas Frognell Dibdin, ein junger Geistlicher mit einer Leidenschaft für schöne Bücher, Spencer ein Exemplar seiner ›Introduction to the Knowledge of Rare and Valuable Editions of the Greek and Latin Classics‹. Spencer antwortete höflich mit dem Vorschlag, dem Autor seine »alten Ausgaben« zu zeigen, lehnte aber die ihm für die zweite Ausgabe angebotene Widmung ab. Die Bekanntschaft entwickelte sich erst 1811 zu einer engeren Freundschaft, als Dibdin die Veröffentlichung eines Verzeichnisses von Spencers Bibliothek vorschlug. Der Sammler begrüßte die Idee, schoß Geld für die Finanzierung der Publikation vor, las das Manuskript und empfahl Verbesserungen. Schließlich bedankte er sich mit »einer kleinen Kiste mit vier Flaschen besten Tokayers« und ähnlichen schmeichelhaften Aufmerksamkeiten. Der Katalog erschien zwischen 1814 und 1823 in sieben stattlichen Bänden mit Schrifttypen-Faksimiles, Kupferstich-Illustrationen und vielen begeisterten Beschreibungen. Dibdin wiederum erwies seinem Schutzherrn wertvolle Dienste, indem er Bücher ausfindig machte und besondere Aufträge übernahm. Er reiste nach Stamford, um Caxtons Ausgabe von Lydgates ›The lyf of Our Lady‹ von Octavius Gilchrist, einem Lebensmittelhändler, zu kaufen. Der erste Versuch war erfolglos, und Spencer, der, wie Dibdins andere Briefeschreiber, den witzigen Briefstil des Geistlichen ansteckend fand, klagte, »daß (der Besitzer) so wenig von der schmelzenden Eigenschaft seines Zuckers an sich hatte.« Im selben Jahr (1813) überredete Dibdin Thomas Johnes aus Hafod, den Übersetzer Froissards und Monstrelets, Spencer die Alchorne-Bibliothek mit ihren drei Caxton-Drucken zu verkaufen. »Bedenken Sie doch, wie nobel und tapfer es ist, Opfer zu bringen, wenn sie notwendig sind«, beschwor er den schwankenden Besitzer. Neben den regelmäßigen Erwerbungen auf den Hauptauktionen kaufte Spencer viel von englischen Buchhändlern, besonders von Edwards in der Pall Mall, London, der ihm eine Gutenberg-Bibel und drei Drucke von Caxton verkaufte, die von dem Domkapitel von Lincoln Cathedral abgegeben worden waren. Andere Bücher kamen von englischen Privatbesitzern. Sein Schwager, der Duke of Devonshire, ließ ihn einige Bände in Chatsworth auswählen; Charles Williams überließ ihm seinen ›Godfrey of Boloyne‹ (Caxton, 1481), und der Honourable Charles Jenkinson übergab ihm Blätter, die in Spencers Exemplar der 36zeiligen Bibel fehlten. Selbst während der napoleonischen Kriege gingen Bücher vom Kontinent ein, wurden, wenn auch mit einigem Widerstreben, Gebote für französische Auktionen (»Ich bin Renouard gegenüber etwas mißtrauisch«) an A. A. Renouard gegeben, den Bibliographen des Aldus Manutius. Viele große Seltenheiten kamen durch Alexander Horn, einen englischen in Deutschland lebenden Kaufmann, in seinen Besitz, na-

Et septimus angelus effudit fiolā
suā in aerē et exiuit vox magna de tem-
plo a throno dicens factū est. Et facta sunt ful-
gura et voces et tonitrua et terremotus
factus est magnus q̄lis nūq̄ fuit ex quo
hōies fuerunt sup̄ terram talis terre
motus et sic magnus. Et facta est ciuitas
i tres ptes et ciuitates gentiū ceciderūt. Et
babilon magna ciuitas venit i memoriā
ante deū dare calicē vini i dignacōis ire
eius. Et omnis insula fugit et montes non
sunt iuenti. Et grando etc.

mentlich die Erstausgabe des Vergil (Rom 1469) und die ›Meditationes‹ des Johannes von Turrecremata (Ulrich Han, Rom 1467), das erste in Italien gedruckte illustrierte Buch, – vielleicht auch das Mainzer Psalterium von 1457, das, wie die Turrecremata-Ausgabe, aus einem bayerischen Kloster stammte. Ein anderer wertvoller Helfer bei der Beschaffung seltener Werke war der Conte d'Elci, ein italienischer Kenner, der ebenfalls mit dem Aufbau einer Sammlung klassischer Erstausgaben beschäftigt war.

Um 1818 hatte Spencer nur noch acht größere Desiderata, und Dibdin wurde zur Suche auf den Kontinent geschickt. In Stuttgart erklärte sich der König von Württemberg mit dem Tausch zweier früher Ausgaben des Vergil gegen moderne theologische Bücher gleichen Wertes einverstanden. Umfangreiche Ankäufe wurden bei der Münchener Bibliothek, bei Professor May in Augsburg, bei Sankt Peter in Salzburg und bei den Kapuzinern von Rossau in Wien gemacht. Ein Jahr darauf besuchte Spencer Neapel und kaufte die Sammlung früher neapolitanischer Drucke des Duca de Cassano-Serra, womit er sich die äußerst seltene Erstausgabe des Horaz (Arnoldus de Bruxella, Neapel 1474) sicherte. Die Dubletten aus diesen und anderen Pauschalerwerbungen wurden in neun Auktionen zwischen 1798 und 1823 abgestoßen.

In Spencers Todesjahr (1836) besaß die Bibliothek über vierzigtausend Bände und war in einer Flucht von fünf Räumen in Althorp, dem Familiensitz in Northamptonshire, aufgestellt. »Ein fertig aufgezäumtes Shetland-Pony könnte bequemlichkeitshalber gehalten werden«, regte Dibdin an, »um den gebrechlicheren Besucher von einem zum anderen Ende zu bringen.« Hier befanden sich fünfzehn Inkunabel-Ausgaben des Vergil und achtundsiebzig des Cicero, zwischen denen Gibbon an einem Morgen des Jahres 1793 erschöpft zusammenbrach; siebenundfünfzig Bücher von Sweynheim und Pannartz, den ersten Druckern in Italien; fünfundfünfzig Caxton-Drucke, darunter drei Unika; vier von Pfister gedruckte Bücher und Teil eines fünften, die einzigen in England befindlichen Zeugnisse seiner Werkstatt; vierzehn Blockbücher, davon eines (die ›Apokalypse I‹), 1451 gedruckt, über achthundert Aldinen; alle drei Dante-Ausgaben von 1472; Sammlungen von Boccaccio, Petrarca und Ariost; schließlich eine imponierende Reihe von frühen Bibeln. Zweifellos hatte Renouard recht, sie die »schönste Privatbibliothek Europas« zu nennen.

Alexander, Lord Lindsay, wurde 1812 geboren und wurde 1869 fünfundzwanzigster Earl of Crawford and Balcarres. Er war ein frühreifer Sammler, der bereits in Eton eine Wand seines Zimmers mit Inkunabeln und frühen Klassikerausgaben vollgestellt hatte. Flüchtig hingekritzelte Bücherlisten des Neunzehnjährigen enthalten so ungewöhnliche Werke wie Coutinhos Reise nach Mazagan (Lissabon 1629) und den Bericht des Johannes Schildtberger über seine Gefangenschaft in der Türkei. Die gleichen Listen verraten die frühe Grundlage seiner erstaunlichen bibliographischen Kenntnisse: ›At Wardour St stall look at Ariosto – the edn Venice 1584 – has 52 engravings by Girolamo Porro – rarest of all edns – 34th plate almost always deficient – cancelled and replaced by dupl. of 33^d.‹

»Ich hatte ... in meiner frühesten Jugend ... mir als Aufgabe die Entwicklung unserer Bibliothek zu einer unserer Familie würdigen Institution vorgenommen«, schrieb er 1865 seinem Sohn, »nicht als eine nur bibliomanische Anhäufung unverdauter Sammlungen, sondern als Bibliothek inhaltlicher Qualität, als Bestand der nützlichsten und interessantesten alten und neuen Bücher auf allen Gebieten der Literatur . . .« Er durchforschte Bibliographien und Literaturgeschichten; ein Idealkatalog entstand. Für die fünfziger Jahre ist diese Entwicklung in vollem Zuge zu verfolgen. Listen von

GEGENÜBER *»Und der siebente Engel goß aus seiner Schale in die Luft«, Holzschnitt des 15. Jhs. in einem Blockbuch der Apokalypse, aus der Sammlung Lord Spencers.*

Bildnis Marco Polos, Abbildung aus seinem Reisebericht, Nürnberg 1477, Creussner.

Desiderata gingen an Londoner Händler: an Bernard Quaritch, den aus Deutschland eingewanderten Buchhändler in Castle Street; an Charles Frederick Molini, der sich als ›Agenten des Institut de France und Generalagenten‹ bezeichnete, in King William Street; an H. G. Bohn in York Street: Titellisten zur Genealogie und Regionalgeschichte Frankreichs, zu Edda und Sagas, zu italienischen Kunstbüchern. Von Zeit zu Zeit tauchte eine Mahnung zur Eile auf. Bei Persans ›Recherches historiques sur la ville de Dôle‹ ist vermerkt »Lord L. braucht sie dringend«. Vor der Stuart de Rothesay-Auktion von 1855: »Für die amerikanischen Bücher, besonders die mit einem doppelten Kreuz bezeichneten, ist Lord L. bereit, Mr. B[ohn] einen fast unlimitierten Auftrag zu geben.« Trotz der unvermeidlichen Enttäuschungen und Verzögerungen (»die einzige Möglichkeit an russische Bücher zu kommen«, wurde ihm von Quaritch mitgeteilt, »ist eine Bestellung über Buchhändler in Leipzig, die einen Korrespondenten in St. Petersburg haben – deshalb ein ungewisses und schleppendes Unternehmen«), wuchs die Bibliothek in Haigh Hall schnell auf über fünfzigtausend Bände an. »Bücher strömten herein, über alle Themen, von allen Teilen der Welt«, erinnerte sich sein Sohn, »jedenfalls schneller als man sie aufstellen konnte; Raum für Raum wurden alle Wände vollgestellt, alte Porträts aus den Gängen wurden in den Schlafzimmern aufgehängt und durch Bücher ersetzt.« Es war die wissenschaftlichste Privatbibliothek seit dem siebzehnten Jahrhundert; in ihrem großen Plan nahm die orientalische Literatur einen wesentlichen Platz ein. In den sechziger Jahren des neunzehnten Jahrhunderts wurden zwei Sammlungen arabischer, persischer und türkischer Handschriften in England und die chinesischen Bücher Van Alsteins in Belgien erworben. Später wurde mit Hilfe eines Vermittlers in Peking die Fernost-Abteilung bis zu achttausend Bänden in Chinesisch und eintausend in Japanisch aufgebaut.

James Lindsay, der sechsundzwanzigste Earl, hatte bereits einen ausgezeichneten Bestand naturwissenschaftlicher Bücher gesammelt, die er später, bevor er 1880 die Nachfolge seines Vaters antrat, dem Königlichen Observatorium in Edinburgh zum Geschenk machte. Neben der Ergänzung der allgemeinen Bibliothek widmete er seine Aufmerksamkeit verschiedenen Spezialsammlungen: Einblattdrucken und Proklamationen, Bucheinbänden mit Edelsteinen, Ausgaben und Auflagen von De Brys Reisewerk, Traktate aus der Reformationszeit, der französischen Revolution und dem englischen Bürgerkrieg. Schöne illuminierte Handschriften wurden erworben, um die Geschichte von Schrift und Miniaturmalerei zu dokumentieren. In Rom kaufte er 1893 die Borghese-Sammlung päpstlicher Bullen und Proklamationen und im Winter 1898/99 in Ägypten demotische und arabische Papyri, die eben bei Ausgrabungen in Faijum gefunden worden waren, während zwei Oxforder Professoren, Arthur Hunt und Bernard Grenfell, koptische und griechische Papyri für ihn kauften. Der fünfundzwanzigste Earl war sein eigener Bibliothekar, Bibliograph und Sekretär gewesen. Sein Sohn beschäftigte einen Bibliothekar, J. P. Edmond, und sechs Mitarbeiter. Die von ihnen zusammengestellten Kataloge wurden privat gedruckt und an britische und ausländische Bibliotheken sowie gelehrte Gesellschaften geschickt.

Im Jahr 1892 erschien in der Times ein Artikel mit der Nachricht, Earl Spencer beabsichtige, die Althorp Library zu verkaufen. Damit trat eine neue Figur in die Geschichte. Enriqueta Augustina Tennant war 1843 in Havanna als zweites von fünf Kindern eines Mannes aus Yorkshire und seiner kubanischen Frau geboren worden. Ihr Vater starb, als sie fünf Jahre alt war, und seine Witwe kehrte mit ihrer Familie nach England zurück. Es folgten Jahre der Not; eine Bemerkung über »Miss Tennants Lebensmut unter Umständen,

in denen menschliche Fähigkeit und Widerstandskraft erprobt werden«, bezieht sich zweifellos auf diese Zeit. In ihren frühen zwanziger Jahren war sie Sekretärin von John Rylands, einem Fabrikanten und Geschäftsmann in Manchester, der aus bescheidenen Anfängen sich ein Vermögen von fast drei Millionen Pfund erworben hatte. Als er 1875 zum zweiten Mal Witwer geworden war, wurde sie die dritte Frau des vierundsiebzig Jahre alten Millionärs.

Holzschnittillustration aus ›Bidpai, Buch der alten Weisen‹, Lienhart Holle, Ulm 1483.

Joseph Parker, Geistlicher einer Independentengemeinde, hat einen unterhaltsamen Bericht über das Leben der Rylands in Longford Hall, Stretford, hinterlassen. John Rylands fuhr jeden Tag in sein Büro und kehrte abends zurück, zu einem Kegelspiel im Sommer, zu einem Billardspiel im Winter. Politisch war er ein Liberaler, religiös ein Nonkonformist, dazu ein großzügiger Spender für wohltätige Zwecke. Die Büsten von Bright, Cobden, George Thompson und anderen Vorkämpfern des Freihandels standen in der Halle seines Hauses; Geistliche der Nonkonformisten waren häufig seine Gäste. Der Haushalt war fast spartanisch. Der »gastfreundliche aber genügsame Hausherr«, dessen Wein wegen seiner Ungenießbarkeit berüchtigt war, trank selber nur Champagner und hatte die »altmodische Gewohnheit«, auf dem Fußboden eine Flasche zu seiner rechten Hand bereit-

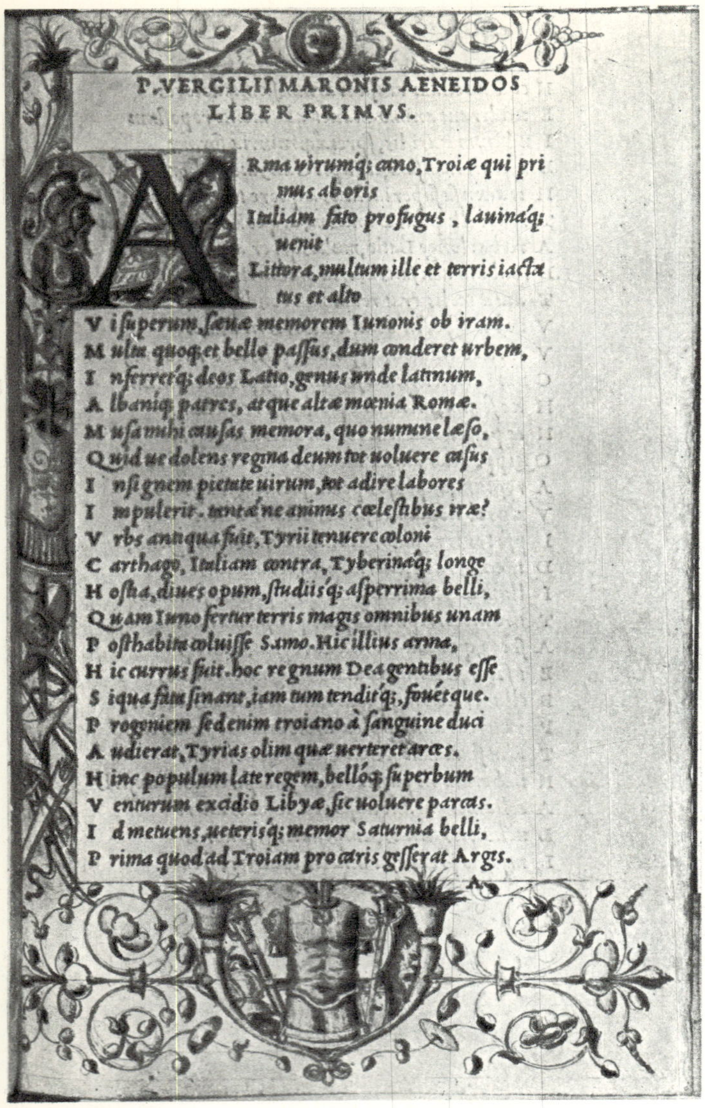

P. VERGILII MARONIS AENEIDOS
LIBER PRIMVS.

ARma uirumq; cano, Troiæ qui pri
mus ab oris
Italiam fato profugus, lauinaq;
uenit
Littora, multum ille et terris iacta
tus et alto
Vi superum, sæuæ memorem Iunonis ob iram.
Multa quoq; et bello passus, dum conderet urbem,
Inferretq; deos Latio, genus unde latinum,
Albaniq; patres, atque altæ mœnia Romæ.
Musa mihi causas memora, quo numine læso,
Quid ue dolens regina deum tot uoluere casus
Insignem pietate uirum, tot adire labores
Impulerit. tantæne animis cœlestibus iræ?
Vrbs antiqua fuit, Tyrii tenuere coloni
Carthago, Italiam contra, Tyberinaq; longe
Hostia, diues opum, studiisq; asperrima belli,
Quam Iuno fertur terris magis omnibus unam
Posthabita coluisse Samo. Hic illius arma,
Hic currus fuit. hoc regnum Dea gentibus esse
Si qua fata sinant, iam tum tenditq;, fouetq;.
Progeniem sed enim troiano a sanguine duci
Audierat, Tyrias olim quæ uerteret arces.
Hinc populum late regem, belloq; superbum
Venturum excidio Libyæ, sic uoluere parcas.
Id metuens, ueterisq; memor Saturnia belli,
Prima quod ad Troiam pro caris gesserat Argis.

OBEN *Vergilausgabe des Aldus Manutius, Venedig 1501; das erste in Kursivschrift gedruckte Buch (illuminiertes Exemplar).* UNTEN *Zwei Szenen vom Passahfest: Moses und Aron vor König Pharao; die Kinder Israel bei der Fronarbeit. Buchmalerei einer hebräischen Haggada, Provence oder Spanien, frühes 14. Jh., aus der Sammlung Crawford.*

zuhalten. Die Regeln, die ihm im Geschäft Erfolg gebracht hatten, wendete er auch auf andere Gebiete des Lebens an. Die vom Garten in die Küche gelieferten Früchte und Gemüse wurden verrechnet. »Das ist die einzige Art«, äußerte der Millionär zu Parker, »herauszubekommen, ob sich ein Garten lohnt oder nicht.« Die Bibel bildete einen großen Teil seiner Lektüre, aber in ihrer überlieferten Form befriedigte sie ihn nicht. Er wünschte sie in der Benutzung so gebrauchsfähig wie eine Lagerliste und unterstützte die kostenlose Verteilung einer Ausgabe, in der alle Absätze zum bequemeren Nachschlagen durchnumeriert waren und die ein umfassendes Register besaß.

Vielleicht war es die Gewohnheit ihres Mannes, armen Geistlichen Bücher zu stiften, die Mrs. John Rylands nach seinem Tode 1888 bewog, in Manchester zu seinem Gedächtnis eine Bibliothek für Theologiestudenten zu gründen. Green, Sekretär der Religious Tract Society, wurde beauftragt, geeignete Werke zu kaufen, und gab diese Aufgabe an seinen Sohn John Arnold Green weiter. Im Verlauf seiner Besuche bei Londoner Buchhändlern machte der junge Green die Bekanntschaft von A. B. R. Railton, Filialleiter von Henry Sotheran & Co. So geschah es, daß Railton, nachdem er sich bei Green Rat geholt hatte, den Artikel über den Verkauf der Althorp Library ausschnitt und ohne Kommentar an Mrs. Rylands schickte. Sie antwortete ermutigend. Railton wandte sich dann an Edward Grose Hodge, den Seniorpartner von Sotheby, der im Auftrag des Besitzers verhandelte, und erhielt für 220000 Pfund eine Woche lang das Vorkaufsrecht. Railtons sofortige Schätzung belief sich auf 193127 Pfund, ein Angebot von 210000 Pfund wurde angenommen. Durch schnelles Handeln hatte Mrs. Rylands einen guten Kauf gemacht. Ein amerikanischer Agent wartete auf ein Gespräch mit Hodge, als Railton die Sache abschloß; Lenox Kennedy hätte dreihunderttausend Pfund bezahlt, um die Bibliothek für die New York Public Library zu erwerben.

Der Bau in Deansgate, Manchester, der für die Spencer-Sammlung und andere Bücher bestimmt war, wurde erst 1899 fertig. Basil Champneys, der Architekt, schuf ein kleines Meisterwerk später viktorianischer Gotik von angenehmen Proportionen, mit einer großen Halle und seitwärts anschließenden Nischen – in denen goldene Maroquinrücken glänzen – von ebenso eindrucksvoller wie intimer Wirkung.

Die Bibliothek war im Vergleich mit den gedruckten Büchern der Sammlung Althorp immer noch arm an mittelalterlichen Handschriften. Inzwischen begann Lord Crawford aber, sich über die finanzielle Zukunft der Bibliothek von Haigh Hall Gedanken zu machen. Die Einkünfte aus Grund und Boden gingen zurück, die Preise für seltene Bücher stiegen ständig, Katalogisierung und Druck verursachten erhebliche Kosten. In den Jahren 1887 und 1889 mußten bereits die Gutenberg-Bibel, Ritterromane und andere Kostbarkeiten der Sammlung verkauft werden, um Hypotheken in Höhe von 25000 Pfund zurückzuzahlen.

Im Juli 1901 brachte Railton durch ein Gespräch mit Lord Crawfords Bibliothekar die Verhandlung in Gang. Crawford nannte einen Preis von 155000 Pfund, bei dem er sicher zu sein glaubte, daß niemand ihn bezahlen würde, und erhielt augenscheinlich die Zusicherung, daß die Sammlung in England bleiben würde. Mrs. Ryland war interessiert, aber unentschlossen. »Hat der Besitzer absichtlich einen zu hohen Preis gefordert, ist es ihm gleich, ob die Handschriften verkauft werden oder nicht?« War die Sammlung »als ein Ganzes angeboten, war nicht eines seiner schönsten Stücke gleichsam herausgepflückt?« Und aus was bestand sie genau? Die letzte Frage war nicht leicht zu beantworten, denn es gab keinen gedruckten Katalog. Lord Craw-

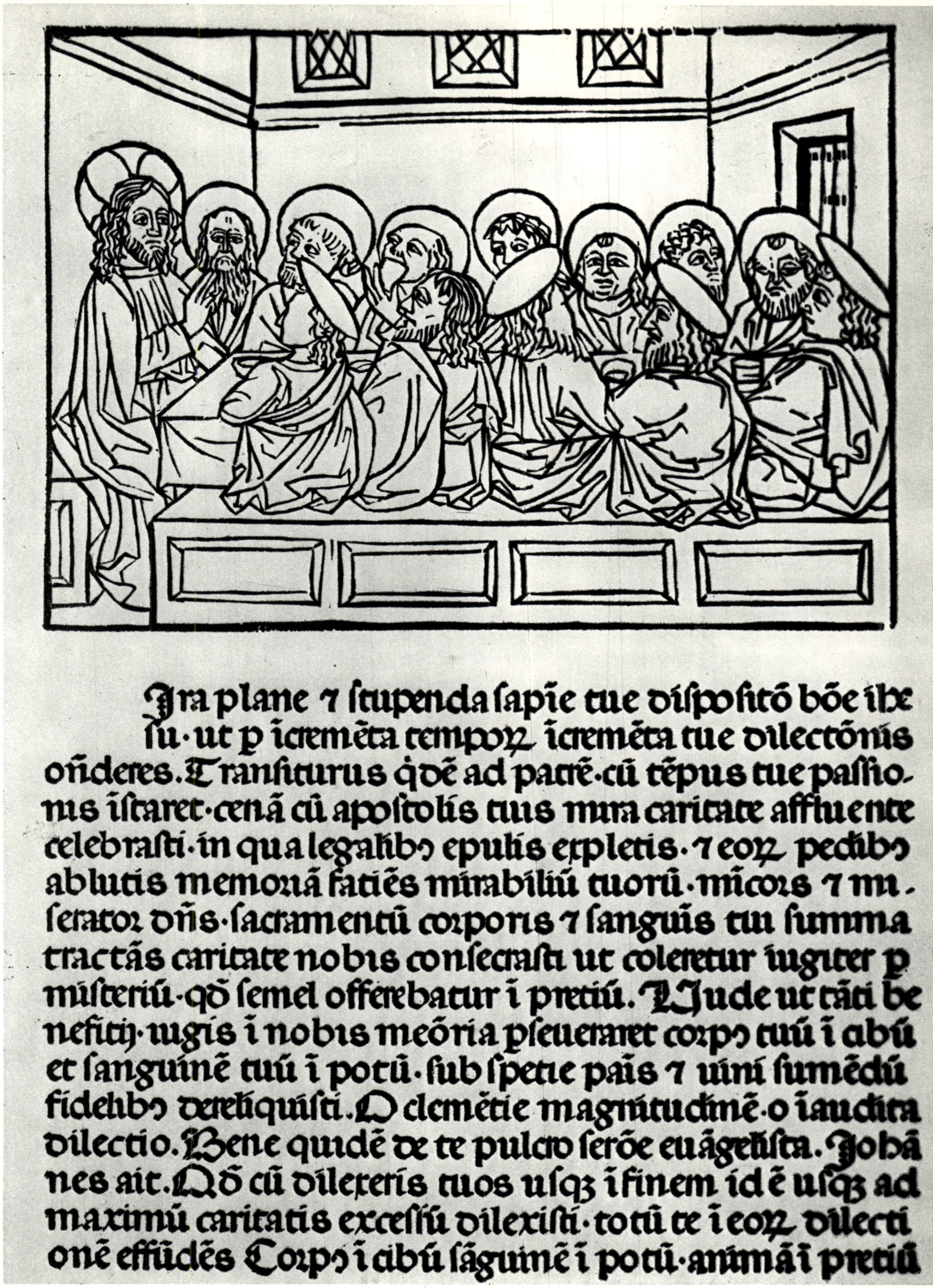

Ira plane 7 stupenda sapiē tue dispositō bōe ihe
su · ut p īcremēta tempoꝝ īcremēta tue dilectōnis
ōnderes. Transiturus q̄dē ad patrē · cū tēpus tue passio-
nis īstaret · cenā cū apostolis tuis mira caritate affluente
celebrasti · in qua legalib9 epulis expletis · 7 eoꝝ pedib9
ablutis memoriā faciēs mirabiliū tuorū · mīcors 7 mi-
serator dn̄s · sacramentū corporis 7 sanguīs tui summa
tractās caritate nobis consecrasti ut coleretur iugiter p
misteriū · qd̄ semel offerebatur ī pretiū. Unde ut tāti be
nefitij · iugis ī nobis meōria pseueraret corp9 tuū ī cibū
et sanguinē tuū ī potū · sub spetie pāis 7 uini sumēdū
fidelib9 dereliquisti. O clemētie magnitudinē · o inaudita
dilectio. Bene quidē de te pulcro serōe euāgelista. Johā
nes ait. Qd̄ cū dilexeris tuos usq3 ī finem idē usq3 ad
maximū caritatis excessū dilexisti · totū te ī eoꝝ dilecti
onē effūdēs Corp9 ī cibū sāguinē ī potū · animā ī pretiū

Abendmahl Christi; aus J. de Turrecrematas ›Meditationes‹ (Ulrich Han, Rom 1467), dem ersten illustrierten gedruckten Buch Italiens.

ford konnte nur mit einer Liste von Pauschalzahlen dienen: 663 abendländische, 2425 orientalische, 464 chinesische und 231 japanische Handschriften (die beiden letzten Gruppen einschließlich gedruckter Bücher), dazu eine unbekannte Anzahl Papyri. (Einige der letzteren waren nicht einmal in England, sondern an Dr. Karabacek in Wien ausgeliehen.) Railton gelang es, seine Kundin zu beruhigen, und am 31. Juli kam die Vereinbarung zustande, obwohl Mrs. Ryland erklärte, noch immer »etwas im Dunkeln zu tappen«. Der Times blieb nur noch übrig, über den Verkauf zu berichten. Dr. Henry Guppy, der Bibliothekar von Rylands, telegrafierte bestürzt an Edmond: »Ist die Mitteilung der ›Times‹ richtig? Ich habe nichts gehört und bin besorgt.« Unter Railtons Oberaufsicht wurden die Bände eingepackt und an Mrs. Rylands geschickt. »Ich war sehr glücklich zu sehen, daß die Lady ihren Kauf zu würdigen weiß«, berichtete der Bibliothekar Lord Crawford vierzehn Tage später nach einem Besuch bei Mrs. Rylands, »sie prüft alles nach und liest die Beschreibungen im Katalog. Ich glaube nicht, daß sie es mit der Übergabe der Bücher an die Rylands Library eilig haben wird.«

Die mit Crawford so zufällig zustandegekommene Verbindung war für die Bibliothek von dauerndem Vorteil. Im Jahr 1924 machte ihr der siebenundzwanzigste Earl die französischen Proklamationen und Einblattdrucke zum Geschenk. 1946, als Haigh Hall aufgegeben wurde, hinterlegte sein Sohn, der gegenwärtige Träger des Titels (ein Kuratoriumsmitglied der Bibliothek) als Leihgabe die Traktate aus der Reformation und aus der französischen Revolution, die päpstlichen Bullen und Proklamationen aus dem Besitz der Borghese, die De Bry-Reisewerke, die Familienpapiere und die umfangreichste Sammlung englischer Abhandlungen außerhalb des Britischen Museums. Grenfell und Hunt hatten sich für die Bibliothek weiterhin um ägyptische Papyri bemüht. Auf diese Weise wurde 1920 ein Papyrus-Fragment des Johannes-Evangeliums aus der ersten Hälfte des zweiten Jahrhunderts erworben, die früheste bisher entdeckte Handschrift irgendeines Teils des Neuen Testaments – eine besonders angemessene Erwerbung für eine Bibliothek, die ursprünglich für die Förderung der theologischen Wissenschaft gegründet worden war.

OBEN *Joseph und Potiphars Weib. Zeichnung von J. Tissot für seine Illustrationen zur französischen Bibel (Paris 1904). Geschenk von Mrs. Rylands.* GEGENÜBER *Die Statuen von Mrs. Rylands und ihrem Gatten überwachen die Große Halle.*

Bibliothèque Spoelberch de Lovenjoul

CHANTILLY

OBEN *Vicomte Charles de Spoelberch de Lovenjoul.*
GEGENÜBER *Chantilly: Der Herzog von Aumâle zieht den Hut vor der Lovenjoul-Bibliothek.*

»Es ist fast ein benediktinisches Werk!«, bemerkte Raymond Nacquart, der Sohn von Balzacs Arzt. Das war ein sich aufdrängender Vergleich zwischen den Denkmälern der Gelehrsamkeit der Mauristen und Charles de Lovenjouls detaillierten bibliographischen Studien französischer Schriftsteller. Und wenn er eine Spur von Übertreibung enthielt, so war das auf die Tatsache zurückzuführen, daß ein reicher belgischer Vicomte mit der Haltung eines Kavallerieoffiziers seine Zeit solcher Beschäftigung widmete. Er selber war bescheidener, als er ein Buch einem Verwandten seiner Frau mit der Bemerkung widmete, »ihm drohe unerträgliche Langeweile, wenn er die Seiten aufzublättern wage«.

Vicomte Charles-Victor-Maximilien-Albert de Spoelberch de Lovenjoul wurde am 30. April 1836 in Brüssel geboren. Seine Eltern waren von hohem belgischen Adel, mit einem großen modernen Haus in der Stadt am Boulevard du Régent und dem Schloß Lovenjoul in der Nähe von Löwen, wo der junge Charles, ihr einziges überlebendes Kind, sich mit seiner ersten Sammlung beschäftigte – einer Schmetterlingssammlung. Er wuchs in den Lebensformen seines Standes auf, verabscheute aber den Mangel an geistigen Interessen, nicht anders die vorwiegende Beschäftigung mit Jagd und Pferderennen. Er war groß und grazil, mit gewachstem Schnurrbart, tadellos gekleidet und stolz auf seine schmalen Hände und Füße, ein gläubiger Katholik und von aristokratischem Wesen, aber auch intelligent, ruhelos, redegewandt, nervös und unermüdlich tätig. Er besaß einen mit einem behelfsmäßigen Tisch ausgestatteten Wagen, so daß er – wie Federigo Borromeo – auf der Reise lesen und schreiben konnte, »um keine Zeit zu verlieren«. Seine Bildung war lückenhaft; obwohl sein Leben der Literatur gewidmet war, kannte er weder Latein noch irgendeine fremde Sprache, und selbst von der französischen Literatur interessierte er sich kaum für ein anderes Jahrhundert als das eigene. Er hing sehr an seiner Mutter und heiratete erst, mit fast vierzig Jahren, als sie gestorben war. Eine ähnliche Bindung scheint er an seinen Vater nicht gehabt zu haben, auf den offensichtlich ein feindseliger Aufsatz ›Über den Müßiggang‹ gemünzt war.

Im Alter von siebzehn Jahren besaß Lovenjoul 259 Bücher; während der beiden folgenden Jahre kaufte er durchschnittlich acht Werke die Woche. Walter Scott war sein erster Lieblingsautor, in französischer Übersetzung wie seine anderen fremdsprachigen Autoren: Dantes ›Inferno‹, Heines ›Reisebilder‹, ›Onkel Toms Hütte‹ und ›The Scarlet Letter‹. Dazu gab es einige Geschichtsbücher und Reisebeschreibungen für Kinder (keines dieser beiden Themen ist später in seiner Bibliothek wieder aufgetaucht). Das Übrige waren zeitgenössische Erzählungen und Lyrik: Théophile Gautier und

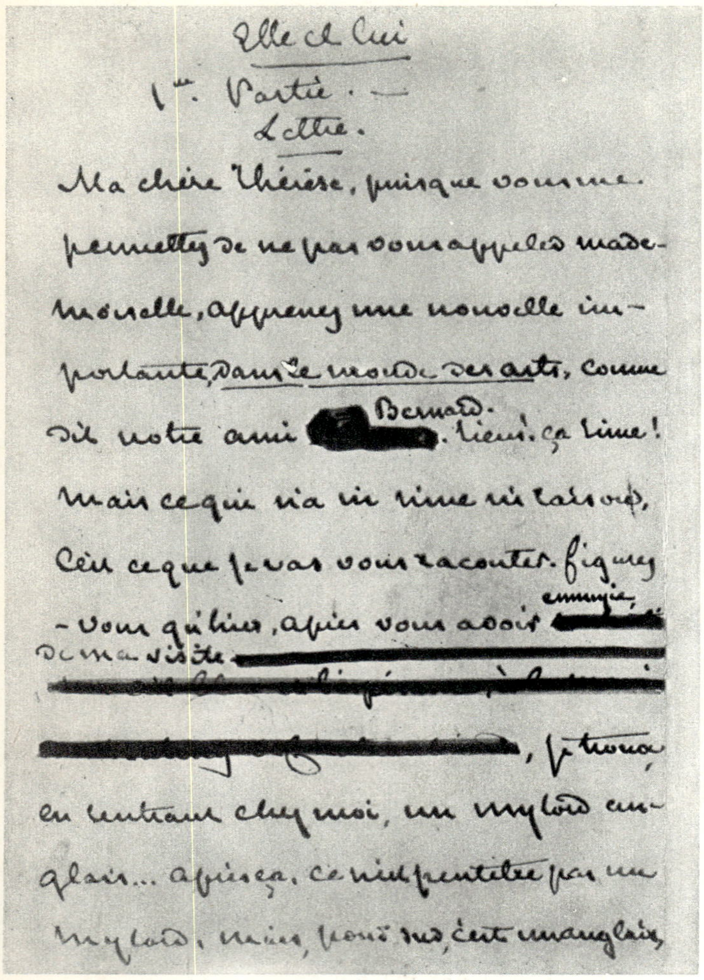

Elle et Lui

1re Partie. —

Lettre.

Ma chère Thérèse, puisque vous me permettez de ne pas vous appeler mademoiselle, apprenez une nouvelle importante dans le monde des arts, comme dit notre ami [redacted] Bernard. tiens, ça rime! Mais ce qui n'a ni rime ni raison, c'est ce que je vais vous raconter. figurez-vous qu'hier, après vous avoir [redacted] ennuyée de ma visite [redacted], je trouvai en rentrant chez moi, un mylord anglais... après ça, ce n'est peut-être pas un mylord, mais, pour moi, c'est un anglais

George Sand, ›Elle et Lui‹; eigenhändiges Manuskript.

George Sand bei ihrem ersten Erscheinen, Lamartine, Stendhal, Henri Monnier, Emile Souvestre und die Comtesse Dash. Dann tauchte Balzac zum ersten Mal auf (fälschlich Balsac geschrieben) als Mitarbeiter an ›Le Diable à Paris‹, dann ›le Bibliophile Jacob‹ (Paul Lacroix, Kurator der Bibliothèque de l'Arsenal, dessen bibliographische Werke seinen eigenen zum Vorbild dienten) als Verfasser der ›Soirées de Walter Scott à Paris‹. Er besaß viele belgische Raubausgaben, aber keine Seltenheiten.

Obwohl seine Käufe im Laufe der Zeit die ganze Skala der zeitgenössischen Erzählprosa umfaßten, konzentrierte er sich immer mehr auf drei Autoren: Gautier, George Sand und Balzac. Im Jahr 1856 begannen seine regelmäßigen Besuche in Paris, zwei- oder dreimal im Jahr. Die Tage verbrachte er in Buchhandlungen, die Abende im Theater. Seine Sammlung hatte bereits einen neuen, eigenen Stil angenommen. Nachdem ihm bewußt geworden war, daß er die Werke der Romantiker niemals vollständig besitzen könnte, ohne ihre Fortsetzungsromane und Tagesveröffentlichungen zu sammeln, begann er die Jahrgänge alter Zeitungen zu kaufen und laufende zu abonnieren. Sein erster großer Ankauf war 1860 in Paris die Erwerbung des ganzen Bestandes eines ›Cabinet de lecture‹, einer Leihbibliothek, die den Abonnenten gegen einen kleinen Jahresbetrag periodische Lektüre bot. Sie gehörte einem gewissen Lecoq und befand sich in der Rue Sainte-Anne; doch der großartige Eindruck des Vicomte verlor sehr, als er von dem ursprünglich schon akzeptierten Preis von viertausend Franken auf dreitausend zurückging.

Er durchforschte diese Zeitschriften mit intensiver Aufmerksamkeit und entwickelte in der Identifizierung der anonymen Beiträge ihrer Autoren nach ihren stilistischen Eigentümlichkeiten eine hohe Sachkenntnis. Michel Lévy, vom Verlagshaus Lévy Frères, lernte ihn 1865 kennen und erfaßte, wie nützlich er für das Nachdruckprogramm seines Verlagshauses für Autoren der Romantik sein könnte. Es begann zwischen den beiden eine lebhafte Korrespondenz. »Ihnen ist es zu danken«, schrieb Lévy am 7. April 1865, »wenn meine Ausgabe (von Balzac) alle anderen weit hinter sich lassen wird.« In den folgenden Jahren bemühte er sich um die Identifizierung der Zeitschriftenbeiträge von Gérard de Nerval und Berlioz, um alles, was Gautier über Nerval geschrieben hatte, und um Hilfe bei der Vorbereitung seiner Verteidigung gegen eine Anklage auf Diebstahl geistigen Eigentums. Der Druck von Balzacs ›Oeuvres complètes‹ (1869–75) wurde bis zu einem Besuch Lévys in Brüssel verschoben, wo mit dem Vicomte beraten wurde, wie sich die vier Bände der ›Oeuvres diverses‹ zusammensetzen sollten.

Lovenjoul besaß kein Originalmanuskript, bis er 1875 von Jules Troubat, Sainte-Beuves einstigem Sekretär, George Sands Korrespondenz mit dem großen Kritiker kaufte; dazu kamen ein Jahr darauf aus derselben Quelle über siebentausend Briefe, die Sainte-Beuve von anderen Schriftstellern erhalten hatte. Nachdem er sich einmal auf Manuskriptenjagd begeben hatte, verfolgte er sie mit der ihm eigenen Hartnäckigkeit. Seine jährlichen Ausgaben für Bücher, die von 1858–74 im Durchschnitt 5 100 Francs betragen hatten, stiegen 1875–76 auf über neuntausend, und bis zu zwölftausend Franken ab 1877. Anfänglich beschränkte er sich auf Autographen von Gautier und George Sand, mit ein paar repräsentativen Zeitgenossen, und tauschte seine ersten Balzac-Briefe, kurz nachdem er sie gekauft hatte, zum Teil gegen Gautiers ›Le Tricorne enchanté‹. Aber die sich nach Madame Balzacs Tod 1882 ergebenden Möglichkeiten erwiesen sich als unwiderstehlich. Bei dem Manuskript der ›Eugénie Grandet‹ (jetzt in der Pierpont Morgan Library) wurde er bei der Versteigerung ihres Nachlasses überboten, aber er kaufte die ›Histoire des Treize‹, ›César Birotteau‹, ›Le Lys dans la Vallée‹, ›Le médecin de campagne‹ und sechs andere für 11 176 Francs. Balzacs Briefe an seine Frau waren von dieser Auktion ausgeschlossen. Viele wurden privat von Balzacs Stieftochter, Gräfin Mniszech, an Paul Lévy, den Neffen von Michel Lévy, verkauft, aber andere sind samt der Wohnungseinrichtung von den aufgebrachten Gläubigern mitgenommen worden. Lovenjoul entdeckte fünfunddreißig in benachbarten Läden, einen gerade in dem Augenblick, als ein Schuster dabei war, sich mit ihm seine Pfeife anzuzünden.

Lovenjoul traf Gautier 1871 in Brüssel, ein Jahr vor dem Tode des Dichters. Der Autor war erstaunt und entzückt über seine Kenntnisse. »Sie allein«, schrieb er, »können eines Tages die Rekonstruktion und vollständige Veröffentlichung meines Werkes in die Hand nehmen«.

Bei George Sand, dem zweiten seiner Idole, wurde er 1875 in Paris durch den Verleger Calmann Lévy eingeführt. Noël Parfait, Lévys Partner und vorher Sekretär des älteren Dumas, kam eine halbe Stunde vor der verabredeten Zeit, um sie vor seinem »Exzeß der Bibliomanie« zu warnen. Dennoch waren Sammler und Autorin voneinander entzückt, und Lovenjoul durfte am nächsten Tag wiederkommen, um weiter in einer Schublade voller Aufzeichnungen zu stöbern. Es folgte eine freundschaftliche Korrespondenz, obwohl sein Schwall von Fragen und Entschuldigungen sie dazu herausforderte, einen Brief mit »Lieber Bibliophile« zu beginnen und mit »G. S. Bibliophobe« zu unterzeichnen. Sie lud ihn in ihr Haus nach Nohant ein, und nur ihr Tod im Jahre 1876 hat diesen Besuch verhindert.

Anfänglich hatte Lovenjoul sich nur schüchtern an private Besitzer gewandt, aber in den achtziger Jahren, als die Leidenschaft ihn gepackt hatte, bedrängte er jeden, der nur einen Fetzen Papier besaß, der sich auf seine Helden bezog. Balzacs Koch widerstand seinen Verlockungen zwei Jahre, bevor er nachgab. Caroline Marbouty, die Balzac 1836 in Männerkleidung auf einer Reise nach Turin begleitet hatte und ihm als Modell für ›La Muse du Département‹ gedient hatte, las ihm eine Chronik jener Reise vor, die ihr angeblich von dem Geist des verstorbenen Autors diktiert worden war. Er wurde bei Madame Sabatier, Baudelaires ›weißer Venus‹ eingeführt, an die Gautier mehrere höchst obszöne Briefe gerichtet hatte, und an mehreren aufeinanderfolgenden Abenden hörte er ihren gegenwärtigen Liebhaber mit lauter Stimme diese gewagten Briefe vorlesen, während sie friedlich unter dem Licht der Lampe von ehedem strickte. Ihr Widerstand, die »kostbaren Zeichen der Leidenschaft« herzugeben, wurde überwunden, und er erwarb außerdem Gautiers Bleistift-Porträt von ihr. Gräfin Mniszech wurde bei seinen Jagden eine leidenschaftliche, wenn auch nicht ganz uninteressierte Verbündete. Im Jahr 1887 bekam er von ihr ein kleines blaues Billet: »Morgen Mittag werde ich den ›Père Goriot‹ haben . . . [Mein Vetter] bietet mir tausend Francs bar, geben Sie mir fünfzehnhundert, und das Manuskript gehört Ihnen.« Es spricht für Lovenjouls Menschenkenntnis und Überredungskunst, daß er das Manuskript für genau tausend Francs bekam.

Obwohl sehr vermögend, war er immer darauf bedacht, nicht zu viel zu bezahlen. Seine Buchhaltung war peinlich genau. Selbst 1882, im Jahr der Balzac-Versteigerung und seiner größten Aufwendungen, versäumte er nicht, den Kauf von Pamphleten des Dr. Louis Fiaux zu fünfzig Centimes zu vermerken. »Wenige Geschäfte – und ich befasse mich oft mit bedeutenderen«, schrieb Éstienne Charavay, der Nestor der französischen Autographen-Händler, nach einer besonders hartnäckigen Verhandlung: ». . . haben mir soviel Ärger gebracht wie dieses, und niemals sind Autographen so ausgehandelt worden . . . Sie beschweren sich über den Preis des Briefwechsels.

Bildniszeichnung von George Sand, von Alfred de Musset. 1833.

LINKS *Mademoiselle de Maupin, Théophile Gautiers Zeichnung der Titelheldin seines 1835 erschienenen Romans.* RECHTS *Eugène Piot, Karikatur von Théophile Gautier: »ein goldner Adler läßt sich auf dem heiligen Haupte nieder!«*

OBEN *Théophile Gautier, Karikaturskizzen von Tänzerinnen, in griechischen Buchstaben signiert.*

Ich habe viel mehr Recht mich zu beklagen, denn mitleidlos haben Sie mir jeden Gewinn verweigert, den ich hätte machen können.« Ein anderer Brief Charavays (18. November 1882) führte den Sammler in die Tätigkeit des ›Händlerrings‹ bei französischen Auktionen ein. »Der Brief von George Sand ist für fünf Francs auf der Cocheris-Versteigerung verkauft worden aufgrund einer Vereinbarung zwischen mir und denen, die ihn auch haben wollten. Vom ›Ring‹ bekam ich ihn für fünfundzwanzig Francs, ich lege ihn hier bei. Er ist sehr billig zu diesem Preis, und ich bin mit meiner Vereinbarung sehr zufrieden; denn wenn ich beim Verkauf geboten hätte, und jeder vermutet hätte, daß es für Sie sei, hätten wir auf das Doppelte gefaßt sein müssen.«

Zur Unterbringung seiner Sammlung baute Lovenjoul einen außergewöhnlich schmalen und hohen Raum in seinem Brüsseler Haus, fensterlos und durch ein Glasdach beleuchtet; begeisterte Besucher fühlten sich an eine gotische Kathedrale erinnert. Die Bücher (fast alle nur in Broschur, da er sich weder um Einbände noch um aufeinander abgestimmte Exemplare kümmerte) standen auf einer ringsum laufenden Galerie: Manuskripte, ungebunden in billigen Deckeln, waren hinter den mattgrauen, karmesinrot getäfelten Türen zweier großer Schrankreihen verborgen, deren obere Fächer mit Leitern auf Gleitschienen zu erreichen waren. Hier verbrachte der Sammler bis zu fünfzehn Stunden am Tag, indem er aus seinen Dokumenten das letzte Körnchen von Bedeutung herausholte. Seine Frau, die ihn mit dreiundzwanzig Jahren heiratete und vor dem Traualtar (nach Madame Simone André Maurois Worten) schwor, »gewissenhaft, gehorsam und bibliophil« zu sein, teilte ihre Zeit zwischen der Hilfe für ihren Gatten und eigener umfangreicher Arbeit an ›La Belgique charitable‹, das 1893 unter einem Pseudonym veröffentlicht wurde.

Lovenjouls erste Veröffentlichung ›Notes sur Alfred de Vigny‹ erschien im Oktober 1865 in drei Nummern des ›Courrier du Commerce‹, die zweite, ›Étude bibliographique sur George Sand‹, im folgenden Jahr in ›Le Bibliophile Belge‹. Beide trugen die Unterschrift ›Le Bibliophile Isaac‹ nach dem Pseudonym von Paul Lacroix. Seine ›Histoire des Oeuvres de Théophile Gautier‹, 1887, trug ihm gesicherten wissenschaftlichen Ruf ein. Die von ihm erwählten Autoren erfuhren seinen Schutz, aber auch seine Ansprüche. Er unterdrückte Balzacs Angriffe auf Belgien in der Ausgabe der ›Oeuvres diverses‹ bei Lévy Frères, und obwohl die Bestände seiner Bibliothek jetzt zugänglich gemacht sind, wurde noch 1949 André Maurois in Ausführung der Wünsche des Stifters Zutritt zu den persönlichsten Korrespondenzen von George Sand verwehrt.

Lovenjouls Wesen zeigte ein merkwürdiges Doppelgesicht. In Paris war er fröhlich und charmant, ein eifriger Theaterbesucher und fast ein Bonvivant (unter seinen Papieren liegt das Menu eines gewiß fröhlichen Diners: Potage à la Lovenjoul, Champignons farcis de publicité, Boeuf à la Théophile

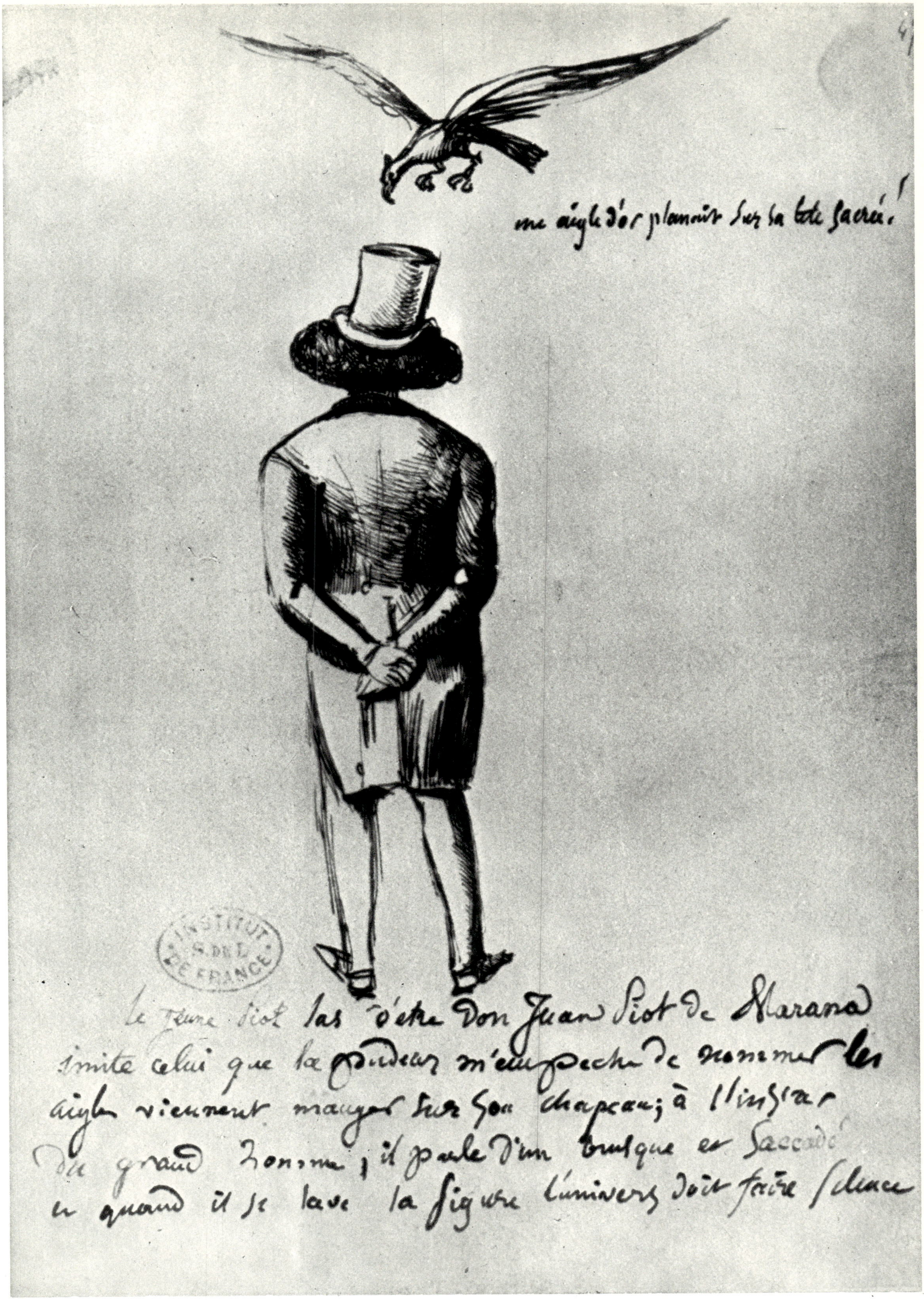
un aigle d'or planait sur sa tête sacrée!
INSTITUT DE FRANCE
le jeune Siot las d'être Don Juan Siot de Marana
imite celui que la pudeur m'empêche de nommer les
aigles viennent manger sur son chapeau; à l'instar
du grand homme, il parle d'un brusque et saccadé
et quand il se lave la figure l'univers doit faire silence

Gautier, Poulet Jules Lévy, Lapin Balzac). Seine französischen Freunde wurden im Heiligtum des Boulevard du Régent herzlich aufgenommen. Paul Lévy schrieb »von der glücklichen Zeit, die ich in Ihrer liebenswürdigen Gesellschaft verbracht habe, der geistig-heitersten Zeit, der ich mich seit langem erinnern kann«. Fremde Gelehrte konnten immer mit großzügiger Hilfe rechnen. Aber in seinem eigenen Land verhielt er sich wie ein verdrossener Einsiedler. Ein Jugendfreund, sein Arzt und Eugène Gilbert, Sohn eines Professors aus Löwen, waren die einzigen Landsleute, die er empfing. Die Ablehnung seines Vaters hatte sich bei ihm zu völligem Desinteressement am öffentlichen Leben Belgiens entwickelt. Er bekleidete niemals ein öffentliches Amt, verweigerte Émile Verhaeren einen Beitrag für eine Anthologie belgischer Prosa und lehnte die Wahl in die Académie Belge ab.

Der frühe Tod seiner Frau im Jahre 1902 brach seinen Lebenswillen. Während der letzten tragischen Jahre ließen seine Konzentrationskräfte nach, und eine seit langem geplante Geschichte der Werke von George Sand blieb ungeschrieben. Er starb 1907 und hinterließ seine Sammlung dem Institut de France unter gewissen Bedingungen: sie sollte eine besondere Einheit unter dem Namen Bibliothèque Spoelberch de Lovenjoul bilden, sie sollte Chantilly verbunden werden, das der Duc d'Aumâle dem Institut vermacht hatte; Besichtigungen sollten nicht gestattet sein, kein Buch oder Dokument dürfe ausgeliehen oder ausgestellt werden.

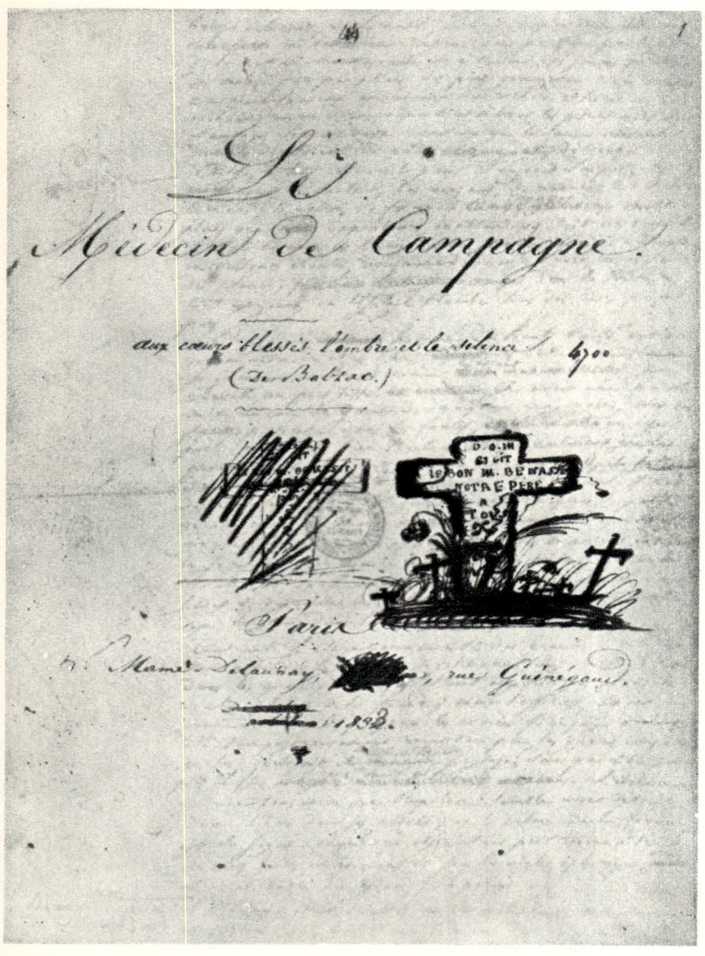

Balzacs ›Le Médecin de Campagne‹; eigenhändiges Manuskript, 1833.

Ein ehemaliges Kloster in der Rue du Connétable in Chantilly wurde für die Unterbringung der Bibliothek erworben. Dorthin wurden 1910 695 Kisten mit Büchern und Manuskripten und 818 Bündel Zeitungen geliefert, darunter über fünfzigtausend gedruckte Bände, hauptsächlich vollständige Serien aller französischen Zeitschriften seit 1815, dann die großen Sammlungen von Balzac, Gautier und George Sand, Briefe oder Manuskripte von Musset, Vigny, Barbey d'Aurevilly, Baudelaire, den beiden Dumas, Mérimée und Gérard de Nerval. Georges Vicaire, der erste Bibliothekar, bewältigte eine Herkulesarbeit an Ordnung, Klassifizierung und Katalogisierung; unzählige Bündel mußten sortiert und gebunden werden. Die grauen und karminroten Schränke wurden aus Brüssel gebracht, es entstand eine genaue Nachbildung des ›Heiligtums‹. 1914 wurde die Bibliothek für Wissenschaftler geöffnet.

Bei seiner ersten Manuskript-Transaktion mit Jules Troubat war Lovenjoul zufrieden, nur die Briefe zu bekommen, »die einigen autographischen Wert haben«, und erhob keinen Anspruch auf unbedeutende Briefe, wie die »von Frauen«, die der Verkäufer zu verbrennen vorschlug. Mit der Zeit kam er jedoch zur Erkenntnis, daß alles Einschlägige der Bewahrung wert sei. Er kaufte nicht nur Balzacs Manuskripte und Briefe, sondern auch solche an ihn und seine Familie, Dokumente, die seine Häuser und die Einrichtung, die Bediensteten, Prozesse, Verleger, seinen Dienst in der Nationalgarde und seine letzte Krankheit betrafen, seine Geschäftskorrespondenz, Bankunterlagen und Rechnungen. Seine Bibliothek ist das historische Urbild einer modernen Forschungssammlung (die Universität von Texas ist das hervorragendste Beispiel), der es darauf ankommt, die Geheimnisse der literarischen Produktion aus einer möglichst vollständigen Dokumentation der Umgebung zu erschließen. Der Forscher kann dann entscheiden, welche relative Bedeutung er einem korrigierten Entwurf oder einer unbezahlten Wäscherechnung beimessen will.

Die Bibliothek ist dreimal im Jahr für zehn aufeinanderfolgende Tage geöffnet. Das erscheint als mageres Zugeständnis an die Leser, aber dieses System ist der Praxis einer Spezialsammlung so angepaßt, daß es verwunderlich ist, warum es nicht schon anderweitig nachgeahmt wurde. Fachleute verwandter Gebiete treffen gemeinsam in Chantilly ein, und dann gibt es Augenblicke, in denen der sonst so stille Saal von freundlichen Begrüßungen und lebhaften Diskussionen nur so summt. André Maurois schilderte seine Arbeit dort mit seiner Frau im Jahre 1949, als es in der Bibliothek weder Heizung noch elektrisches Licht gab: »Diese eisigen und arbeitsreichen Tage sind in unserem Gedächtnis als Stunden von unvergeßlichem Zauber haften geblieben. Die Anwesenheit so vieler Fremder, die aus fünf Kontinenten zum Studium der großen französischen Romantiker zusammenkommen, die universale Atmosphäre der Verehrung, die bewegende Hingabe dieser Pilger – das alles versetzte uns in einen Zustand seltsamer Begeisterung. Wir verstanden, daß Gelehrsamkeit voller Leidenschaft und Forschung heiliger Wahnsinn sein kann.«

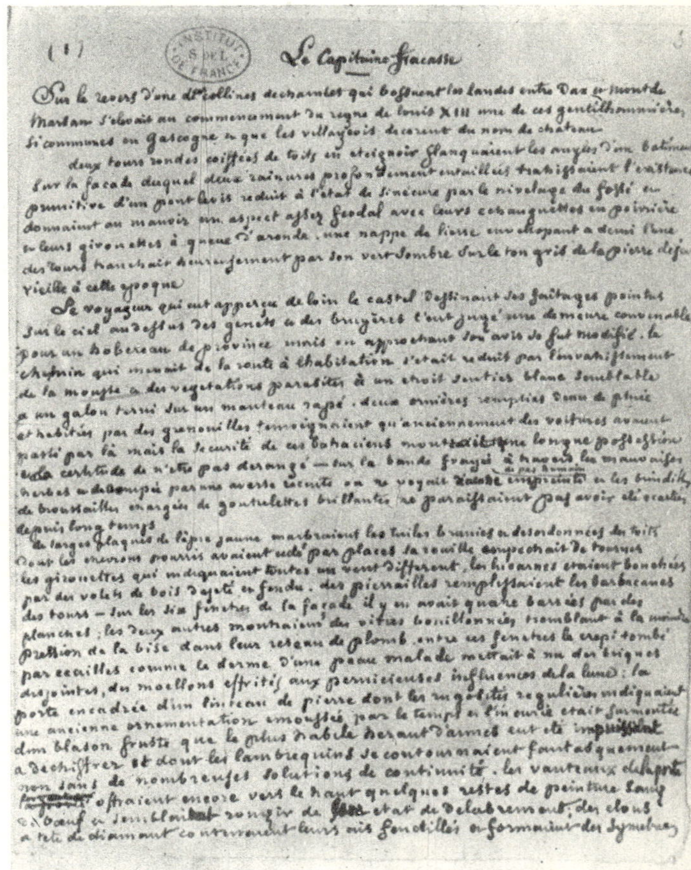
(1) Le Capitaine Fracasse 3

Sur le revers d'une de ces collines décharnées qui bossuent les landes entre Dax et Mont de Marsan s'élevait au commencement du règne de Louis XIII une de ces gentilhommières si communes en Gascogne et que les villageois décorent du nom de château.

deux tours rondes coiffées de toits en éteignoir flanquaient les angles d'un bâtiment sur la façade duquel deux rainures profondément entaillées trahissaient l'existence primitive d'un pont levis réduit à l'état de sinécure par le nivelage du fossé et donnaient au manoir un aspect assez féodal avec leurs échauguettes en poivrière et leurs girouettes à queue d'aronde. une nappe de lierre enveloppant à demi l'une des tours tranchait heureusement par son vert sombre sur le ton gris de la pierre déjà vieille à cette époque

Le voyageur qui eut aperçu de loin le castel dessinant ses faîtages pointus sur le ciel au dessus des genêts et des bruyères l'eût jugé une demeure convenable pour un hobereau de province mais en approchant son avis se fut modifié. le chemin qui menait de la route à l'habitation s'était réduit par l'envahissement de la mousse et des végétations parasites à un étroit sentier blanc semblable à un galon terni sur un manteau râpé. deux ornières remplies d'eau de pluie et habitées par des grenouilles témoignaient qu'anciennement des voitures avaient passé par là mais la sécurité de ces batraciens montrait une longue possession et la certitude de n'être pas dérangé — sur la bande frayée à travers les mauvaises herbes [illegible] on ne voyait [illegible] empreinte et les brindilles de broussailles [illegible] de gouttelettes brillantes ne paraissaient pas avoir été écartées depuis long temps

De larges plaques de lèpre jaune marbraient les tuiles brunies et désordonnées des toits dont les chevrons pourris avaient cédé par places la rouille empêchait de tourner les girouettes qui indiquaient toutes un vent différent, les lucarnes étaient bouchées par des volets de bois déjeté et fendu. des pierrailles remplissaient les barbacanes des tours — sur les six fenêtres de la façade il y en avait quatre barrées par des planches; les deux autres montraient des vitres bouillonnées tremblant à la moindre pression de la bise dans leur réseau de plomb. entre ces fenêtres le crépi tombé par écailles comme le derme d'une peau malade mettait à nu des briques disjointes, des moellons effrités aux pernicieuses influences de la lune; la porte encadrée d'un linteau de pierre dont les rugosités régulières indiquaient une ancienne ornementation émoussée par le temps et l'incurie était surmontée d'un blason fruste que le plus habile héraut d'armes eût été impuissant à déchiffrer et dont les lambrequins se contournaient fantasquement non sans de nombreuses solutions de continuité. les vantaux de la porte [illegible] offraient encore vers le haut quelques restes de peinture [illegible] semblaient rougir de leur état de délabrement; des clous à tête de diamant contenaient leurs ais fendillés et formaient des symétries

OBEN ›*Le Capitaine Fracasse*‹; *unvollständiges, eigenhändiges Manuskript von Théophile Gautier.* UNTEN *Graf Lovenjouls ›Allerheiligstes‹; Bilder von Balzacs Vater, Lovenjoul selbst und Madame de Berny.*

Pierpont Morgan Library NEW YORK

OBEN *Eingang zur Bibliothek an der 36. Straße.* GEGENÜBER *Die Heilige Familie am Herd; Miniatur aus dem Gebetbuch der Katharina von Kleve, Utrecht etwa 1435. Der unbekannte Künstler war ein Meister der realistischen Details.*

John Pierpont Morgan (geboren 1837) hatte sich schon als Schuljunge für Autographen interessiert; eine orangefarbene Karte mit Präsident Fillmores Unterschrift war seine erste Erwerbung, und eine Reihe der Unterzeichner der Unabhängigkeitserklärung ist fast der einzig bemerkenswerte Bestandteil im 1883 gedruckten Katalog seiner Bibliothek. Bald danach wurde ihm das Manuskript von Sir Walter Scotts Roman ›Guy Mannering‹ von seinem Vater geschenkt, doch erst nach dessen Tod, 1890, fühlte er sich, im Bewußtsein, ein vermögender Mann in Neuengland zu sein, frei, in großem Stil zu sammeln. Die meisten Käufe wurden während seiner jährlichen Urlaubsreisen in Europa gemacht. In London erwarb er 1896 eine Gutenberg-Bibel auf Pergament und die vier Shakespeare-Folios, dazu kam bei seinem nächsten Besuch das Manuskript von Keats' ›Endymion‹. Es folgten 1899 zwei vollständige Sammlungen: George B. de Forests Bibliothek französischer Literatur und die bedeutende ›Bibliothek der Ledereinbände und der Literatur‹ des Londoner Buchhändlers James Toovey mit ihren prächtigen Aldinen, ihren schönen Einbänden, dem ›Catholicon‹ des Balbus (Mainz 1460) – des ersten gedruckten Buches weltlichen Inhalts – und des ›Book of St. Albans‹, 1486, des ersten englischen Sportbuches.

Im Jahr 1900 kaufte er die Bibliothek Theodore Irwins aus Oswego, New York; sie enthielt das Hamilton-Evangeliar auf Purpurpergament aus dem zehnten Jahrhundert, eine französische Handschrift der Apokalypse, einst Besitz des Jean, Duc de Berry, vier Caxton-Drucke und ein zweites Exemplar der Gutenberg-Bibel, diesmal nur das Alte Testament. Eine dritte Gutenberg-Bibel und die 48zeilige Bibel (Fust und Schöffer, Mainz 1462) kamen 1911 aus der Huth-Sammlung dazu. Im gleichen Jahr erwarb er in London das Mainzer Psalterium von 1457 auf Pergament, der dritte datierte Druck überhaupt und zudem das einzige Exemplar in Amerika, sowie Byrons eigenhändiges Manuskript des ›Don Juan‹, Gesang 1–5, und acht anderer Werke, die der Dichter einst der Gräfin Guiccioli geschenkt hatte.

Das Jahr 1902 brachte die Bibliothek einen Riesenschritt vorwärts mit dem Ankauf der Sammlung Richard Bennett in Manchester (für 130000 Pfund) mit allergrößten Seltenheiten: vierundzwanzig Drucken Caxtons, dem ›Lactantius‹ von 1465 aus der Druckerei von Sweynheym und Pannartz im Kloster Subiaco, einem anderen Exemplar des ›Book of St. Albans‹ und einer prächtigen Reihe früher illustrierter Bücher sowie französischer und englischer mittelalterlicher Handschriften. Die meisten davon hatte William Morris besessen. Das Ashburnham-Evangeliar, eine Handschrift aus dem neunten Jahrhundert in edelsteinbesetztem Prunkeinband, war eine Erwerbung des gleichen Jahres, der 1903 die Zeichnungen William Blakes zum

Deus in adiutoriū meū
intende. Dñe ad adiuuā
dū me festina. Glo
ria pri. Sicut erat. r. ymn'
Xpistum sinus uberibus
uirginali lacte pauit.
et in pannis pauperib;
inuolutū confortauit. abiesq;

be holden for folye, ffor the droytes and lawes by whiche the iugements be made and that by rayson & after right

ben kept and maynteined in ẏ court of kyn- ges of princes and of barons come & procede of Rethoryque, Of this scien- ce were extrayt and drawen the lawes and de- crees whiche by nede serue in alle causes/and in alle righ- tes & droytes/who wel knewe the scyence of Rethoryque/ he shold knowe the right & the wronge/ffor to doo wronge to another who so doth it/is loste & dampned/& for to doo right & reson to euery man / he is saued & geteth the loue of god his cre- atour/

Here foloweth Arsmetryque & wherof it pro- cedeth. ca. ¶ x°

The fourth scyēce is called arsmetri

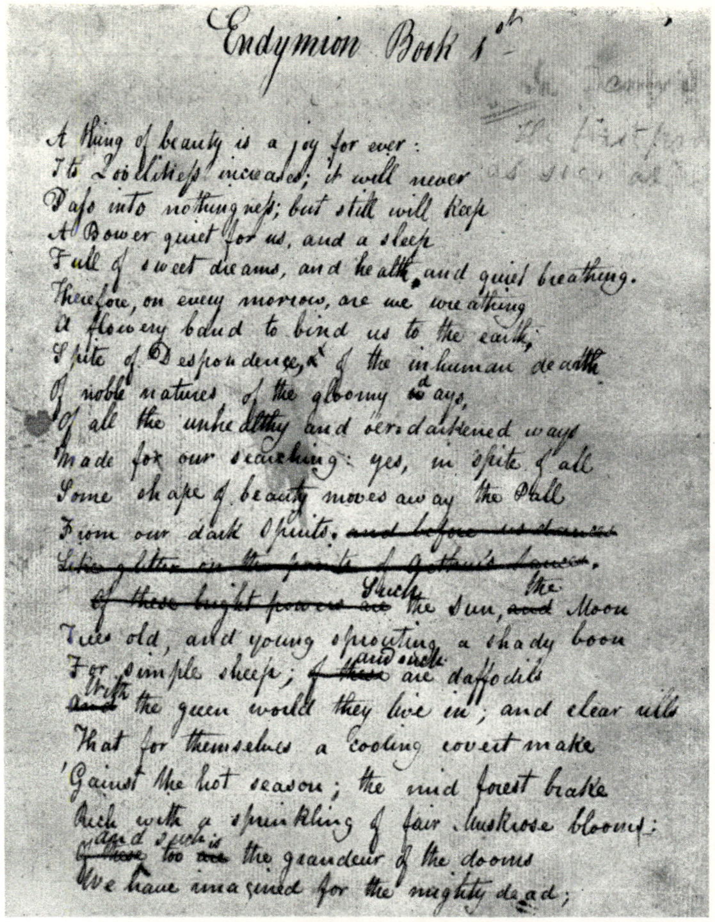
Endymion Book 1st

A thing of beauty is a joy for ever:
Its loveliness increases; it will never
Pass into nothingness; but still will keep
A Bower quiet for us, and a sleep
Full of sweet dreams, and health, and quiet breathing.
Therefore, on every morrow, are we wreathing
A flowery band to bind us to the earth,
Spite of Despondence, of the inhuman dearth
Of noble natures, of the gloomy days,
Of all the unhealthy and o'er-darkened ways
Made for our searching: yes, in spite of all
Some shape of beauty moves away the Pall
From our dark Spirits.
Such the Sun, the Moon
Trees old, and young sprouting a shady boon
For simple sheep; and such are daffodils
With the green world they live in; and clear rills
That for themselves a cooling covert make
'Gainst the hot season; the mid forest brake
Rich with a sprinkling of fair Muskrose blooms:
And such too is the grandeur of the dooms
We have imagined for the mighty dead;

Buch Hiob und John Edward Kerrs Sammlung französischer Ritterromane folgten.

Zu dieser Zeit war ein neues Bibliotheksgebäude dringend nötig geworden. Der kleine Raum im Kellergeschoß in Morgans Haus, Madison Avenue 219, das die Schätze beherbergte, war so überfüllt, »daß es schwierig war, hineinzukommen und irgendetwas zu finden; Bücher, Bilder und Handschriften waren auf dem Fußboden angehäuft, nachdem schon jeder Tisch und jeder Stuhl belegt war« (Salterlee). Charles F. McKim machte die Pläne, um 1906 war der Bau fertig, in der 35. Straße, nahe dem Haus Morgans, mit dem es durch einen unterirdischen Gang verbunden war. Mrs. John Rylands, die eine Idealbibliothek als Werk des ›Zeitalters des Glaubens‹ ansah, brachte ihre Bücher in der Nachbildung eines mittelalterlichen College unter; Pierpont Morgan richtete sich nach dem Vorbild der italienischen Renaissance, des Zeitalters fürstlicher Kaufleute. Die Fassade, aus Marmorquadern aus Tennessee, war vom Palazzo del Tè in Mantua inspiriert, wobei die Quadern auf klassisch-griechische Weise gefügt wurden. Er war gewarnt worden, ». . . das würde ein kleines Vermögen kosten, und keiner würde sehen, wo das viele Geld hingekommen sei.« – »Wieviel noch?« fragte Morgan. »Fünfzigtausend Dollar«, antwortete McKim. »Also weiter!« (Wayne Andrews). Bronzetüren führen zu einer überkuppelten Marmorhalle; links liegt der Westraum, Morgans Arbeitszimmer, mit von rotem Damast bekleideten Wänden und einer Decke aus einem Palast in Lucca; in der Mitte ein kleiner Raum für den Bibliothekar; rechts der große Ostraum mit Büchern in drei Regalreihen übereinander und einem flämischen Wandteppich, den ›Triumph der Habsucht‹ darstellend. Das Gebäude ist mit Recht »eines der sieben Weltwunder aus der Zeit Eduards VII.« genannt worden (Francis Henry Taylor).

Während der Finanzkrise von 1907 fanden in der Bibliothek nächtelange Zusammenkünfte statt. Am Abend des zweiten November waren im Ost-

OBEN *›Endymion‹, eigenhändiges Manuskript von John Keats.* GEGENÜBER *›The Myrrour of the worlde‹, 1481 von Caxton in Westminster gedruckt. Die Holzschnitte stellen Rhetorik und Arithmetik dar. Aus der Sammlung von Lord Amherst.*

raum die Häupter der amerikanischen Großbanken versammelt, Morgan hatte sich mit seinen Beratern in das Zimmer des Bibliothekars zurückgezogen, während in seinem Arbeitszimmer die Präsidenten der Treuhänderbanken beisammen waren. Diese erörterten ohne Ergebnis Morgans Vorschlag, einen Krisenfonds von fünfundzwanzig Millionen Dollar aufzubringen. Morgens kurz vor fünf Uhr kam Morgan mit einer vorbereiteten schriftlichen Einverständniserklärung in der Hand herein und übergab ihrem Sprecher einen goldenen Federhalter mit den Worten: »Das hier ist der Platz für Sie, King, und hier ist der Federhalter.« King unterzeichnete, nach ihm alle anderen (Frederick Lewis Allen).

Morgans Sammeleifer ließ nicht nach. Die ausgegrabenen Handschriften des neunten Jahrhunderts aus einem koptischen Kloster und Lord Amhersts ägyptische und griechische Papyri kamen dazu, ebenso seine fünfzehn Caxton-Drucke, darunter neun Dubletten, aber auch ›The Mirror of the World‹ (1481), das erste illustrierte englische Buch. Der Leiter der Londoner Buchhändlerfirma J. Pearson & Co. kündigte »einen einzigartigen Caxton« an, »... ich sehe in der Entdeckung dieses Caxton ... die größte literarische und topographische (sic!) Entdeckung in England seit Menschengedenken«. Das so beschriebene Buch (derselbe Brief bot »den großartigsten Renaissance-Einband der Welt« an) war Caxtons ›Horae‹ (1477), das erste englische Gebetbuch, zugleich das erste auf Pergament gedruckte englische Buch, das bis auf ein Fragment in Oxford sonst unbekannt war. Der Caxton-Sammlung wurde 1911 das einzige vollständige Exemplar von Malorys ›Morte d'Arthur‹ (1485) aus dem Hoe-Nachlaß hinzugefügt.

OBEN *Erstdruck des Alten Testaments in hebräischer Sprache von Josua Salomon, Soncino 1488.* GEGENÜBER *Saul schlägt die Ammoniter, Samuel salbt Saul, Friedensopfer; aus einem Band alttestamentarischer Illustrationen, den 1607 eine päpstliche Gesandtschaft Schah Abbas von Persien überreichte. Frankreich, 13. Jh.*

Morgans Geschmack war genau derselbe wie der der aristokratischen Büchersammler, deren Tätigkeit durch Dibdin bekannt geworden ist, mit einem durchaus modernen Interesse für die Literatur des 19. Jahrhunderts und für die Papyri, die gerade in Ägypten in größeren Mengen entdeckt worden waren. Außerdem war er zwei anderen Arten von Objekten auf der Spur: englischen und amerikanischen literarischen Manuskripten, angefangen von Popes ›Essay on Man‹, Dickens' ›A Christmas Carol‹ und Wilkie Collins' ›The Moonstone‹ bis zu Werken von Du Maurier und Hardy, die er von den Autoren selbst kaufte, und Bänden königlicher oder sonst berühmter Provenienz.

Von Morgans Neffen empfohlen, wurde Miss Belle Da Costa Greene, eine junge Katalogisatorin der Bibliothek von Princeton, als Bibliothekarin angestellt, deren Geschmack und Gelehrsamkeit später legendär geworden sind; sie hatte Mühe, ihren Chef vor extravaganten Forderungen zu bewahren. Mit den Erben von Sir Thomas Phillipps schleppte sie die Verhandlungen über das Evangeliar der Markgräfin Mathilda von Tuszien sieben Monate lang hin, bis der zuerst geforderte Preis von 10000 Pfund auf 8000 reduziert war. Doch wenn Morgan in Europa war, ließ ihr Einfluß nach. Im Dezember 1912 schrieb sie, gehört zu haben, daß Mr. Morgan im Juni in London die Handschrift eines persischen Bestiariums gekauft habe; wohin es geliefert worden sei, habe sie bisher nicht ausfindig machen können. Ein italienischer Händler, der sich beklagt hatte, daß sie seine Briefe nicht beantworte, benützte die Anwesenheit Morgans in Rom, ihm eine Reihe von Büchern vorzulegen. »Mr. Morgan hat alle die 27 wunderbaren Bände gekauft, die ich ihm zu zeigen die Ehre hatte«, schrieb er ihr, »sie gefielen ihm außerordentlich, und während er sie prüfte, rief er wiederholt ›wonderful‹.« Unter ihnen war Ciceros ›De Oratore‹ (Subiaco vor dem 30. September 1465), das erste in Italien gedruckte Buch.

Pierpont Morgan starb 1913 in Rom und hinterließ die Bibliothek seinem

coram omni populo ungit in Regem
ipse samuel quam populus sacrificant.

Sohn J.P.Morgan. Im Jahre 1924 wandelte dieser sie in eine öffentliche Präsenzbibliothek unter Aufsicht eines Treuhänder-Gremiums um und errichtete eine Stiftung für ihre Unterhaltung. Der jüngere Morgan fügte der Sammlung viele wichtige Manuskripte hinzu. Thackerays ›The Rose and the Ring‹ fand zusammen mit allem, was vom Manuskript von ›Vanity Fair‹ übriggeblieben ist. Von englischen Besitzern konnten mittelalterliche Handschriften erworben werden: die französischen Illustrationen zum Alten Testament aus dem dreizehnten Jahrhundert, das Geschenk eines polnischen Kardinals an Schah Abbas von Persien, aus dem Phillipps-Nachlaß; vier Handschriften in edelsteinbesetzten Prunkbänden aus ehemaligem Besitz des Benediktinerklosters Weingarten für hunderttausend Pfund vom Earl of Leicester; eine Reihe von Handschriften aus dem Nachlaß Sir George Holfords und ein englischer Psalter aus dem achten Jahrhundert vom Marquess of Lothian. Sechs Handschriften von großer Schönheit stammten aus dem Verkauf von Henry Yates Thompsons Sammlung in London im Jahre 1919, zusammen mit dem reich illuminierten Pergamentexemplar eines Aristoteles, Venedig 1483, das der Besitzer »das prächtigste Buch der Welt« genannt hatte. »Ich persönlich bin entschieden dagegen, den Aristoteles zu dem lächerlichen Preis von 6000 Pfund zu kaufen«, schrieb Miss Greene säuerlich, »das mag Mr. Morgan auf sich nehmen . . . Ich hätte gern ein Exemplar des Druckes auf Pergament, aber ich halte nicht viel von diesem ›Schönsten Exemplar der Welt‹.«

J. P. Morgan starb 1943. Miss Greene zog sich 1948 zurück. Die Kaufkraft des Stiftungsvermögens war bedeutend gesunken. Eine Ära ehrenhafter Zurückhaltung schien bevorzustehen. Daß sie nicht eintrat, ist der Begabung und der Energie von Frederick B. Adams, des zweiten Direktors der Bibliothek, zu danken. Er organisierte eine Association of Fellows, deren Beiträge und Sonderzuschüsse neue Käufe ermöglichten. Es wirkt wie ein Wunder, daß er in einer Zeit wachsender Marktverknappung und Ausfuhrkontrolle Schwung und Qualität der Neuanschaffungen aufrecht erhielt. Zwei der wichtigsten waren das holländische Stundenbuch der Katharina von Cleve und das Missale speciale Constantiense. Ob dieses nun das erste gedruckte Buch, zwei oder drei Jahre vor der Gutenberg-Bibel, ist, wie einige behaupten, wird noch lange diskutiert werden; doch der Ankauf aus dem Kapuziner-Kloster von Romont in der Schweiz (von vier bekannten Exemplaren ist es

OBEN *Zwei Elefanten in Ibn Baktishū's persischem Buch ›Vorteile, von den Tieren zu haben‹, Maragha (Persien) etwa 1295. 1912 von Pierpont Morgan in London erworben.*
LINKS *Pfingstfest, Miniatur aus dem Missale des Abtes Berthold von Weingarten. Eine der vier Handschriften in edelsteingeschmückten Prachteinbänden aus dem Besitz des Earl of Leicester, 1926 erworben. Weingarten, 1. Viertel des 13. Jhs.* GEGENÜBER *Die ›Opera‹ des Aristoteles, venezianischer Pergamentdruck von 1483 und von einem venezianischen Künstler für den deutschen Handelsherrn Petrus Ugelheimer ausgemalt. Ein früherer Besitzer, Henry Yates Thompson, nannte dies »das schönste Buch der Welt«.*

Uoniam quidē intelligere ⁊ scire cōtingit circa omnes sciētias: quarum sūt principia cause ⁊ elemēta ex horum cognitione. Tūc enim opinamur cognoscere vnūquodqꝫ: qum causas p̄mas cognoscimꝰ: ⁊ principia prima: ⁊ vsqꝫ ad elementa. Manifestum quidē quot ⁊ que sunt circa principia sciencie q̄ de natura est prius determinare tētandū.

Uoniam dispositio scientie: ⁊ certitudinis in omnibus vijs habētibus principia: ⁊ causas ⁊ elemēta: nō acquirit nisi ex cognitione istorū. Credimus eni in vnaquaqꝫ rerum ipsam scire: qum sciuerimus causas eius simplices: ⁊ prima principia eius: donec perueniamus ad elemēta eius. Manifestū est q̄ in sciētia naturali etiā oportet primo querere determinationem principiorū eius.

Cō. I. Ncepit hunc librū a causa propter quā fuit cōsideratio huiꝰ sciētie in cognitione causarū rerū naturaliū: ⁊ dixit: qm̄ dispositio. i. q̄a declaratū est in posterioribꝰ q̄ dispositio sciētie certe in oibus artibꝰ demonstratiuis ꝯsiderātibꝰ de rebus habētibus vnā quatuor causaꝝ: aut plures vna: aut om̄es: nō acquirit nisi ex cognitione causarū. ⁊ nō intēdebat per scientiā ⁊ certitudinem nomina synonyma: qm̄ noia synonyma nō vsitant i doctrina demonstratiua: sed intendebat dispositionē sciētie certe ⁊ est sciētia pfecta. Sciētia eni alia est pfecta: ⁊ est illa que est p causam: alia est impfecta: ⁊ est illa que ē sine causa. ⁊ intēdebat p vias artes speculatiuas: q̄ dicunt vie q̄a cōsiderans in eis vadit a determinatis rebus ad res indeterminatas ⁊ p res terminatas. ⁊ dixit p̄ncipia: aut causas: aut elemēta: q̄a artiū speculatiuarū aut suarū partiū sunt quedā q̄ ꝯsiderāt de rebꝰ simplicibꝰ carentibꝰ p̄ncipijs ⁊ hec est dispositio sciētie ꝯsiderātis de primis p̄ncipijs cuiuslibet entis. ⁊ dixit principia: aut causas: aut elemēta ꝓpter diuersitatē modorū q̄tuor causaꝝ. ⁊ intēdebat p principia in hoc loco causas agētes ⁊ mouētes: ⁊ p causas: fines: ⁊ p elementa causas q̄ sūt ptes rei. s. materiā ⁊ formā ⁊ q̄ hic vtit hoc noie principiū ꝓprie: ⁊ simili hoc nomie causa: q̄a sūt nomia synonyma qum vsitent cōiter. ⁊ sicut mihi videt exposuit ipse Alex. ⁊ intēdebat Aris. per hūc sermonē docere q̄ nō oēs artes ꝯsiderāt de omnibꝰ causis: sed quedā ꝯsiderāt de causa formali tm̄. s. mathematice: ⁊ quedā de tribꝰ causis. s. motore: ⁊ forma: ⁊ fine: ⁊ est sciētia diuina. ⁊ quedā de q̄tuor causis: ⁊ est sciētia nālis: ⁊ q̄a hoc nō fuit manifestū in hoc loco: induxit sermonē in forma dubitatiōis: ⁊. d. hn̄tibus principia: aut causas: aut elementa. i. qm̄ idē sequit siue ponat q̄ ille res habeāt principia agētia: aut finalia: aut elemētaria: aut oia: ⁊ impossibile est ut hec cōiunctio aut sit sicut copulatiua: nā dispositio certe scie inuenit in rebꝰ hn̄tibus causas quasdā p sciētiā illarū causarū: sicut inuenit in hn̄tibꝰ oēs causas. ⁊ qū posuit hāc ꝓpositionē induxit testimoniū ad verificandū illā: q̄ fere induxit in posterioribꝰ analecticis: ⁊. d. credimus eni in vnaquaqꝫ rerū ⁊c̄. ⁊ signū eius q̄d diximꝰ q̄ dispositio scie certe de aliq̄ nō acquirit nisi ex cognitiōe cause euꝰ est: qm̄ ois qui dicit se scire aliq̄d: nō dicit hoc nisi qn̄ sciuerit illud p suas oēs causas ꝓpinquas ⁊ remotas: ⁊ hoc inuenit in om̄i qui aliq̄d scit in veritate: aut s̄m existimationē: ⁊ q̄ in ista ꝓpositione ꝯueniūt oēs ꝯsiderātes adeo q̄ etiā sophiste ut dixit in posterioribꝰ. D. d. qum sciuerimus causas eius simplices: ⁊ intendit ut videt causas existētes in re primas nō cōpositas: ⁊ sūt prima mā: ⁊ vltima forma. que eni sunt pret̄ primā materiā ⁊ vltimā formā cuiuslibet rerū nāliū: sūt materie cōposite: ⁊ forme cōposite. D. d. ⁊ p̄ma principia: ⁊ intēdit h̄ ut videt p prima principia: primas causas q̄ sūt extra rem. s. primū agēs: ⁊ vltimū finē omniū rerū. D. d. donec perueniamꝰ ad elementa eius: ⁊ intēdit h̄ p elemēta causas existētes in re propinquas ⁊ essentiales. ⁊ innuit p hoc q̄d dixit: q̄ doctrina ordinata est incipe a cognitione causarū primarū rei cognoscende pfecte. Deinde intēdere ad cognitionē aliarū causarum remotarū s̄m ordinē: donec perueniat ad causas ꝓpinquas: ⁊ s̄m hoc vtit h̄ hoc noie causa: ⁊ elementū alio mō ab eo q̄ vsus est illic p̄us s̄m suū morē in habēdo modicā sollicitudinē de nominibꝰ. ⁊ qum posuit hāc maiorē ꝓpositionē in hoc sermone. s. dicente q̄ scientia certa de rebus habētibus causas ⁊ elemēta nō acquirit nisi ex cognitiōe causarū ⁊ elementorū eorū: dimisit minorē ꝓpositionē: ⁊ induxit cōclusionē quā intēdit p hūc sermonē: ⁊ dixit manifestum est q̄ in sciētia nāli ⁊c̄. i. manifestū est: qm̄ ex hoc sequit q̄ qui vult largiri scientiā de natura oportet ipsum prius querere determinationē causarū rerū nālium habētium causas ⁊ elemēta. ⁊ iste sermo cōponit sic: oia nālia habent causas ⁊ elemēta: ⁊ oia habētia causas ⁊ elemēta nō sciunt nisi ex cognitione causarū ⁊ elementorū: ḡ om̄ia nālia nō sciunt nisi ex cognitione suarū cārū ⁊ elemētoꝝ.

Innata est autē via ex notioribꝰ nobis ⁊ certioribus incertiora nature ⁊ notiora: nō enim sūt eadem nobis nota ⁊ simpliciter. vnde quidē necesse est s̄m hunc modū ꝓcedere ex incertioribꝰ nature: nobis autē certioribus incertiora nature ⁊ notiora.

Et via ad illa est de rebus notioribus ⁊ ma-

AA 2

VT ... MER ARISTOTILEM PER ... VS PRDVXEAT ORBI

das einzige, das sich nicht in einer öffentlichen Bibliothek Europas befindet) ist eine hervorragende Hilfe für die buchkundliche Forschung in Amerika.

Die einzigartige Anziehungskraft der Bibliothek besteht zum Teil darin, daß sie der Versuchung widerstanden hat, sich um des bloßen Wachstums willen zu vergrößern. Obwohl sie so viele berühmte und prächtige Bücher besitzt, ist sie nicht viel größer als Lord Spencers Sammlung im Jahr 1836 und hat sich die ungezwungene Atmosphäre eines Privathauses erhalten, wo man sich an Büchern ebenso erfreut wie man sie studiert. Als Mittelpunkt bibliophilen Geschmacks und bibliophiler Bildung ist ihr Einfluß unschätzbar und wächst ständig.

UNTEN *›Missale speciale constantiense‹. Einige Forscher glauben, daß es sich um einen Druck Gutenbergs von etwa 1450 handelt, andere sehen in ihm einen Basler Druck von 1471.*
RECHTS *Der große Bibliotheksraum (East Room). Fresken von Harry Siddons Mowbray, Hellenistischer Erosknabe aus Bronze, flämischer Wandteppich des 15. Jhs., den Triumph der Habsucht darstellend.*

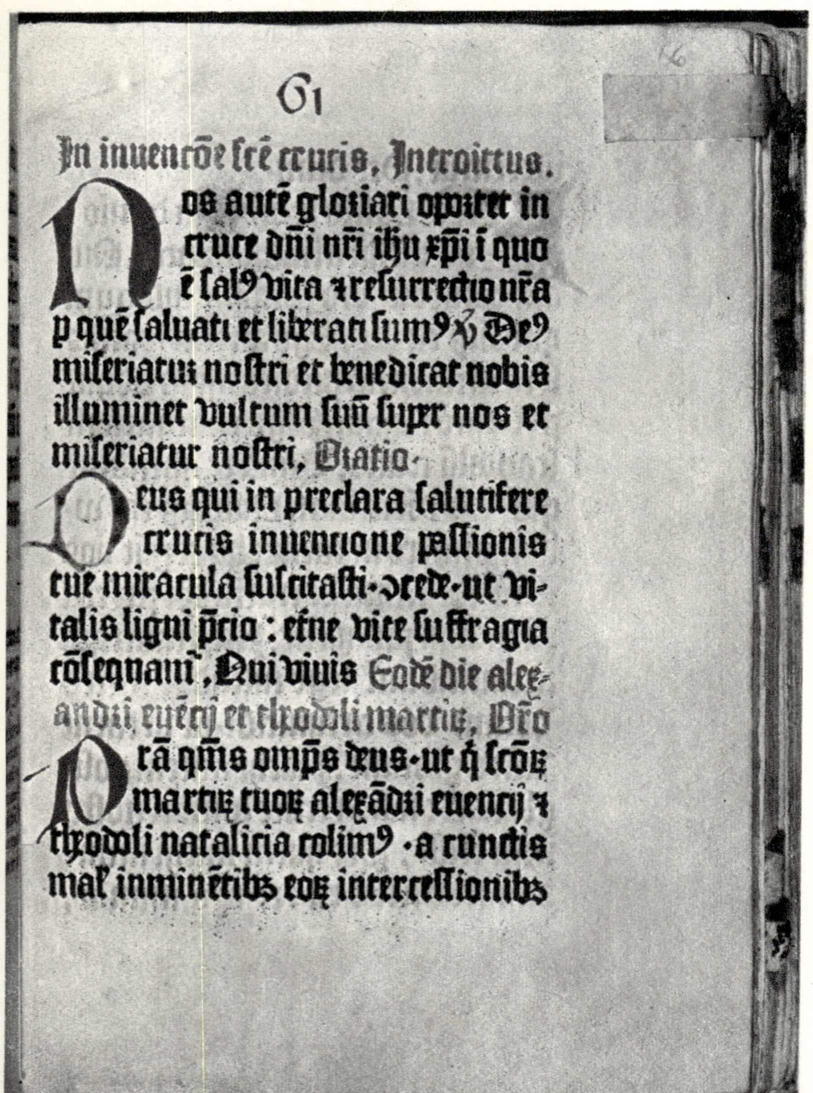
61
In inuencōe scē crucis. Introitus.
Nos autē gloriari oportet in
cruce dn̄i nr̄i ihu xpi i quo
ē sal9 vita z resurrectio nr̄a
p quē saluati et liberati sum9 xꝫ De9
misereatur nostri et benedicat nobis
illuminet vultum suū super nos et
misereatur nostri. Oratio.
Deus qui in preclara salutifere
crucis inuencione passionis
tue miracula suscitasti. cōcede. ut vi-
talis ligni p̄cio: eterne vite suffragia
cōsequamur. Qui viuis Eodē die alex-
andri euencij et theodoli martir. Oro
Presta qs omps deus. ut q scōꝝ
martirū tuoꝝ alexādri euencij z
theodoli natalicia colim9 . a cunctis
mal' imminētib9 eoꝝ intercessionib9

Henry E. Huntington Library

SAN MARINO, CAL.

OBEN *Henry Edwards Huntington.* GEGENÜBER *Palmen, Brunnen und Statuen im Garten der Huntington-Villa.*

Im Jahr 1905 verfaßte ein gewisser William D'Alton Mann ein Buch mit dem Titel ›Fads and Fancies of Representative Americans‹. Unter den Reichen war besonders schmeichelhaft ein fünfundfünfzigjähriger Geschäftsmann dargestellt, der es durch die Entwicklung Kaliforniens zu einem Vermögen gebracht hatte: Henry Edwards Huntington. Er sei Inhaber von vierzig Gesellschaften, davon dreizehn Eisenbahngesellschaften, während der Rest sich auf Banken, Transportunternehmen, Schiffahrt und Reedereien, Grundstücksbesitz und Holznutzung, Kohlen-, Eisen-, Kupfergruben und so weiter verteile. William Mann fuhr fort: »Er liest gerne Bücher, in seinen privaten wie in seinen gesellschaftlichen Beziehungen ist er zu Scherzen aufgelegt, mit besonders vertrauten Freunden ist er ein rechter Witzbold«. Von einer Bibliothek war hier noch nicht die Rede.

Zwanzig Jahre später wurde Huntington zu einer dringenden Operation in ein Krankenhaus in Philadelphia eingeliefert. Duveen und Rosenbach, die zwei Händler, die damals den Kunst- und Antiquariatsmarkt beherrschten, kamen an sein Bett geeilt. Als er ihre besorgten Gesichter sah, soll der Millionär gefragt haben: »Erinnere ich Sie nicht an jemanden? – Jesus Christus zwischen den beiden Schächern.« Zwischen diesen beiden Ereignissen hatte sich Huntingtons meteorhafter Aufstieg als Sammler vollzogen.

Das ging in drei Stufen vor sich. Um 1909 hatte er eine umfangreiche aber ganz normale Büchersammlung angelegt, Drucke der Kelmscott Press und illustrierte Werke von Alken, Rowlandson und Cruikshank; sein erster größerer Auftritt auf der Bühne der Bibliophilie war bei den Henry W. Poor-Versteigerungen (1908–9), auf denen er 1.600 Nummern erwarb. Der zweite Abschnitt wurde durch seine Entscheidung bestimmt, sich auf Geschichte und Literatur der englischsprechenden Völker zu beschränken – jeweils in Handschriften oder in ersten oder frühen Ausgaben. In einer Zeit großer Aktientransaktionen und wirtschaftlicher Zusammenschlüsse hatte er seine Fähigkeit zu großzügigem und entschlossenem Handeln gezeigt. Er brauchte diese Erfahrungen nur auf sein Hobby anzuwenden.

Die Bibliothek der Elihu Dwight-Church von Brooklyn war die erste Beute der neuen Erwerbungspolitik – 1911 für eine halbe Million Dollar gekauft, enthielt sie von Shakespeare zwölf Folios, siebenunddreißig Quartos, die Erstausgaben von ›The Rape of Lucrece‹, der ›Sonnets‹ und der Sammlung ›Love's Martyr‹ (eines der zwei bekannten Exemplare), ferner das einzige Exemplar der ersten amerikanischen Gesetzessammlung (›The Generall Lawes of the Massachusetts‹, 1648) und das eigenhändige Manuskript von Benjamin Franklins ›Autobiography‹. Zwei Wochen später fand in New York die erste von vier Auktionen der Bibliothek von Robert Hoe

Historici
Poetici

statt, damals eine der erlesensten in den Vereinigten Staaten. George D. Smith, der für Huntington bot, ersteigerte 5.500 Nummern für insgesamt über eine halbe Million Dollar, an der Spitze die Gutenberg-Bibel auf Pergament (mit 50.000 Dollar ein Rekordpreis). Bevor sie Hoes Eigentum geworden war, hatte sie dem Earl von Ashburnham gehört, nachdem sie während der napoleonischen Kriege aus der Universität Mainz ›verschwunden‹ war. Doch bei der Versteigerung mußte Huntington Malorys ›Morte d'Arthur‹ (ein Caxton-Druck von 1485) für 42.800 Dollar Morgan und das Unikum ›Helyas Knight of the Swanne‹ für 21.000 Dollar Mrs. McCormick überlassen. Im folgenden Jahr erwarb er Beverly Chews Sammlung englischer Lyrik mit 1.600 Bänden für 500.000 Dollar, 1913 die Briefe und Dokumente Washingtons von Grenville Kane, bald darauf die Lincoln-Sammlung von Ward Hill Lamons, dem einstigen Partner in Lincolns Rechtsanwaltskanzlei in Illinois.

Von jetzt ab waren die amerikanischen Quellen allein nicht mehr imstande, den Appetit des Sammlers zu stillen. Seine nächsten Erwerbungen stammten vom Herzog von Devonshire, die Caxton-Drucke aus Chatsworth, insgesamt fünfundzwanzig, und die Theatersammlung der Kembles, im ganzen 7.500 Stücke, darunter eines der zwei erhaltenen Exemplare des ›Hamlet‹ von 1603, und 111 Bände Theaterzettel. Im Jahr 1915 wurden, während er sich in Amerika aufhielt, Bestände englischer und amerikanischer Literatur aus dem Besitz Frederick Robert Halsays erworben. Zwei Jahre später verkaufte ihm Sir Montague Barlow von Sotheby die Bridgewater House-Bibliothek des Earl of Ellesmere, eine Gründung Sir Thomas Egertons, des Lord Keepers von Königin Elisabeth I. und Lord Chancellors von König Jakob I. Äußerst reich an englischen Büchern des sechzehnten und siebzehnten Jahrhunderts, mit Widmungsexemplaren von Chapman, Marston und Captain John Smith, umfaßt sie außerdem zwölftausend Handschriften, von denen die berühmtesten der illuminierte Ellesmere-Chaucer und die Bühnenmanuskripte sind, die John Larpent gesammelt hatte, der Lord Chamberlain Censor von 1778 bis 1824.

Eine Sammeltätigkeit dieses Ausmaßes verursachte Unbehagen und manchen scharfen Kommentar aus den Kreisen der Bücherfreunde. E. H. Dring (von der Firma Quaritch) schrieb am 5. Dezember 1916 an einen amerikanischen Buchhändler: »Ich hörte heute, daß Mr. Huntington die Britwell Americana-Sammlung gekauft hat. Ich kann das kaum glauben«.

Das war der Beginn einer Auktionsreihe aus der unvergleichlichen Bibliothek englischer Literatur und amerikanischer Reisebeschreibungen aus Britwell Court, Buckinghamshire, die von 1916 bis 1927 bei Sotheby abgehalten wurde. Den ersten Teil kaufte Huntington vollständig vor der Versteigerung. Bevor der zweite Teil angeboten wurde, war Huntingtons Londoner Agent gestorben und Dr. Rosenbach eingesprungen. Danach wurden die Britwell-Auktionen von Rosenbachs Geboten beherrscht, die vor allem für Huntington erfolgten. Da er sich den zweiten Teil nicht vor der Versteigerung hatte sichern können, kaufte er fünf Sechstel auf der Versteigerung, über drei Viertel der dritten und fünf Sechstel der vierten Auktion. Auf der letzten wurde ein Buch angeboten, das bescheiden als Philip Pains ›Daily Meditations; or Quotidian Preparations for and Considerations of Death and Eternity‹, Cambridge 1669, bezeichnet war. Rosenbach erkannte, daß der Druckort nicht Cambridge in England, sondern Cambridge in Massachusetts war. Der unscheinbare Oktavband war also das einzige Exemplar des ersten in Neu-England gedruckten Gedichtbuches. Er kaufte es und

OBEN *William Caxton überreicht Margarethe von York, Herzogin von Burgund, ein Buch. Kupferstich, Unikum, im Chatsworth-Exemplar von ›Recuyell of the Historyes of Troye‹, Caxtons englischer Bearbeitung von Lefèvres Geschichte des Trojanischen Krieges, 1475 von Caxton und Colard Mansion in Brügge gedruckt – das erste gedruckte Buch in englischer Sprache.*
GEGENÜBER *Die Reisebibliothek von Lordkanzler Sir Thomas Egerton, Lord Ellesmere, 1615. Vierundvierzig Bände in einem als Bucheinband gearbeiteten Kasten: Theologie, Philosophie, Geschichte und Poesie.*

For it is ernest to me by my feith
That feele I wel what that any man seith
And yet for al my smert and al my grief
For al my sorwe labour and meschief
I koude neuere leue it in no wise
Now wolde god my wit myghte suffise
To tellen al that longeth to that art
And nathelees yow wol I tellen part
Syn that my lord is gon I wol nat spare
Swich thyng as that I knowe I wol declare

Heere endeth the prologe of the Chanons yemannes tale

Heere bigynneth the Chanons yeman his tale

With this Chanon I dwelt haue seuen yeer
And of his science am I neuer the neer
Al that I hadde I haue lost therby
And god woot so hath many mo than I
Ther I was wont to be right fressh and gay
Of clothyng and of oother good array
Now may I were an hose vp on myn heed
And wher my colour was bothe fressh and reed
Now is it wan and of leden hewe
Who so it vseth soore shal he rewe
And of my swynk yet blered is myn eye
Lo which auantage is to multiplie
That slidynge science hath me maad so bare
That I haue no good wher that euere I fare
And yet I am endetted so therby
Of gold that I haue borwed trewely
That whil I lyue I shal it quite neuere
Lat euery man be war by me for euere
What maner man that casteth hym therto
If he continue I holde his thrift ydo
For so helpe me god ther by shal he nat wynne
But empte his purs and make his wittes thynne
And whan he thurgh his madnesse and folye
Hath lost his owene good thurgh Iupartye
Thanne he exciteth oother folk therto
To lesen hir good as he hym self hath do
For vn to shrewes ioye it is and ese
To haue hir felawes in peyne and disese
Thus was I ones lerned of a clerk
Of that no charge I wol speke of oure werk
Whan we been there as we shul exercise
Oure eluysshe craft we semen wonder wise

Solacium miseris &c.

schickte es Huntington zum Preis von fünfzehn Pfund, plus zehn Prozent Kommission.

In den zwanziger Jahren wuchs vor allem der Bestand der Americana in Huntingtons Bibliothek und der der Inkunabeln; 5.400 Exemplare wurden von Rosenbach oder Otto Vollbehr, einem deutschen Händler, in großen Partien gekauft – der größte damalige Bestand einer amerikanischen Bibliothek, der inzwischen jedoch von der Library of Congress überholt worden ist. In die zwanziger Jahre fällt auch die dritte Stufe in der Entwicklung des Sammlers: er kaufte jetzt britische Rechtsdokumente und Familienurkunden wegen ihres Wertes für die Forschung – die Papiere von James Campbell, des vierten Earl of Loudoun, Oberbefehlshaber in Amerika von 1756 bis 58, die seines Nachfolgers im Kommando, des Generals James Abercromby, die Regesten und Rechtsurkunden von Battle Abbey (zusammen mit zwanzig mittelalterlichen englischen Handschriften, bei Rosenbach für 32.000 Dollar in bar und sechzig ersten Hypotheken der Safety Insulated Wire and Cable Company), die Familienpapiere der Hastings (meist aus Leicestershire) und die der Temples, Grenvilles und Brydges (aus Stowe in Buckinghamshire stammend). Es wird geschätzt, daß Huntington zwölf Millionen Dollar für seine Bibliothek ausgegeben hat. Wahrscheinlich ist der wirkliche Betrag höher; die New York Times berichtete 1917, daß er bereits sechs Millionen aufgewendet hatte und daß die Rechnungen von Rosenbach allein sich bis dahin auf 4333610 Dollar beliefen.

Seit ungefähr 1915 wurden alle Erwerbungen nach Huntingtons New Yorker Haus geschickt, wo unter der Leitung von George Watson Cole (der den Elihu-Church-Katalog zusammengestellt hatte) zwölf Angestellte versuchten, für sich selbst und wichtige Nachschlagewerke in einem früheren Billardraum Platz zu finden, eine Kartei einzurichten und Dubletten auszusondern. Diese wurden in fünfzehn Auktionen abgestoßen. Doch das hektische Tempo machte Fehler unvermeidlich, wie den Verkauf des Exemplars von Miltons ›Comus‹ von 1637, das John Egerton gehört hatte, der den älteren Bruder spielte, als das Maskenspiel auf Ludlow Castle in der Michaelisnacht 1634 zum ersten Mal aufgeführt wurde. Aus dem Katalograum wurden besondere Seltenheiten in die Bibliothek im ersten Stock gebracht, einen langgestreckten Raum mit bronzenen Bücherschränken, mit einem Doppelarbeitstisch für den Sammler und seinen Bibliothekar, Armsesseln im Stil Karls II. und einem Safe, in dem die Gutenberg-Bibel, der Ellesmere-Chaucer, Franklins Autobiographie und die Shakespeare-Folios aufbewahrt wurden.

Die übrigen Bücher wurden wieder eingepackt, um nach San Marino versandt zu werden. Das war ein 550 Morgen großer Landsitz, elf Meilen von Los Angeles (inzwischen in diese weit ausgedehnte Großstadt hineingewachsen), den Huntington 1902 gekauft hatte. Hier, in einem mit französischen Möbeln und englischen Bildern ausgestatteten Louis Seize-Haus, im Mittelpunkt eines Parks mit Statuen und Aussichtspunkten, Palmen, Avocatobäumen und Zykadazeen, einem japanischen Garten und acht Morgen exotischen Sukkulenten, war sein Leben von einer Pracht umgeben, die Millionäre vor fünfzig Jahren noch unbekümmert genießen konnten. Ein säulengetragener Bibliotheksbau wurde neben dem Wohnhaus 1923 fertiggestellt.

Huntingtons eigene Aufzeichnungen sind noch keinem Biographen zugänglich gemacht worden; hinter verehrungsvollen Hinweisen auf den ›Gründer‹ wird seine Persönlichkeit nicht deutlich. Groß, breit gebaut und mit einem weißen Schnurrbart mutet seine Erscheinung auf den Photo-

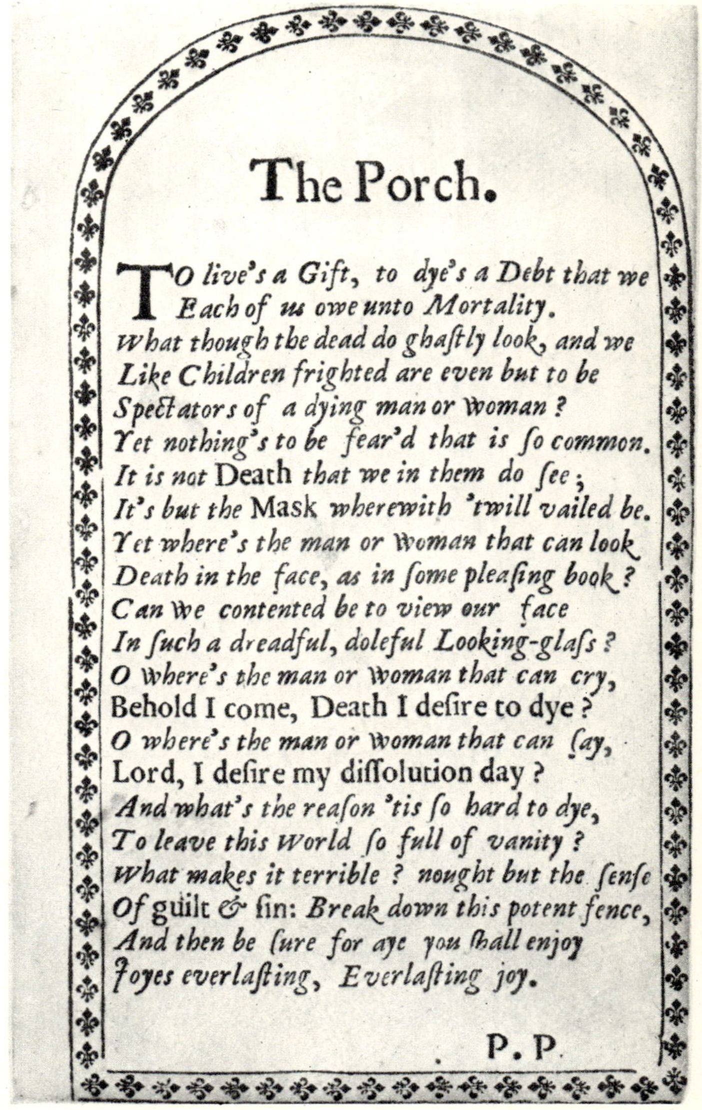
The Porch.

TO live's a Gift, to dye's a Debt that we
Each of us owe unto Mortality.
What though the dead do ghaſtly look, and we
Like Children frighted are even but to be
Spectators of a dying man or Woman?
Yet nothing's to be fear'd that is ſo common.
It is not Death *that we in them do ſee;*
It's but the Mask *wherewith 'twill vailed be.*
Yet where's the man or Woman that can look
Death in the face, as in ſome pleaſing book?
Can we contented be to view our face
In ſuch a dreadful, doleful Looking-glaſs?
O where's the man or Woman that can cry,
Behold I come, Death I deſire to dye?
O where's the man or Woman that can ſay,
Lord, I deſire my diſſolution day?
And what's the reaſon 'tis ſo hard to dye,
To leave this World ſo full of vanity?
What makes it terrible? nought but the ſenſe
Of guilt & ſin: *Break down this potent fence,*
And then be ſure for aye you ſhall enjoy
Joyes everlaſting, Everlaſting joy.

P.P.

GEGENÜBER *›The Canon's Yeoman‹, aus der Ellesmere-Handschrift von Chaucers ›Canterbury Tales‹; spätes 14. Jh.* OBEN *Philipp Pains ›Daily Meditations‹, 1668 in Cambridge, Mass., gedruckt. Das einzige Exemplar des ersten in Neu-England gedruckten Gedichtbandes.*

graphien teils militärisch, teils onkelhaft an. Seine geschäftliche Tüchtigkeit stand naturgemäß im Vordergrund. »Übernehme einhundertfünfundachtzig Objekte, die nicht in meiner Sammlung. Banken heute geschlossen. Werde Dienstag zweiundvierzigtausend Pfund kabeln.« Das war die Art seiner Telegramme. Seine Bücherleidenschaft war durchaus echt und stark; normalerweise las und bearbeitete er alle Kataloge selber. Doch trotz seines Interesses für englische Geschichte hatte er wenig für Auslandsreisen übrig und England nur einmal besucht. Abgesehen von Inkunabeln und iberoamerikanischen Dokumenten waren in seiner Sammlung nur Bücher in englischer Sprache zugelassen. Selbst die Bücher des europäischen Kontinents in der Bridgewater-Bibliothek wurden ausrangiert. Seine eigene Erziehung endete mit sechzehn Jahren. Es heißt, daß er am Schluß seiner Verhandlungen mit Beverly Chew nachdenklich geäußert habe, daß er gern den Preis verdoppelt hätte, wenn er Chews Wissen mit dessen Büchern hätte erwerben können. Doch in der Praxis störten ihn die Ansprüche der Forschung. Ungern bewilligte er Geld für Nachschlagewerke, und er zwang seine Katalogbearbeiter, die Titelaufnahmen sparsam auf die Rückseite gebrauchter Briefumschläge zu schreiben.

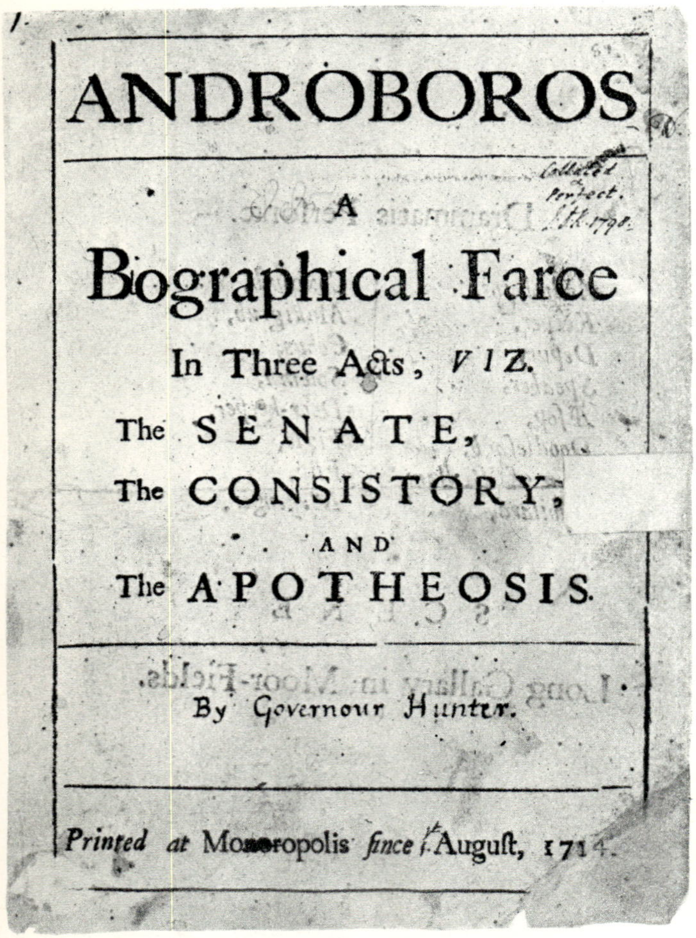

ANDROBOROS

A

Bographical Farce

In Three Acts, VIZ.

The SENATE,

The CONSISTORY,

AND

The APOTHEOSIS.

By Governour Hunter.

Printed at Moropolis since 1. August, 1714.

›Androboros‹, von Richard Hunter, Gouverneur von Virginia; New Yorker Druck von 1714. Das einzige Exemplar des ersten in Amerika gedruckten Theaterstücks.

Seine letzte Sorge galt dem Entwurf eines Mausoleums im Park, in dem er neben seiner zweiten Frau beerdigt werden sollte, einer bemerkenswerten Frau, die vorher mit seinem Onkel verheiratet gewesen war. Er starb 1927. Die Bibliothek, die bereits auf Trustees übertragen worden war, bestand damals aus 175 000 Drucken und zwei Millionen Dokumenten und anderen Handschriften, 6500 amerikanischen Drucken vor 1800 und 11 000 englischen vor 1641, darunter 29 Shakespeare-Folios und 73 Quartos, darunter alle Erstausgaben außer ›Pericles‹ und ›Titus Andronicus‹. Die geschlossen in einem Kellergewölbe aufgestellten Inkunabeln sind unvergeßlich eindrucksvoll, viele von ihnen Exemplare aus Klöstern Mitteleuropas in mittelalterlichen Einbänden, andere in Maroquinbänden aus dem achtzehnten Jahrhundert aus Adelsbibliotheken Frankreichs und Englands.

»Die Erwerbungen folgten so schnell aufeinander«, gab die erste Ausgabe des Huntington Library Bulletin 1931 zu, »daß, als die Zeit der umfangreichen Käufe zum Stillstand kam, keiner der Angestellten erwarten konnte, mehr als einen unklaren Eindruck des Gesamtbestandes zu haben.« Nach dem Tode des Gründers brauchte es zwanzig Jahre, die Bibliothek als das große Forschungsinstitut einzurichten, das sie heute ist. Seitdem wird sie durch englische Handschriften, zeitgenössische Literatur und Bücher vom Kontinent ständig erweitert. Gegenwärtig umfaßt sie eine halbe Million Bände, von denen ungefähr die Hälfte als selten bezeichnet werden können. Viele angenehme Entdeckungen ergaben sich: es stellte sich heraus, daß die Bibliothek das eigenhändige Manuskript des ›Polychronicon‹ von Ranulph Higden, einem Mönch aus Chester aus dem vierzehnten Jahrhundert, und die für einen Druck vorbereitete Handschrift von Richard Rolles ›The Pricke of Conscience‹ besitzt, dessen einziges Exemplar ebenfalls in San Marino ist. Huntingtons Gründung der ersten großen Sammlung seltener Bücher an der amerikanischen Westküste zog ein anderes glückliches Ergebnis nach sich. William A. Jackson, der Baumeister von Harvards Rare books collection, wuchs in der Nachbarstadt auf; als Junge pflegte er den Rasen von George Watson Cole, Huntingtons Bibliothekar, zu mähen. Dr. Cole verschaffte ihm Eintritt zu den damals in vollem Aufbau befindlichen Sammlungen – eine Chance, die gewiß auf ihn großen Eindruck machte und die vielleicht seinen Entschluß, die Laufbahn eines Bibliothekars einzuschlagen, bestimmt hat.

RECHTS *Wohl die erste Darstellung einer Ananas. Aus dem eigenhändigen Manuskript der ›Naturgeschichte Westindiens‹ von Gonzalo Hernández de Oviedo, etwa 1539-48.* UNTEN *Die Huntington Library.*

(193v)

on the television screen, and drawing a deep ~~[illegible]~~ ~~than~~ dreaming ~~deep~~ ~~breath~~ breath of the new perfume smiled in infantile ecstasy.

"Popé," she ~~whispered~~ murmured distractedly "Oh, I do like it ... when you ..." She closed her eyes & sighing, leaned back on the pillows.

~~Chapter~~

~~He had shut the remembrance out: but~~

~~Linda had flung open~~

"Linda!" the Savage spoke ~~he~~ whispered imploringly. "Don't you know me?" He had ~~shut out~~ ~~those~~ hateful memories ~~[illegible]~~ tried hard, had done his best; why wouldn't she ~~[illegible]~~ allow him to forget? He squeezed her limp hand almost with violence, ~~as though he would force her~~ to come back from this ~~obscene~~ dream of ignoble pleasures, from these hateful memories of ~~a hateful past~~ — back into the present, ~~the~~ ~~and~~ and ~~the awful [illegible] appalling~~ ~~sublime reality of~~ back into reality: the appalling present, the awful reality, — but sublime, but significant, but ~~desperately important precisely because~~ of the imminence of that which made them so fearful. ~~[illegible]~~ "Don't you know me, Linda?"

~~[illegible] Linda?~~

~~He felt~~ the faint answering pressure of her hand. Her lips moved. "Popé," she whispered again, ~~and it was like~~ & it was as though ~~[illegible]~~ he had had a ~~[illegible]~~ pail-full of ordure thrown in his face.

University Library AUSTIN TEXAS

Der auffälligste Besucher der Sotheby-Versteigerung von Literatur des 19. und 20. Jahrhunderts am 8. November 1960 war ein New Yorker Buchhändler, der in den Londoner Auktionsräumen zum dritten Mal auftauchte. Nicht sein Auftreten war das Außergewöhnliche (das einer Maskierung glich: Sonnenbrille, bis zum Kinn zugeknöpfter Regenmantel, was sich später so erklärte, daß er verschlafen hatte und unter dem Regenmantel nichts als eine Pyjamajacke trug), ebensowenig die Art, wie er bot, sondern die Summen, die er zu zahlen bereit war, und seine Gewohnheit, jede Nummer zu ersteigern, für die er zu bieten angefangen hatte. An jenem Tage erwarb er 173 Briefe von Robert Southey für 1950 Pfund, fünf Briefe Oscar Wildes für 220 Pfund und das eigenhändige Manuskript der ›Etruscan Places‹ von D.H. Lawrence für 2000 Pfund. Es war mittlerweile allgemein bekannt, daß er diese Ankäufe im Auftrag der Universität von Texas durchführte, die ein Erwerbungsprogramm verfolgte, so wie es das in den Vereinigten Staaten seit Henry E. Huntingtons Tod nicht mehr gegeben hatte. Im vorangegangenen Juni, nachdem er bei Sotheby die Hälfte des ganzen Auktionsangebotes gekauft hatte, darunter alle Nummern einer T.E. Lawrence-Sammlung, erwarb er den größten Teil eines Bestandes, der bei Christie in einer Wohltätigkeitsauktion zugunsten der London Library versteigert wurde, vor allem das Manuskript von E.M. Forsters ›A Passage to India‹ für 6500 Pfund.

Im folgenden Mai übernahm er über sechzig Prozent der nächsten Versteigerung moderner Literatur, Briefe der Präraffaeliten, Briefe von Shaw, Yeats und D.H. Lawrence, Werkmanuskripte von Swinburne, Whitman, von dem Schreibmeister Edward Johnston, von Maurice Baring und Stephen Spender. Auf drei weiteren Auktionen erstand er Manuskripte und Notizbücher von Edith Sitwell für 17928 und von Graham Greene für 14550 Pfund. Neben diesen Erwerbungen auf Auktionen wurde noch mehr Manuskriptmaterial aus Privatbesitz gekauft, in vielen Fällen unmittelbar vom Autor: von J.B. Priestley, David Garnett, Robert Graves, Compton Mackenzie, C.P. Snow, Stephen Spender, A.A. Milne, A.P. Herbert, Hugh Walpole und John Lehmann. In Amerika kaufte er die Manuskripte Christopher Morleys und Joseph Hergesheimers sowie die Sinclair Lewis Sammlung aus dem Besitz von dessen erster Frau und erhielt die Manuskripte von Tennessee Williams als Geschenk. Erwerbungen solchen Ausmaßes beeinflußten den ganzen Markt. Die Preise stiegen kräftig (der für ›A Passage to India‹ bezahlte Betrag von 6500 Pfund war fast dreimal höher als der letzte englische Rekordpreis für ein zeitgenössisches Manuskript), und andere Institutionen mußten befürchten, daß ihnen alles neuere litera-

OBEN *Dr. Harry H. Ransom.* GEGENÜBER *Aldous Huxley, ›Brave New World‹; eigenhändiges Manuskript des Autors.*

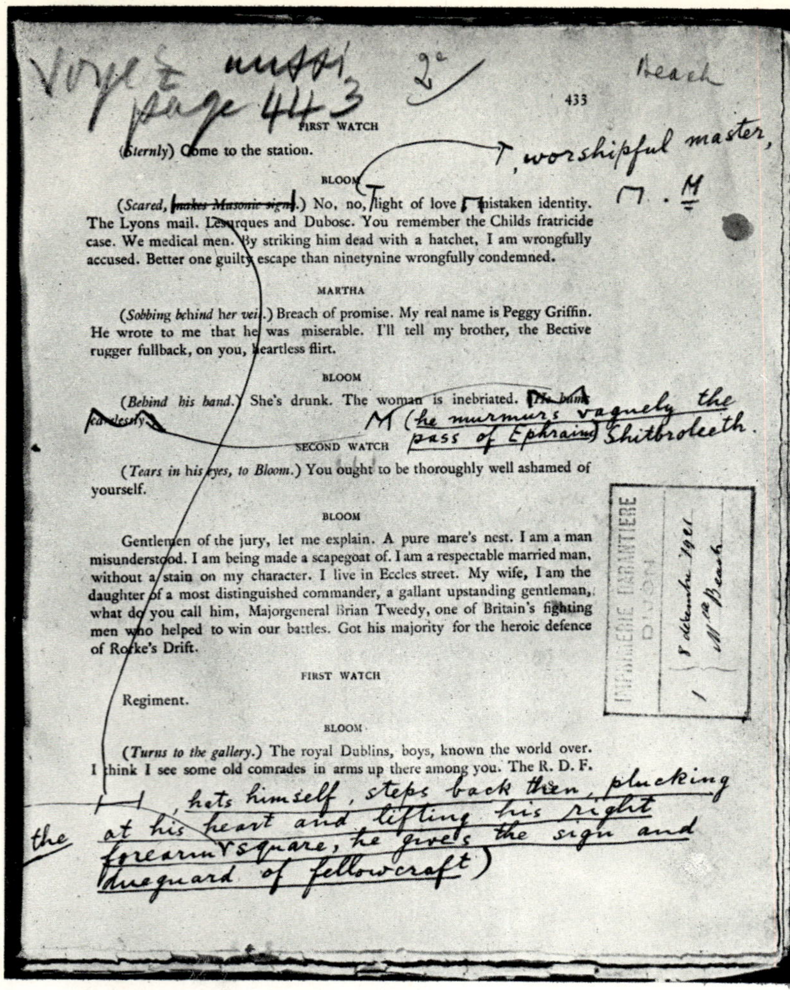

433

FIRST WATCH

(*Sternly*) Come to the station.

BLOOM

(*Scared, makes Masonic signs.*) No, no, night of love mistaken identity. The Lyons mail. Lesurques and Dubosc. You remember the Childs fratricide case. We medical men. By striking him dead with a hatchet, I am wrongfully accused. Better one guilty escape than ninetynine wrongfully condemned.

MARTHA

(*Sobbing behind her veil.*) Breach of promise. My real name is Peggy Griffin. He wrote to me that he was miserable. I'll tell my brother, the Bective rugger fullback, on you, heartless flirt.

BLOOM

(*Behind his hand.*) She's drunk. The woman is inebriated. […] (he murmurs vaguely the pass of Ephraim) Shitbroleeth.

SECOND WATCH

(*Tears in his eyes, to Bloom.*) You ought to be thoroughly well ashamed of yourself.

BLOOM

Gentlemen of the jury, let me explain. A pure mare's nest. I am a man misunderstood. I am being made a scapegoat of. I am a respectable married man, without a stain on my character. I live in Eccles street. My wife, I am the daughter of a most distinguished commander, a gallant upstanding gentleman, what do you call him, Majorgeneral Brian Tweedy, one of Britain's fighting men who helped to win our battles. Got his majority for the heroic defence of Rorke's Drift.

FIRST WATCH

Regiment.

BLOOM

(*Turns to the gallery.*) The royal Dublins, boys, known the world over. I think I see some old comrades in arms up there among you. The R. D. F.

(the … hits himself, steps back then, plucking at his heart and lifting his right forearm square, he gives the sign and dueguard of fellowcraft)

IMPRIMERIE DARANTIERE DIJON

8 décembre 1921 Mlle Beach

OBEN LINKS *James Joyce, ›Ulysses‹; Probedruck mit eigenhändigen Korrekturen.* OBEN RECHTS *T. E. Lawrence, ›The Arab Revolt‹, der erste Entwurf (etwa 1921) zu den ›Sieben Säulen der Weisheit‹.* UNTEN LINKS *D. H. Lawrence, ›Sons and Lovers‹, das eigenhändige Manuskript mit dem Titel ›Paul Morel‹.* UNTEN RECHTS *Somerset Maugham, ›Cakes and Ale‹, eigenhändige Niederschrift.*

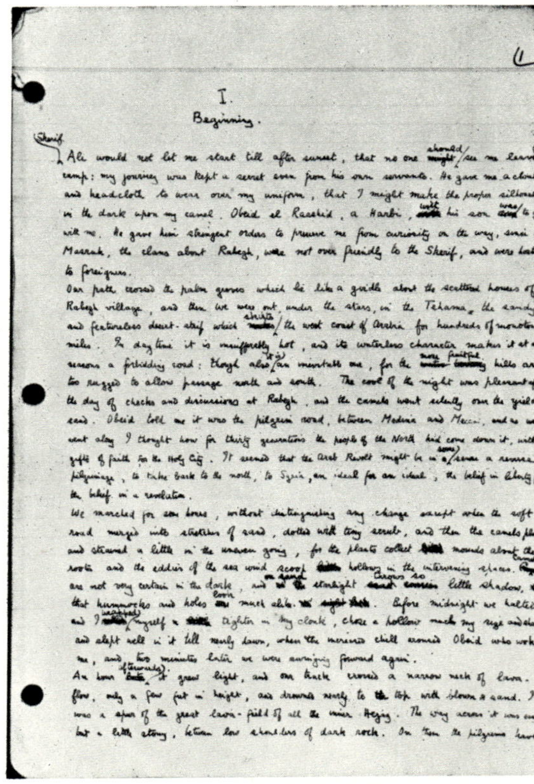

I.

Beginning.

Ali would not let me start till after sunset, that no one should see me leave camp: my journey was kept a secret even from his own servants.

CURTIS BROWN, LTD., 6 Henrietta Street, Covent Garden, London, W.C.2

Paul Morel

Chapter I.

Antecedents.

"The Breach" took the place of Hell Row. It was a natural succession. Hell Row was a block of some half dozen thatched, collapsing cottages which stood back in the brook-course by Greenhill Lane. Eastwood had scarcely gathered consciousness when the notorious Row was burned down. The village, sparse, meagre and disintegrated, was strewed rather forlornly over hills and the valley. Since the seventeenth century the people of Eastwood have scratched at the earth for coal. The old cottage rows along Green-hill Lane were built to accommodate the workers in the little gin-pits, which were scattered about among the fields, beside Derby Road, and Nottingham Road, and Mansfield Road. To these vanished pits the pasture land in many parts owes its queer configuration. But fifty years ago the pits were busy, and in the four square miles round Eastwood there were perhaps some two or three hundred of these miners cottages, old and mean, dabbed down

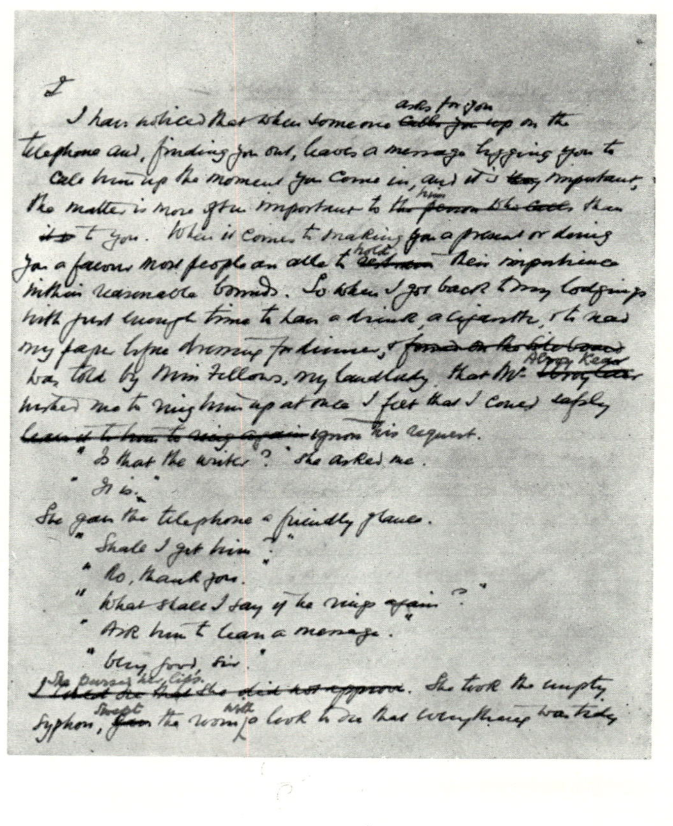

I

I have noticed that when someone asks for you on the telephone and, finding you out, leaves a message begging you to call him up the moment you come in, and it's important, the matter is more often important to him than to you. When it comes to making you a present or doing you a favour most people are able to hold their impatience within reasonable bounds. So when I got back to my lodgings with just enough time to have a drink, a cigarette, and to read my paper before dressing for dinner, and was told by Miss Fellows, my landlady, that Mr. Alroy Kear wished me to ring him up at once I felt that I could safely ignore his request.

"Is that the writer?" she asked me.

"It is."

She gave the telephone a friendly glance.

"Shall I get him?"

"No, thank you."

"What shall I say if he rings again?"

"Ask him to leave a message."

"Very good, sir."

She took the empty syphon, and with a look round the room to see that everything was tidy

rische Manuskriptmaterial weggeschnappt werden würde. Der British Council richtete einen Sonderetat für den Erwerb von handschriftlichen Entwürfen lebender Schriftsteller ein, das Britische Museum bemühte sich mit Erfolg, das Manuskript von Virginia Woolfs ›Mrs. Dalloway‹ für 5000 Pfund zu bekommen, und die Bibliothèque Nationale verhinderte den Verkauf der großen Proust-Sammlung aus dem Besitz seiner Nichte an das Ausland. Die Autoren, denen diese Entwicklung zugutekam, sahen mit viel Wohlwollen zu.

»Die besten amerikanischen Universitäten«, schrieb Cyril Connolly, »zahlen nicht nur für das, was ein Schriftsteller geschrieben hat, sondern auch für das, was er wegwerfen wollte: für seine Notizen, seinen Briefwechsel, seine verworfenen ersten Konzepte . . . Wahrscheinlich ist den Schriftstellern seit vielen Jahren nichts Besseres widerfahren.«

Der für dieses riesige Erwerbungsprogramm verantwortliche Mann war ein früheres Mitglied der Abteilung für englische Literatur, damals Dekan des College of Arts and Sciences, später Präsident der Universität, Harry H. Ransom. Um 1956 hatte er den Wert einer Forschungssammlung von Originalmanuskripten für die Literaturwissenschaft erkannt. Die Universitätsbibliothek hatte damals beträchtliche Bestände zur Geschichte von Texas und Lateinamerika; ihre Abteilung für englische Literatur fußte auf den Sammlungen George A. Aitkens, eines Spezialisten für das achtzehnte Jahrhundert, und eines Geschäftsmannes aus Chicago, John Henry Wrenn – beide kurz nach dem Ersten Weltkrieg erworben. Die zweite erlitt einen argen Prestigeverlust, als entdeckt wurde, daß Wrenn am stärksten auf Thomas J. Wise hereingefallen war und den größten Teil seiner Fälschungen und verschiedene Theaterstücke der Stuart-Zeit besaß, die Wise mit gestohlenen Blättern aus Exemplaren des Britischen Museums vervollständigt hatte. Ransom beschloß (wenn auch alle Möglichkeiten zum Ausbau der älteren Bestände genutzt werden sollten), die Hauptanstrengung auf ein neues Gebiet zu richten, auf dem der Wettbewerb geringer und eine führende Position leichter zu erreichen sei: auf das zwanzigste Jahrhundert in England und Amerika. Das sei ein Zeitabschnitt, meinte Ransom, in dem mehrere Disziplinen zusammenwirken, vor allem Literatur und Naturwissenschaft, und deshalb für die Universität von besonderem Wert. Er überzeugte damit Logan Wilson, den Universitäts-Präsidenten, und brachte die staatlichen Geldgeber dazu, die erforderlichen Mittel zu bewilligen. Im Herbst des Jahres 1956 konnte begonnen werden.

Zwei Jahre darauf hob eine einzige Transaktion die Sammlung auf ein Niveau von internationaler Bedeutung. Es war dies der Ankauf des Hauptteils der Bibliothek, die T. E. Hanley aus Pennsylvania in dreißig Jahren zusammengetragen hatte, besonders reich an Werken von D. H. und T. E. Lawrence, Shaw, T. S. Eliot, Pound, Joyce, Yeats und Dylan Thomas. Früh hatte Ransom schon seiner Bibliothek das Ziel gesetzt (nach Erfahrungen in einem Kursus in englischer Literatur), Manuskripte von Conrads ›Victory‹, E. M. Forsters ›A Passage to India‹ und Aldous Huxleys ›Brave New World‹ zu erwerben. 1964 befanden sich alle drei in Austin, und eine Ausstellung im gleichen Jahr, ›A Creative Century‹, bot gleichsam einen Blick auf den zeitgenössischen Parnass. Da sah man die eigenhändigen Manuskripte oder eigenhändig korrigierten Typoskripte von Shaws ›Pygmalion‹, Audens ›The Age of Anxiety‹, Becketts ›Waiting for Godot‹, Norman Douglas' ›Looking Back‹, Conan Doyles ›A Scandal in Bohemia‹, T. S. Eliots ›The Dry Salvages‹, Faulkners ›Absalom, Absalom!‹, Graham Greenes ›The Power and the Glory‹, Hemingways ›Death in the Afternoon‹, D. H. Law-

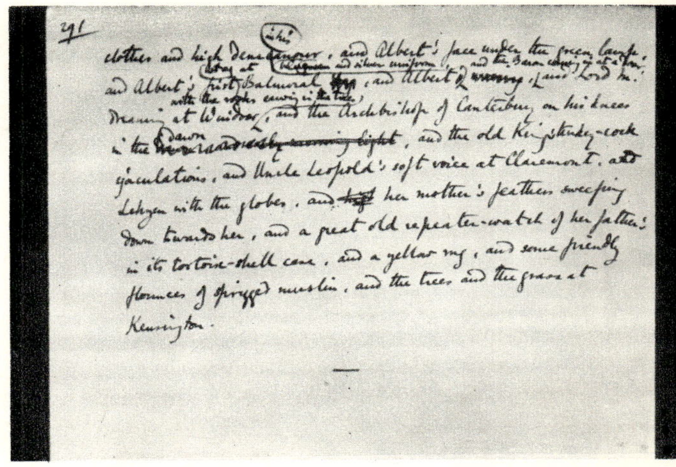

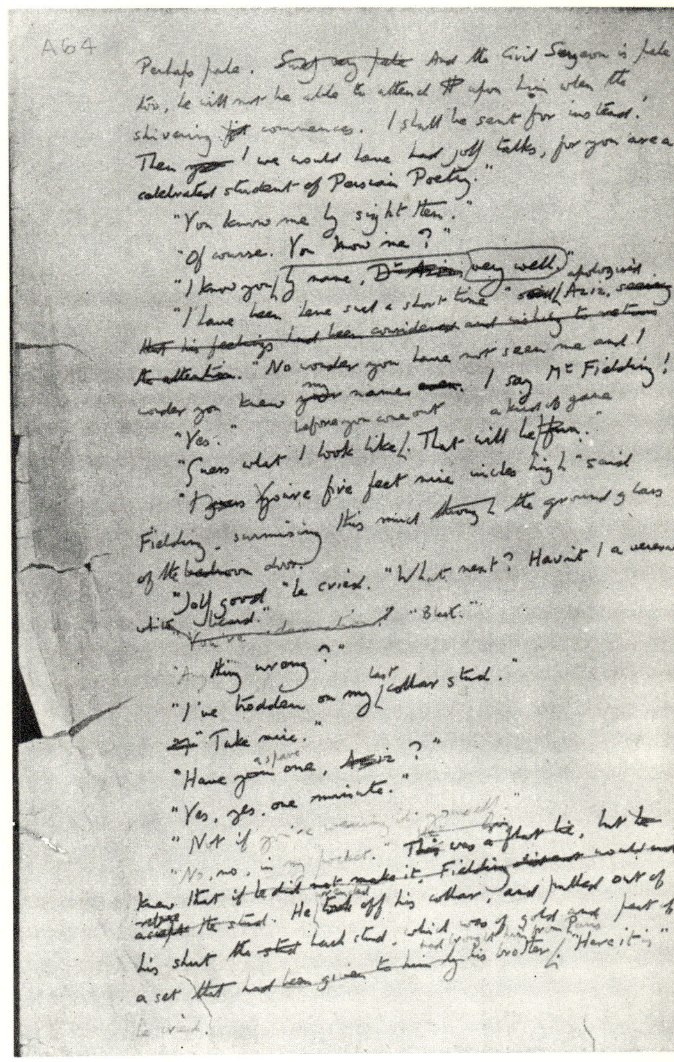

OBEN *Lytton Strachey, ›Queen Victoria‹, letzte Seite des eigenhändigen Manuskripts.* UNTEN *E. M. Forster, ›Passage to India‹, eigenhändige Niederschrift.*

LINKS *Edith Sitwell, Gemälde von Paul Tchelitchew.* OBEN RECHTS *Max Beerbohms ›Edwardianische Parade‹ aus seinem Haus in Rapallo: Edward VII., Unbekannt, Joseph Chamberlain, Henry James, Lord Rosebery, Reggie Turner, Andrew Pinero, William Rothenstein, George Moore, Rudyard Kipling, Lord Burnham, Winston Churchill.* UNTEN *The Humanities Research Centre, Universität von Texas.*

rences ›Sons and Lovers‹, die früheste erhaltene Skizze zu T. E. Lawrences ›The Seven Pillars of Wisdom‹, Sinclair Lewis' ›Arrowsmith‹, Sommerset Maughams ›Cakes and Ale‹, Arthur Millers ›Death of a Salesman‹, Lytton Stracheys ›Queen Victoria‹, Oscar Wildes ›Lady Windermere's Fan‹ und vieles andere – zum Beispiel Colin Wilsons Briefwechsel mit T. S. Eliot über ›The Outsider‹. Diese sichtbaren Zeugnisse großer schöpferischer Schriftsteller unseres Jahrhunderts bei ihrer Arbeit werden ergänzt durch eine Sammlung von Schriftsteller-Porträts, durch eine umfangreiche Arbeitsbibliothek mit Büchern, Briefen und anderen Dokumenten. Sie sind in einem schönen, geräumigen und angenehmen Gebäude untergebracht, mit gedeckten Terrassen im Erdgeschoß und unter dem Dach, die an eine Villa des späten Roms erinnern.

Texas ist wie ein tätiger Vulkan; es ist unmöglich zu sagen, in welcher Richtung er demnächst ausbrechen wird. Die Gesamtheit von Evelyn Waughs Bibliothek, mit Bücherschränken und der gesamten Einrichtung, ist kürzlich nach Austin gekommen. Große Ankäufe haben auf dem Gebiet der Geschichte der Naturwissenschaften stattgefunden durch zwei umfangreiche Sammlungen, den schriftlichen Nachlaß des Astronomen Sir William Herschel (1738–1822) und seines Sohnes und die photographischen Archive von Gernsheim. Eine zeitliche Ausdehnung nach rückwärts brachten ein Buch mit poetischen Entwürfen Robert Herricks, die Brudenell-Handschrift der ›Canterbury Tales‹, eine Dante-Handschrift aus dem vierzehnten Jahrhundert und die erste gedruckte Dante-Ausgabe (Foligno 1474), ein Sammelband astronomischer Texte aus dem 11. Jahrhundert von der Hand eines Abtes aus Tegernsee, der 1803 von den Mönchen vor den konfiszierenden bayerischen Beamten versteckt worden war, und noch vieles andere. Doch diese älteren Kostbarkeiten, so glanzvoll sie auch sein mögen, treten hinter dem Hauptanliegen der Bibliothek zurück. Ihr dauerhafter Ruf wird sich auf das große Archiv des zwanzigsten Jahrhunderts gründen. Die Sammlungen in Texas sind nicht den Mitgliedern der Universität vorbehalten, sondern allen Gelehrten zugänglich, und künftige Biographen und Literarhistoriker werden nach Austin pilgern, wie heute jeder Chantilly besucht, der über Balzac arbeiten will.

Bibliographie

BIBLIOTECA CAPITOLARE, VERONA

G. B. Carlo Conte Giulari, *La Capitolare Biblioteca di Verona,* Verona 1888.
A. Spagnolo, *Le scuole accolitali in Verona,* Verona 1904.
R. Sabbadini, *Le scoperte dei codici latini e greci ne' secoli XIV e XV,* 2 Bde., 1905–14.
G. Ongaro, *Coltura e scuola calligrafica veronese del secolo X,* Venice 1925.
Teresa Venturini, *Ricerche paleografiche intorno all' arcidiacono Pacifico,* Verona 1929.
E. A. Lowe, *Codices Latini antiquiores,* Oxford 1934, etc, Bd. IV.
Augusto Campana, »Veronensia«, in ›Miscellanea Giovanni Mercati‹, Bd. II, *Studi e Testi,* Nr. 122, Città del Vaticano 1946.
Giuseppe Billanovich, ›Petrarch and the textual tradition of Livy‹, *Journal of the Warburg and Courtauld Institutes,* XIV (1951), 137–208.
Giuseppe Billanovich, ›Dal Livio die Raterio al Livio die Petrarca‹, *Italia medioevale e umanistica,* II (1959), 103–178.
Giuseppe Turrini, *La Biblioteca Capitolare di Verona,* Ital. und engl. Ausgaben, Verona 1962; Nachdruck in *Italia medioevale e umanistica,* V (1962), 401–423; Neudruck mit Abbildungen *Millennium scriptorii veronensis,* Verona 1967.
Giuseppe Turrini, *Indice dei codici capitolari di Verona redatto nel 1625 dal Canonico Agostino Rezzani,* Verona 1965.
Delisle's Brief in der Bibliothèque Nationale, Paris ms.n.acq.fr. 13033, 105–106.

STIFTSBIBLIOTHEK ST. GALLEN

Die Literatur über die Stiftsbibliothek und den stift-st. gallischen Kulturkreis ist sehr zahlreich. Eine Bibliographie findet sich in den nachstehend genannten Büchern von Duft und Meyer, Irische Miniaturen, bzw. von Duft, Stiftsbibliothek. Daraus seien hier als wichtigste die folgenden Veröffentlichungen angeführt:
Franz Weidmann, *Geschichte der Bibliothek von St. Gallen,* St. Gallen 1841.
Gustav Scherrer, *Verzeichnis der Handschriften der Stiftsbibliothek von St. Gallen,* Halle 1875; *Verzeichnis der Incunabeln der Stiftsbibliothek von St. Gallen,* St. Gallen 1880.
Paul Lehmann, *Mittelalterliche Bibliothekskataloge Deutschlands und der Schweiz,* 1. Bd., München 1918, S. 55–146.
Adolf Merton, *Die Buchmalerei in St. Gallen vom neunten bis zum elften Jahrhundert,* 2. Aufl., Leipzig 1923.
J. M. Clark, *The Abbey of St Gall as a Centre of Literature and Art,* Cambridge 1926.
Albert Bruckner, *Scriptoria medii aevi Helvetica,* 2. und 3. Bd., Genf 1936 und 1938.
Johannes Duft und Peter Meyer, *Die irischen Miniaturen der Stiftsbibliothek St. Gallen,* Olten, Bern und Lausanne 1953.
Alfred A. Schmid, *Die Buchmalerei des 16. Jahrhunderts in der Schweiz,* Olten 1954.
E. A. Lowe, *Codices Latini antiquiores,* Bd. VII, Oxford 1956.
Johannes Duft, Die Stiftsbibliothek St. Gallen, Der Barocksaal und seine Putten, Konstanz 1961.
Die vom St. Galler Mönch Gallus Kemli im 15. Jahrhundert gesammelten und in seine verschiedenen Handschriften eingeklebten Holzschnitte wurden nach der Säkularisierung der Abtei durch Bibliothekar Ildefons von Arx um 1824 in einen Sammelband zusammengefaßt. Sie wurden beschrieben und wiedergegeben von Stiftsbibliothekar Adolf Fäh, Kolorierte Frühdrucke aus der Stiftsbibliothek St. Gallen (Einblattdrucke des 15. Jahrhunderts, hrsg. von Paul Heitz), Straßburg 1906. Gegen Dr. Fähs Widerstand verkaufte der Kath. Administrationsrat des Kantons St. Gallen diese Sammlung 1930 an die Firma Hollstein und Puppel, welche sie am 7. November 1930 in Berlin zur Auktion brachte. Der damalige Katalog beschrieb 41 Blätter als Unica. Trotzdem war der Erfolg gering, da nur das Britische Museum und die Stadt Basel einzelne Blätter für sich erwarben.

STAATSBIBLIOTHEK BAMBERG

P. Ruf, *Mittelalterliche Bibliothekskataloge Deutschlands und der Schweiz,* Bd. III, p. 3, München 1939.
Hans Fischer, *Die Königliche Bibliothek in Bamberg und ihre Handschriften* in *Zentralblatt für Bibliothekswesen,* Jahrg. 24, 1907.
E. A. Lowe, *The Beneventan Script,* Oxford 1914.
Paul Lehmann, ›Die Institutio oratoria des Quintilianus im Mittelalter‹, in *Philologus,* 89, 1934.
H. Weber, ›Geschichte der gelehrten Schulen im Hochstift Bamberg‹, in *Berichte des historischen Vereins Bamberg,* 42–44, 1880–82.
F. Leitschuh, H. Fischer und F. Dressler, *Katalog der Handschriften der K. Bibliothek zu Bamberg,* Band 1–4,1 Bamberg, Leipzig 1887–1912.

STIFTSBIBLIOTHEK ADMONT

P. Jakob Wichner, O.S.B., *Geschichte des Benediktiner-Stiftes Admont,* 4 Bde., Graz 1876–80.
P. Jacob Wichner, O.S.B., *Kloster Admont in Steiermark und seine Beziehungen zur Kunst,* Wien 1888.
P. Jakob Wichner, O.S.B., ›Zwei Bücherverzeichnisse des 14. Jahrhunderts in der Admonter Stiftsbibliothek‹, *Zentralblatt für Bibliothekswesen,* Beiheft 4, 1889.
F. Wickoff and M. Dvořák, *Beschreibendes Verzeichnis der illuminierten Handschriften in Österreich:* IV, *Die illuminierten Handschriften in Steiermark:* 1. Teil, *Die Stiftsbibliotheken zu Admont und Vorau von Paul Buberl,* Leipzig 1911.
Dr. Adalbert Krause, O.S.B., *Die Stiftsbibliothek in Admont,* Linz o. J.
E. van K. Dobbie, *The Manuscripts of Caedmon's Hymn and Bede's Death Song,* New York 1937 (für die Handschriften von St. Gallen und Admont).

DURHAM CATHEDRAL LIBRARY

Catalogi veteres librorum ecclesiae cathedralis Dunelm. Catalogues of the library of Durham Cathedral at various periods, from the Conquest to the Dissolution, Surtees Society Publications, Newcastle 1838, Nr. 7.
C. H. Turner, ›The Earliest List of Durham MSS‹, *Journal of Theological Studies,* XIX (1918), 121–132.
H. D. Hughes, *A History of Durham Cathedral Library,* Durham 1925.
E. A. Lowe, *English Uncial,* Oxford: Clarendon Press, 1960.
N. R. Ker, *Medieval Libraries of Great Britain,* 2. Aufl. London 1964.
P. S. Allen, ›Bishop Shirwood of Durham and his Library‹, *English Historical Review,* XXV (1910), 445–56.

JOHANNESKLOSTER, PATMOS

Richard Pococke, *A Description of the East,* London 1745, II, 2, p. 31.
E. D. Clarke, *Travels in Various Countries of Europe, Asia and Africa,* London 1810–23.
I. Sakkelion, *Patmiake Bibliotheke,* Athen 1890.
Charles Diehl, ›Le trésor et la bibliothèque de Patmos au commencement du 13e siècle‹, *Byzantinische Zeitschrift,* I (1892), 488–525.
Giovanni Mercati, ›Per la storia dei manoscritti greci‹, *Studi e Testi,* Nr. 68, Città del Vaticano 1935.
D. J. Geanakoplos, *Byzantine East and Latin West,* Oxford: B. H. Blackwell Ltd, 1966 (für Margounios).
Das Institut für Byzantinische Studien in Athen bereitet eine Neuausgabe des Katalogs der Bibliothek vor.

BIBLIOTECA MALATESTIANA, CESENA

R. Zazzeri, *Sui codici e libri a stampa della Biblioteca Malatestiana,* Cesena 1887.
A. Campana, ›Le biblioteche della provincia di Forlì‹, *Tesori delle biblioteche d'Italia: Emilia e Romagna,* Mailand 1932.
D. Fava, ›La biblioteca di Pio VII‹, *Accademie e Biblioteche d'Italia,* Anno 16, Rom 1942.
D. Fava, ›La biblioteca Malatestiana nei cinque secoli della sua storia‹, *Accademie e Biblioteche d'Italia,* Rom 1952.
A. Campana, ›Origine fondazione e vicende della Malatestiana‹, *Accademie e Biblioteche d'Italia,* Rom 1953.
A. Domeniconi, ›Ser Giovanni da Epinal‹, *Studi Romagnoli,* X, Faenza 1959.
A. Domeniconi, *La Biblioteca Malatestiana,* Udine 1962.

VATIKANISCHE BIBLIOTHEK

Eugène Müntz und Paul Fabre, *La bibliothèque du Vatican au XVe siècle,* 1887.
Eugène Müntz, *Les arts à la cour des papes,* 1882.
Eugène Müntz, *La bibliothèque du Vatican au XVIe siècle,* 1886.
P. Batiffol, *La Vaticane de Paul III à Paul IV, 1890.*
Pierre de Nolhac, *La bibliothèque de Fulvio Orsini, 1887.*
Isidoro Carini, *La Biblioteca Vaticana,* 1892.
E. Tisserand, ›Bibliothèques pontificales‹, *Recueil Cardinal Eugène Tisserand,* Löwen o. J.
E. Tisserand und E. W. Koch, *The Vatican Library,* Jersey City 1929.
Studi e Testi (eine den Entdeckungen in der Vatikanischen Bibliothek gewidmete Buchreihe, Città del Vaticano).
Léopold Delisle in *Journal des Savants,* juillet-août 1892.

BIBLIOTECA MEDICEA LAURENZIANA, FLORENZ

Fortunato Pintor, ›Per la storia della libreria Medicea nel Rinascimento‹, *Italia medioevale e umanistica,* III (1960).
E. Piccolomini, ›Delle condizioni e delle vicende della Libreria Medicea privata dal 1494 als 1508‹, *Archivio storico italiano,* Ser. 3, XIX–XXI (1874–5).
C. S. Gutkind, *Cosimo de' Medici,* Oxford 1938.
K. K. Müller, ›Neue Mittheilungen über Janos Lascaris und die Mediceische Bibliothek‹, *Zentralblatt für Bibliothekswesen,* I (1884), 333.
R. Sabbadini, *Le scoperte dei codici latini e greci ne' secoli XIV e XV,* 2 Bde., Florenz 1905–14.
B. L. Ullman, *The Origin and Development of Humanist Script,* Rom 1960.
Giuseppe Zippel, *Niccolo Niccoli,* Florenz 1890.
N. Anziani, *Della Biblioteca Mediceo-Laurenziana di Firenze,* Florenz 1872.
D. Fava, *La Biblioteca Nazionale Centrale di Firenze,* Mailand 1939.
James S. Ackerman, *The Architecture of Michelangelo,* London 1961.
Filarete's Äußerung zitiert in E. H. Gombrich, ›The Early Medici as Patrons of Art‹ in *Italian Renaissance Studies,* ed. E. F. Jacob, London: Faber, 1960.

Die Herkunft von Cosimos *Plinius* (Laur. 82, 1–2) ist am Ende jeden Bandes in einer ausradierten Eintragung gegeben, die unter ultraviolettem Licht lesbar ist. Ich verdanke der Freundlichkeit von Dr. Filippo Di Benedetto diese Lesart: *Prima (Secunda) pars librorum Plinij conuentus lubecen-[sis] prouincie saxonie ordinis predicatorum|concessa, gherardo de boeciis (?) hon[orabi]li [viro ?] lubecen[si] ad exscribendum.* Wie manche anderen Kodizes im Besitz von Humanisten, so wurde auch dieser zum Abschreiben ausgeliehen und nicht zurückgegeben.

BIBLIOTHÈQUE ROYALE, BRÜSSEL

C. P. De La Serna Santander, *Mémoire historique sur la bibliothèque dite de Bourgogne,* Brüssel 1809.
P. Namur, *Histoire des bibliothèques publiques de la Belgique,* Bd. I, 1840.
A. Voisin, *Documents pour servir à l'histoire des bibliothèques en Belgique,* Gent 1840.
Victor Tourneur, *Coup d'oeil sur l'histoire de la Bibliothèque Royale de Belgique,* Brüssel 1939.
Aus der reichen Literatur über die Librairie de Bourgogne sei empfohlen:
G. Doutrepont, *La littérature française à la cour des ducs de Bourgogne,* Paris 1909.
C. Gaspar und F. Lyna, *Philippe le Bon et ses beaux livres,* Brüssel 1944.
L. Delaissé, *Miniatures medievales de la Librairie de Bourgogne au cabinet des manuscrits de la Bibliothèque Royale de Bruxelles,* Brüssel 1959.
La miniature flamande. Le mécénat de Philippe le Bon (Ausstell.-Katalog), Brüssel: Bibliothèque Royale, 1959.
La Librairie de Philippe le Bon (Ausstell.-Katalog), Brüssel: Bibliothèque Royale, 1967.

BIBLIOTECA COLOMBINA, SEVILLA

Henry Harrisse, *Fernand Colomb, sa vie, ses oeuvres,* Paris 1872; *Grandeur et décadence de la Colombine,* Paris 1885; *La Colombine et Clément Marot,* Paris 1886; *Excerpta Colombiniana. Bibliographie de quatre cents pièces gothiques,* Paris 1887; *Toujours la Colombine,* Paris 1897.
Servando Arbolí y Faraudo und andere, *Biblioteca Colombina · Catálogo de sus libros impresos,* 7 Bde., Sevilla 1888–1948.
Archer M. Huntington, *Catalogue of the Library of Ferdinand Columbus reproduced in facsimile from the unique manuscript in the Columbine Library of Seville,* New York 1905.
R. G. Howarth, ed., *Letters and the Second Diary of Samuel Pepys,* London 1932, p. 327.

STADTBIBLIOTHEK, SCHLETTSTADT

A. Horawitz, ›Beatus Rhenanus, Eine Biographie‹, *Sitzungsberichte der Kaiserlichen Akademie der Wissenschaften,* Wien, LXX, 189–244; ›Des Beatus Rhenanus literarische Tätigkeit‹, *ibid.* LXXI, 643–90, und LXXII, 323–76; ›Die Bibliothek und Correspondenz des Beatus Rhenanus zu Schlettstadt‹, *ibid.* LXXVIII, 313–40.
A. Horawitz und K. Hartfelder, *Briefwechsel des Beatus Rhenanus,* Leipzig 1886.
J. Geny und G. Knod, *Die Stadtbibliothek zu Schlettstadt,* Straßburg 1889.
A. Renaudet, *Préréforme et Humanisme,* Paris 1916.
J. Walter, *Ville de Sélestat. Catalogue Général de la Bibliothèque Municipale . . . Incunables et XVIme siècle,* Colmar 1929.
P. Adam, *L'humanisme à Sélestat,* Schlettstadt 1962.
(Zum Vorwurf der Büchervernichtung durch Beatus: Prof. Giuseppe Billanovich in *Italia medioevale e umanistica,* II (1959), 171.)

BIBLIOTHÈQUE NATIONALE, PARIS

Léopold Delisle, *Le cabinet des manuscrits de la Bibliothèque impériale,* 3 Bde., Paris 1868.
T. Mortreuil, *La Bibliothèque Nationale, son origine et ses accroissements,* Paris 1878.
Alfred Franklin, *Précis de l'histoire de la Bibliothèque du Roi,* Paris 1875.
Henri Omont, *Catalogues des manuscrits grecs de Fontainebleau sous François Ier et Henri II,* Paris 1889.
Henri Omont, *Anciens inventaires et catalogues de la Bibliothèque Nationale,* 5 Bde., Paris 1908–21.
Tammaro de Marinis, *La biblioteca napoletana dei Re d'Aragona,* Mailand 1952, I, pp. 195–8.
E. Quentin Bauchart, *La bibliothèque de Fontainebleau et les livres des derniers Valois à la Bibliothàque Nationale,* Paris 1891.
Henri Lemaître, *Histoire du dépot légal,* Paris 1910.
A. E. Armstrong, *Robert Estienne,* Cambridge 1954.
T. F. Dibdin, *A Bibliographical Antiquarian and Picturesque Tour in France and Germany,* London 1821, II, pp. 130–133.
Edward Edwards, *Memoirs of Libraries,* 2 Bde., London 1859.

BAYER. STAATSBIBLIOTHEK, MÜNCHEN

Johann Christian von Aretin, *Beyträge zur Geschichte und Literatur,* 9 Bde., München 1803–7.
T. F. Dibdin, *A Bibliographical Antiquarian and Picturesque Tour in France and Germany,* London 1821, III, 256–321.
Otto Harting, *Die Gründung der Münchener Hofbibliothek,* München 1917.
Irmgard Bezzel, *Bayerische Staatsbibliothek München, Bibliotheksführer, Geschichte und Bestände,* München 1967.
Cimelia Monacensia, Wertvolle Handschriften und frühe Drucke der Bayer. Staatsbibliothek München, Wiesbaden 1970.

OESTERR. NATIONALBIBLIOTHEK, WIEN

Josef Stummvoll, ed., Ernst Trenkler, Franz Unterkircher, etc., *Geschichte der Österreichischen Nationalbibliothek. Erster Teil: Die Hofbibliothek 1368 bis 1922,* Wien 1968 (weitere Bände sind angezeigt).
Angelo Rocca (*Bibliotheca Apostolica Vaticana a Sixto V Pont. Max. in splendidiorem . . . locum translata,* Rom 1591) sagt von Maximilian II. (1564–76) und Rudolf II. (1576–1612) ›quorum ille Viennae Bibliothecam instituit nobilem, hic vero in dies auget et exornat.‹
Lazius' Schilderung seines Besuchs in Ossiach in seiner Einleitung zu Abdias, *Liber de passione,* Basel 1552; zitiert von Hermann Menhardt, ›Die Kärntner Bibliotheksreise des Wolfgang Lazius‹, *Archiv für vaterländische Geschichte und Topographie,* 24/25. Jg., Klagenfurt 1936, 100–12.
Logan Pearsal Smith, *The Life and Letters of Sir Henry Wotton,* 2 Bde., Oxford 1907.
Edward Browne, *An Account of Several Travels through a Great Part of Germany,* London 1677.

BIBLIOTECA DE EL ESCORIAL

Charles Graux, *Essai sur les origines du fonds grec de l'Escurial,* Paris 1880.
P. Eustasio Esteban, O.S.A., ›La Biblioteca del Escorial, apuntes para su historia‹, *La Ciudad de Dios,* XXVII (1892), 182–92, 414–24, 596–606; *ibid.* XXVIII (1892), 125–38; XXXI (1893), 591–96.
P. Guillermo Antolín, O.S.A., ›Historia, procedencias, organización y catalogación de la Biblioteca de El Escorial‹, in *Catálogo de códices latinos de la Biblioteca de El Escorial,* 1910–23, I, i–liii; V, 1–330.
P. Julián Zarco, O.S.A., ›Biblioteca y bibliotecarios de San Lorenzo el Real de El Escorial‹, *Catálogo de mss castellanos de la Biblioteca de El Escorial,* 1924–9, I, ix–cxxxiii.
Documentos para la historia del monasterio de San Lorenzo el Real de El Escorial, Bd. VII, 1964.
Das Zitat aus dem Briefe Maddens bei A. N. L. Munby, *Phillipps Studies,* Cambridge University Press, 1951–60, IV, 100.

BODLEIAN LIBRARY, OXFORD

W. D. Macray, *Annals of the Bodleian Library, Oxford,* 2. Aufl., Oxford 1890.
Sir Edmund Craster, *History of the Bodleian Library 1845–1945,* Oxford University Press, 1952.
G. W. Wheeler, ed., *Letters of Sir Thomas Bodley to Thomas James,* Oxford 1926.
[E. W. B. Nicholson und andere], *Pietas Oxoniensis in memory of Sir Thomas Bodley, Knt,* Oxford 1902.
Trecentenale Bodleianum, Oxford 1913.
G. W. Wheeler, *The Earliest Catalogues of the Bodleian Library,* Oxford 1928.
Roberto Weiss, *Humanism in England during the fifteenth century,* 2. Aufl., 1957 (über Humphrey Duke of Gloucester's Library).

TRINITY COLLEGE, DUBLIN

John K. Ingram, *The Library of Trinity College, Dublin,* London 1886.
T. K. Abott, ›The Library‹ in *The Book of Trinity College, Dublin 1591–1891,* Belfast 1892, 147–81.
J. P. Mahaffy, ›The Library of Trinity College, Dublin: the Growth of a Legend‹, *Hermathena,* XII (1903), 68–78.
Sir Edward Sullivan, ›The Library of Trinity College, Dublin‹, *The Book-Lover's Magazine,* VII (1908), 1–12.
J. G. Smyly, ›The Old Library: extracts from the Particular Book‹, *Hermathena,* XLIX (1935), 166 bis 183.
Friends of the Library of Trinity College, Dublin, Annual Bulletin, 1949, 1951, 1952, etc.
Maurice Craig, *Dublin 1660–1860,* London 1952, 94–6.
William O'Sullivan, ›Ussher as a collector of manuscripts‹, *Hermathena,* LXXXVIII (1956), 34–58.
William O'Sullivan, ›The donor of the Book of Kells‹, *Irish Historical Studies,* XI, 41 (March 1958), 5–7.
H. W. Parke, *The Library of Trinity College, Dublin,* Dublin [1959].
Arthur Rau, ›Portrait of a Bibliophile, XIII: Henry George Quin, 1760–1805‹, *The Book Collector,* XIII, Nr. 4 (Winter 1964), 449–62.

BIBLIOTECA AMBROSIANA, MAILAND

P. P. Bosca, *De origine et statu Bibliothecae Ambrosianae,* Mailand 1672.
A. Ceruti, *Lettere inedite di dotti italiani del secolo XVI,* Mailand 1867.
A. Ceruti, ›La Biblioteca Ambrosiana di Milano‹ in *Gli Instituti scientifici, letterari e artistici di Milano,* Mailand 1880.
A. Ratti, ›Ancora del celebre cod. ms. delle opere di Virgilio già di F. Petrarca‹, *Società Storica Lombarda* (1904), 217–42.
A. Ratti, *Guida sommaria,* Mailand 1907.
A. Ratti, ›Manoscritti di provenienza francese nella Biblioteca Ambrosiana di Milano‹ in *Mélanges Emile Chatelain,* 1910.
Paolo Bellezza, *Federigo Borromeo,* Mailand 1931.
A. Barera, *L'opera scientifica-letteraria del Card. Federico Borromeo,* Mailand 1931.
G. Morazzoni, *L'Ambrosiana nel terzo centenario di Federico Borromeo,* Mailand 1932.
A. Saba, ›La Biblioteca Ambrosiana‹, *Aevum,* Anno VI, fasc. 4 (Okt.-Dez. 1932).
A. Rivolta, *Catalogo dei codici Pinelliani dell' Ambrosiana,* Mailand 1933.
Constituzioni del Collegio e della Biblioteca Ambrosiana tradotte dal dottore Francesco Bentivoglio, Mailand 1933.
E. A. Lowe, *Codices Latini antiquiores,* Oxford 1934, etc., Bd. III.
Maria Luisa Gengaro und Gemma Villa Guglielmetti, *Inventario dei codici decorati e miniati, secc. VII–XIII, della Biblioteca Ambrosiana,* Florenz 1968.

HARVARD UNIVERSITY LIBRARY,
CAMBRIDGE, MASSACHUSETTS

A. C. Potter, *Library of Harvard University: Descriptive and Historical Notes,* 4. Aufl., Cambridge, Mass., 1934.
William A. Jackson, ›The Importance of Rare Books and Manuscripts in an University Library‹, *Harvard Library Bulletin,* III (1949), 315–26.
Edwin Wolf 2nd mit John Fleming, *Rosenbach,* London: Weidenfeld and Nicolson, 1960.
William A. Jackson, ›Contemporary Collectors XXIV: Philip Hofer‹, *The Book Collector,* IX (1960), 151–64, 292–300.
W. H. Bond, ›William Alexander Jackson 1905–1964‹, *Harvard Library Bulletin,* XV (1967), 7–36.

The Houghton Library 1942–1967, Cambridge, Mass., 1967.

Henry James's Schilderung ist zu finden in *Selected Letters of Henry James [edited with an introduction by Leon Edel],* London: Rupert Hart-Davis, 1956.

HERZOG AUGUST BIBLIOTHEK, WOLFENBÜTTEL

Otto von Heinemann, *Die herzogliche Bibliothek zu Wolfenbüttel,* Wolfenbüttel 1894.

Otto von Heinemann und andere, *Die Handschriften der herzoglichen Bibliothek zu Wolfenbüttel,* Wolfenbüttel 1884– (wird fortgesetzt).

PEPYS LIBRARY, MAGDALENE COLLEGE, CAMBRIDGE

Bibliotheca Pepysiana. A Descriptive Catalogue of the Library of Samuel Pepys. I: ›*Sea*‹ *Manuscripts* by J.R. Tanner: II: *General Introduction* by F. Sidgwich und *Early Printed Books to 1558* by E. Gordon Duff: III: *Medieral Manuscripts* by M.R. James: IV: *Shorthand Books* by William J. Carlton, London, Sidgwick & Jackson. 1914–40.

Ein vollständiger Katalog wird in Kürze erscheinen.

YALE UNIVERSITY LIBRARY, NEW HAVEN, CONNECTICUT

Edwin Oviatt, *The Beginnings of Yale,* New Haven, Conn. 1916.

Robert Dudley French, ed., *The Memorial Quadrangle,* New Haven, Conn. 1929.

Wilmarth S. Lewis, *The Yale Collections,* New Haven, Conn. 1946: *Collector's Progress,* London: Constable, 1952.

Edwin Wolf mit John F. Fleming: *Rosenbach,* London: Weidenfeld and Nicolson, 1960.

The Yale University Library Gazette, 1926– (wird fortgesetzt).

COIMBRA UND MAFRA

Grande Enciclopedía Portuguesa e Brasileira, Bd. IV, p. 651.

José Ramos de Bandeira, *Universidade de Coimbra,* Bd. I, Coimbra 1943, pp. 166–80.

Carlos de Azevedo, ›Some Portuguese Libraries‹, *The Connoisseur Year Book,* 1956.

James Lees-Milne, *Baroque in Spain and Portugal,* London: Batsford, 1960, pp. 174–194.

André Masson: ›Le décor des bibliothèques anciennes en Portugal et en Espagne‹, *Bulletin des bibliothèques de France,* 7e année, 2 (février 1962), 87–99.

BRITISH MUSEUM, LONDON

Edward Edwards, *Lives of the Founders of the British Museum,* London 1870.

G.F. Barwick, *The Reading Room of the British Museum,* London: Ernest Benn, 1929.

Arundell Esdaile, *The British Museum Library,* London: George Allen & Unwin, 1946.

G.R. De Beer, *Sir Hans Sloane and the British Museum,* Oxford University Press, 1953.

C.B. Oldman, ›Sir Anthony Panizzi and the British Museum Library‹, in *English Libraries 1800–1850,* London 1958.

C.E. Wright, ›The Elizabethan Society of Antiquaries and the Formation of the Cottonian Library‹, in *The English Library before 1700,* ed. Francis Wormald und C.E. Wright, University of London, The Athlone Press, 1958.

C.E. und Ruth C. Wright, *The Diary of Humfrey Wanley 1715–1726,* 2 Bde., London: The Bibliographical Society, 1966. (Wanley war Bibliothekar der Harley Library).

Edward Miller, *Prince of Librarians* [Panizzi], London: André Deutsch, 1967.

Panizzis Instruktionen an Henry Stevens finden sich in einem Brief von Stevens an Jared Sparks vom 27.3.1846, jetzt in Harvard; zitiert nach I.R. Willison ›The Development of the United States Collection, Department of Printed Books, British Museum‹, *Journal of American Studies,* I (1967), I.

BIBLIOTECA DE PALACIO, MADRID

Catálogo de la Real Biblioteca, 9 Bde., Madrid 1898–1935 (mit einer Einleitung von Conde de Las Navas).

Matilde López Serrano, *Biblioteca de Palacio. Encuadernaciones,* Madrid o.J.

M.I. Hernández, *Antecedentes y comienzos del reicado de Fernando VII,* Madrid 1963.

BIBLIOTHÈQUE DE L'ARSENAL, PARIS

Henri Martin, *Histoire de la Bibliothèque de l'Arsenal: Catalogue des manuscrits de la Bibliothèque de l'Arsenal,* Bd. VIII, Paris 1899.

Auguste Rondel, *Catalogue analytique sommaire de la collection théâtrale Rondel,* Paris 1932.

Michel Salomon, *Charles Nodier et le groupe romantique,* Paris 1908.

Die Darstellung beruht weitgehend auf dem handschriftlichen Katalog des Marquis de Paulmy, MSS Ars. 6279–6297, und dem Briefwechsel mit Soyer, Baroni und anderen im MS Ars. 6408.

THE JOHN RYLANDS LIBRARY, MANCHESTER

T.F. Dibdin, *Bibliotheca Spenceriana,* 4 Bde., London 1814–15.

T.F. Dibdin, *Aedes Althorpianae,* 2 Bde., London 1822.

T.F. Dibdin, *A Descriptive Catalogue of the Books printed in the fifteenth century, lately forming part of the library of the Duke of Cassano Serra,* London 1823.

T.F. Dibdin, *A Bibliographical Antiquarian and Picturesque Tour in France and Germany,* 3 Bde., London 1821.

T.F. Dibdin, *Reminiscences of a Literary Life,* 2 Bde., London 1836.

Earl of Crawford and Balcarres, *Bibliotheca Lindesiana: Catalogue of the Printed Books,* Bd. I (Einführung), 1910.

Henry Guppy, *The John Rylands Library, Manchester: A Brief Historical Description,* Manchester 1906.

Henry Guppy, *The John Rylands Library, Manchester: A Brief Record of Twenty-one Years' Work,* Manchester 1921.

Henry Guppy, *The John Rylands Library, Manchester: 1899–1924,* Manchester, London 1924.

Henry Guppy, *The John Rylands Library, Manchester: 1899–1935,* Manchester 1935.

Bulletin of the John Rylands Library, Manchester, 1903–1908 und 1914– (wird fortgesetzt).

Zitate aus Briefen des zweiten Earl Spencer und von T.F. Dibdin aus MSS Eng. 71 und Eng. 915 in John Rylands Library und MA 2254 in Pierpont Morgan Library, New York. Der Bericht über den Ankauf der Althorp-Bücher und der Crawford-Handschriften beruht auf Archivmaterial der John Rylands Library und auf privaten Unterlagen des Earl of Crawford and Balcarres.

BIBLIOTHÈQUE SPOELBERCH DE LOVENJOUL, CHANTILLY

Alice Ciselet, *Un grand bibliophile: le Vicomte Spoelberch de Lovenjoul,* Paris und Brüssel: Éditions Universitaires, 1948.

Max Deauville, ›Charles de Spoelberch de Lovenjoul‹ in *Revue générale belge,* No. 72, October 1951.

Christophe Ryelandt, *Le Vicomte de Spoelberch de Lovenjoul et George Sand,* Brüssel 1958.

André Maurois und andere, *Hommage au Vicomte Spoelberch de Lovenjoul,* Académie Royale de Langue et de Littérature Françaises de Belgique. Brüssel 1958.

Georges Vicaire, *Chantilly, Bibliothèque Spoelberch de Lovenjoul* in *Catalogue général des manuscrits des bibliothèques publiques de France,* Bd. LII. Paris 1960.

Die Zitate von Raymond Nacquart, Michel und Paul Lévy, Jules Troubat, Mme Sabatier, Countess Mniszech und Étienne Charavay nach dem Briefwechsel von Spoelberch de Lovenjoul in der Bibliothek.

PIERPONT MORGAN LIBRARY, NEW YORK

Belle da Costa Greene, *The Pierpont Library, Review of the activities and acquisitions of the Library from 1930 through 1935,* New York 1937.

Herbert L. Satterlee, *J. Pierpont Morgan, an Intimate Biography,* New York: Macmillan, 1939.

Frederick Lewis Allen, *The Great Pierpont Morgan,* New York: Harper & Row, 1949.

Frederick B. Adams, Jr, *First [-Fourteenth] Annual Report to the Fellows of the Pierpont Morgan Library,* New York 1950–67.

Wayne Andrews, *Mr Morgan and his Architect,* New York: Pierpont Morgan Library, 1957.

Francis Henry Taylor, *Pierpont Morgan as Collector and Patron,* New York: Pierpont Morgan Library, 1957.

HENRY E. HUNTINGTON LIBRARY, SAN MARINO

Robert O. Schad, ›Henry Edwards Huntington‹, *The Huntington Library Bulletin,* Nr. I (May 1931), 1963 gesondert veröffentlicht.

The Huntington Library Bulletin, 1931–7.

The Huntington Library Quarterly, 1937– (wird fortgesetzt).

Carl L. Cannon, *American Book Collectors and Collecting from Colonial Times to the Present,* New York 1941.

Roland Baughman, ›Henry Edwards Huntington‹, in *Grolier 75,* New York: The Grolier Club, 1959.

Edwin Wolf und mit John Fleming, *Rosenbach,* London: Weidenfeld and Nicolson, 1960.

UNIVERSITY LIBRARY, AUSTIN, TEXAS

The Library Chronicle of the University of Texas, 1944– (wird fortgesetzt).

Cyril Connolly, ›The Egghead Shrinkers‹, *The* [London] *Sunday Times,* 15. April 1962.

Bildnachweise

VERONA

17 Hilarius von Poitiers, *Tractatus super plalmos*. Cod. XIII, f. 179.
18 *Martirologium et orationes*. Cod. CVI, f. 11.
19 Oben: Hilarius von Poitiers, *Tractatus*. Cod. XIII, f. 41*b*. Unten: Hieronymus, *Explanationes in prophetas minores*. Cod. XIX, f, 46.
22 Hilarius von Poitiers, *De Trinitate*. Cod. XIV, f. 476*b*. (aus *Millennium Scriptorii Veronensis,* a cura di Giuseppe Turrini, Verona: Edizioni Valdonega, 1967).
23 Sulpicius Severus, *Vita S. Martini* Cod. XXXVIII, f. 117. (*op. cit.*)

ST. GALLEN

24 Evangelien. Codex 51, pag. 208.
25 *Leges Barbarorum*. Codex 731, pag. 234.
28 *Psalterium aureum*. Codex 22, pag. 140.
29 *Psalterium aureum*. Codex 22, pag. 141.
30 *Evangelium longum*. Codex 53, rückseitige Einbandtafel.
31 *Antiphonarium*. Codex 390, pag. 11.
34 *Antiphonarium*. Codex 543, fol. IV.
34 *Prophetia Sibyllina*. Blockbuch Nr. 2.
35 Folchart-Psalter. Codex 23, pag. 31.

BAMBERG

37 Hohes Lied, mit Glossen. Bibl. 22, f, 4*b*.
38 Graduale, Lit. 7 und 8, Vorderdeckel.
39 Oben: Prophet Iesaias mit Glossen. Bibl. 76, f. 10*b*. Unten: Evangelistar. Bibl. 95, ff. 7*b*-8.
40 Oben: *Indefensionem Formosipapae*. Can. 1, f. 113, Ausschnitt. Oben links: Gregor der Große, *Moralia in Job*. Bibl. 41, f. 29 Ausschnitt. Unten links: Gregor der Große, *Commentaria in Ezechielem*. Bibl. 84. Unten: Cassiodorus, *Institutiones*. Part. 61, f. 29*b*.
41 Sacramentarium Gregorianum. Lit. 3, ff. 2*b* und 61*b*.
42 Links: Boethius, *De arithmetica*. Class 5, f. 66*b*. Oben rechts: Boethius. Class 5, f. 63*b*. Unten rechts: Boethius, Class 5, f. 2*b*.
43 Ambrosius, *Opera*. Part. 5, f. 1*b*.

ADMONT

45 Gebhard-Bibel. MS C, f. 58, Ausschnitt.
46 Oben: Tuto, Abt von Theres, *De Suscipiendo Deo*. MS 780, f. 1*b*. Unten: Gottfried, Abt von Admont, *Homiliae in festa*. MS 58, f. 3.
47 Gratian, *Decretum*. MS 35. Oben links: f. 131: Unten links: f. 296*b*. Oben rechts: f. 172: Unten rechts: f. 91*b*.
48 Oben links: Augustinus, *Opera,* MS 125, f. 1. Oben rechts: Anselm von Canterbury, *Orationes et Meditationes,* MS 289, f. 1*b*. Unten links: Irimbert, Abt von Admont, *Explanationes in librum Judicum,* etc. MS 17, f. 167*b*. Unten rechts: Gottfried, Abt von Admont, *Sermones in dominicas,* MS 62, f. 145*b*.
50 Galen, *Opera*. Venedig, Philippus Pincius, 27. August 1490.
51 Oben: Nicolaus von Lyra, *Postilla super actus apostolorum*. MS 95, Vorderdeckel. Unten: *Vocabularius latinus*. MS 368, f. 1*b*.

DURHAM

54 *Cassiodorus super Psalterium*. B. II. 30, f. 172*b*.
56 Oben links: Augustinus, *De Civitate Dei*. B. II. 22, f. 27*b* Ausschnitt. Rechts: Bible of William of St. Carilef. A. II. 4, f. 65 Ausschnitt. Unten links: Josephus, *De antiquitatibus Judaeorum. De Bello Judaico*. B. II. 1, f. 237*b* Ausschnitt.
57 Oben: Bible of Hugh du Puiset. A. II. 1, Bd. 1, f. 173 Ausschnitt. Unten: Medieval and astronomical collection. Hunter 100, f. 119.
58 Oben: Gregor IX., *Decretalen*. C. II. 4, f. 177 Ausschnitt. Unten: Prophet Isaias mit Glossen. A. III. 17, Vorderdeckel.
59 Gregor IX., *Decretalen*. C. I. 10, f. 189 Ausschnitt.

PATMOS

61 Die Evangelien, Griechisch. Cod. 81, f. 238*b*.
62 Oben: Buch Hiob. Cod. 171, f. 244 Ausschnitt. Unten: St. Gregor von Nazianz, *Werke*. Cod. 33, f. 84 Ausschnitt.
63 Die Evangelien, Griechisch. Cod. 274, ff. 46*b*-47.
65 Oben: Purpurevangeliar. Cod. 67, Rückdeckel. Die Deckplatte war früher auf Cod. 74. Unten: Purpurevangeliar. British Museum, MS Cotton Titus CXV.

CESENA

68 Hieronymus, *Epistolae et Sermones*. D. XI. 2, f. 1.
69 Justinian, *Infortiatum*. S. IV. 2, f. 111 Ausschnitt.
70 Plutarch, *Vitae,* S. XV. 1-2 und
71 XVII. 3; I, f. 319; II, f. 16*b*; II, f. 189; II, f. 127; I, f. 66; II, f. 165; III, f. 63*b*; II, f. 51, Ausschnitte.
72 Oben: Plinius, *Historia naturalis*. S. XI. 1, f. 18 Ausschnitt. Unten: Livius, *Historiae,* S. XIII. 1, f. 1 Ausschnitt.
73 Augustinus, *In Johannis Evangelium Sermones*. D. III. 3, f. 6.
74 Cyprian, *Epistolae*. D. XII. 4, f. 5 Ausschnitt.
75 Oben: Aristoteles, *Metaphysica,* in Bessarion's Übersetzung. S. IX. 2, f. 1. Unten: Werke des Curtius Rufus, Cornelius Nepos, Frontinus und Vegetius. S. XIX. 5, f. 203*b* Ausschnitt.

VATICANA

76 Bartolomeo Platina, *Vitae Pontificum,* Rom 1474-84. Vat. Lat. 2044, f. 3.
77 Platina. Vat. Lat. 2044, f. 2*b* Ausschnitt.
78 Lorenzo Valla's Thukydides-Übersetzung, Rom 1452. Vat. Lat. 1801, f. 1 Ausschnitt.
79 Vergil, *Aeneis*. Vat. Lat. 3225, f. 33*b*.
80 Henry VIII. von England, *Assertio septem sacramentorum*. London, Pynson, 1521. Membr. III. 4.
81 Oben: Poggio Bracciolini, *Historiae Florentinae, c.* 1472. Urb. lat. 491, f. 11*b*. Unten: Terenz, *Comodiae*. Vat. lat. 3868, f. 4*b*.

LAURENZIANA

85 Cicero, *Orationes*. Plut. 48, 10, f. 289*b*.
86 Aristoteles, *Physica*. Plut. 84, 1, f. 2.
87 Plinius, *Historia naturalis*. Plut. 82, 2, f. 138 Ausschnitt.
88 Oben: Plinius. Plut. 82, 2, f. 102*b* Ausschnitt. Unten: Marsiglio Ficino, *De triplici vita,* Florenz 1489-92. Plut. 73, 39, f. 4.
89 Cicero, *De Natura deorum*. San Marco 257, f. 1.

BRÜSSEL

92 Oben: Jean Miélot, *Traité sur l'oraison Dominicale*. MS 9092, f. 1 Ausschnitt.
92 Unten: Jacques de Guise, *Chroniques de Hainaut,* Bd. I. MS 9242, f. 1 Ausschnitt.
93 Jaïme II. von Mallorca, *Leges Palatinae*. MS 9169, f. 1 Ausschnitt.
94 *Le roman de Girart de Nevers* (Lille?, *c.* 1460). MS 9631, ff. 11, 12*b*, 16*b*, 20, 21*b* und 28*b*.
95 Guillebert de Lannoy, *Livre de l'instruction d'un jeune prince*. MS 10976, f. 10.
96 Raoul Lefèvre, *Histoire de Troie,* Bd. I. MS 9261, f. 9 Ausschnitt.
97 Jean Mansel, *La fleur des Histoires,* Bd. II. MS 9232, f. 423.
99 *Débat sur l'honneur*. MS 9278, f. 10.
100 MS 20096, f. 1.
101 Globus von Coronelli. Musée du Cinquantenaire, Brüssel.
102 David Aubert, *Chroniques et conquêtes de Charlemagne*. MS 9066, f. 132*b*.

SCHLETTSTADT

110 Neues Testament, Griechisch, Basel, Froben, 1516. 1004.
111 Portrait aus J. J. Boissard, *Icones,* Frankfurt 1597.
112 Oben: Fausto Andrelini, *De regia in Genuenses victoria*. Paris, Jodocus Badius, 1509. 983 d. Rechts: Erasmus, *Epistolae*. Basel, Froben, 1521. 1001*b*.
113 Oben: Jacob Wimpfeling, *Isodoneus Germanicus*. Straßburg 1497. 810*d*. Unten: Seneca, *De Morte Claudii*. Basel, Froben, 1515. 1074*a*.
114 Oben: Johann Witz (Sapidus), *Sylva Epistolaris*. Straßburg 1534. 968 g. Unten: Erasmus, *Antibarbarorum,* Basel, Froben, 1520. 808 a.
115 Oben: Jacob Wimpfeling, *Adolescentia*. Straßburg, Martin Flach, 1500. 42. Unten: Aeneas von Gaza, *De immortalitate animae*. Basel, Froben, 1516. 1074c.
116 Oben links: Erasmus, *Adversus epistolam non sobriam Martini Luteri*. Basel, Froben, 1534. 963*c*. Oben rechts: Nicolaus Cusanus, *Opera*. Paris, Jodocus Badius, 1514. 937. Unten: Plutarch, *De his qui tarde a numine corripiuntur*. Nürnberg, F. Peypus, 1513. 1171c.
117 Oben: Erasmus, *Lucubratiunculae*. Antwerpen 1503, etc. 822. Unten: Martin Luther, *De libertate Christiana*. Wittenberg 1520. 8090.
118 Oben: Origines, *Fragmentum ... in Evangelium secundum Matthaeum, Erasmo ... interprete,* Basel, Froben, 1527, etc. 974. Rechts: Aristoteles, *Politicorum ... commentarii, etc*. Paris, Henri Estienne, 1506. 1118.
119 Ambrosius, *Opera,* ed. Erasmus. Basel, Froben, 1527, Bd. I. 1114.

PARIS

120 Petrarca, *Des remèdes de l'une et de l'autre fortune*. Rouen 1503. MS fr. 225, f. 202.
121 *Les Grandes Heures du duc de Berry,* 1409. MS. lat. 919, f. 84, Ausschnitt.
122 Neues Testament, Griechisch. Paris, R. Estienne, 1550. Rés. A 513ter, Rückdeckel.
123 Oppianos, *Cynegeticon libri* IV, 1554. MS. gr. 2737, Rückdeckel.
124 Guillaume Budé. *De transitu Hellenismi ad Christianismum*. Paris, Robert Estienne, 1535. Vélins 1147, a ii recto.
125 *Le livre des eschecs amoureux*. MS. fr. 143, f. 23, Ausschnitt.
127 Augustinus, *De Civitate Dei*. Venedig, Johann und Wendelin von Speyer, 1470. Vélins 298, C i recto.
128 Stundenbuch des Königs Henri II. MS. lat. 1429, f. 87*b*.
129 Polybios, *Historiae,* 1547. MS. gr. 1649, f. 1.
131 Manuel Philes, *Peri zoon idiotetos,* 1554. MS. gr. 2737, f. 90.

MÜNCHEN

132 Missale des Bernhard von Rohr. Clm. 15711, f. 3*b*.

133 Gebetbuch Kaiser Maximilians I. Augsburg, Hans Schönsperger d. Ä., 1513. 2° impr. membr. 64, f. 55*b*.

134 Gratian, *Decretum*. Mainz, Peter Schöffer, 1472. 2°. L. Impr. membr. 1a.

135 Orlando di Lasso, Bußpsalmen, 1565. Cod. mus. A, Bd. II, p. 3 Ausschnitt.

136 Links: Kleinodienbuch der Herzogin Anna von Bayern. Cod. icon. 429, f. 1*b*.
Rechts: L. Surius, *Der erste Theil bewerter Historien der lieben Heiligen Gottes*. München, Adam Berg, 1574. 2° V. SS. C. 129*a*, Vorderdeckel, Ausschnitt.
Unten: Turnierbuch Herzog Wilhelms IV. von Bayern. Cgm. 2800, pp. 10-11.

139 Oben: Paul Hektor Mair, *Fechtbuch*. Cod. icon. 393, VII, Abb. 3.
Unten: Perikopenbuch Heinrichs II. Clm. 4452, ff. 131*b*-132.

140 Hartmann Schedel, *Liber antiquitatum*. Clm. 716, f. 6.

141 *Eyn Manung der cristenheit widder die durken* (Mainz 1454). Rar. 1, f. 5.

WIEN

143 Cod. 2835, f. 2*b* (=MS Ambras 331).

144 Cod. 8329, f. 10.

145 Cod. min. 53, Bd. 2, no. 57.

146 Oben: Cod. ser. n. 2669, f. 91.
Mitte: Cod. ser. n. 2664, f. 17.
Unten links: Die Heiligen aus der Sippschaft... des Kaisers Maximilian I. Cod. ser. n. 4711, f. 4.
Unten rechts: *Ambraser Heldenbuch*. Cod. ser. n. 2663, f. V*b*.

148 Oben: Sir Thomas Browne, *Religio Medici ... the sixth Edition*. London, für Andrew Crook, 1669. *LXIX. Nr. 171, Vorderdeckel.
Unten: Cod. 338, f. 34 Ausschnitt.

149 Blaeu, *Atlas Major*, Bd. 44, pl. 10.

EL ESCORIAL

151 Codex Aureus. Vitr. 17, f. 2*b*.

152 St. Teresa von Avila, *Libro de la Vida*, 1565–6.

153 Stundenbuch König Philipps II., 1568. Vitr. 2.

154 Apokalypse. Vitr. I, f. 8.

155 Beatus von Liébana, *Explanatio in Apocalypsim*. &. II. 5, f. 134.

156 *Codice Vigilano*. d. I. 1, f. 17.

157 Alfons X., *Cantigas de Sta. Maria*. T.I.1, f. 182.

158 Boccaccio, *Las mujeres illustres*. Saragossa, Pablo Hurus, 1494. I1.IV.23.

159 Aesop, *Vita et Fabulae*. Saragossa, Juan Hurus, 1498. 32. I. 13.

160 Beatus von Liébana. &.II.5, f. 120.

161 Brevier Isabellas der Katholischen *c.* 1480. b. II. 5.
Links: f. 251*b*.
Rechts: f. 534.

BODLEIAN

167 Oben: *The Mirroure of the Worlde*. MS Bodley 283, f. 59 Ausschnitt.

169 Nizami, *Laila and Majnun*. MS Pers. d. 102, p. 65.

170 Oben: *The seuerall notorious and lewd cousnages of John West and Alice West*, 1613. 4° G. 8. Art BS 5.
Unten: William Goddard, *A mastif whelp with other ruff Island-like Currs* (1599?). 4° G. 8. Art BS 4.

171 Oben: *Looke up and see wonders*, 1628. 4° C. 16. Art BS 6.
Unten: Thomas Dekker, *O per se O*, 1612. 4° G. 8. Art BS 13.

172 Stundenbuch, Rouen *c.* 1460. MS Auct. D. Inf. II. 11, f. 44*b*.

DUBLIN

176 Links: Matthew Paris, *Vita S.*
–7 *Albani*. E. 1.40.
Oben: f. 55*b* Ausschnitt.
Unten: f. 59 Ausschnitt.

177 Neues Testament und Psalter. A.1.1, f. 24*b* Ausschnitt.

179 William Caxton, *The veray true history of the valliant knight Jason*. Antwerpen, G. Leeu, 2. Juni 1492. FF. hh. 53 (3).

180 Missale aus dem Kloster St. Agnes in Delft. K. 2. 32, f. 214*b* Ausschnitt.

181 Johannes Hevelius, *Machina coelestis*. Danzig 1673. OO. aa. 36.

182 Book of Durrow. A.4.5, f. 85*b*.

183 Botanische Zeichnungen von Nicolas Robert. V.2.26, f. 22.

184 Oben links: Shakespeare, *Works*, 1784. Quin 35, Vorderdeckel.
Oben rechts: M. Accursio, *Coryciana*. Rom 1524. Quin 111, Rückdeckel.
Unten links: L. Tansillo, *Il Vendemmiatore* (Paris 1790?). Quin 117, Vorderdeckel.
Unten rechts: Hieronimo Morlini, *Novellae*. Neapel 1520. Quin 95, Rückdeckel.

185 Book of Armagh, vol. I, f. 90.

AMBROSIANA

187 *Vitae archiepiscoporum Mediolanensium*. H 87 Sup, f. 1.

188 Galileo Galilei, *Il Saggiatore*. Rom 1623.

189 Galileo Galilei, Eigenhändiger Brief. S P 47.

190 Al-Ğāhiz, *Kitāb al-Hayawān*. D.140 Inf.
Oben: f. 23.
Unten: f. 5.

191 Oben: Thomas a Kempis, *Contemptus mundi*. Amakusa 1596. S P 20.
Unten: Francesco Rivola, *Dictionarium armeno-latinum*. Mailand 1621. S.M.B. VI. 2.

192 Rhazes, *Opera chirurgiae*. D 120 Inf, f. 42*b* Ausschnitt.

193 ›Ilias Ambrosiana‹. F 205 Inf.
Oben: f. 23.
Unten: f. 29.

195 Petrarcas Vergil. S P Arm. 10. 27, f. 1*b*.

HARVARD

197 *Prager Missale*. Leipzig 1522. Typ 520.22.262F.

198 Unten: Giuseppe Galli Bibiena, Skizzenbuch. f. MS Typ 412.

199 Vitruvius, *Gli oscuri et dificili passi*. Mantua 1558. *H525–259F.

200 Rechts: *Usatges de Barcelona e Constitucions de Cataluña*. Barcelona, Père Miquel, 1495. Typ. 41–14 Inc. 9950. SF*.
Links: Edward Lear, *The Owl and the Pussycat*. 6 MS Typ 55. 14.

201 Pablo Picasso, *Eaux-fortes originales pour des textes de Buffon*. Paris, Martin Fabiani, 1942, Typ. 915. 42. 69201.

WOLFENBÜTTEL

203 Helmershausener Evangeliar, 1194. Helmst. 65, f. 23*b*.

204 *Totentanz* (Ulm, Johann Zainer, *c.* 1488). 19. 2 (4293) Eth. fol.
Oben: f. 2.
Unten: obere Reihe f. 17*b*; f. 6*b*.
untere Reihe f. 10*b*; f. 19.

205 Alexander Cortesius, *Laudes Bellicae* (Padua?, *c.* 1480–90). 85. 1. 1. Aug. fol., f. 3.

208 Wolfram von Eschenbach, *Willehalm*. 30. 12. Aug. fol., f. 91.

209 Oben: Codex Arcerianus. 36. 23. Aug. fol., f. 56*b*.
Unten: Thomasin von Zerclaere, *Der wälsche Gast*, 1408. 37. 19. Aug. fol., f. 34.

210 Ulrich Boner, *Der Edelstein*. Bamberg, Albrecht Pfister, 1461. 16. 1. Eth. fol.

PEPYS

212 The Anthony Roll. PL 2991.

215 Unten: G. F. Hildanus, *Lithotomia vesicae*, translated by N. C. London 1640. PL 792.

216 Oben: *London's Dreadful Visitation*, 1665. PL 1595.
Unten: Will Stokes, *The Vaulting-master*. Oxford 1652. PL 1434 (7).

217 Oben: Stephen Hawes, *The example of virtue*. London, Wynkyn de Worde (1510). PL 1254 (2).
Unten: Sir Richard Maitland, *Poems*, 1586. PL 1408, f. 134.

218 Oben: Francisco de Quevedo, *Satiras graciosas*. Sevilla 1677. PL 1545, no. 35.
Unten: *The Most Pleasant History of Tom a Lincoln*, 1682. PL 1192 (18).

219 Oben links: Wycliffite New Testament, PL 2073; Mitte *Ornamento nobile per ogni gentil matrona*. Venedig 1620, PL 2097;
rechts: Capt. D. Newhouse, *The whole art of navigation*, 1685, PL 1863.

219 Unten: ›Habits de France‹. PL 2295, pl. 16.

YALE

222 Tacitus aus dem Besitz von Matthias Corvinus. Yale MS. 145, Vorderdeckel.

223 Sir Thomas More, *Utopia*, Löwen 1516. If. M81 r. 516.

224 Oben: *Speculum humanae salvationis*. Yale MS. 27, ff. 31*b*–32.
Unten: Stich von T. Johnson, 1745, Nachdruck 1911. (Yale University Art Gallery, A. P. Stokes Collection).

226 Das ›Bay Psalm Book‹, Mlm 405. 640b.

227 Gutenberg- oder 42zeilige Bibel. (Mainz 1454-5).

228 Alfred J. Miller's Scenes of William Steward's Expedition to the Far West. Withington 342.

229 J. J. Audubon, *The Birds of America*, 1827–38. SS y 13g. 31.

231 James Boswell, *The Life of Samuel Johnson*, eigenhändiges MS. Boswell Papers M 144.

COIMBRA UND MAFRA

236 Oben: Antonio de Beja, *Contra os juizos dos astrólogos*. Lissabon, Germão Galharde, 1523. R–14–10.
Unten links: *Regimento dos Contos do Reyno*, Lissabon 1708.
Unten rechts: Ludolf von Sachsen, *Vita Christi*. Lissabon, Valentim Fernandes and Nikolaus von Sachsen, 1495. R–67–11.

237 Oben links: *Cronica do condestabre de Portugal*. Lissabon, Germão Galharde, 1526. R–28–2.
Unten: *Regra statutos e diffuçoẽs da ordem de Sanctiaguo*. Sétubal 1509. R–31–30.

238 Oben: Lorenzo Torriani von Cremona. *(Beschreibung und Geschichte der Kanarischen Inseln)*. MS 314.
Unten: Luis de Camoẽns, *Os Lusidas*. Lissabon, A. Gonçalvez, 1572. RB–32–4.

LONDON

244 Oben: Englisches Hymnal. Cotton Caligula A XIV, f. 20*b*.
Unten: Psalter. Cotton Nero C. IV, f. 24.

245 Oben: Bonaventura, *Leben des hl. Franziskus*. Harley 3229, f. 26.

246 Lateinische Bibel. Nürnberg, A. Koberger, 1477. C.10.d.3, Vorderdeckel.

246 Robert Smirke. Skizze. Depart-
–7 ment of Prints and Drawings.

MADRID

248 Alonso de Cartagena, *Genealogia de los reyes*. 2–Ll–2,–f. 147*b*.

249 Stundenbuch der Juana Henríquez, f. 37*b*.

250 Alonso de Cartagena. 2–Ll–2.
Oben: f. 179*b*.
Unten links: f. 171*b*.

251 Oben: *Ordenanzes de la Real Maestranza de Cavalleros de la Ciudad de Valencia*. Valencia 1776. I–E–4, Vorderdeckel.
Unten: Alonso de Cartagena. 2–Ll–2, f. 165*b*.

252 Links: Baltasar Jaime Martínez Compañon, *Aguadas de los Indios de Trujillo, etc.* Vit. sal. III.
Rechts: Francisco López de Caravantes, *Noticia general de las Provincias del Perú, Tierra Firme y Chile*, 1630–34.

253 Bruno Gómez, *El magnífico tabernáculo de N.S. del Pilar de Zaragoza*, 1836, f. 4.

254 José Domínguez, Kalligraphisches Alphabet. II–1961.

255 Alfons XI. von Kastilien, *Libro de montería*. f. 34*b*.

256 Antonio Miralles y Anglesola, *Examen literario*, Valencia 1788. X–62, Vorderdeckel.

257 Juan Riezo genannt Oliva, *Cartas de marear*, 1580.

ARSENAL

259 Psalterium der Blanca von Kastilien. MS 1186, f. 1*b*.

260 Jacopo Antonio Marcello, *Passio Sancti Mauricii*, 1453. MS 940, f. 38*b*.

261 Terenz, *Comodiae*. MS 664, f. 36*b*.

262 ›Instruction en la religion chrestienne‹. MS 5096, f. 1*b*.

263 Französische Gedichtsammlung MS 3142.
Oben: f. 311*b* Ausschnitt.
Unten: f. 229 Ausschnitt.

264 Oben: *Therence en francoys*. Paris, Antoine Vérard, n.d. Rés. Fol B. 1388, a iii verso.
Unten: Roberto della Porta, *Romuleon*. MS 667, f. 10 Ausschnitt.

265 Edward Tyson, *Orang-Outang, sive Homo Sylvestris*. London 1699. 4° S 2606, fig. 1.

266 Madame de Pompadour, *Oeuvre*. Rés. 419 Estampes, Vorderdeckel.

JOHN RYLANDS

268 Aesop, *Fabeln.* Neapel, Francesco del Tuppo, 1485. 18392.

270 Boccaccio, *De claris mulieribus.* Ulm, Johann Zainer, 1473. 15996.

271 Dänische Bibel. Kopenhagen, L. Dietz, 1550. 20650.

272 Apokalypse IV. 16119.

274 Marco Polo, *Buch des edlen Ritters und Landfahrers Marco Polo.* Nürnberg, Creussner, 1477. 18148.

275 Bidpai, *Buch der alten Weisen.* Ulm, Lienhart Holle, 28. Mai 1483. 19048.

276 Oben: Vergil, *Opera.* Venedig, Aldus Manutius, 1501. 3359. Unten: Hebräische *Haggadah.* Hebrew MS 6, f. 15.

277 J. de Turrecremata, *Meditationes,* Rom, Ulrich Han, 1467. 17251.

278 James Tissot, Zeichnungen für Illustrationen zu *La Sainte Bible,* Paris 1904. R 16279.

CHANTILLY

282 George Sand, *Elle et Lui.* E. 790.

283 A. de Musset, Portrait von George Sand. E 956, f. 14.

284 Oben: Théophile Gautier, *Magdeleine de Maupin,* Okt. 1834. C 516 bis, f. 16. Unten: Théophile Gautier, Karikaturskizzen von Tänzerinnen.

285 Théophile Gautier, Karikatur von Eugène Piot. C. 516 bis, f. 47.

286 H. Balzac, *Le Médecin de campagne.* A 137.

287 Théophile Gautier, *Le Capitaine Fracasse.* C. 415.

PIERPONT MORGAN

289 Gebetbuch der Katharina von Kleve. M 917, m–p. 151.

290 Vincent von Beauvais, *Mirror of the World.* Westminster, William Caxton (1481). PML 776.

291 John Keats, *Endymion.* MA 208.

292 Hebräische Bibel, Soncino 1488. PML 21590.

293 Old Testament Illustrations. M 638, f. 23*b*.

294 Oben: Ibn Baktishū, *Manāfi al-Hayawān.* M 500, f. 78*b*. Unten: Missale des Abtes Berthold. M 710. f. 64*b*.

295 Aristoteles, *Opera.* Venedig, Andrea de Asola, 1483. PML 21194 bis 21195, vol. II.

296 Missale speciale constantiense. PML 45545.

HUNTINGTON

300 HM 124576.

301 Oben: HM 18538. Unten: HM 62222.

302 EL 26 C 9, f. 200.

303 Oben: EL 1142, f. 207. Unten: HM 4700, sig. A 2 (p. 3).

304 HM 18568.

305 HM 177. Gonzolo Hernández de Oviede y Valdés, *Historia general y natural de las Indias,* Bd. 3. f. 46.

Register

THEOLOGI
THEOLOGI
THEOLOGI
THEOLOGI
THEOLOGI
THEOLOGI
LITERATORES
LITERATORES
PHILOSOPHI
PHILOSOPHI
MATHEMATICI